中国佛教美学典藏

总主编

高建平　尹　佃

各分部主编

佛教绘画部　丁　方

佛教造像部　张　总　王敏庆

佛教书法部　何劲松

各分卷作者

造像经典与仪轨　王敏庆　普　能　著

石窟造像（上下）　何　莹　全　微　著

地面寺院造像（上下）　宋伊哲　著

出土及传世造像　王敏庆　杨小娟　吴源虹　著

经卷佛画　张建宇　著

石窟壁画　张俊沛　著

绢帛佛画　刘　韬　著

禅意绘画　陈粟裕　著

禅德墨迹　聂　清　著

佛教碑刻　胡吉连　著

敦煌写经　李逸峰　著

佛塔建筑　王　耘　著

伽蓝建筑　徐　翥　著

主要编辑、出版人员

社　　长　刘祚臣

副总编辑　刘金双

主任编辑　曾　辉

编　　辑　（按姓氏笔画排序）

于淑敏　马　蕴　王　绚　王　廓

王一珂　王嘉飞　冯　然　邬四娟

刘金双　李　静　李玉莲　宋焕起

林思达　易希瑶　帖慧祯　胡春玲

郭银星　黄佳辉　曹　来　盛　力

程　园　曾　辉　鞠慧卿

特约审稿　汤凌云　韩　伟　陈丽丽　王怀义

装帧设计　今亮后声

排　　版　博越设计

石窟造像（上）

内容简介

本书分上下两卷，上卷介绍新疆和中原北方地区的造像，下卷介绍南方和藏传佛教地区的造像。作为佛教艺术的重要表现形式，石窟造像积淀了国家、民族和时代的风貌，是佛教中国化的表现与见证。本书依地域、时代、形式样态、材质等框架对石窟造像加以全面解读。

何莹

宗教学博士、社会学博士后，毕业于中国社会科学院研究生院，现为中国佛教协会中国佛教文化研究所助理研究员。

国家出版基金项目
NATIONAL PUBLICATION FOUNDATION

高建平　尹佃
-总主编-

中国佛教美学典藏

佛　教　造　像　部

主　编·张　总　王敏庆

石窟造像 上

何莹一著

中国大百科全书出版社

图书在版编目（CIP）数据

中国佛教美学典藏．石窟造像．上／高建平等主编；何莹著．—北京：中国大百科全书出版社，2024.5

ISBN 978-7-5202-1393-6

Ⅰ.①中… Ⅱ.①高… ②何… Ⅲ.①佛教—美学—研究—中国 Ⅳ.①B948

中国国家版本馆 CIP 数据核字（2023）第 149517 号

出 版 人 刘祚臣
策 划 人 曾 辉
责任编辑 程 园 林思达
特约编辑 鞠慧卿
责任校对 齐 芳
责任印制 李宝丰
装帧设计 今亮后声
排 版 博越设计
出版发行 中国大百科全书出版社
地 址 北京市阜成门北大街 17 号
邮政编码 100037
电 话 010-88390969
网 址 http://www.ecph.com.cn
印 刷 北京雅昌艺术印刷有限公司
开 本 889 毫米 ×1194 毫米 1/16
印 张 56.5 拉页 14 面
字 数 601 千字
印 次 2024 年 5 月第 1 版
2024 年 5 月第 1 次印刷
书 号 ISBN 978-7-5202-1393-6
定 价 1400.00 元（全二册）

总 序

这部多达十五卷的佛教美学和艺术的总汇，是聚数十名专业研究者，积八年之功完成的一项宏大工程。在过去的这些年里，各位参与者都很辛苦。现在，终于苦尽甘来，欣喜之感油然而生。

当前，我们正处在中国式现代化建设的伟大进程之中。要建设中华民族现代文明，就要将现代理论与优秀传统文化遗产相结合。中国佛教艺术是中国传统文化和美学的一个重要组成部分。古人给我们留下了许多精美的艺术珍品，值得我们花大力气去整理、总结，站在现代的立场进行思考、研究。

在五千年的中华文明史中，最初一千多年，中华美学思想的萌芽可从巫史传统和工艺创造中体现。当时的人留下了丰富的实物，给我们提供了对那个时代文化状况的丰富的想象空间。其后，从商到周，出现了精美的青铜器皿，形成了发达的礼乐文化，在实物、操作和观念这三个层面推动了中华美学思想的形成和发展。佛教是发源于印度的宗教，传入中华大地以后与中国原有的礼乐文明碰撞交融，经历了一次外来思想中国化的过程，由此造就了文明的更新。

中国的礼乐文化在周朝兴盛，历经春秋战国，尽管礼崩乐坏，但还是有人竭力保存，到秦汉时仍有所传承。礼乐文化服务于周王室，通过分封的等级制度，实现以上化下、以夏化夷的政治设计。秦汉以后，分封逐渐消失，大一统的帝国逐步形成。这一时期，社会的上层与下层相距遥远，礼乐仍在上层社会的一些礼仪性活动中施行，这时就需要宗教在下层起到填补审美需求空间的作用。

在欧洲，希腊式的城邦制度解体，原来的希腊－罗马宗教体系只在上层社会被维持；而基督教则从社会的下层开始发展，得到广大民众的支持，最终迫使罗马皇帝改宗，同时也在巨大的罗马帝国范围内流传，成为世界性的宗教。在中国，佛教在一定意义上也起着这样的作用。从汉代到唐代，普通民众的审美需求成为佛教兴盛的土壤。正是由于这一原因，通过满足社会中下层民众的审美需求，佛教的审美理想和艺术创造在文明的深处扎下了根。

中国佛教美学有着一些突出的特点。

第一是理想性。这种理想性与非现实性、虚无和出世的观念结合在一起。这在华严宗和净土宗等宗派的思想中有明显的表现。它们所追求的净土，并非存在于现实的此岸世界，而是在理想的彼岸世界。它们的美，也从属于那个世界。现实的美只是彼岸世界美的影子。

第二是通过悟来感受世界。通过悟获得真美，或是苦修而悟道，或是禅宗所主张的顿悟——机缘触发，瞬间就能得道，即达到真美的境界。

第三是偶像崇拜。各种源于犹太经典的宗教，无论是犹太教、基督教，还是伊斯兰教，都流传逃出埃及的以色列人由于崇拜偶像而引起摩西震怒的故事，从而形成各种反偶像崇拜的传统，有的弃绝一切形象，有的不准造圣像。即使后来最热衷造像的天主教，也是依据一套“愚人的《圣经》”的说辞，即运用图像给不能阅读的人演绎《圣经》故事，提供图像存在的理由。这样一来，天主教的图像只是神圣故事的演绎，其本身不具有神性；圣徒所崇拜的不是偶像，而是通过图像感受神的道理。与此不同，尽管佛教早期也有过一段无佛像时期，但后来很快就有了对佛像的普遍接受。佛教的造像被认为其本身就有神性，是神的化身。

第四是宏阔的时空观。源于犹太经典的各种宗教都具有关于世界起源的传说和关于世界末日的预言。佛教则不同，不认为有起源和末日，而认为世界在时间上是无限的，循环往复，以至无穷；在空间上也是无限的，无所谓中心、边缘。体现在美学和艺术上，佛教就具有一种超越时空、追求无限的美学观念。

第五是和谐圆融的审美境界。美的理想是一种圆，但这不是毕达哥拉斯的数学上的圆，而是圆融的生存境界。佛教讲世界和谐，这又是通过圆的意象得到体现。

本套书共分四部十五卷，涉及书法、绘画 、造像、建筑等。

佛教书法部共有四卷，即《敦煌写经》《佛教碑刻》《禅德墨迹》和《禅意绘画》。

在印刷术流行之前，佛经的流传主要靠人工抄写。在这方面，敦煌藏经洞给我们留下了大批人工抄写的佛经。当时传抄佛经是基于保存和流传的需要，同时佛教徒们也将抄写佛经当成一种修行，通过艰辛的抄写工作以积累功德。这不仅为我们留下了大量的经典，同时也留下了重要的对当时的书写进行研究的材料。绝大多数佛教徒在抄写佛经时，都有一种虔敬的心态，他们书写认真，字迹清楚、容易识读。在字体上，楷、行、草三体均有，但以楷书为主。

佛教碑刻包括佛经碑刻、造像题记及寺塔碑碣。这些碑刻用途不同，风格上也有差异，但大体上是以隶书和楷书为主，风格上庄严静穆，偶有装饰意味。

禅德墨迹包括具有文人趣味的禅僧的书法作品，以及受禅宗思想影响的文人的书法作品。这些作品风格自由活泼，字体多为行书和草书，通过笔墨直抒胸臆，表现内在的情感。

禅意绘画，最初是画者致力于表现禅理，强调直觉性和感悟性，并以此使绘画超越形象的描绘。这种绘画追求推动了中国绘画意识的发展，并且与文人绘画结合，对中国绘画观念的发展和转折起到了关键作用。

佛教绘画部共有三卷，分为《石窟壁画》《绢帛佛画》《经卷佛画》，各有其鲜明的特点。

石窟壁画是指画在石窟壁上的绘画。壁画是人类最为古老的一种绘画形式。中国佛教石窟壁画主要存在于西域地区，以佛像和佛教故事为主要题材，也包括对佛国之境的描绘，其中乐舞飞天的壁画穿越千年，给人以惊艳之感，成为当代众多艺术创作的灵感来源。石窟壁画大多受印度绘画人物造型的影响，又开始具有中原绘画的元素，成为中西艺术风格结合的最早范例。

绢帛佛画以敦煌藏经洞绢画为主，现多藏于英、法、俄、德等国的博物馆中，日本、印度、韩国等国也有保存。这些绢画所画的形象不同，有佛、菩萨、罗汉、武士，以及供养人。从这些画中可看出中国绘画中线条之美的来龙去脉、中国绘画色彩的源与流。宗白华区分了中国艺术的错彩镂金之美与芙蓉出水之美，绢帛画大体属于错彩镂金一类。

经卷佛画，即佛经中的插图或附图，包括佛教经卷的卷首画（也称扉画）、随文插图、卷末的拖尾画。从制作技艺来看，经卷佛画分墨绘佛画和版画，雕版印刷繁盛时代出现了讲述各种佛经故事的版画。对经卷佛画的研究很有价值，但过去研究不多，本卷是对此研究领域的开拓。

佛教造像部内容最为丰富，分为《石窟造像》《地面寺院造像》《出土及传世造像》《造像经典与仪轨》。

《石窟造像》分上、下两卷。上卷讲新疆和中原北方石窟，下卷讲南方和藏传佛教造像。将这些不同地域、不同时代所创作的造像放在一起来对比，可以清晰地看出这些造像的造型和艺术风格在文化交流中留下的痕迹和在时代变迁中的沿革。

地面寺院造像则呈现出多样性和变动性。遍布西域和中原大地的佛寺中的造像，以及在藏区的藏传佛教寺庙中的造像，呈现出各自的地域特点；经过千年变化，又呈现出不同的时代特点。尽管佛像有“千佛一面”的说法，但不同地域、不同时代佛像的差别仍鲜明地体现出来。

出土及传世造像可称为前两种佛教造像的补充。这些造像被发现和保存，具有极大的偶然性。它们不像石窟造像，可系统发掘；也不像现存寺院里的造像，原本就有完整布局，具有系统性。这种出土及传世造像相对零散，其系统性需要研究者构建。

《造像经典与仪轨》是很特别的一卷。该卷对佛教造像特点和主要菩萨、天王等形象的基本框架做了概述，还对佛教活动的空间、所用法器等做了阐释。

佛教建筑部共两卷，一卷讲伽蓝，一卷讲佛塔。

《伽蓝建筑》主要讲历代的中土佛寺及藏传佛教的寺庙。正像欧洲历史上的建筑集中体现于教堂一样，佛教寺庙亦成为中国古代建筑的典范。本卷分朝代展示中国古代的寺庙，并对藏传佛教的寺庙做了专门的论述。

《佛塔建筑》专门论述佛塔。佛塔造型精美，是中国古代建筑精华所在。佛塔近可与寺庙组成一个整体，高耸的塔在建筑群中起画龙点睛的作用；远可装点河山，在自然山水中加上人工点缀。佛塔原本是瘗埋高僧圆寂后遗体和珍藏舍利的地方。它既是死亡之所，又是涅槃和超越之地。生死之事，永远是最大的事，这与僧人生活有密切关联，也使塔有了人情、人性、理想等多种意味。

佛教美学和艺术的内容丰富多彩，包含各个艺术门类。除本套丛书所介绍的之外，还包括诗词、音乐、歌舞等。我们的想法是，在现阶段能做什么，就先做起来。希望这套典藏为更全面地研究中国佛教美学起奠基作用；也希望将来在此基础上，借助新媒体，使中国佛教美学的精华得到更为全面的展示。

在最初组织这一课题组之时，我们的计划是，从几个主要的佛教艺术门类中，选取最有代表性的作品，给予精要的说明，以形成佛教美学的一个总汇。其目的在于，将佛教美学的精华在一个选本系列中汇总起来，将一些平时很难见到、只有专家才掌握的佛教艺术作品的图片加以集中，配以解说，从而使这些作品受到人们的关注。佛教从两千多年前开始传入中国，带来了佛教美学和艺术，在中国大地上生根、开花，与中国原有的传统结合，再经过历代僧俗信众的传承和创新，形成了璀璨多彩的中国佛教文化。中国佛教文化成为中华文化的一个组成部分，在世界文化史上也具有重要意义。在今天，加强佛教美学的学术研究，对佛教艺术的普及，对大众熟悉和了解佛教文化，对传承和弘扬中华优秀传统文化，都是一件功德无量的事。

记得第一次开编纂工作会，任务是明确大脉络的分工，确定各卷的主持人和基本研究队伍，划定各卷内容的边界。各位参编者的热情都很高。大家一方面认为，这件事很重要，编出的书会很宏伟壮观，成为一个大制作；另一方面也认为，这方面的书过去很少，有了一个好的立意，再加上选对了人，编起来不会费多大的劲，不过是将相关领域的专家集中起来，将原本就熟悉的材料以一个新的、对读者更具有亲和力的形式重新组织一遍而已。

到了真正上手去做才发现其中的种种艰难。材料难找，解说不好写。历史事实考证清楚，解说内容正确，这是基本的要求。这方面的要求，说说容易，做起来就有难度。不仅如此，由于这套书冠名美学，在选材时体现美学视角、在解说中体现美学阐释就很重要，对于长期致力于事实考证的专家来说，这种工作也有一定的难度。在撰写过程中，有人畏难退缩，有人赶不上进度要求，但是，这样一个庞大的工程，开弓没有回头箭，再艰难也要做下去，并且要保质保量地完成。

在这几年的工作中，撰稿和编辑人员都付出了巨大的努力。他们不仅研读既有的书籍、史料和画册，还要遍访全国各地的代表性寺院。最让我感动的是，他们跋山涉水，带着沉重的拍摄器材到现场拍摄。为了获得最佳的拍摄角度，课题组还购置了无人机，以便在人无法到达的角度进行拍摄。他们的努力，为这套书提供了大量精美的独家图片。

在此期间，课题组多次在北京召开会议；还远赴广东、山西等地，举行各种工作会议。每次会议都力求实效，解决编写过程中所出现的各种具体问题，包括工作分工、人员配备、文字质量、图片规格和要求、工作进度，以及编撰者与编辑如何相互配合以加快进度，等等。为了深化这套书的美学特色，我们还邀请了几位对中国古代美学有研究的学者对文字内容进行了审阅，提出了许多具体的修改意见。

现在，书稿终于付印了。感谢参加撰写《中国佛教美学典藏》的各位作者，各位均为对佛教美学和艺术有深厚研究基础的专家。他们不辞辛劳，集中精力，终于使这项巨大的工程得以完成。更令我们感动的是，著名佛门高僧尹佃法师自始至终参与我们的策划立项、内容框架研讨和后期编纂工作，多次参加编纂工作会议，提出重要意见。中国大百科全书出版社的郭银星和曾辉两位接力领导的编辑团队，对这项工作极为负责，在编辑出版过程中提供了周到而贴心的服务。本书是各位辛勤劳动的结晶。

佛教艺术和文化是中华美学的一个重要组成部分。中国佛教之美是先人留给我们的一笔宝贵遗产。同时，它又是在当代充满生命力的活的美学。我们带着对文化传统的虔敬之心来整理这份遗产，又以面向当代、面向世界、面向未来的态度，带着责任感和使命感，以激发传统文化在当代的生命力为目的，来审视并引领中国美学的辉煌未来。

总论

《中国佛教美学典藏》以历史上中国佛教美术的遗产为主，表述其美学方面的面貌与特色。佛教造像部是其中的主要部分。因为中国佛教美术的主要遗产是石窟寺，其数量与地域、历史跨度及时代之早等都在世界上居于首位。中国木构寺院当然数量更大，但是现存者多为明、清建构，包括许多始建年代甚早、代有延续的寺庙，唐、宋寺殿之遗构已属很少。石窟寺与木构的地面寺院本身具有建筑、雕塑、绘画浑然一体的性质，但其中皆以造像为崇拜主体。佛教造像部主要侧重于石窟寺、地面寺院之中的造像部分，还包括了石窟寺与地面寺院以外各种材质的佛教造像。这类可移动单体造像（包括造像碑与造像塔）在古代多在寺院之中。但自古以来在寺窟之外的许多环境，如通衢大道、村落集镇、义井池旁、宫殿家宅等，也有很多大小不等的像设。再者，佛教造像都有经典依据，且具种种深浅程度不同的相关仪轨，略加论述会有更好的效果。所以，佛教造像部设为六卷，即《造像经典与仪轨》、《石窟造像》（上、下册）、《地面寺院造像》（上、下册）、《出土及传世造像》。其中后三卷先依时代地域、形式样态或材质等构成框架，再结合美学方面的观念与概念加以列述，以期使读者对佛教造像的美学面貌有较好之了解。

《中国佛教美学典藏》佛教造像部采取这种构成，基本上是依据目前学术界大多认同的现状而做出的。《中国佛教美学典藏》本意重在美学，应以美学的观念与概念来组构，但因佛教美学自身概念和体系上的问题而无法形成可供操作的体系形态。譬如说，用崇高之美、慈悲之美、精巧之美、超然之美等划分是无法构成完备的佛教美学架构的。佛教本身也有不少关涉美学的观念思想，具备很多自成的概念，如庄严、相好、殊胜、妙好等；还有很具体的佛陀相貌，如“三十二相”“八十种好”及《造像量度经》之类的规式。若能以佛教本身的美学概念来构成本书的结构，当然最好不过。但因佛教本身是宗教，自有统摄与延展的哲学体系，其论说之中既有赞颂涉美的部分，也有反对美感观受的部分，若全以佛教美学观念来组构，也确有一定的困难。所以，我们只能就一般学术理论视阈在《石窟造像》《地面寺院造像》《出土及传世造像》的基础上，将现代学术之美学观念与佛教特有的一些观念结合起来，进行陈述；而佛教本身的具体规式，则专设《造像经典与仪轨》阐述、展现。

美学观念与感受既有客观性赋予，也有主观性臆想。同一尊佛陀、菩萨像或天王力士像，在不同的人看来，感受是不同的。就是同一个人，在不同时段以不同心境来观看（想），美学方面的感受也是不同的，甚至差别很大。所以，本书只是给读者提供一种基本的参考，仅为佛教美学在造像方面最基本的脉络依据，绝非佛教美学在造像方面的定论之成果。

关于佛教美学范畴之内的造像，最直接具体的经说就是关于佛陀“三十二相”“八十种好”的论述，即这些庄严相好意蕴具有很强的感化力。不少佛传故事或记传之中，都说是观看到了庄严相好的佛陀，因而生出了敬仰倾慕的心，从而皈依了佛教。关于“大人相好”（指佛陀的庄严相貌），古印度就有相关传统。涉及这一主题的经典文献众多，它们向我们展示了佛教中觉悟者佛陀相貌的美好之处。从丰富多样的佛教造像遗存来看，在不同时段与地域中，采用各种材质和手法创制的佛像，既遵循了佛教经典的规定，又呈现出多姿多彩的样貌。这些不同样貌的佛像，既反映了国家、地区、人种、民族等文化特征的差异与变迁，也体现了时代背景下的传播演变，以及造型艺术手法、材料与技术手段的创新与发展。简而言之，佛像之美具有鲜明的时代特征。

关于佛像之美的论述，除佛教典籍之外，还可见于历史文献的记载。这些资料，有些可以和遗存吻合，有些则没有实物印证。佛教美术的遗产杰作中，有不少由具名有姓的艺术家创制，但更多的由未留下姓名的工匠所为。就其普遍性与多样性，以及历史年代的广泛覆盖而言，佛教美术实际上反映的是自古以来各个国家、地区与民族的审美观念。

佛教造像所展现的美、美学的观感、美学的概念是多方面的。其中，既有某一特定方面或细节，如崇高感，这在大佛的造像中得到了充分体现；也有更为核心的内容，如佛教中“诸恶莫作，众善奉行”的教义，它阐述了佛教最基本的慈悲精神与理念。因此，我们可以从各种各样的佛陀形象，如佛教所尊崇的十方佛、三世佛与三身佛，以及各国各地不同材质、技法雕琢的佛像，如古印度石雕、犍陀罗前期与后期的石刻与灰泥塑像，日本的木雕，中国的泥塑、木雕与石刻造像等中观察到慈悲与智愿等精神的体现。在佛教造像之中，也有很多美学观感可以成龙配套。例如，某些时期和地域流行成铺的造像，如唐代很多佛像都是一佛、二弟子、二菩萨、二天王、二力士，或再加双狮，共九尊或十一件像。其中佛陀的庄严、弟子的谦恭、菩萨的慈悲、天王的威武、力士的孔武、双狮的雄强，恰成一个小世界，或者说小宇宙、小天地。这是就一铺造像而言。就佛教的体系而言，又何尝不是如此？这个成系列的组合与配套，可以更详尽、丰富地展开论述。

从原始佛教到部派佛教，到大乘佛教，再到密教佛教，佛教这四大发展阶段对佛教造像有很大影响。

在原始佛教时期，不允许出现佛陀形象的本身。在佛传故事中应该出现佛陀本身的地方，如佛座上，或空无一物，或以法轮代替，这样处理有象征之美、空灵之美。而在佛传故事的其他部分，则会以不同手法展现丰富而细腻的美学意蕴。

在部派佛教时期，造型艺术中只有释迦牟尼佛，偶有弥勒佛。这一时期，释迦牟尼佛此生的佛传故事、其前世的种种本生故事，以及配合的一些因缘与譬喻故事，都在艺术作品中得到了充分的体现与生动的表达。这一时期的造像还有弟子罗汉、菩萨及伎乐天人。

在大乘佛教时期，佛陀降诞出现于十方与三世，空间与时间上都有，且具无限的可能性。菩萨是大乘佛教的根本特征之一。诸大菩萨已经具有成佛的条件，但却发了大誓愿，留在五浊恶世拯救众生。观世音、文殊、普贤、地藏四大菩萨，具有慈悲、智慧、大行、大愿的抽象象征。弟子罗汉更有发展，十大弟子特别是五百罗汉的表现，与僧侣直接对应，表达出宏阔广大的景象。护法则有天龙八部，其中的乾闼婆 (香音神)——飞天，在美学上成为东方美学灵动殊妙的代表形象。龙王摩睺罗伽（大蛇）及天王力士与神兽的威猛、孔武有力，亦大有展现。大乘佛教造像艺术的谱系，可以说是佛教美术中最主要的谱系，在中国、韩国、朝鲜、日本及越南等东亚、东南亚国家和地区有着极大范围的丰富遗存并产生极重要的影响，是佛教美学资源方面最主要的宝藏。

密教，是佛教汲取婆罗门教的内涵及一些要蕴形成的。密教为佛教造像艺术带来了根本性的变化。由于佛法修行的需要，密教形成了极为复杂的佛菩萨体系。成熟的密教有高度组织化的神祇谱系，如金刚界大曼荼罗与胎藏界大曼荼罗。密教经典对佛像谱系有详细规定。诸佛、菩萨、护法等像的相容、姿态、服饰、手印、法器，每个部分的色彩，主像与胁侍的组合，成铺的像设，分系列及大曼荼罗等，都在经典中有详细规定或经典的配合仪轨。所以，密教经典也被称为经轨。密教像设与遗存，在中国唐代长安（今西安）、敦煌，藏传佛教流行的蒙古地区、藏区等，以及印度、尼泊尔、日本等地都有。密教造像，特别是后期密教造像，在表现佛陀、菩萨、天部、明王等形象时，常常化现为凶神恶煞的形貌。所以，密教后期美术确有特别的美学特征，即威猛狞厉之美。

《造像量度经》出现较晚，但其对佛像的比例有相当详密的规定。佛像身体各部分的比例和谐舒展，自然体现出美感，但此经对佛像比例进行规定并不是为了追求美感，而是从宗教的神圣性与功用性出发的。佛教美学在各历史阶段具有不同特质的美。

从佛教自身出发，我们可以从经典与仪轨、历史教派阶段的特征变化上对佛教造像的美学有所认识。当然，从造型艺术或者说空间与手法等方面，也可以对佛教造像的美学特征有所认识。佛教造像安放布列最主要的单元是寺庙殿宇。石窟寺其实也是一种寺庙。寺庙的规模可以有很大差别。大者如名山道场，小者有阿兰若等。“天下名山僧占多”，说明了寺庙与环境的关系。所以从寺院的层级与环境的关系，亦可追寻其中的美学特征。

寺庙之中，从像设的安放主体——大雄宝殿到配合主体殿堂的种种佛菩萨殿，都有各自的美学美感特点。更为普及的阿兰若，或是家庭中的佛堂、神龛，各自有各自供奉佛像的具体环境。

佛教造像都是雕塑而成的，所以要从维度方面简要说明。现代雕塑术语中，有圆雕与浮雕之说。在长、宽、高三维空间中，各维度都等同原状，即相当于人身或物体形状，即为圆雕。在某个维度予以压缩的就是浮雕，压扁程度大者为浅浮雕，程度小者为高浮雕。圆雕一般可以从四周来观看，浮雕则不行。形态上还有雕塑本身独立与雕塑后面连着背光或山岩等物体的。古代雕塑之佛像，背后往往贴连背光或像后衬托。从空间来说，有不可移动的石窟作品，多为大像巨作，近于圆雕的像体，后面连在山体之上。寺庙殿宇之中，通常专设佛坛来安放像设。这些佛像，本身近于圆雕，但后面多设有背光。不过，在现存文物之中，特别是出土的佛像作品中，能从四周观看的圆雕作品也为数不少。

中国的佛像作品往往结合了多种造型手法。除了立体程度不等的圆雕与浮雕手段，还有本质上属于绘画的线刻。线刻有在石面上进行的线刻，也有通过突起或下陷形体轮廓，再施以线条描刻来表达的形式：通过不同形式，达到丰富浑成的艺术表现效果。在材质的选择与处理上，也有很多表现手法。金、铜与石、木等多种材质在体积与重量上各有特色。在色彩施加方面，既有彩塑即泥塑敷彩，也有石雕彩绘。绝大多数佛教造像是具象写实的表达，但也有抽象与象征或装饰图案的辅助表现，如合掌手势、胸前“卍”字、肉髻顶珠、服饰图案等。

总之，我们可以从空间造型艺术手法来观察、理解、感受佛教造像之美，感受佛像与美的种种关联。当然，基于造型手法的感受比较侧重于美术之专业角度。但一般来说，最普通的观者在看到佛教造像时，在进入石窟、寺庙和面对像龛时，都能产生种种的美学感受。因而，我们基于佛教美术本身的时地架构，从中选出精妙美好、殊胜庄严、具有美学情趣的作品，希望能为读者提供丰富妙好的大餐。

2023 年 4 月

目 录

图片目录

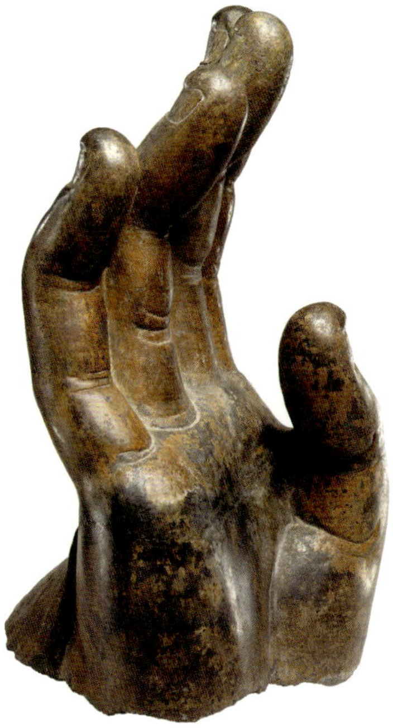

第二章

中原北方地区石窟

中国
佛教美学
典藏

绪论

一、石窟的起源

在开始欣赏石窟造像艺术之前，我们首先应该明确一下石窟的概念。石窟，又称石窟寺，是一种起源于印度的佛教建筑形式。石窟是在山岩中开凿出的寺院，而寺院是佛教进行宗教生活的基本单位。古印度僧人在幽僻的山岩中开凿石室，用以禅观修行。这时的石室结构简单，尚不具备石窟寺的性质。早期佛教艺术并没有出现佛陀的形象，而是以菩提树、宝座、法轮和覆钵塔等象征物来代替。佛灭度后，信徒将塔作为涅槃的象征而崇拜，早期寺庙皆以塔为中心。佛塔既是早期佛教艺术的代表，也是佛教艺术之发轫，石窟寺的起源与佛塔有着极密切关系。当具有顶礼膜拜功用的佛塔与静修的禅室相结合，最早的石窟便出现了。窟中设塔，信徒们进窟后右旋绕行礼拜，这种洞窟即是塔庙窟，也称支提窟。支提（caitya）是梵文的音译，一般是指未含舍利的实心塔。还有一种供僧尼起居兼拜殿之用的洞窟，称为僧房窟，因梵文音译也称为毗诃罗窟（vihara）。塔庙窟与僧房窟是佛教石窟最基本的类型，在此后的发展中石窟产生了多种多样的变化，但仍以此两种窟形为基础。

目前学界一般认为，随着佛教的发展，1 世纪末，贵霜帝国时期犍陀罗地区和马图拉地区出现了最早的佛像。佛像产生后迅速流传，佛教经典所载的佛陀“三十二相”“八十种好”渐趋完备，突出了佛像的特征。造像与佛塔、石窟相结合，成为信众供养礼拜的主要对象，成为佛教艺术的核心。同时，随着佛教的传播，佛像与石窟也远播四方，在亚洲佛教文化的形成过程中产生了极大影响。石窟包含了建筑、雕塑、绘画三种艺术形式，是一座座丰富的艺术品宝库，在艺术史上具有特殊地位。与世俗艺术不同，佛教石窟服从于宗教功能与宗教需要，属宗教艺术。需要说明的是，虽然佛教石窟遗存众多，但石窟并非佛教独有，除佛教外，如印度有印度教和耆那教石窟等，在我国有道教石窟和摩尼教石窟，还有儒、释、道三教合一，甚至民间信仰的窟龛。

二、我国石窟的分布及特色

石窟艺术随着佛教的传播经丝绸之路进入中国，约从 3 世纪至 16 世纪，我国的石窟开凿延续了约 1300 年。据统计，全国石窟群千处，从北到南、从西至东，分布广泛，古丝绸之路沿线分布尤为集中。在世界范围内，从时间、数量、规模、保存内容和艺术品质量等各方面来看，中国石窟都有着无可比拟的地位。我国石窟所处的地域，可分为新疆地区、中原北方地区、南方地区、云南地区和藏传佛教石窟共五个区域，每个地区内还可再分区段。大致分布情况为：新疆地区有龟兹、焉耆、高昌区，中原北方地区有河西、陇东、陕西、晋豫及其以东区，南方地区有川渝、杭州区，云南地区以剑川区域为中心，藏传佛教石窟有阿里、拉萨、日喀则、中原等区域。但以中原北方地区石窟最为复杂丰富，其中河西区、晋豫及其以东区较别的整区遗存还多。

（一）新疆地区石窟

约在公元前1世纪，佛教经中亚传入我国新疆地区，发展至鼎盛期时，新疆形成了于阗（今和田）、龟兹、疏勒、高昌等几个佛教中心。沿塔里木盆地和塔克拉玛干大沙漠的南北边缘，古丝绸之路分为丝路南道和丝路北道。石窟寺分布较多的是丝路北道沿线，特别是龟兹、高昌和焉耆地区，遗存的石窟群规模宏大，独具风貌，具有珍贵的艺术价值。龟兹石窟以克孜尔石窟与库木吐喇石窟为代表，其鲜明特点是将洞窟分为前后二室，两侧开凿甬道，后室和左右甬道之间自然形成中心塔柱。这种石窟形制源自印度塔庙窟，但与印度的石窟形制有着明显的区别，因其强烈的地域特色而被称为“龟兹式”；还存有大像窟。高昌石窟以吐峪沟石窟和柏孜克里克石窟为代表，焉耆石窟以七个星千佛洞为代表。新疆石窟造像多以泥塑成，历经岁月洗礼和人为破坏，所存较少，今日我们仅能通过零散的造像去追寻当年的艺术之美。

（二）中原北方地区石窟

佛教石窟艺术经新疆地区后继续向东传播，中原北方地区的河西区在十六国时期出现了石窟，延至北朝、隋唐时期，北方地区开窟造像工程兴盛不衰。河西地区有敦煌石窟、文殊山石窟、马蹄寺石窟、天梯山石窟等，陇东及陇南地区有炳灵寺石窟、麦积山石窟、庆阳北石窟寺、泾川南石窟寺等，陕西地区有彬县（今彬州市）大佛寺石窟、钟山石窟等。晋豫地区的云冈石窟、龙门石窟、巩义石窟等代表着皇家风范，在中国石窟艺术中占据重要位置。邯郸南北响堂山石窟、太原天龙山石窟和安阳灵泉寺石窟等是继云冈石窟、龙门石窟之后中原北方地区的主流石窟。此外，还有辽宁义县万佛堂石窟、山东云门山石窟、驼山石窟等，也都是比较重要的石窟。大小石窟星罗棋布，包含有极为丰富的文化遗存。在中国石窟艺术的发展过程中，中原北方地区具有重要地位，数量既多，塑雕亦精。由地质条件决定其形态，河西与陇东以泥塑为主，陇南、陕西、晋豫及其以东多是石雕。

从佛教及其艺术在中国发展的状况来讲，以中原北方为主的佛教艺术（包含石窟之外的造像）在北魏、北朝晚期（北齐、北周）和唐代形成了三大高峰。北魏佛教带有较强的国家政治色彩，统一的皇权与崇佛的风尚使气势磅礴的云冈石窟横空出世。汉化政策的推行与迁都洛阳开启了龙门石窟的凿造史，一种与印度、西域造像迥然不同的“秀骨清像”“褒衣博带”样式流行开来，云冈石窟的浑厚粗犷变为清俊秀美，这是北魏孝文帝改革的真实表现，也反映出民族审美心理的变迁。石窟艺术的中国化在云冈石窟加快了步伐，至龙门石窟可以说是彻底完成，佛教艺术至此形成了一个高峰。

北朝晚期政权多崇佛教，佛教艺术继续发展，不但上续北魏遗风、下启隋唐之制，而且在造像风格与样式上创造出自身的浓烈特色，是不止于仅仅承上启下的重要阶段。北齐响堂山石窟外来风貌浓厚，审美趣味由清秀俊美变为壮美，与其时单独造像的圆秀标致形成对比。北周须弥山石窟亦具有壮硕之特征，但更显旷达之风。

隋唐时期，国家统一，文化发达，佛教也渐趋成熟，形成了开宗立派的繁华局面。兴盛的佛教推动石窟艺术的发展，丰满圆润、鲜活灵动的造像向世人展现着盛世气象。宋代造像较写实，神情细腻生动。宋代以后，三教合一，佛教充分融入世俗生活之中，时人的思想文化与审美观念亦发生变化，大型石窟造像逐渐走向式微，陶瓷、金、铜等材质的小型造像在民间流行，中原北方地区石窟艺术渐趋衰落。

（三）南方地区石窟

一般来讲，中原北方地区石窟可视为中国石窟的主流，但南方地区石窟也别具风貌，呈现出与北方地区石窟明显不同的特点。“南朝四百八十寺，多少楼台烟雨中。”南北朝时期，南朝佛教兴盛，寺塔林立，但石窟较少，留存的遗迹有南京栖霞大佛和浙江新昌大佛。两尊大佛皆是开龛造像，而非凿成窟室，龛前接构木质窟檐，这种多龛而少窟室的特点在南方地区一直延续。从晚唐五代至两宋时期，中原北方地区石窟呈衰退状，四川与重庆即川渝地区石窟独盛一时。安史之乱后，唐玄宗入蜀避乱，大批文人学士、信众与经像一同入川，为川渝地区佛教艺术的发展奠定了基础。四川石窟主要位于川北和川中两地。川北有广元石窟、巴中石窟等，广元石窟年代较早，接近中原北方地区的风格。川中安岳、潼南、资中以及与川中接壤的重庆大足等地，皆有窟龛分布，其时代延绵，自成一体。由五代至宋代，造像尤为盛美，风格趋俗，注重写实，水陆画三教合一的特色及密教民俗化等特征均在石窟与摩崖造像中得到体现。

（四）云南地区石窟

云南地区石窟以剑川石窟为代表，于南诏国、大理国时期（约相当于唐宋时期）由西南少数民族开凿。迟至唐初，汉传佛教已对云南地区产生较为普遍的影响。南诏国和大理国是由白族先后建立的政权，前后延续近六百年的时间，历代统治者均大力支持佛教的发展，苍山洱海，梵音袅袅。

汉文化的影响使石窟艺术表现出一定的汉风。但地处云岭之南的云南地区因独特的地理位置和地域文化传统，又表现出有别于内地的风韵。南诏国、大理国崇奉佛教，具云南地方特征的阿嵯耶观音信仰盛行不衰，带有密教实用化的特色。白族人民将本主崇拜与佛教造像相结合，雕凿出南诏王及家属像。更多的地域特征和民族元素融入石窟之中，这是云南地区石窟的又一特点。因与藏区接壤，云南地区石窟亦受到藏传佛教的浸染，在石窟中有藏文题记留存。概而论之，云南地区石窟与中原内地石窟平行发展，但西南少数民族特色极为浓郁，在我国石窟艺术中别具一格。

（五）藏传佛教石窟

藏传佛教，又称藏语系佛教，是佛教三大系统之一。7世纪，雅隆部统一西藏诸部落，建立吐蕃王朝。吐蕃赞普松赞干布迎娶唐朝文成公主和尼泊尔尺尊公主，佛教传入西藏。此后，佛教吸收了藏地本土雍仲苯教的部分内容，在后来的发展中逐渐形成带有鲜明西藏特色的藏传佛教。藏区的石窟遗存主要有拉萨地区的查拉鲁普石窟、昌都地区的仁达摩崖造像、玉树地区的贝纳沟摩崖造像、日喀则地区的乃甲切木石窟与拉孜石窟，而西部阿里地区皮央·东嘎等一批石窟是近些年考古所得，为典型的石窟形态，而非摩崖造像，带有鲜明的藏传佛教特色，展现出雪域高原的佛国奇迹。

藏传佛教石窟不仅限于藏区，中原地区亦有流布。元初，世祖忽必烈以藏传佛教为国教，将萨迦派高僧八思巴从西藏请至大都（今北京），奉为帝师。八思巴又召请尼泊尔工匠阿尼哥来到大都，阿尼哥创造出西藏与尼泊尔样式相结合的“西天梵相”。杭州地区的飞来峰石窟、宝成寺摩崖造像与泉州清源山摩崖造像是元代藏传佛教造像的集中代表。明清时期，藏传佛教依然盛行，开凿了辽宁阜新海棠山摩崖造像。需要说明的是，摩崖造像也应包括在石窟寺之中。在山崖上开凿的摩崖造像虽然深度较浅，建筑形制上与洞窟不同，但同样满足了礼拜敬佛的需要，且有些摩崖前加有窟檐或附近修有寺院，也达到了石窟与寺院相结合的功用。摩崖造像反映了石窟中国化的趋势，从晚唐后至两宋渐成主流。

三、石窟的意义

石窟艺术的题材与内容都与宗教属性相关，原始佛教、部派佛教、大乘佛教和秘密佛教等佛教发展的几大阶段在石窟艺术的题材演变中得到了充分的反映。厘清石窟艺术宗教源头的同时，也切勿忽略石窟与现实生活之联系。石窟由窟主、施主和工匠三方面的力量完成。工匠是洞窟的实际营造者，不同工种的工匠分工合作，完成开窟、雕塑、施绘等各项工序。工匠因地制宜，依地质条件决定造像是泥塑、石胎泥塑还是直接开凿在岩层之上，开窟造像之时他们把对美的诠释，施加于宗教偶像之上，使石窟反映出不同历史时期各阶层人民的生活景象与民族审美情趣。绝大多数工匠的姓名已湮没在时间的洪流里，但正是他们用匠心雕刻了时光，用匠心诠释了永恒。

佛教自传入后历经数个世纪的发展，最终变为了中国本土化的信仰；以石窟和造像为代表的佛教艺术积淀了国家、民族和时代的风貌，是佛教中国化的表现与见证。而且，这些石窟还常常出现在后人的笔下和游踪之中，大大丰富了石窟艺术的内涵（图 0–1）。

岁月流转，一座座鬼斧神工般开凿出来的石窟，向后人传达着千年前的美好。让我们心怀敬畏与感恩，开启一段美的历程！

图 0–1 《鸿雪因缘图记》中的龙门石窟，汪英福等绘，清

［清］麟庆：《鸿雪因缘图记》，道光二十七年（1847），扬州刊本

《鸿雪因缘图记》由清人麟庆（1792—1846）撰写，记述了作者游历过程中的所见所闻。书中有绘图200余幅，由汪英福、陈鉴、汪圻等人绘制，龙门伊阙之景为其中一幅。清人李匡济《伊阙》诗云“石磴盘云上，双峰夹水开”，龙门石窟就开凿于伊河两岸。

在历代的诗词和游记中经常出现关于石窟的记述，自古以来，石窟就带给人们美的享受与心灵的洗礼。一座座石窟如一座座艺术宝库，令人心驰神往。

中国
佛教美学
典藏

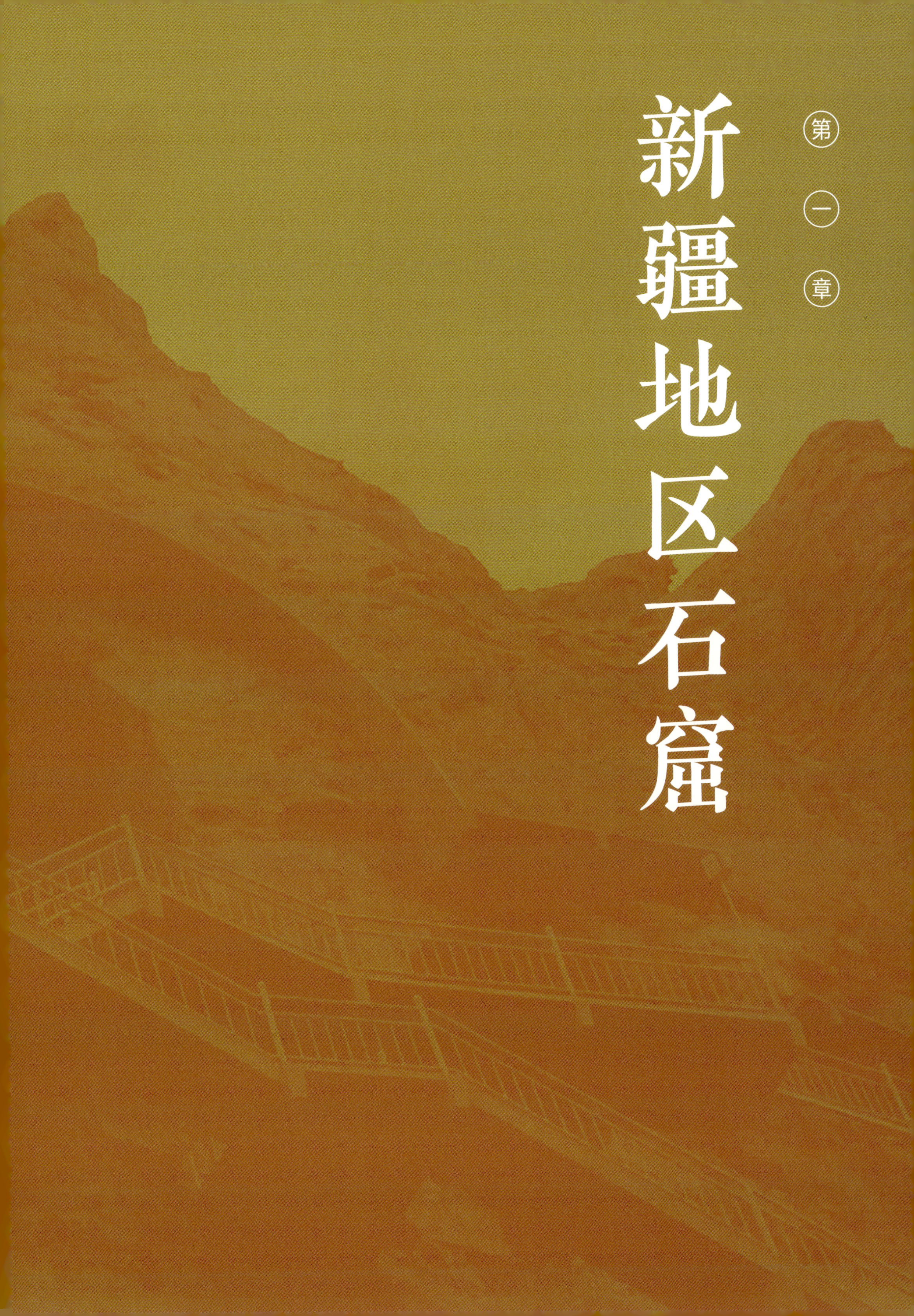

第一章 新疆地区石窟

引言

西域，狭义上指玉门关和阳关以西、葱岭以东的区域；广义上指玉门关和阳关以西的诸多国家和地区，主要包括我国新疆及中亚部分地区。《汉书·西域传》记载，当时西域有30余个国家，有“西域三十六国”之说。汉武帝时期张骞的凿空之行与汉宣帝时期西域都护府的设立，使丝绸之路正式贯通。

在茫茫的沙漠和戈壁滩上，分布着星星点点的绿洲，古代交通线主要沿绿洲分布。位于新疆中部的塔里木盆地和塔克拉玛干大沙漠将丝绸之路分为丝路南道与丝路北道，西域诸国也因此分为“南道诸国”与“北道诸国”，南道诸国有且末、小宛、精绝、于阗、莎车等，北道诸国有焉耆、龟兹、姑墨、温宿、疏勒、高昌等。佛教北传的路线是经中亚、翻越葱岭，进入新疆，又经丝绸之路继续东传，因此新疆地区是佛教进入我国的第一站。佛教约在公元前1世纪传入新疆地区，于4世纪至10世纪进入鼎盛期。新疆地区的石窟寺较多地分布在丝路北道的疏勒、龟兹、高昌和鄯善地区，特别是龟兹地区和高昌地区最为集中，石窟群规模宏大，延续久远，而且特色鲜明，艺术价值尤为珍贵。

龟兹是古代西域大国，在今阿克苏地区的库车市一带，它地处丝路北道，西衔疏勒，东接焉耆，地理位置十分重要。龟兹国绿洲较多，水源充足，物产丰厚，铁矿尤多，这些都为石窟开凿奠定了基础。龟兹文化更是久负盛名，音乐、舞蹈尤其出色，北周和隋唐的许多舞曲都采用了龟兹乐。

佛教传入龟兹后发展迅速，历千年不衰，龟兹成为西域佛教的中心之一。《出三藏记集》载“拘夷国（龟兹）寺甚多，修饰至丽。王宫雕镂，立佛形像，与寺无异”[1]，可见佛教的兴盛与龟兹王室密切相关。著名的译经大师鸠摩罗什（344—413）生于龟兹，其母是龟兹王白纯之妹。伴随着佛教的兴盛，龟兹在森木塞姆、玛扎伯哈、苏巴什、克孜尔尕哈、库木吐喇、克孜尔、台台尔和吐火拉克埃肯等地开凿了石窟，这些石窟主要分布在今拜城县、库车市与新和县境内，其中以克孜尔石窟和库木吐喇石窟规模最大，是享誉世界的重要石窟。龟兹石窟在形制上最突出的特色是形成了中心塔柱形的龟兹式窟室：新疆地区的岩石质地松散，不宜雕刻，更不适于开凿大型窟室，以前后室和左右甬道在窟室中心自然形成塔柱，具有强烈的地域特色。

高昌即今日的吐鲁番地区，代表石窟有吐峪沟石窟和柏孜克里克石窟；七个星千佛洞则是焉耆国的著名石窟。石窟的开凿均经过工匠的精心设计，造像与壁画相互呼应，可惜造像历经岁月的磨砺和人为的破坏，所剩数量较少，窟内的部分壁画仍存，光彩夺目，具有重要的艺术价值。

本章主要选取有代表性的石窟造像进行介绍，希望读者可以从中领略新疆石窟造像之美。

① ［梁］僧祐：《出三藏记集》卷十一，苏晋仁、萧炼子点校，中华书局，1995年，第410页。

第一节

龟兹佛光：克孜尔石窟

龟兹，丝绸之路上存在时间最久的绿洲王国，自汉代张骞凿空始，它便长期作为丝绸之路北道的重镇，经济与文化极为发达。佛教东传，龟兹地处北传佛教的必经之地。在 3 世纪中叶，龟兹佛教进入全盛时期，《晋书·四夷传》载："龟兹国西去洛阳八千二百八十里，俗有城郭，其城三重，中有佛塔庙千所。"①四百年后，玄奘（约600—664）西行时，这里仍有"伽蓝百余所"②（图 1–1–1）。

中国佛教史绕不开龟兹，正是 4 世纪时"道震西域、声被东国"的龟兹僧侣鸠摩罗什组织的大规模译经活动，让整个东亚地区聆听到了来自南亚次大陆智者的思想。鸠摩罗什可谓东亚佛教思想史上里程碑式的奠基人，其功绩远远超出佛教文化的历史范畴。除了鸠摩罗什，踏上东传教法之路的龟兹僧侣不知凡几，留名青史者还有龟兹王世子帛延、帛尸梨蜜、帛法炬、佛图澄、莲华精进等。今日汉文中"沙门""沙弥"不能比对梵文的 sramana 和 sramenera，但与龟兹语的 samane 和 sanmir 相近，这些都是龟兹先贤的遗泽。③

后秦弘始十五年（413），龟兹的游子鸠摩罗什在中原长安圆寂，临终前他仍然挂念着译经事业，于病榻前说："今于众前，发诚实誓：若所传无谬者，当使焚身之后，舌不焦烂。"④龟兹僧团带给东方的经典遗泽千年，而他身后的龟兹佛国早已

---

① ［唐］房玄龄等：《晋书》卷九十七，中华书局，1974 年，第 2543 页。
② ［唐］玄奘述，辩机撰：《大唐西域记》卷第一，章撰点校，上海人民出版社，1977 年，第 4 页。
③ ［法］谢阁兰、伯希和：《中国西部考古记吐火罗语考》，冯承钧译，中华书局，2004 年，第 53 页。
④ ［梁］慧皎：《高僧传》，中华书局，1992 年，第 54 页。

“孤城倚大碛，海气迎边空。四月犹自寒，天山雪蒙蒙。”唐代边塞诗人岑参的《北庭贻宗学士道别》道尽了西域的苍凉和雄浑。克孜尔石窟倚靠于横亘龟兹国北界的却勒塔格山，当年鸠摩罗什和母亲从此地出走又回返。几百年后，三藏法师玄奘途经时所见也是此山，史料称其为“赤沙山”。大量龟兹石窟遗址分布在却勒塔格山沿线。

图 1-1-1　克孜尔石窟外景

图 1-1-2　鸠摩罗什像，铜质，高 3 米，克孜尔石窟

（陈粟裕供图）

鸠摩罗什像位于克孜尔石窟前，背东朝西，呈思惟状。雕像造于 1994 年鸠摩罗什 1650 周年诞辰之际，由新疆龟兹石窟研究所与新疆文博界、艺术界专家设计论证，由雕塑家阎玉敏、阎玉昆先生塑造。

物是人非，仿如佛经中云："生死品者，说诸魂灵亡神在，随行转生。"①（图 1-1-2）

龟兹的语言文字（旧称"吐火罗文"）属印欧语系，故而从宗教心理与民族文化方面，均广泛吸纳了印度和中亚，甚至西亚的文化传统，这让龟兹佛教造像艺术从创造伊始就有着浓郁的中亚佛教及北印度犍陀罗、笈多遗风。它们罕见地反映着早期北传部派佛教的一些特征，如涅槃像呈现佛"无余涅槃"的境界及出现交脚弥勒、七佛等新主题的造像，以部派佛教说一切有部等教义为重要发展线索，同时又开始突出大乘的影响。大乘佛教与部派佛教兼收并蓄的造像，在世界各地的佛教遗址中并不常见。龟

① 法救：《法句经》，维只难等译，载《大正藏》第 4 册，第 574 页。

图 1-1-3 洞窟外景

克孜尔石窟又称克孜尔千佛洞，是我国开凿时间最早、地理位置最西的大型石窟群。克孜尔在维吾尔语中是“红色”之意，因山岩呈红色而得名。石窟的开凿受到历代龟兹国王的重视，于 7 世纪达到鼎盛。

兹在佛教造像史上有许多个第一：它是我国境内最早开凿石窟的地区，也是最早开凿大像的地区，开凿于 4 世纪中期的克孜尔石窟第 47 窟主室高 16.5 米，是目前世界上开凿最早的大像窟。玄奘西行来到龟兹城，“大城西门外、路左右各有立佛像，高九十余尺，于此像前建五年一大会处，每岁秋分数十日间，举国僧徒皆来会集”①。如今，龟兹所在的阿克苏地区是新疆佛教文化遗产最为丰富的一个区域，在拜城县、库车市、新和县、温宿县、乌什县、柯坪县所遗留的石窟遗址就有 20 处之多，洞窟总数达 700 余个，规模最大的克孜尔石窟（图 1-1-3）有洞窟近 350 个，并且还有未被发现的、埋在山坡下的洞窟，其时代从 3 世纪绵延至 9 世纪，可见旧日丝路佛国的繁盛。

1973 年，克孜尔文物保管所在克孜尔石窟谷西区东侧发现了一座被掩埋千年之久的塔心柱窟，今日编号为新 1 窟，该窟内部保存下来的三身塑像成为龟兹诸石窟群中少有的原址遗存造像，窟内泥塑彩绘涅槃佛像更是目前新疆境内唯一的一躯。根据相

① ［唐］玄奘述，辩机撰：《大唐西域记》卷第一，章撰点校，上海人民出版社，1977 年，第 4 页。

关论著，该窟造像约塑于6至7世纪，[①]那是龟兹石窟最为繁盛的时期，相对和平的周边环境促进了文化的交流。龟兹工匠们深受5世纪以后北印度笈多艺术风格的影响，朦胧轻薄的衣纹在龟兹石窟群的壁画和造像中均有体现。龟兹工匠对于衣纹的塑造颇具心得，在刻画出厚度的同时，强调线条的表现形式。

六百年的虔诚供养，抵不过时代大势的变迁。10世纪中叶，来自锡尔河下游三角洲的突厥喀喇汗王朝皈依伊斯兰教，开始了对西域诸国旷日持久的征服活动，伊斯兰教的到来动摇了整个西域的佛教根基，战乱摧毁了经济，也让工匠和艺术家四散奔走。虽然这期间信仰佛教的高昌回鹘仍旧牢牢控制着龟兹地区，但龟兹地区的开窟造像活动自10世纪始趋于停滞。14世纪，东察合台汗秃忽鲁帖木儿宣布其控制的广大西域地区全部改信伊斯兰教，并着手对幸存的龟兹佛教进行了毁灭性打击，今日龟兹石窟群大量只余背光的石窟遗迹便在此时被毁，千年的丝路佛国终究一灯难续。直至近代，西方探险家相继来到，才发现了掩埋在大漠边缘的龟兹石窟群。这次更加彻底的洗劫让我们今日已无法在龟兹佛国看到完整的造像。

第77窟是克孜尔石窟中保存塑像最多的一窟，被誉为“塑像群窟”，20世纪初德国“普鲁士皇家吐鲁番探险队”将窟内大量造像盗取至柏林亚洲艺术博物馆。德国探险队的领队勒柯克（Albert von LeCoq）说：“克孜尔地处偏僻，极难到达……可以看出，这种文明的程度比在同一时期欧洲德意志公国的文明程度要高。”[②]德国探险队将龟兹石窟的雕塑、壁画、写经等文物运至德国，由柏林民俗博物馆（柏林亚洲艺术博物馆的前身）保管。第77窟开凿于4世纪，为大像窟，惜大像已无存，个别体量稍小的塑像散见于博物馆之中（图1–1–4）。第77窟营造于龟兹佛教的兴盛期，此时造像的人物面部呈现出典型的吐火罗人样貌，但仍然继承了部分中亚人卷发的特征（图1–1–5、图1–1–6）。龟兹石窟造像以泥塑为主、木雕为辅，塑造便捷的同时也易损毁，今日保存相对完整的为木雕作品（图1–1–7、图1–1–8）。时光跨越千年，今日的我们仅能通过残存的部分去窥探龟兹艺术之美。

在西域列国中，龟兹受到中亚艺术的影响仅次于于阗。龟兹造像融合了犍陀罗、笈多等造像的元素，它们的面部有着直发、细眉的中亚人样貌，衣着、身姿又具有一定的波斯、印度的审美特征，如柏林亚洲艺术博物馆藏力士所披挂之盔甲便具有萨珊波斯武士盔甲的特征；而印度元素则更多出现在造像本身的塑造上，如印度笈多风格贴体的袈裟、女尊像“S”形站姿等。混合、吸收、杂糅各种风格的龟兹石窟造像艺术显现出独特的风貌，不专属于任何一种风格，又能从其间找到许多风格的影子，无处不在地体现着文明交融碰撞的痕迹，默默地叙述着千年前丝路多族融合、四邻交汇的繁盛。

---

① 许宛音：《克孜尔新1窟试论》，《文物》，1984年第12期，第10页。
② A. von LeCoq: *Buried Treasures of Chinese Turkestan*, London, 1928.

图 1-1-4　女尊头部，6—7 世纪，泥塑，高 0.3 米

克孜尔石窟第 77 窟出土，柏林亚洲艺术博物馆藏

三尊女尊头部已不能被具体辨识，或为伎乐。模糊的面容展现出一种婉约的姣好，展现出一种贴近生活的美。在距离亚历山大故乡 5000 千米外的龟兹，希腊对青春之美的理解被龟兹艺术家们完美呈现。

图 1-1-5　菩萨头部，约 8 世纪，泥塑，高 0.38 米

克孜尔石窟第 77 窟出土，柏林亚洲艺术博物馆藏

菩萨的头发呈“8”字形螺纹状盘布，头冠保存完整，主要以红色和绿色相间装饰，鲜艳的色彩历经千年而不败。在龟兹石窟中，头冠展现出极其多元化的形态，或为中亚缠头，或为南亚叶冠，或为西域特有之花冠，丰富多变，绚丽华美。

图 1-1-6　菩萨头部，6—8 世纪，泥塑，高 0.25 米

克孜尔石窟第 77 窟出土，柏林亚洲艺术博物馆藏

龟兹人在面目五官上融合了蒙古人种和高加索人种的特质，眼眉上挑，呈细长弯月状，口鼻较小，眼睛略微突出，造像面部所展现的是当时人物的传神写照。菩萨凝目沉思，浓密的大波浪卷发，更增其神韵。他们凝视着我们，千年来慈和的眼神从未消逝。

图 1-1-7　龟兹造像，5—6 世纪，木雕，高 0.13 米、0.24 米

克孜尔石窟第 76 窟（孔雀洞）出土，柏林亚洲艺术博物馆藏

从木雕来看，龟兹中后期造像受到印度笈多的艺术风格影响，轻薄的衣裙紧贴身体，突出身体的健美。图中立佛与坐佛具有明显的中印度萨尔纳特风格，薄衣贴体，不表现衣褶，着重在衣领等处刻画纹路。

图 1-1-8　龟兹造像，5—6 世纪，木雕，高 0.19 米、0.12 米

克孜尔石窟第 76 窟（孔雀洞）出土，柏林亚洲艺术博物馆藏

龟兹造像继承了犍陀罗风格对衣纹刻画的力量感，呈现出袈裟贴体的意态，但衣纹刻画却又显得十分遒劲，衣褶则由人工营造出厚重的立体感。龟兹造像在技法上同犍陀罗造像几无二致，但与后者层层稠密的衣纹不同，疏阔的间隔体现出龟兹人独特的一面。

第二节

绮丽庄严：库木吐喇石窟

“西北渡河，至阿奢理贰伽蓝，庭宇显敞，佛像工饰，僧徒肃穆，精勤匪怠。并是耆艾宿德、硕学高才、远方俊彦，慕义至此。国王、大臣、士庶、豪右，四事供养，久而弥敬。”①贞观初年，西行抵达龟兹国的玄奘应邀造访了龟兹城西北的阿奢理贰寺，在这里他同龟兹高僧木叉鞠多进行了一场关于部派佛教和大乘佛教经义的辩论，远道而来的青年玄奘毫不怯场，侃侃而谈，木叉鞠多在事后不由赞叹：“若往印度，彼少年之俦未必有也。”②

二位高僧的辩论就发生在今日的库木吐喇石窟附近，这座位于渭干河畔绵延 3 千米、始建于 4 世纪的大型石窟寺相比克孜尔石窟更加靠近龟兹王城，是龟兹的达官显贵更愿就近拜访的去处，极盛时是西域佛教文化的中心之一（图 1-2-1）。彼时，西域佛教与统治阶级的关联极其紧密，和印度、中亚等佛国一样，龟兹的佛教寺院，尤其是大型寺院，往往和国家的政治生活紧密地联系在一起。库木吐喇石窟所属的阿奢理贰寺便由龟兹国王为其王弟所兴建，这类王室寺院往往还担当着临时行政中心的角色。5 世纪，南朝梁僧祐在《出三藏记集》中描绘了龟兹地区寺、宫不分的场景：“拘夷国（龟兹）寺甚多，修饰至丽。王宫雕镂，立佛形像，与寺无异。”③

王室背景和便利的交通令库木吐喇石窟艺术呈现出明显

① ［唐］玄奘述、辩机撰：《大唐西域记》卷第一，章撰点校，上海人民出版社，1977 年，第 5 页。
② ［唐］慧立本、彦悰笺：《大唐大慈恩寺三藏法师传》卷二，载《大正藏》第 50 册，第 227 页。
③ ［梁］僧祐：《出三藏记集》，苏晋仁、萧炼子点校，中华书局，1995 年，第 410 页。

图 1-2-1 库木吐喇石窟外景

（霍旭初、刘韬 供图）

库木吐喇石窟位于新疆库车市城西 25 千米处，是仅次于克孜尔石窟的龟兹大型石窟群，开凿时间略晚于克孜尔石窟，大约在 4 世纪。库木吐喇是维吾尔语的音译，意为“沙漠中的烽火台”。

的政治导向性。以 7 世纪为节点，之前的造像、壁画带有浓烈的中亚之风。而到了贞观二十二年（648），唐廷移置安西都护府于龟兹首府伊逻卢城，并统辖龟兹、疏勒、于阗、焉耆四镇，即“安西四镇”，推行唐朝政令，于宗教层面，委派中原僧人为四镇的都僧统，管理西域的宗教事务。强势的中原文化注入使地近安西都护府行政中心的库木吐喇石窟自此融入了大量内地美学的特质，尤其表现在壁画系统中。汉族官僚与亲眷在这里开龛绘影，汉风与龟兹之风交相辉映是其区别于西域诸国佛教艺术的独特之处。

时光荏苒，江山换代，信仰易宗，库木吐喇石窟遭到的破坏比克孜尔石窟还要严重。近代西方探险家来到此处发掘时，昔日玄奘笔下“佛像工饰”“诸僧伽蓝庄严佛像，莹以珍宝，饰之锦绮”[①]的龟兹造像早已无影无踪。1977年，文物工作者在清理库木吐喇石窟沟口区时意外地发现了埋藏在流沙中的 GK20 窟。该窟门道两侧壁面各凿一圆拱形龛，西龛存有迄今为止新疆地区石窟中保存最为完整、风格时代最早的一身泥塑坐佛。这尊被推测为 4 世纪的坐佛表现出两种造像风格，即犍陀罗造像风格与印度马图拉造像风格。犍陀罗与马图拉是印度最早的两个佛像制作中心，两地风格截然不同：犍陀罗艺术由于受希腊化的影响，体现出强烈的希腊美学因素；而马图拉艺术则更多地体现印度本土风格。GK20 窟坐佛混合了两大早期佛教造像系统的颇多特征，亦有自行创作，如衣纹粗大的凸起、疏阔的间隔和更具层

图 1–2–2 坐像，约 8 世纪，泥塑，高 0.61 米

库木吐喇石窟出土，柏林亚洲艺术博物馆藏

尊像头部已失，似蹲似坐，是少见的表现龟兹地区贵族的一尊造像。尊像身穿俗装，赤红色的大袍上以青色花叶图案为装饰，袍边绣连珠纹，黑色卷发自然披散于两肩。据《旧唐书·西域传》记载，龟兹人“男女皆剪发，垂与项齐，唯王不剪发”[②]，这尊造像与史料记载中的龟兹人形象吻合。

① ［唐］玄奘述，辩机撰：《大唐西域记》卷第一，章撰点校，上海人民出版社，1977 年，第 4 页。

② ［后晋］刘昫等：《旧唐书·西域传》，中华书局，1975 年，第 5303 页。

图 1-2-3 菩萨像，7—8 世纪，泥塑，高 0.4 米
库木吐喇石窟第 13 窟出土，柏林亚洲艺术博物馆藏

菩萨头绾明显的唐代发髻，衣褶紧贴身体，突出身体的健美，这种造型源自 6 世纪传入西域的印度笈多艺术风格。菩萨面带微笑，散发出青春的活力，线条活泼流畅，雄健又不失灵韵。

7 至 8 世纪，唐廷通过多种手段掌控西域，这一时期新疆石窟艺术较多受到中原美学风格的影响。单以该像为例，最典型的特征就是面部的富态丰腴之感，嘴部小巧，如同花蕾一般紧绷，双目不似西方多是杏眼圆睁之状，而是柔和地微张，搭配刻意宽厚塑造的眼皮，流露出温和慈祥之意，这是东方在 8 世纪所风行的审美意趣。

次感的凸凹线。坐佛体量虽小，但由此仍可见龟兹造像的独特风格在 4 世纪已经初露端倪。

近代，来自德国、法国和日本的探险队接二连三地对库木吐喇石窟进行盗掘活动，已深埋于黄沙千年的部分库木吐喇石窟造像被运存至柏林、巴黎和东京，它们渡尽二战劫波，尚有部分存世。仔细观察造像，可以发现龟兹匠人将当时人的体面特征刻画到造像之上，生动地反映了造像与当时社会生活的密切关联。身着长袍、披散头发的贵族青年（图 1-2-2），丰满圆润、婀娜娉婷的菩萨（图 1-2-3），细弯的眉眼、真实的胡须（图 1-2-4），无不真实地展现着千年前西域佛国的面貌。

崇楼高阁，尊像林立，千年前的龟兹艺术家们依托繁忙的丝路交通，充分吸取着来自东西方等不同文化中美的养分，他们既是谦逊的吸收者，又是智慧的创造者。东西方文化在这里激荡交融，对美的思索在这里孕育发展，纵经百千劫，其遗产亦不会消亡。

图 1-2-4　菩萨像，泥塑

库木吐喇石窟出土，巴黎吉美博物馆藏

成熟期的龟兹造像对于面部的塑造得心应手，写实的发饰层层堆叠。

菩萨的眼睛略微突出，眉眼向上挑起，眉弓高挑。眼睛不再是印欧人种的深目，而是变得细长。眉毛和眼睑由黑色墨线勾勒。嘴部较为小巧，嘴唇上部与下颌部用墨线绘出胡须，十分写实，真实地展现出当时龟兹人的面貌。

第三节

焉耆遗珍：七个星千佛洞

七个星千佛洞，又称“焉耆明屋”，“明屋”维吾尔语为“千间房”之意，位于新疆维吾尔自治区焉耆回族自治县境内，此地是西域的焉耆古国。焉耆，地处西域两大城邦龟兹与高昌之间，《后汉书·列传·西域传》载：“其国四面有大山，与龟兹相连，道险厄，易守。”[①] 依仗大漠隔绝，又盛产马匹，焉耆多次与中原王朝发生冲突，自 7 世纪开始衰落为西域的中型城市。玄奘西行抵达该国时，记叙焉耆因被高昌国屡次骚扰而治安混乱，及至王城居所尚有同行胡商被劫掠杀害。在玄奘的记载中，焉耆是一座“伽蓝十余所，僧徒二千余人，习学小乘教说一切有部，经教律仪，既遵印度，诸习学者，即其文而翫之”[②] 的佛国。

七个星佛寺是古代焉耆国最重要的佛寺，是一处寺窟一体的大型佛教建筑群，由南、北两个寺院遗址和位于北寺西北侧的石窟群组成（图 1-3-1）。20 世纪初，德国人勒柯克和英国人斯坦因（Marc Aurel Stein）在向导的带领下先后来到这片荒芜的废墟，于此发掘出大量精美的焉耆造像，从此向世人揭开了焉耆佛国的面纱。德国第三支探险队于 1906 年 6 月 4 日至 29 日首次发掘了七个星明屋遗址。他们从寺庙遗址内开始发掘，在坚硬如石的废墟中发现了一些散落四处的、具有犍陀罗晚期特征的雕塑残片，对寺院遗址进行了短暂发掘后，又在山脊中发现了被沙土掩埋的石窟，德国人决定放弃对寺院的发

① ［刘宋］范晔：《后汉书》，中华书局，1973 年，第 2927 页。
② ［唐］玄奘述，辩机撰：《大唐西域记》卷第一，章撰点校，上海人民出版社，1977 年，第 2 页。

图 1-3-1　七个星千佛洞外景
（霍旭初 供图）

七个星千佛洞遗址残存建筑93处、洞窟11窟，石窟多为依山开凿的支提窟，部分窟内残存基座与壁画。

掘，将目标锁定在石窟区。他们在洞窟内发现并清理出许多精美的塑像，主要有佛（图 1-3-2）、菩萨（图 1-3-3）和力士等。德国探险家格伦威德尔（Albert Grünwedel）曾经这样描述他们在第 3 号洞窟内的发掘情况："大量的这种塑像或其骨架，祈祷的男女天神，平均高度为 60 厘米多一些，其中还有一个完全裸胸的女神。所有天神都头戴华丽的冠冕，冠冕垂下来头巾与彩带。据推测，这些天神原先在侧壁平台上的靠上一行人物中，而实际上在侧壁靠门壁处还有几个塑像固定在那里。"勒柯克叙述道："我们在这里也找到大量彩绘雕塑，他们的颜色仍然保存完整，这在东方石窟中是极为罕见的，自然也相当具有重要性。"[①]（图 1-3-4、图 1-3-5）

斯坦因于 1907 年 12 月离开吐鲁番抵达焉耆，他利用 12 天的时间，对七个星遗址进行了调查和清理。经调查发现，佛寺遗址焚毁于一场大火。据推测，这场大火大约发生

① ［德］阿尔伯特·冯·勒柯克：《新疆的地下文化宝藏》，陈海涛译，新疆人民出版社，2013 年，第 157 页。

图 1–3–2 坐佛像，7—8 世纪，泥塑，佛高 0.66 米，基座高 0.33 米

七个星千佛洞麒麟窟出土，柏林亚洲艺术博物馆藏

释迦体态丰润，端庄清雅，螺发凹刻成装饰性纹样，袈裟的边缘搭于右肩，袒露的右臂抬起，好似正在说法，左手则轻轻提起袈裟一角。释迦内着黄色僧祇支，外披红色袈裟，衣纹繁密流畅。方形台座上部描画有依次排列的莲花，台座正中绘有两只带有羽翼的鹿，二鹿相对，艺术形式富有想象力，其圆形联珠式元素可溯至波斯萨珊艺术。整体造型比例适中，塑造技法纯熟，色彩稳重雅致，可谓焉耆造像的巅峰之作。

从此尊造像我们可以看到，纵使到了 7、8 世纪，印度笈多艺术对西域造像的影响仍旧十分深厚，佛像贴体的袈裟、健壮的胸肌，颀长的上身都体现了北印度造像美学的特质。

左、右：图 1–3–3 菩萨像，约 8 世纪，泥塑，高 0.5 米

七个星佛洞出土，柏林亚洲艺术博物馆藏

早期的焉耆造像面部尚存明显的印欧人形貌，逐渐发展，呈现出更具吐火罗人形态的样貌，这是佛教艺术本土化的一种表现。宁静祥和、智珠在握的神韵时隔千年仍旧动人心魄，望着他们，仿佛能在倦累的尘世找到难得的片刻宁静。

图 1–3–4　菩萨头像，7—8 世纪，泥塑，高 0.43 米

七个星千佛洞出土，柏林亚洲艺术博物馆藏

焉耆造像中的菩萨形象亦受到来自东方的影响，此尊菩萨面相圆润，五官集中，面带微笑，散发出青春的活力。高冠发饰繁富华丽，对称却不呆板，线条活泼流畅，体现了初唐时期的造像特点。头部的连珠圆纹在隋代之前曾在敦煌一带非常流行。

7 至 8 世纪，新疆石窟艺术受到大量中原美学风格的影响，富态丰腴、嘴部小巧、杏眼圆睁在中原如龙门石窟中亦有类似形貌。

图 1–3–5　婆罗门像，7—8 世纪，泥塑

七个星千佛洞出土，柏林亚洲艺术博物馆藏

七个星明屋中出土了大量被西方探险家们称作“婆罗门”的泥塑像，表现出了极为鲜明的中亚人形象特点：一般在头顶用布包裹着发髻，深目高鼻，凝眉瞪目，留着八字形髭与络腮虬髯。从保存完好的几尊全身像可以看出，它们都是赤裸上身，仅仅穿着短裤，而在上身却装饰着与菩萨相同的项圈、璎珞、臂钏、手镯等，帔帛也是在双肩的后面绕成了大半个圆环。在佛教艺术中，婆罗门教徒常常被表现为全身大部赤裸、形体干瘦、弯腰驼背的形象，但七个星明屋出土的这些婆罗门塑像，却个个肌肉突出、健壮有力，而且为数众多，佩戴着与天人像相同的装饰品。

图 1–3–6　菩萨头像，7—8 世纪，泥塑，高 0.21 米

七个星寺院遗址出土，大英博物馆藏

这尊精美的菩萨头像是斯坦因在七个星寺院遗址中一个“边长为 4 米的简单正方形内殿”里发现。虽然曾遭火灾损坏，但斯坦因从这里发现的几件木雕作品和泥塑作品保留较好。此件体量大而精美的菩萨头部由于火烧后变得更为坚硬，虽然完全失去了原本的色彩，但装饰和波浪形下垂的头发等没有受损。此头像的全身应与真人大小等身或比真人再稍大一点，风格和形态与犍陀罗雕刻接近，但整体浑圆柔美之态已显现出唐代喜丰腴、好樱口的审美风貌。

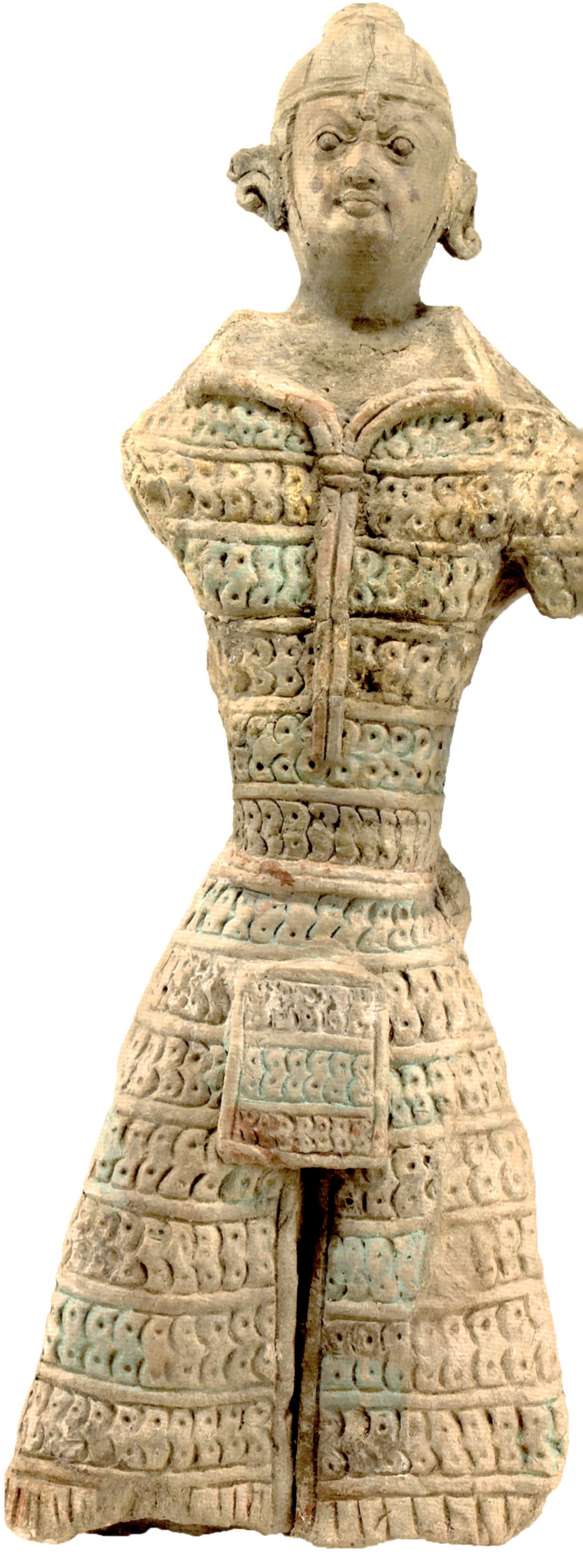

图 1-3-7　武士像，6—7 世纪，泥塑，高 0.43 米

七个星寺院遗址出土，大英博物馆藏

这尊焉耆武士造像头戴有耳翼与护鼻的波斯头盔，由甲条组成的甲衣修长，甲领、甲条呈“E”形。这种甲胄与萨珊王朝银器上的武士形象十分相似，在西域武士造像中非常普遍。

图 1-3-8　菩萨头像，8—9 世纪，泥塑，高 0.3 米

七个星寺院遗址出土，大英博物馆藏

菩萨头戴四叶佛冠，其中两叶上的宝珠仍存，历经时光的打磨依然光彩熠熠。菩萨修眉长目，唇上的胡须生动传神。面部涂白色，头发饰以蓝色，眉毛、瞳孔、胡须为黑色，千年已过，色彩犹存。

在10世纪下半叶，火灾原因可能是早期信仰伊斯兰教的葛逻禄突厥人入侵时，反对偶像崇拜而纵火焚烧的。斯坦因不仅在这里发掘了大量的塑像（图1-3-6、图1-3-7、图1-3-8、图1-3-9），还在此发现了回鹘文文书残片及其他文物。七个星千佛洞的劫难并没有结束，1909年、1914年沙皇俄国探险队两次发掘这里，带走壁画和雕塑品800件之多。如今，德国柏林、英国伦敦、俄罗斯圣彼得堡成为收藏七个星千佛洞造像最多的三个地点。作为高昌与龟兹两大佛教文化的交汇地带，焉耆造像的发现填补了佛教造像西来后，从龟兹至高昌之间造像流变的空白历史。

七个星千佛洞造像证明了犍陀罗艺术在西域地区生命力之旺盛，尤其是在焉耆这样相对非政治中心的城邦，其所呈现出的艺术创造力并不亚于龟兹、高昌两大佛教中心，转瞬千年，美的内涵依然令人赞叹（图1-3-10、图1-3-11）。

图1-3-9　男性半身像，6—7世纪，泥塑，残高0.22米、0.18米

七个星寺院遗址出土，大英博物馆藏

两位男性佩戴串珠项链，胸前有串珠璎珞，装饰华美，或为贵族男子，或为菩萨。玄奘在《大唐西域记》中描述焉耆人“勇而寡略，好自称伐”[①]，两尊青年造像昂扬挺拔，英武有力，充满着青春的气息，生动地诠释了他们迥异于西域别国的尚武精神。

① ［唐］玄奘述，辩机撰：《大唐西域记》卷第一，章撰点校，上海人民出版社，1977年，第2页。

图 1-3-10 女尊像，6—7 世纪，泥塑，残高 0.29 米

七个星寺院遗址出土，大英博物馆藏

杏眼朱唇，腮凝新荔，这尊焉耆女尊明显受到西方希腊风格的影响，工匠准确地抓住了少女特有的青春感，使尊像充满着青春气息。双眼凹陷的部分表明彼时应以宝石之属镶嵌于上，想必当时一定更为神采飞扬，明眸善睐。

图 1-3-11　佛像，5—7 世纪，泥塑

七个星寺院遗址出土，大英博物馆藏

佛尊发髻高耸，双手结禅定印，结跏趺坐，身着厚重的通肩大衣，衣纹贴体。这类泥塑小像在西域各大佛寺遗址大量出土，或为贴塑于殿堂墙壁上的千佛组合。这种造像风格在焉耆地区曾普遍流行。

第四节 东西交汇：高昌石窟

高昌，西域古国之一，位于今新疆吐鲁番一带。这一地区地处交通要道，水草丰美，原是车师国的领地，汉与匈奴曾数次发动争夺车师的战争。西汉宣帝时开始在当地屯田，元帝时建筑军事壁垒"高昌壁"，又设戊己校尉。前凉建兴十五年（327），设高昌郡。5世纪中叶到7世纪中叶是高昌王国时期，阚氏高昌、张氏高昌、马氏高昌、麹氏高昌共四个汉族政权依次统治此地。贞观十四年（640），名将侯君集带兵平麹氏高昌，设西州都护府，而后在交河城设安西都护府。安史之乱后，西迁的回鹘人侵占高昌，史称"高昌回鹘"，也称"西州回鹘"。

佛教自印度向东传播，至迟到3世纪，已传入吐鲁番地区。吐鲁番，也称"火洲"，位于天山东部的盆地之中，自古以来便是连通东西的交通枢纽，是丝绸之路上的重镇。麹氏王朝时期（501或502—640），佛教在高昌更为兴盛。贞观初年，西行的玄奘途经高昌，受到高昌王麹文泰盛情款待，在高昌停留讲经一月。高昌回鹘亦信奉佛教。近千年的佛教积淀，使高昌境内留下了丰富的佛教遗存，石窟遍布，寺塔林立。在此，还需解释两个著名的地理名称。一是交河故城，也称"雅尔湖故城"，位于今吐鲁番市以西，由车师人始建，《汉书·西域传》载："车市前国，王治交河，河水分流绕城下，故号交河。"[1]交河城在高昌国时期为交河郡的治所所在，唐时一度为安西都护府所在地，后为交河县治。另一个是高昌故城，该城位于吐鲁番市以东，也称"亦都护城"，维吾尔语"王城"之意。最早由西汉屯垦的军队所建，

① ［汉］班固：《后汉书》，西域传第六十六下，［唐］颜师古注，中华书局，1964年，第3921页。

高昌王国、高昌回鹘时期为国都所在。除了石窟，两大故城内有大量的佛塔、寺院等佛教遗迹。

高昌石窟是高昌地区十余处石窟的总称，其中以吐峪沟石窟和柏孜克里克千佛洞最具代表性。吐峪沟石窟在东，柏孜克里克千佛洞在西，二者相距约 20 千米。位于高昌故城东北约 15 千米、今鄯善县吐峪沟乡麻扎村的吐峪沟石窟是高昌开凿年代较早的石窟，始建于十六国时期，后代续建。14 世纪，察合台汗国君主秃忽鲁帖木儿迫使吐鲁番地区改信伊斯兰教，佛教受到毁灭性打击，吐峪沟石窟亦遭废弃。且石窟崖壁多沙砾，本身易被侵蚀，加之 20 世纪初数个外国探险队的洗劫以及 1916 年大地震的破坏，大部分洞窟坍塌，现存有编号的 40 余个洞窟中仅有 9 个留有残损的壁画。石窟类型有支提窟、毗诃罗窟和讲经窟三类。

柏孜克里克千佛洞位于吐鲁番市东北 45 千米处的木头沟河谷西岸，是高昌石窟中现存数量最多、内容最丰富的石窟，共有洞窟 83 个（图 1–4–1）。石窟始凿于麴氏高昌时期，归唐后成为西州地区重要的佛教中心——宁戎寺，高昌回鹘时期随着王室对佛教的尊崇，宁戎寺成为官方寺院，石窟达到全盛。同吐峪沟石窟一样，柏孜克里克千佛洞也遭遇多重打击，造像遗存所剩无几。

穿过岁月的尘埃，今日的我们只能在历史的棱棱角角中通过零散的碎片去拼凑石窟的轮廓。高昌石窟壁画散落于世界各地，造像的数量相比壁画更是少之又少，在此我们仅能凭借有限的材料去领略高昌佛教艺术的一角。高昌深受汉文化的影响。自汉代屯田始，高昌便有汉人聚居，又有因战乱西迁的移民不断加入。后来的高昌王国基本上沿用了中原王朝的政治制度，史载高昌“国有八城，皆有华人”①。汉文化表现在佛教艺术中，便出现了全然汉风的造像（图 1–4–2、图 1–4–3）。高昌地处东西交流的要道，有突厥、蒙古、吐蕃、回鹘等多民族聚居，多元文化为艺术发展提供了更广阔的空间，印度风格（图 1–4–4）、西域风格（图 1–4–5）在此汇聚。至高昌回鹘时期，佛教艺术展现出本土底蕴之上东西融合的高昌特色，既显豪迈，又具细腻（图 1–4–6、图 1–4–7）。

地处丝路要道，汇聚东西文化，展现不同民族之融合，高昌石窟在佛教艺术史上具有重要的价值。高昌“地势高敞，人庶昌盛”②，历史的沧桑已远，今日的吐鲁番欣欣向荣，见证了历史，展望着未来。

作为东西方文化交流的孔道，新疆地区石窟造像较之中原石窟造像更具多元特色。由于地近中亚，新疆诸石窟的造像首先便直接受到贵霜治下的犍陀罗美学

① ［北齐］魏收：《魏书》卷一百一列传第八十九，中华书局，1974 年，第 2243 页。
② ［唐］李延寿：《北史》卷九十七，列传第八十五，中华书局，1974 年，第 3212 页。

图 1-4-1　柏孜克里克千佛洞外景

（霍旭初 供图）

柏孜克里克，维吾尔语意为“山腰”，突厥语意为“装饰画”。唐以后、特别是高昌回鹘时期，洞窟形成了依崖开凿与土坯垒筑相结合的建筑方式，土坯起券具有浓郁的地方特色。窟内造像荡然无存，仅残存部分壁画，无声地诉说着过往。

的影响，而后者实则是远东希腊化时代的产物。因此，新疆地区的造像在初期就对人体的写实之美认知颇深，从出土以及现存的石窟造像来看，他们大多准确地把握了塑像本身的神情特征，利用对面部、衣着等细节生动的塑造，展现千年前丝路诸国人种的形貌，处处洋溢着写实精神。对于佛像的形象处理更加凸显犍陀罗美学的影响，多呈现出高肉髻上刻波浪状纹路、厚重衣褶、柳眉杏目、挺拔鼻梁等特点，多个石窟中出土的诸多佛造像与阿富汗、中亚出土的坐佛一脉相承。

虽然整体上具备了犍陀罗时代的遗韵，但不可否认的是，新疆地区佛教文化的兴盛与犍陀罗文化的兴盛有着一定的时间差距，其繁盛的时代正是印度本土笈多造像艺术盛行的时期。我们可以看到，在 5 世纪以后，突出躯体结构、袈裟贴体的笈多美学在新疆诸多石窟造像中屡有呈现。进入 4 至 5 世纪时，新疆地区的佛教造像在吸取印度、中亚的审美基础上，逐渐有所创新，石窟中一尊尊描述世俗供养人的造像已然脱去了印度人种的特征，更具西域诸族的民族特点，表现出佛教艺术中世俗情态的融入。7 世纪开始，中原王朝日趋对西域施加多方面影响，及至 8 世纪，新疆东部地区如高昌、焉耆、龟兹等地石窟造像获得了大量中原审美思潮的注入，丰腴柔美的唐风影响了整个新疆，高昌、龟兹出土了一大批具有浓郁唐代风格的造像，如库木吐喇石窟 GK20 窟中坐佛、吐峪沟石窟发现的木雕

图 1-4-2　十一面观音像头部，唐，木雕，全高 0.38 米

吐峪沟石窟，柏林亚洲艺术博物馆藏

十一面观音，六观音之一，其信仰在唐代广为流传，相关经典有《十一面观音神咒经》《十一面神咒心经》《十一面观自在菩萨心密言念诵仪轨》等。十一面各有含义："前三面慈相，见善众生""左三面瞋面，见恶众生""右三面白牙上出相，见净业者""最后一面暴大笑面，见善恶、杂秽众生""顶上佛面或对习行大乘机者"。[①] 在图像表现中，十一面的布局各有不同，有三层、五层，手臂数量有二臂、四臂、八臂等。十一面观音的形象在敦煌石窟中亦多有出现。

此尊十一面观音身体比例和谐，既有优美的曲线，又不失肌肉的力度，有骨有肉，典雅别致。配饰精巧，为清雅秀丽的仪态又增加了富丽之感。造像整体呈现典型的汉式风格，是高昌深受汉文化影响的例证。

图 1-4-3　男性像，唐，泥塑

柏孜克里克千佛洞，日本大谷光瑞探险队劫掠文物，现藏地不详
图片来源：［日］香川默识编《西域考古图谱》，国华社，1915 年，第 88 页

尊像长发披肩，面容坚毅。身穿铠甲，铠甲上的螺旋状纹饰疑似唐代明光甲，仿如一位英勇的将士镇守着山河。

造像下部残损的位置露出了由芦苇和草秆构成的骨架，令观者对造像的塑造过程有了更直观的认识。造像各部分先分别塑造，再经组合而成；先做出骨架，再进行泥塑、施彩等工序。

① ［唐］慧沼：《十一面神咒心经义疏》，载《大正藏》第 39 册，第 1004 页。

图 1-4-4　佛立像，泥塑，残高 1.5 米

吐峪沟石窟，柏林亚洲艺术博物馆藏

佛陀双脚分立，站于单层覆莲台座上。袈裟轻薄，垂坠的衣纹呈“U”形紧贴腿部，犹如刚从水中走出。这种“湿衣佛像”源自印度马图拉地区，是笈多艺术的表现。薄透的衣料质感衬托出腿部的力量，俊朗挺拔的佛陀形象在工匠的巧手之下现于眼前。

十一面观音均是反映这一时期新疆石窟造像受中原内地影响的例证。

综合来看，新疆地区石窟造像深受东西方文明的影响，早期由于靠近贵霜王朝，故而贵霜犍陀罗造像体系和波斯萨珊王朝审美在该地区颇为流行，中后期中原隋唐王朝相继兴起，内地艺术开始对其产生强有力的影响。由此，新疆石窟造像便在数个世纪吸收东西方美学精华后产生出独特的多元融合的审美风格，一躯造像中我们可以同时看到各种文明在其身上留下的痕迹，此可谓我国石窟造像艺术中殊为独特的一个群组。

图 1-4-5　女性头像，8—10 世纪，泥塑，高 0.13 米

吐鲁番地区，美国大都会艺术博物馆藏
图片来源：美国大都会艺术博物馆

女性蓬松的卷发盘起，头顶以冠饰固定，鼻梁高挺，双目有神。这位西域女性的形象充满写实风格，或许工匠是将生活中的人物投射进信仰的表达之中，才能够塑造出如此真实、亲切的人物形象，古今的沟通纵使跨越千年仍令人欣然。

图 1-4-6　菩萨像，9—10 世纪，泥塑

柏孜克里克千佛洞，日本大谷光瑞探险队劫掠文物，现藏地不详
图片来源：［日］香川默识编《西域考古图谱》国华社，1915 年，第 89 页

尊像残损严重，头部较为完整，胸前残存部分璎珞配饰。发丝雕刻细致，根根分明。扬起的嘴角展现着菩萨的温婉慈爱，令人观之可亲。西域的豪放与汉式静雅的完美融合，是高昌回鹘时期造像的特色。

图 1-4-7　菩萨头像，9—10 世纪，泥塑

柏孜克里克千佛洞，日本大谷光瑞探险队劫掠文物，现藏地不详
图片来源：［日］香川默识编《西域考古图谱》国华社，1915 年，第 90 页

菩萨面容清丽，发饰严整，透过丝丝鬓发仿佛可以感到发梳梳过的痕迹，为静态的图像中增添了动势之美。五官端正，双眼微微下视，菩萨的慈爱与怜悯现示人前。

中国
佛教美学
典藏

第二章

中原北方地区石窟

引言

中原北方地区是指新疆以东、淮河以北的广大地区，这片地域内石窟数量众多，在中国石窟艺术发展过程中占据重要地位。佛教通过丝绸之路，经我国新疆地区后继续向东传播，下一站便来到了河西走廊。河西走廊，是指甘肃省西北部祁连山、合黎山、龙首山等山脉之间的狭长地带，因地处黄河之西，且形如走廊，故而得名。河西走廊水草丰美、农业富庶，汉代以来丝绸之路的畅通与河西四郡（武威郡、张掖郡、酒泉郡、敦煌郡）的设立，给河西走廊带来了繁荣。商贸的繁荣带来文化的发达，联结中原与西域的河西地区成为各种文化交融的载体，灿烂多彩的佛教文化在此生根发芽。

沿着丝绸之路，河西走廊上大小石窟星罗棋布，堪称石窟艺术长廊，自西向东，主要石窟有以莫高窟为代表的敦煌石窟群、文殊山石窟、马蹄寺石窟、天梯山石窟等。河西石窟中敦煌莫高窟规模最大，而开凿较早、在石窟史上尤为重要的是凉州石窟。十六国时期，北方诸少数民族政权治下，崇佛敬僧成为普遍的现象，后凉、北凉、后赵、前秦、后秦等朝尤甚。《集神州三宝感通录》载北凉君主沮渠蒙逊（368—433）“于州南百里，连崖绵亘，东西不测，就而斫窟，安设尊仪，或石或塑，千变万化”[①]。据专家考证，沮渠蒙逊在凉州所建的石窟便是今日的武威天梯山石窟，但因多次地震的破坏，十六国时期的窟像已不存在。从凉州地区其他石窟的零星材料，我们可以发现，佛与菩萨面相浑圆、眼睛细长、鼻梁高耸，飞天健壮稚拙，这

---

① ［唐］道宣：《集神州三宝感通录》卷中，载《大正藏》第52册，第417页。

些特点是在凉州文化基础上融合了西域佛教文化而产生的，又对丝路沿线的敦煌、炳灵、麦积和云冈等地的早期石窟产生了重大的影响，因此凉州石窟堪称中国石窟的鼻祖。

十六国时期虽是纷乱割据的时代，但佛教却在河西地区不断发展，高僧云集，寺塔林立，石窟的开凿从此开始，然年代久远，留存的造像数量有限，本章第一节选取敦煌莫高窟、金塔寺石窟和位于河西地区东侧的炳灵寺石窟、麦积山石窟共四处十六国时期的重要石窟遗迹进行详细介绍。

南北朝是中国历史上一个激烈动荡的时代，在这样的背景下，佛教满足了人们的精神需求，在社会各阶层得到了广泛传播，佛教真正开始在中国落地生根。北魏（386—534）是南北朝时期北朝第一个王朝，由鲜卑族拓跋珪建立。398 年，拓跋珪迁都平城（今山西大同）。北魏征服了漠北，灭胡夏、北燕、北凉等国，439 年，太武帝拓跋焘最终统一了北方，与南方的刘宋政权并立，形成南北对峙的格局。北魏是一个崇佛的王朝，其间虽有太武灭法，但多数皇帝仍敬佛不已。《魏书·释老志》载，道武帝于天兴元年（398）下诏“修整宫舍，令信向之徒，有所居止。是岁，始作五级浮屠、耆阇崛山及须弥山殿”[①]，可见皇权对于佛教的扶持。云冈石窟的开凿更是国家色彩在石窟艺术上的充分体现，北魏文成帝拓跋濬依僧人昙曜的建议而开凿石窟，“昙曜白帝，于京城西武州山塞凿山石壁，开窟五所，镌建佛像各一，高者七十尺，次六十尺，雕饰奇伟，冠于一世”[②]，这便是云冈著名的“昙曜五窟”。云冈石窟是佛教传入后，由国家主持经营的大型工程，规模宏大，皇家风范和中西交璧的特点在此得到了集中体现，在石窟史上、佛教艺术史上具有重要且显赫的地位。

494 年，北魏孝文帝拓跋宏迁都洛阳，大刀阔斧的汉化改革拉开序幕。龙门石窟的开凿伴随着迁都与汉化政策的推行而展开，摆脱游牧风习，融入中原先进文化，审美风尚的变化表现在石窟造像中，“秀骨清像”“褒衣博带”的造像样式流行开来，这与印度身着偏袒右肩或通肩袈裟、体貌雄健的佛像完全不同，是佛教艺术中国化的重要表现。石窟艺术的中国化在云冈石窟加快了步伐，至龙门石窟可以说彻底完成，从中也反映出民族审美的变迁。除云冈与龙门两座石窟外，中原地区还开凿了许多石窟，河西、陇东、陕西、晋豫等地区窟龛遍布，佛教艺术在北魏形成了一个高峰。

北朝晚期政权更迭频繁，永熙三年（534）北魏分裂为东魏与西魏，东魏与

---

① ［北齐］魏收：《魏书》卷一百一十四，释老志十第二十，中华书局，1974 年，第 3030 页。
② 同上书，第 3037 页。

西魏随之又为北齐和北周所替代。虽然都是由少数民族建立的政权，但已经基本实现了汉化，统治者多崇佛教，佛教艺术在北魏基础上继续发展，达到了极高造诣。特别是由鲜卑化的汉人权臣高欢及其子高洋所建之北齐王朝信佛最甚，北齐邺都（今河北临漳西南）与别都晋阳（今山西太原）周边修建有重要的石窟寺院，如南北响堂山、天龙山和安阳灵泉寺等，这些石窟雕刻，上承龙门余绪，下启隋唐之风，极尽人体健美之特色，是继云冈石窟、龙门石窟之后中原北方地区的主流石窟。

隋朝结束了南北朝近三百年的战争和分裂局面，一统南方与北方。《隋书·经籍志》载，隋文帝杨坚即位后，于开皇元年（581）诏令恢复佛教，“任听出家，仍令计口出钱，营造经像。而京师及并州、相州、洛州等诸大都邑之处，并官写一切经，置于寺内；而又别写，藏于秘阁”[①]，在仁寿年间又令各州建塔以安置舍利。至唐代，国力强盛，经济发达，佛教进一步发展成熟。隋唐时期是佛教创宗立派的新时期，佛教在中土的发展迎来最鼎盛的阶段。鼎盛的佛教带来全国范围内大规模的石窟开凿，隋唐时期的石窟造像表现出那个时代自信、开放的非凡气象，巨型造像气势恢宏，小型造像精致细腻，隋唐神采蕴含其中，中国佛教艺术达到了又一高峰。

宋代结束了唐末五代的纷争，政局统一，经济发展，文化艺术兴盛。两宋时代禅宗兴盛，诸宗会通融合，帝王在维持儒家正统地位的同时支持佛教的发展，为治国之辅翼。文人士大夫多修佛学，佛教也开始广泛融入民众生活。唐宋时期是佛教中国化、世俗化的重要阶段，这种历史背景下的佛教艺术也表现出自然写实的风格，反映出世俗社会的审美风尚，注重人物的神态与表情，清秀雅致，充满着浓郁的生活气息。河西、陇东地区的石窟开凿在宋代已接近尾声，工事活动主要在于对前代洞窟的重修，补塑造像已渐失唐代的内在精神；南方巴蜀地区的造像活动在宋代依然兴盛。元明时期，藏传佛教兴盛，内地的石窟中也出现了藏传佛教的内容。宋、元以后，石窟艺术逐渐衰微。

---

① ［唐］魏徵等：《隋书》卷三十五，志第三十，中华书局，1982年，第1099页。

第一节 梵像初现：十六国至北魏时期

一、敦煌莫高窟

敦煌，地处河西走廊的西端，自西汉置河西四郡以来，一直是连接中原与西域的丝路重镇，从敦煌可出阳关、玉门关，进入新疆的丝路北道和丝路南道。由西方外域到中原也要先途经敦煌，再入内地至长安。丝绸之路是贸易之路，亦是文化交流之路，中西文化在敦煌发生交流与碰撞，发源于印度的佛教文化随着丝绸之路传至敦煌。《魏书·释老志》载，“敦煌地接西域，道俗交得其旧式，村坞相属，多有塔寺”[①]，可见敦煌地区佛教的盛行。随着佛教的传播，敦煌开始了开窟造像的历程。

莫高窟位于敦煌鸣沙山东麓（图 2-1-1），始建于十六国时期，经历了 4 世纪至 14 世纪共千余年的营造过程，形成南北长 1680 米的石窟群，现存洞窟 735 个、壁画 4.5 万平方米、泥质彩塑 2415 尊，分布于南北二区，南区为佛事活动场所，北区为僧侣修行与居住之所。莫高窟开凿在砾岩上，土质松软，不宜石雕，且地处西北沙漠地带，石材与木材较为稀缺，因而莫高窟造像除少量石胎泥塑外，多为木骨泥塑。莫高窟的艺术体现了建筑、彩塑和壁画有机的结合，是当时社会生活的反映，被誉为“墙壁上的图书馆”，于 1987 年被列入世界文化遗产。

4 至 5 世纪是莫高窟营建的早期，可分为前凉、前秦、后凉、西凉时期（366—421）和北凉时期（421—439）两个阶

① ［北齐］魏收：《魏书》卷一百一十四，志第二十，中华书局，1974 年，第 3032 页。

段。十六国时期战乱不断，河西地区因远离中原而相对安定，史载“于时天下丧乱，秦雍之民死者十八九，唯凉州独全”[2]，和平的环境为文化的发展奠定了基础。前秦建元二年（366），沙门乐僔途经敦煌，面对茫茫的鸣沙山仿佛看到了佛光显现，于是决定开凿洞窟，莫高窟的第一个洞窟便这样出现了，此后又有禅师法良续造洞窟。北凉玄始十年（421）至义和三年（433），北凉占据了敦煌，在北凉君王沮渠蒙逊统治时期，莫高窟开始了第一次正式的、有组织的营造活动。北凉石窟现存7个，编号为267、268、269、270、271、272、275，为禅室、佛殿和佛堂的三堂组合形式，7个石窟的主室编号为268（图2–1–2）、272、275（图2–1–3），此三窟也被称为“北凉三窟”。“北凉三窟”之内的彩塑多为单体塑像，人物体态健壮，线条强劲有力，立体感突出，呈现出以印度及西域艺术风格为主、同时融入了中原风格的莫高窟早期石窟风格。

第275窟南壁绘有佛传故事，北壁绘有佛本生故事，南北壁下部绘有身着胡服的供养人像。佛传故事与本生故事的表现手法主要体现受西域的影响，但壁画中的城楼等建筑完全是汉式，反映了西域风格与汉式风格融合的特点，具有鲜明的时代特征。

北魏王朝共历14位皇帝，享国148年，是北朝历时最长的一个朝代。太延五年（439）北魏灭北凉，从而统一了北方地区，结束了西晋末年以来十六国分裂的局面。除了魏太武帝拓跋焘，北魏自王族至百姓多崇信佛教，尤其是孝文帝和宣武帝在位期间，北魏佛教进入全盛阶段。太延五年初，北魏置敦煌镇。北魏宗室元荣（？—约541）于孝昌元年（525）出任瓜州刺史，永安二年（529）被封东阳王。元荣笃信佛教，出资写经，开窟造像。伴随着佛教在北魏的迅速发展，敦煌莫高窟迎来了第一个兴盛时期。

莫高窟现存石窟中，北魏时期洞窟共有12个，分别为第248、251、254、257、259、260、263、265、431、435、437、

左页：图2–1–1 莫高窟外景

中国东方学的奠基人季羡林先生曾说过，“世界上历史悠久、地域广阔、自成体系、影响深远的文化体系只有四个：中国、印度、希腊、伊斯兰，再没有第五个；而这四个文化体系汇流的地方只有一个，就是中国的敦煌和新疆地区，再没有第二个”[1]。千年的光阴流转，一抹佛光照亮了一片沙漠绿洲，成就了一个艺术奇迹。

① 季羡林：《敦煌学、吐鲁番学在中国文化史上的地位和作用》，《佛教与中印文化交流》，江西人民出版社，1990年，第141页。

② ［北齐］魏收：《魏书》卷九十九，列传第八十七，中华书局，1974年，第2194页。

图 2-1-2 交脚佛像，北凉，泥塑，高 0.76 米

莫高窟第 268 窟西壁（敦煌研究院供图，吴健摄）

第 268 窟为禅窟，此类洞窟由印度毗诃罗窟发展而来，主要用于坐禅修行。西壁龛内塑有一尊交脚佛像，一般认为是弥勒像，沉静而又威严。佛身着印度式袒右肩袈裟，衣纹线条简洁流畅。佛像身体部分为原像，头部为宋代重修。

龛外绘有姿态各异的供养菩萨像，供养菩萨呈跪姿，手持花朵，具有明显的印度风格。龛下绘有身着汉装和胡装的男女供养人像。壁画以土红色为底色，使用西域的凹凸技法，朴拙而又简练。

图 2-1-3　交脚弥勒像，北凉，泥塑，高 3.35 米

莫高窟第 275 窟西壁前正中（秦川 供图）

第 275 窟与第 272 窟相连，西壁中央开龛，内有交脚弥勒菩萨像一尊。交脚弥勒菩萨是我国佛教造像中的独特创造，其交脚的姿态类似鲜卑拓跋贵族一种坐式礼仪。此尊交脚弥勒像是莫高窟现存早期最大的弥勒像，菩萨头戴宝冠，面相方圆，高鼻深目，唇部较厚，上身袒裸，佩有瓔珞，下身着裙，衣褶隆起，极具线条的韵律感。菩萨左手施与愿印置于膝上，右手已残，双脚相交，端坐于方形的双狮台座之上，身躯挺拔有力，神情威严肃穆。此尊造像具有明显的印度和西域佛教艺术风格，是北凉时期造像的典型代表。

487 窟。北魏时期最流行的洞窟形制是来源于印度支提窟的中心柱窟。此种形制的石窟主室为长方形，中央偏后的位置凿出连接窟顶与地面的方形塔柱，塔柱的四面开龛塑像，以供修行者绕塔礼拜。河西地区的早期石窟多是中心柱窟，发展至北魏时期，莫高窟中心柱窟洞室前部为“人”字披顶，“人”字披两端模仿汉式传统木构建筑形式，建有木质斗拱，说明汉式风格与石窟艺术的融合，也说明敦煌地区在北魏时期受汉文化的影响较深。北魏时期的佛龛具有鲜明的时代特点，龛梁、龛楣和龛柱的装饰日益复杂，龛梁两端多以龙首等兽首装饰，龛楣上出现的忍冬纹、莲花纹、火焰纹等也渐趋富丽。

北魏前期的佛像为一佛二菩萨的组合形式，后期增加了迦叶、阿难等侍从与弟子，胁侍数量的增加是北魏以后彩塑发展的一个趋势，三身、五身、七身的造像群像逐渐流行开来。主尊佛多为坐佛，坐姿有交脚、倚坐和跏趺坐等。佛像身体饱满强健，身着通肩袈裟或袒右肩袈裟，莫高窟的袒右肩袈裟与印度样式颇为不同，一部分袈裟环绕手臂最后搭于左肩，有明显的犍陀罗特征，袈裟上有阴刻或粘贴泥条而形成的衣纹，突显出

身体的质量感。这一时期的代表洞窟有第248（图2–1–4）、254、275等窟。洞窟中还出现了力士的形象，如第275窟和第435窟（图2–1–5），第275窟内保存的一身力士像是北魏石窟中年代最早的天王像。

第254窟是北魏时代的典型洞窟之一，带有浓郁的犍陀罗艺术风格。第254窟承袭了古印度的样式，中央设有中心方柱。主尊为交脚菩萨像，身着红色袈裟，背光装饰繁复，更加衬托出佛陀的庄严肃穆。洞窟内的壁画十分精美，内容有降魔经变图、佛本生故事等。位于南壁的交脚弥勒菩萨像是其中的代表作（图2–1–6）。

第259窟是莫高窟北魏时期最早的洞窟之一。窟内西壁开龛，塑有释迦、多宝并坐像，释迦、多宝二佛并坐来源于《法华经·见宝塔品》。窟内南北两壁龛有二层，上层为阙形龛，塑有弥勒菩萨像和半跏坐思惟像；下层圆券形龛内塑结跏趺坐的禅定佛像。全窟中北壁的禅定佛像（图2–1–7）是北魏造像的精品之作，工匠以细腻的手法表现了端庄恬静的佛陀形象，表达出一种对美好生活的向往。第435窟（图2–1–8）形制较小，为中心柱窟。东面龛内主尊为倚坐佛，左手施无畏印，右手施与愿印，神情沉静安详。龛外两侧塑有力士，龛楣上方塑有供养菩萨。中心柱的其余三面都开两层龛，上下层之间有坛沿，似塔的感觉。窟内壁画精美，尤其是对于伎乐天的描绘十分细腻，惟妙惟肖。伎乐天是敦煌壁画中十分常见的题材，多绘于窟内四壁上部。北魏时期的伎乐天形象承袭了十六国时期的风格，又出现了拱券形建筑与中原汉式方形屋顶同时出现的天宫建筑新式样，说明北魏时期是西域风格与中原风格相融合的时代。

十六国到北魏时期是莫高窟从创立走向初步发展的时期。早期彩塑有主体性圆塑（圆雕）和附属性影塑（浮雕之属）两大类，题材以佛和菩萨为主。匠人承袭并发展了凉州风格，在吸收了西域等外来艺术风格的基础上，又更多加入了汉文化的元素，营造出古朴浑厚、突显北方民族气质特征的作品，为我们呈现出浓郁的中土文化与异域文化相互融合之风貌。

孝文帝太和改制为北魏王朝带来了汉族士大夫的美学精神，也为佛教艺术带来巨大的影响，脱俗潇洒的审美情趣表现在塑像之上，形成了“秀骨清像”的特征，佛教艺术的中国化进程大步推进。

左页：图2–1–4 佛坐像，北魏，泥塑，高0.92米

莫高窟第248窟中心柱东向龛（敦煌研究院供图，吴健摄）

此佛身着通肩袈裟，结跏趺坐于莲座之上，左手手部残损，右手施无畏印。突出的头顶肉髻呈螺纹状，鼻部英挺，眼微下视，面容柔和，静神凝思。袈裟衣纹密集，呈“U”形分布，莲台上袈裟底边呈扇形均匀地铺在两腿之间，极富装饰性。

图 2-1-5　力士像，北魏，泥塑，高 0.94 米

莫高窟第 435 窟中心柱东向龛（敦煌研究院供图，吴健摄）

石窟造像的内容不断发展、不断丰富，力士是北魏时期出现的新题材。此尊力士手部微残，身体比例匀称，五官造型夸张，脖颈上筋骨毕现，显得威猛有力。其衣纹线条精练流畅，略带几分稚拙，威严地守卫着佛国世界。

图 2-1-6　交脚弥勒菩萨像，北魏，泥塑，高 0.98 米

莫高窟第 254 窟南壁上部（敦煌研究院供图，吴健摄）

第 254 窟的雕塑和壁画承袭了北凉的风格。弥勒菩萨上身赤裸，下身着羊肠裙，交脚坐于阙形龛内，身体强健有力。菩萨胸前有相对的双蛇图案，双蛇装饰常出现在犍陀罗艺术中。

图 2–1–7　佛禅定像，北魏，泥塑，高 0.92 米

莫高窟第 259 窟北壁西起第三龛（秦川 供图）

释迦牟尼结禅定印端坐于龛内，身着通肩袈裟，阴刻的衣纹流畅明了，呈“U”形随身体自然垂下。面部端庄俊秀，嘴角微微扬起，平静而慈祥。身体比例十分匀称，面部和手部刻画细腻，生动真实。其沉静的气场瞬间将观者带入一种禅定的境界。

头部肉髻突出，发丝刻画细腻，呈波纹状。面相方圆，双耳垂肩，眉毛弯而细，眼部大而明，鼻部英挺，嘴唇较厚，带有西域的人物风格。双眼微微下视，嘴角微微上扬，嘴含笑意，展现出佛陀的慈悲。面部如此细腻的刻画，表现了工匠的高超技艺，也饱含着对于美好生活的向往之情。

右页：图 2–1–8　第 435 窟内景，北魏

莫高窟（敦煌研究院供图，吴健摄）

洞窟形制较小，中心柱上塑像丰富，主要组合为一佛二胁侍。窟内壁画精美，是塑像、壁画与洞窟有机结合的具体表现。北魏洞窟内的壁画有着新的时代特色，主要由尊像画、故事画、供养人像和装饰图案组成，沿袭了西域的晕染和凹凸画法，但更注重人体的结构和细节的刻画，相比前代，北方少数民族服饰减少，汉式服装增多，壁画与造像相映生辉。

图 2-1-9　金塔寺石窟外景

金塔寺石窟海拔 3000 米，山势巍峨，台阶陡峭，观者拾级而上，一步步靠近古代的珍品，一步步走进古人虔诚的内心世界。

二、金塔寺石窟

西晋灭亡后，北方地区重新陷入分裂，出现了史称为“五胡十六国”的一系列割据政权，其中前凉、后凉、南凉、西凉、北凉等“五凉”先后占据河西地区。北凉时期是我国佛教史上浓墨重彩的一页，中国石窟寺规模化的开凿自此时开始，祁连山山脉之中的金塔寺石窟是这一时期的代表作品。

金塔寺石窟位于甘肃省张掖市肃南县马蹄区境内，属于范围更大的马蹄寺石窟群之一，凿于祁连北麓临松山的红砂岩崖之上，四周云杉挺拔、灌木繁茂，山谷神奇壮丽。张掖是北凉国初期的都城，因而金塔寺石窟也是河西地区较早开凿的石窟。历经 1600 余年的沧桑，金塔寺石窟现存东、西二窟，石窟距离地面 60 余米，原有小路顺山而上，今有 200 余级石阶直通东窟（图 2-1-9）。

金塔寺东窟为中心塔柱式，中心柱之上的造像呈四面三层的布局，内容广泛，错落有致（图 2-1-10、图 2-1-11）。下层每面均为圆拱形大龛，中有坐佛一尊（图 2-1-12），两侧各有胁侍菩萨和弟子（图 2-1-13、图 2-1-14），龛外侧悬有飞天三四身，呈现凌空飞舞的动感。中层每面凿有三个圆形浅龛（图 2-1-15），龛内塑一佛，龛外塑有胁侍菩萨。上层东、南、北三面塑有十方佛与众菩萨，

图 2-1-10　中心柱，北凉，窟高 6 米

金塔寺石窟东窟（秦川 供图）

金塔寺东、西二窟均为中心柱窟，方形的中心柱四面开龛，每面造像分三层。十六国时期，凉州是发达的佛教中心，虔信的北凉国王沮渠蒙逊开凿了一系列石窟寺。遗憾的是，北凉石窟遗存较少，幸有保存较为完整的金塔寺石窟，是凉州模式中心塔柱窟寺的典型代表。

图 2-1-11 中心柱，北凉，窟高 6 米

金塔寺石窟东窟（张掖市文物保护研究所 供图）

中心方柱四面开龛造像，每面的布局基本一致。上层的数身佛像经后世重修；中层开三龛，内塑三佛；下层塑一佛二菩萨或一佛二弟子。龛侧与上下层之间塑胁侍、飞天等，布局严整，秩序井然。

图 2–1–12　佛坐像，北凉，泥塑，龛高 1.3 米

金塔寺石窟东窟中心柱（秦川 供图）

佛身着袒右肩袈裟，结跏趺坐，安坐于圆拱形龛内。面相浑圆，眉眼细长，带有印度风格，而高凸的肉髻被打磨得光滑平整，加之健硕的身形，又展现出北方民族特色。

图 2-1-13　胁侍菩萨与弟子，北凉，泥塑

金塔寺石窟东窟中心柱（张掖市文物保护研究所 供图）

胁侍菩萨头部与手臂残损，两脚分立，裙裳紧贴腿部，突显腿部肌肉的健硕。身形修长，腰部较窄，比例匀称的身体与肌肉的张力可见犍陀罗艺术的余痕。弟子位于龛侧，身着厚重的袈裟，线条刻画简洁流畅，朴素而生动，具有早期造像的本土特色。

图 2-1-14　胁侍菩萨像局部，北凉，泥塑

金塔寺石窟东窟中心柱（秦川 供图）

菩萨面部丰圆，五官紧凑，眉眼细长，眉毛高挑。清秀的面容，沉静的神态，微笑的嘴角，给人带来心灵的平静。面庞主要饰以白色，莹润而有光泽。整尊造像身体比例匀称，体态强健有力，带有早期造像浓郁的异域风情。

图 2-1-15　中心柱局部，北凉，泥塑
金塔寺石窟东窟（秦川 供图）

中层的三个圆形浅龛塑三世佛，端坐于低平的覆莲台座上，中间佛交脚而坐，右手上举，当为未来佛弥勒。其左侧佛像，结跏趺坐，面庞消瘦，筋骨皆现，目光深邃，似凝神沉思，当为释迦的苦行之像。弥勒右侧当为过去燃灯佛。龛下有一排凌空飞舞的飞天，手臂扬起，双腿上翘，舞姿翩跹，跃然出壁。

位于中层三龛正中的交脚弥勒像高 1.25 米。自东晋以来，弥勒信仰日益流行，或许这正是未来佛弥勒居中的原因。弥勒佛所穿的通肩袈裟衣纹呈“U”形，以贴泥条的形式表现，袈裟纤薄贴体，凸显出健硕的肢体。三尊佛像，神态祥和宁静，眉眼由墨笔绘制，眉毛高挑细弯，颇具神采，庄严神圣，是为早期造像的佳作。

西面是元代补塑的五佛。姿态各异的佛、菩萨（图 2-1-16、图 2-1-17）、天王、弟子、飞天（图 2-1-18、图 2-1-19）等塑像把中心柱装饰得繁复华丽，在有限的空间内展现着无限的佛教世界。

金塔寺西窟形制与东窟基本相同，规模较之略小，中心塔柱上的思惟菩萨像（图 2-1-20）别具特色，体态健壮，姿态雅拙，向我们展现出北凉时期即四世纪石窟的特征。

历经千年，今日所见的泥质塑像多经后代重修，但原貌犹存，我们依然可以通过现存造像遥想当年金塔寺石窟规模之宏大、题材之丰富、装饰之富丽，时至今日地处河西地区山林深处的众多塑像仍在无声地向人们诉说着当年的辉煌。

图 2-1-16　菩萨像，北凉，泥塑，高 1.35 米

金塔寺石窟东窟中心柱东向面（张掖市文物保护研究所 供图）

菩萨披肩的长发束于颈部两侧，有蓬松的质感。披帛斜挂于肩，腰胯部缠裹布带，身体大部袒露，显示出清晰的人体造型和比例结构。菩萨的上身比例正常，且脊背部分的骨骼肌肉刻画得相当准确生动，但腿部则明显细小，与上身略显失调。菩萨的面容明显不同于汉人的形象，其装束更是不同于内地，颇具异域风情，可见河西地区早期造像的特点。

图 2-1-17　胁侍菩萨像，北凉，泥塑

金塔寺石窟东窟中心柱（张掖市文物保护研究所 供图）

菩萨头戴宝冠，上身袒露，佩有璎珞与臂钏，下身着裙，流畅的衣纹紧贴腿部而自然下垂，天衣似是因风而轻微舞动，然最终又自然地垂于体侧。天衣质地轻薄、柔和，温婉地服帖于菩萨体表，彰显出菩萨丰腴健美的身材。

图 2-1-18　飞天像，北凉，泥塑，高 0.6 米

金塔寺石窟东窟中心柱东向面（张掖市文物保护研究所 供图）

飞天最早诞生于古印度，源于印度神话中夫妻一体的乾达婆与紧那罗，随着佛教的传播传入中国，作为天龙八部的组成部分，飞天形象经常出现在佛教艺术中。金塔寺石窟中的飞天身体呈“V”形，身形丰满，双臂张开，尽管对于人体结构和动态的把握还显得比较稚嫩，但动感十足，与庄严沉静的佛像动静结合，倒也相映成趣。

图 2-1-19　飞天像，北凉，泥塑，高 0.6 米

金塔寺石窟东窟中心柱（秦川 供图）

飞天宽肩细腰，身形健美，双臂平伸，身体自然舒展，凌空飞翔。衣裙质地轻薄，衣纹简净，紧贴身体的衣裙给人一种清风徐扬之感。细观之下可以发现，飞天看似相似，实则情态各异，各具特点，或文静或开朗，但都面含笑意。高浮雕的塑造手法，使飞天形象立体、逼真，画面更显热情洋溢。

图 2-1-20　思惟菩萨像，北凉，泥塑，高 0.85 米
金塔寺石窟西窟中心柱南向面（秦川 供图）

菩萨高发髻，头戴宝冠，上身袒露，佩有华美的璎珞与臂钏，下身着裙，疏朗的线条展现出衣纹的质感，菩萨的右脚搭于左腿之上，呈半跏趺坐，作思惟状。在色彩的运用上，莹白的肌肤映衬着红蓝相间的服饰，庄重又不失华美。

悉达多太子树下思惟是思惟像的经典内容。我国的思惟菩萨像始于十六国时期，流行于南北朝时期，此尊思惟菩萨像是早期造像的代表作之一。

图 2-1-21　炳灵寺石窟外景

炳灵寺上山如削，柏树龙盘点翠微。——［明］解缙《炳灵寺》

三、炳灵寺石窟

在甘肃省永靖县西南方的小积石山中，有一座开凿于黄河北岸岩壁之上的石窟，这就是炳灵寺石窟（图 2-1-21）。永靖在西汉前为西羌之地，汉代以后成为丝绸之路陇西段的交通要道，炳灵寺最早称为“唐述窟”，是羌语“鬼窟”之意。关于炳灵寺石窟确切的开凿年代尚不得而知，第 169 窟第 6 龛发现有西秦建弘元年（420）的题记，这既是炳灵寺石窟年代最早的记录，更是迄今为止中国现存石窟中最早有明确纪年的造像题记，这为炳灵寺石窟建造年代的判定提供了可靠的依据，可见其开凿年代可追溯至十六国时期。

炳灵寺石窟的开凿活动历经千年，直至明代才基本结束，经过各代的修建最终形成了上下四层的格局，现存窟龛196个、雕像776躯，其中石像694躯、泥塑82躯。西秦、北魏、唐代和明代是炳灵寺历史上佛教最为兴盛的四个阶段。西秦时期主要有第169、192和195窟，这一时期的造像有明显的西域佛教艺术风格。石窟内的造像与壁画极具时代特色，反映了千余年前那个时代的社会风貌，有着特殊的历史价值与文化价值。2014年炳灵寺石窟作为“丝绸之路：长安—天山廊道的路网”中的一处遗址点被列入《世界遗产名录》。

第169窟（图2–1–22）由一个天然石洞开凿而成，是炳灵寺石窟中时代最早、规模最大、内容最丰富的洞窟（图2–1–23）。窟内现存佛龛24个，第3龛、第6龛、第7龛是其中的代表作品。第3龛内塑一佛一菩萨一天王像，造像线条简洁，粗犷大方（图2–1–24）。第6龛位于第169窟北壁，龛内塑有一佛二菩萨像（图2–1–25），榜题为无量寿佛和观世音、大势至菩萨，背光为三瓣莲花式样，龛左上方即为建弘元年墨书发愿文题记。窟内佛像肉髻突出，鼻梁硬挺，大多身着通肩袈裟，造型古朴又充满力量（图2–1–26），带有鲜明的西域艺术风格，十六国时期早期造像的风格十分明显（图2–1–27、图2–1–28）。

炳灵寺石窟所在的小积石山前，黄河回转奔流形成弯道，山峦耸立，景色极为壮观（图2–1–29）。炳灵寺北魏龛窟多造于北魏晚期，其中也有成组雕造的洞窟，如第126、128和132窟（图2–1–30）。

释迦、多宝二佛并坐是北魏时期常见的题材，源自《妙法莲华经·见宝塔品》，是法华会的图像表现，第125窟与第126窟内皆塑有二佛并坐像（图2–1–31），佛像面相瘦长，颈长而略细。

炳灵寺石窟虽然地处河西，却呈现出中原佛教艺术之风貌。至北魏晚期，“秀骨清像”的风格发展到极致，造像面部极为瘦削，突出清癯的骨感（图2–1–32、图2–1–33）。此时的炳灵寺造像还出现了前代未有的倚坐姿（图2–1–34），设计别致，匠心独运。

图 2-1-22　第 169 窟南壁，西秦至北魏
炳灵寺石窟

《水经注·河水》载，“故《秦川记》曰：河峡崖边有二窟，一曰唐述窟，高四十丈”[1]。据考证，第 169 窟即为文献记载中的“唐述窟”,“唐述”是羌族人对“鬼”的称呼，当时人们见到洞窟中修行的僧人，不解其意，所以有此称呼。第 169 窟位于窟群北端高处，呈不规则形状，利用天然洞穴修成，宽 26 米，深 19 米。

第 169 窟南壁中部已毁，上部塑有颇具犍陀罗风格的五佛像，五佛并排而坐，敦厚雄伟。五佛下方有一龛，龛内存佛与胁侍菩萨各一尊，骨肉兼备的塑像历经 1500 余年依然充满神韵。

① ［北魏］郦道元：《水经注》，陈桥驿、叶光庭、叶扬译注，贵州人民出版社，1990 年，第 43 页。

图 2-1-23　第 169 窟北壁，西秦至北魏

炳灵寺石窟

1963 年甘肃文物工作队在调查中发现了北壁有西秦"建弘元年岁在玄号三月二十七日造"的纪年墨书题记，说明窟中存在一批十六国西秦时期的壁画与造像。北壁是龛像和壁画较为集中的区域，图中为北壁中上部，龛内三佛现仅存一佛，佛高 2.54 米，身着通肩大衣，身体结构、比例准确，表现出丰圆雄健的体态，是早期石窟造像的精品之作。

图 2-1-24　一佛二胁侍像，西秦至北魏，泥塑，佛高 1.35 米

炳灵寺石窟第 169 窟东壁

此一佛二胁侍像是炳灵寺石窟西秦至北魏时期的代表作品。组合形式为一佛一菩萨一天王三身像，主尊坐佛结禅定印，结跏趺坐于长方形台座之上。佛左侧为天王像，着高领紧身铠甲，左手举剑，右手托举金刚杵，威武有力。佛右侧为菩萨像，高发髻，长发披肩。三尊造像线条简约，粗犷直硬，古朴的造型彰显威仪与力度，具十六国早期造像中的粗犷与简率之风。

图 2-1-25　一佛二菩萨像与题记，西秦，泥塑，佛高 1.23 米，南侧菩萨高 1.16 米，北侧菩萨高 1.1 米

炳灵寺第 169 窟北壁第 6 龛

根据龛内墨书题铭，三尊像中的主尊为无量寿佛，南侧为观世音菩萨，北侧为大势至菩萨，此即西方三圣。佛像前额宽阔，眉如远山，着半披肩袈裟，结跏趺坐于覆莲台座上。菩萨下身着裙，立在半圆形覆莲台座上。佛与菩萨背、项光皆施彩绘，色彩明丽，依稀可见当年的华美。

龛外东侧上方写有“建弘元年岁在玄枵三月二十七日造”，建弘是西秦国主乞伏炽磐的年号，这是中国石窟中最早的明确纪年，对石窟造像的断代意义重大。

图 2-1-26　五佛像，西秦，泥塑，高 1.1 米

炳灵寺石窟第 169 窟南壁上部

五佛像位于第 169 窟南壁，5 尊坐佛并列在第 23 龛内。佛头部肉髻突出，双眉细而弯，双目大而有神，鼻梁硬挺，唇部较厚，神情宁静、庄重。佛尊均身着通肩袈裟，结跏趺坐，阴刻的衣纹自然流畅分布于袈裟之上，具有隐隐的律动感，与佛像的沉稳气度融为一体。凝练的线条塑造出雄健的造型，质朴而又充满力量。

图 2–1–27　苦修像，西秦，泥塑，高 0.53 米

炳灵寺石窟第 169 窟南壁下部

释迦牟尼出家之后曾在山林中苦修，经数年而无所获，放弃苦修行至河边，得到牧羊女乳糜供养，佛陀饮后恢复体力，后于树下成道。枯槁瘦削的苦修形象是佛陀当时生活的真实写照，表达了对于佛法的不断追求。

此尊苦修像线条流畅，骨骼筋肉位置准确，额上皱纹与胸部的骨骼由阴刻线表现，摒除杂念、潜心苦修的佛陀形象跃然而出。

图 2–1–28　半跏菩萨，西秦，泥塑

炳灵寺第 169 窟西壁下部

菩萨袒上身、下着裙，舒坐于台座之上。强健的肌肉和较窄的腰部突显出菩萨的健美，嘴角的笑意展现出早期造像朴素又明快的意蕴。头光之下绘有三角形的背靠，配合菩萨略向左倾的姿势，闲适而不失威仪，令人见之忘俗，观之可亲。

图 2-1-29 炳灵寺洞窟外景

炳灵寺

炳灵寺石窟分为上寺、下寺、洞沟三个区域，经历代营造，共有上下四层窟龛近 200 个。

图 2-1-30 北魏窟龛群

炳灵寺石窟

北魏时期，炳灵寺开窟近 10 个。十六国时期，炳灵寺造像多为泥塑，北魏以后变为以石雕为主。

图 2-1-31 释迦、多宝二佛像，北魏，石雕，高 1.6 米

炳灵寺第 125 窟

尖拱形的龛内塑有释迦、多宝二佛，二佛结跏趺坐于方座上，侧方各有弟子一人。二佛面带微笑，举手叙谈，俨然两位清谈的士子，风格上具有北魏时期典型的“秀骨清像”特点。

图 2-1-32 思惟菩萨像，北魏，石雕，高 0.56 米

炳灵寺第 116 龛

方形浅龛正中雕有一身坐姿的思惟菩萨像，菩萨南侧有一弟子侍立，弟子手托香炉，表达着虔诚的供养。菩萨面部较长，是明显受汉文化影响后的北魏样式。身体较为扁平，缺少些立体感。裙摆堆叠，具有强烈的装饰意味。

图 2-1-33 炳灵寺石窟第 129 龛，北魏，石雕，佛高 1.15 米

龛正中雕有四身立佛，两侧各有一胁侍菩萨。虽然已严重风化，但仍能感受到北魏汉化政策推行之后所推崇的清瘤瘦削的审美，修长的体态令人遥想往昔之人亭亭款款的身姿。

图 2-1-34 交脚菩萨像，北魏，石雕，高 0.5 米

炳灵寺石窟第 112 龛

圆券顶浅龛内雕有造像三身，风化较为严重。位于正中的菩萨身体修长，头戴宝冠，双腿交叉，倚坐在台座上。倚坐的姿势是炳灵寺石窟在北朝出现的新样式。菩萨的头部和身体微偏向右，仿佛在与身侧的胁侍菩萨交谈。

四、麦积山石窟

甘肃天水东南45千米处的秦岭山脉，山势陡峭，群山环卫，在深山之中有一座鬼斧神工的佛教石窟——麦积山石窟。“望之团团，如民间积麦之状”[1]，因而得有“麦积”之名（图2-1-35）。天水古称秦州，不仅是丝绸之路东段南道的重镇，也是长安南通巴蜀的要塞。优雅的环境和宜人的气候适宜僧侣修行，便利的交通更是为东去西来、南来北往的僧侣传教弘法提供了方便。

麦积山在十六国时期已有佛教流传，名僧有玄高（402—444）、昙弘（？—455）等。据《高僧传·玄高传》：“（玄）高乃杖策西秦，隐居麦积山。山学百余人，崇其义训，禀其禅道。时有长安沙门释昙弘，秦地高僧，隐在此山，与高相会，以同业友善。”[2]石窟约始建于后秦时期（384—417），后秦是由羌人姚苌（330—393）建立的政权，也称姚秦，都城常安（原长安，今西安）。后秦的第二任皇帝姚兴（366—416）非常热衷佛教，他继位以后勤于政事，提倡佛教和儒学，国力大盛。姚兴将高僧鸠摩罗什请入常安译经、讲法，并下决心开凿石窟。在后秦版图中，皇帝姚兴最终选定了天水的麦积山作为开窟地点。十六国时期，天水被称为秦州，是丝绸之路西出关中的第一站。群山之中，麦积山超然独立，如遇阴雨天气，烟雨朦胧，水汽弥漫，著名的“麦积烟雨”令人神往（图2-1-36）。

① ［宋］李昉等：《太平广记》，人民文学出版社，1995年，第3181页。
② ［梁］慧皎：《高僧传》卷十一，载《大正藏》第50册，第397页。

图2-1-35 远眺麦积山

麦积山形似农家收割后堆成的麦垛，“麦积”之名由此而生。麦积山整座山体呈现上凸下凹的形态，当遇雨水之时，山顶的岩石保护了下部的塑像免受侵蚀，绵延千年的艺术得益于大自然的馈赠予选址之人的智慧。

图 2-1-36 麦积风光

麦积峰千丈，凭空欲上天。最宜秋后雨，兼爱暮时烟。
境胜端由险，梯危若未连。钟声落何处，遥想在层巅。

——［清］吴西川《麦积烟雨》

在皇权的主持下，麦积山开始了最早的石窟开凿。据《资治通鉴》记载，412年，姚兴的弟弟姚嵩曾任秦州刺史，在与哥哥姚兴的书信往来中曾谈到建造佛像之事，这很有可能就是麦积山石窟中最早的造像。石窟的开凿先从搭建栈道开始，在悬崖之下伐木搭架，积木成山，由高到低依次开凿，最后再撤去木架。麦积山的开凿，不知是多少人力与物力的凝聚，在当地至今还流传着"砍完南山柴，修起麦积崖"的山歌。随着历史的发展，石窟艺术随着佛教的传播与发展而在麦积山地区落地生根，最终使得麦积山石窟成为中国四大石窟之一。麦积山石窟岩体主要为砂砾岩，不易雕刻，因此其造像基本为泥塑，有极个别石雕造像。现存洞窟 221 个，泥塑、石雕 1 万余尊，壁画约 1300 平方米，雕塑水平颇高，2014 年被列入《世界遗产名录》。

十六国时期战火纷飞，百姓的生活水深火热，佛教寄托了人们美好的心愿。石窟中的佛像是佛陀的象征，是弘扬佛法的直观形式。麦积山的初步建成使得信众找到了皈依之处，香火的盛繁使石窟得到了千百年的续建再造（图 2-1-37）。

麦积山石窟素有"北朝雕塑博物馆"之美称，其北朝造像不仅精美，而且序列完整，充分展现了北朝各重要阶段佛教造像的演变过程。北魏是一个极为崇佛的王朝，随着佛教的兴盛，麦积山石窟的开凿也进入繁盛时期，麦积山开凿于北魏时期的洞窟有70余个，约占现存洞窟总数的40%。

第74、78窟是麦积山现存最早的洞窟，时代已属北魏。两窟的形制与规格相同，窟内塑造的是三佛的形象，这与大乘佛教三世十方中有无数佛存在的思想有关。窟内原有壁画大部分脱落，内容难以辨认，第74窟内现存壁画两层，上层存有飞天数身围绕在佛身两侧。

第74窟与第78窟正壁主佛（图2-1-38）的风格和特征极为相似，属同一时期作品。佛结双跏趺坐，手结禅定印置于身前，双手及右手小臂残损露出内部木骨架。佛像脸型长圆，肉髻较高，佛发上以阴线刻水波纹以示发丝，由此可见犍陀罗佛像佛发特征影响之遗留。佛像内着僧祇支，外为袒右式袈裟，薄衣贴体，显现出宽肩细腰的健硕体形。袈裟衣纹以阴线刻手法表现，似潺潺流水随身体起伏倾泻而下，具有较强的异域特色。

麦积山北魏洞窟渐渐减弱了异域风格，增加了民族性与地域性。如第148窟正壁的释迦佛（图2-1-39），沿袭了云冈造像身材壮硕的风格特征。主佛右下侧有两龛释迦、多宝二佛并坐像（图2-1-40），这是北魏时期出现的新题材。释迦做说法状，多宝佛似在聆听。造像比例虽小，但雕刻细致，栩栩如生。北魏中期的代表洞窟有第115窟（图2-1-41）、第155窟等，这一时期的造像不再似云冈样式的雄伟，体态开始变得瘦削，出现汉化的趋势。

孝文帝汉化改革后出现的“褒衣博带”“秀骨清像”造像风格同样出现在麦积山，第23窟的主尊造像可视为北魏此种风格较早的代表作品之一（图2-1-42），佛像面部长方略显清瘦，细眉修目，鼻梁直通额际，双唇微薄，嘴含笑意，集庄重和潇洒于一身，俨然已是一派汉人士大夫典雅飘逸的风范，颇显匠师之艺术造诣。

北魏推行汉化政策后出现的造像风格一直延续到西魏时期。除第23窟外，代表洞窟还有第87、121、127、133、142窟等。第121窟位于西山崖壁之上，始建于北魏晚期，宋代重修，三壁各开龛。窟内最具特色的是主尊两侧的胁侍菩萨像与弟子像（图2-1-43、图2-1-44）。菩萨与弟子头部微微倾斜，互相靠近，似乎在窃窃私语，面带笑意，仿佛交谈甚欢，这种设计与塑造增加了生活情趣，使得造像摆脱了高高在上的神秘感，更加贴近人们的生活。

图 2-1-37　麦积山石窟外景与坍塌的崖面

石窟开凿在麦积山山体三面的峭壁上，崖面中部有坍塌之迹，可推定为唐代开元年间（713—741）秦陇大地震使然。现存龛窟分存于东崖与西崖两面，东西崖之间以栈道相连，险峻异常。

虽然文献资料与石窟崖面的证据表明麦积山开凿于十六国后秦时期，但是早期凿造的崖面因多次地震已脱落，现存窟龛塑像已至北魏中期，约同云冈中期石窟。

图 2-1-38 佛坐像，北魏，泥塑，高约 3 米

麦积山石窟第 78 窟正壁

佛面相长圆，五官刻画棱角分明，方额广颐，挺拔笔直的鼻梁直通前额，以显示出佛陀的智慧。佛像面部神情肃穆，极具威严之感，但嘴角微微翘起，淡淡的微笑又增几分亲切，更觉平易近人，佛眼双目低垂，更关注内心世界。左手残缺，右手上举，施无畏印。袈裟衣纹处理如流水般倾泻而下，而到了腿部横向的纹路，则有如晴波回澜。造像整体身体雄壮而健美，具北方民族雄浑的特征，其造型手法简单朴实，但又不失佛像的庄重威严，属于早期石窟造像的典型作品。

图 2-1-39　释迦牟尼佛，北魏，泥塑，高 1.4 米

麦积山石窟第 148 窟正壁（张铭 供图）

位于正中的释迦佛面相方正，肉髻突出，身着袈裟，结跏趺坐。手部刻画较为简略，衣纹使用早期常见的阴刻线条，肩膀宽厚，突出身体的雄伟健壮。整体造型古朴敦厚，是麦积山石窟早期代表作之一。

左页：图 2–1–40　释迦、多宝并坐像，北魏，泥塑，高 0.6 米

麦积山第 148 窟正壁右侧下（张铭 供图）

两个拱形小龛上下列置，均塑释迦、多宝二佛并坐像。上部龛二佛均为双跏趺坐，结禅定印，佛发绀青色，佛身外披红色袈裟。图像左侧的多宝佛着通肩袈裟，头转向释迦佛，似在说着佛经义理，而旁边的释迦佛则是巍然正坐，仔细聆听。下部龛内二佛的动作发生了改变，右侧的释迦佛着半包式袈裟，右手向上抬举，似正口若悬河说着某些见解，左侧的多宝佛，头部微垂凝神静听，右手从半包式袈裟内伸出当胸握住衣边，若有所思。上下两个小龛，以静态的方式呈现出释迦、多宝二佛议论佛法的动态过程，细微动态的处理准确到位，看似简单的图像却传达出深邃的意涵，将观者带入佛法的玄妙境界。

图 2–1–41　第 115 窟内景，北魏，泥塑，佛高 0.6 米

麦积山石窟（张铭 供图）

第 115 窟为平顶，内塑一佛二菩萨像。主尊为释迦牟尼像，佛陀身着北魏时代典型的袒右式袈裟，结跏趺坐于台座之上。佛像台座正面存有麦积山石窟唯一一处北魏纪年题记："唯大代景明三年九月十五日台遣上封镇司□张元伯稽首白常住三宝今在麦积□□□□□□为菩萨造石室一躯……"北魏景明三年（502）是北魏中期向晚期的过渡阶段。

图 2-1-42　释迦牟尼佛及局部，北魏，泥塑，高 1.12 米

麦积山石窟第 23 窟（张铭 供图）

佛像颈部细而修长，高高的肉髻更增加了人物的修长之感，只是肩部还略带云冈式样的宽厚之感。“褒衣博带”式袈裟双领下垂，右侧袈裟一角从身前搭于左臂之上。佛像双手已残损，所结手印无从辨识。身体比例和谐，展现出佛陀超然且优雅的姿态。

图 2-1-43　胁侍菩萨与弟子像，北魏，泥塑，高 1.26 米

麦积山石窟第 121 窟正壁主尊左侧（张铭供图）

菩萨头顶束髻，长裙曳地，身体修长，面带笑意。身侧的弟子发髻突出，呈塔形螺旋状。菩萨与弟子身体微微倾斜，头部靠近，做相互交谈状，这种设计使造像充满生命力，自然亲切。

图 2-1-44　胁侍菩萨与弟子像，北魏，泥塑，高 1.22 米

麦积山石窟第 121 窟正壁主尊右侧（张铭供图）

此二尊像与左侧的胁侍菩萨与弟子像衣着及情态相似，菩萨与弟子侍立在佛侧，比例匀称，颇具清秀之美。弟子身着袈裟，双手合十，菩萨裙裳华美，二者的头部几乎相贴，似在耳语，极富生活气息。

第133窟（图2–1–45）也称万佛洞，窟内有泥塑27尊、造像碑18通，飞天、千佛像等共计3400余尊，是麦积山石窟中造像最多的洞窟。窟室前堂左边即为著名的“佛传碑”，共计18通，其中以第1、第10（图2–1–46）、第11、第16号碑最为完整。石碑布局精巧，刻画细腻，故事情节栩栩如生，具有很高的艺术价值。第133窟内还有著名的弟子像（图2–1–47），即闻名海外的“东方微笑”。少年佛弟子侧向站立，面容憨厚又有些许顽皮，似乎是体悟了佛法的真谛，嘴角上露出会心的微笑。北魏时代倡导儒学复兴，人们更加注重人的价值和人性的表达，中国传统审美意识融入佛教艺术之中，如此细腻的“东方微笑”就是这种中外艺术交融的最直接表现。

第142窟正壁右侧有一处母与子供养像（图2–1–48）。母亲举步欲行的柔和姿态，被匠师以流畅的阴刻曲线条完美地表达出来，而母亲身后的顽童则是僵直地站立不肯挪步，母亲并未因此而恼怒，而是十分耐心，对幼子充满了爱怜。整幅画面在动静、曲直的冲突中始终洋溢着生活的温馨和盎然情趣。

麦积山北魏造像与其他地区造像有着时代共性，但亦有着自己独特的意蕴和美感。总体而言，麦积山泥塑造像手法简洁匀净，上身的衣纹以干净利落的阴刻线表现，下身垂于座前的裙裾下摆（有学者亦称“悬裳”）层层叠叠，类似于贴塑的感觉，且下摆不似其他地域的外侈，而是内敛，在被匠师规范化处理后如初绽的玫瑰（图2–1–49）。造像整体感觉比例修长，细眉修目，超然且清秀优雅，五官刻画简练而内涵丰富。

北魏造就了麦积山石窟的辉煌一刻。从北魏开始，佛教造像逐渐摆脱外来艺术的影响，体现出浓郁的内地特色，面容也更加和蔼可亲，表现出强烈的民族意识和世俗化的趋向。

图 2-1-45 第 133 窟内景，北魏

麦积山石窟（贾灏 供图）

第 133 窟位于麦积山西崖高处，据地面约 48 米，窟高约 6 米，规模特别宏大，形制复杂，窟内开龛 15 个、泥塑 27 尊、造像碑 18 通。此窟是麦积山规模最大的洞窟之一，因其窟内所存造像最多，故而被俗称为“万菩萨堂”“万佛堂”。

左页：图 2-1-46　第 10 号造像碑，北魏，石雕，高 1.56 米

麦积山石窟第 133 窟（贾瀚 供图）

全碑采用连环画的形式，以释迦牟尼在忉利天发愿为中心，描绘了乘象入胎、树下诞生、九龙灌顶、鹿野苑初转法轮、王舍城说法、涅槃等十二段佛传故事。石碑布局和谐，内容丰富，但丝毫不显杂乱。佛像衣着是北魏典型的“褒衣博带”样式，裙摆堆叠，具有装饰性美感。

图 2-1-47　弟子像，北魏，泥塑，高 0.88 米

麦积山石窟第 133 窟第 9 号龛内右壁（张铭 供图）

弟子像位于龛内右侧，其身份为佛陀十大弟子之一的阿难。阿难面容年轻，略带稚气，一个天真可爱、无忧无虑的少年形象活灵活现。眯起的双眼，会心的微笑，传递着来自千年之前的美好。

图 2-1-48　母与子供养像，北魏，泥塑，母高 0.24 米，子高 0.13 米

麦积山石窟第 142 窟正壁右侧（张铭 供图）

母与子供养像为影塑，母亲体态丰腴，头戴高冠，身着宽袍大袖的汉制服饰。母亲长圆脸庞，面貌慈祥，口角含笑，右手中的持物已残，左手袖子挽起拉着孩童的右臂。孩童身穿带蓝边肚兜，笔直站立，脸上还带着顽皮的笑意。母子二人相映成趣，充满着温馨与爱意。

图 2-1-49　释迦像及局部，北魏，泥塑

麦积山石窟第 147 窟（张铭 供图）

第 147 窟主佛虽然装束、姿态等与第 23 窟主佛相似，但造像更倾向于女性化特征。细颈削肩，造像五官柔美，笑意盎然，其眉毛的表现只是眉弓骨处的一道细棱，而修长的眼睛颇似板桥笔下笔力劲健的竹叶，眉宇间有一个小圆坑，想必当年应嵌有珍宝以代表佛的白毫相光，如今珍宝已失，但却为柔美的面庞更添妩媚。佛像右手施无畏印，左手施与愿印，手指略有残损，但仍能看出那是一双纤纤玉手。厚重的袈裟下摆垂于座前，如层层绽放的花瓣，尤其是盘曲的右腿处的衣褶纹路被处理成三瓣莲瓣之状，更衬托出造像的出尘不染。整尊造像集贤达与智慧于一身。

图 2-1-50　云冈石窟外的武周川（今十里河）

灵岩第一境，夙愿几多游。茎草黄金刹，层云白鹭洲。
雨翻花石动，月印海波悠。亿万恒河筏，婆心渡铁舟。
——［清］陈禹漠《游石窟寺》

五、云冈石窟

云冈石窟位于山西省大同市西郊，是我国规模最大的石窟群之一，于 2001 年被列入《世界遗产名录》。北魏时期，大同被称为“平城”，从天兴元年（398）迁都平城至太和十八年（494）迁都洛阳，平城作为北魏都城达 97 年之久，是当时北方政治、经济和文化中心。北魏太武帝在位时期曾下诏灭佛，第五任皇帝文成帝继位后，于兴安元年（452）下诏复兴佛教，平城内佛寺渐兴，云冈石窟便在这一时期应运而生（图 2-1-50）。

云冈石窟在北魏时称“灵岩寺”，也叫作武州山石窟寺，最早由沙门昙曜开凿于和平元年（460）。据《魏书・释老志》记载：“昙曜白帝，于京城西武州塞，凿山石壁，开窟五所，镌建佛像各一。高者七十尺，次六十尺，雕饰奇伟，冠于一世。”[1]从文成帝和平元年起，一直延续至正光五年（524）止，前后历经 60 余年，云冈石窟的大规模开凿活动主要集中在和平年间至迁都洛阳的这段时间，初唐以后平城逐渐萧条，云冈石窟也再未有大型的建设活动。

石窟艺术由古印度经中亚传入我国西部，在十六国时期的凉州地区繁盛一时，随着太延五年（439）北魏灭亡北凉、平定凉州，石窟艺术逐渐向东传播。《魏书》记载，“太延中，凉州平，

① ［北齐］魏收：《魏书》卷一百一十四，志第二十，中华书局，1974 年，第 3037 页。

图 2-1-51 “昙曜五窟”外景

云冈石窟

“昙曜五窟”以第 19 窟为中心，统一设计规划，但因规模较大，并非一次完成。学者将五窟分为两组，第 18、19、20 窟为第一期完成，第 16、17 窟为第二期完成。

“昙曜五窟”的平面呈马蹄形，窟形似乎只是为了容纳其中的大佛像而造，因此没有留出太多的空间。洞窟正面有长方形明窗和圆拱形窟门，进窟后抬头仰望高大的佛像，观者往往感到巨大的震撼。

徙其国人于京邑，沙门佛事皆俱东，象教弥增矣”[①]。北魏灭凉，迁徙凉人至平城，其中也应含有开窟造像的僧人、工匠等。此前已有先例，天兴元年，北魏“徙山东六州民吏及徒何、高丽杂夷三十六署，百工伎巧十万余口，以充京师”[②]。如此，云冈地区的人力与财力聚集，为大型石窟的创建做好了基础准备。

凉州地区的石窟承袭了外来的风格，在开凿的洞窟内塑造塑像和绘制壁画，而云冈石窟的石质为砂岩，无须塑造，直接采用石雕的形式，立体感突出，气势恢宏。云冈石窟是 5 世纪中国佛教艺术的集中代表，按照开凿时间和石窟样式可分为早、中、晚三期，不同时期的石窟造像各有特色。现存大小窟龛 200 余个，主要洞窟 45 个，造像 51 000 余躯。第 16、17、18、19、20 窟是云冈最早开凿的五个洞窟，因由沙门昙曜开凿而通称之为“昙曜五窟”（图 2-1-51）。

第 17 窟正中为高 15.6 米的交脚弥勒像（图 2-1-52），东壁开龛造佛坐像，西壁开龛造佛立像，三尊造像共同组成三世佛的题材。高大的佛像庄重威严，展现着质朴自然之美，恢宏的气势往往令人容易忽略细节，其实仔细观察可发现雄浑壮丽之外的精美，如精致的背光设计（图 2-1-53）和生动的飞天形象（图 2-1-54），令人不得不钦佩千百年之前人们的创造能力与智慧。

① ［北齐］魏收：《魏书》卷一百一十四，志第二十，中华书局，1974 年，第 3032 页。
② 同上书，第 32 页。

图 2-1-52　交脚弥勒像，北魏，石雕，高 15.6 米

云冈石窟第 17 窟西壁

弥勒像开凿于北魏孝文帝迁都之前。弥勒交脚而坐，上束宝冠，双耳垂肩，手部残损。近 16 米巨大的体量，气势恢宏，身体健硕丰满而充满威仪，彰显着北魏强盛时期的皇家气度。

图 2-1-53　佛立像背光局部，北魏，石雕

云冈石窟第 17 窟西壁

头光外侧环绕着数尊小的坐佛，向外一圈为忍冬纹，最外圈为火焰纹。忍冬纹与火焰纹皆是南北朝时期流行的装饰纹样。疏密有致，雕刻整齐，足见工匠的细致用心。

图 2-1-54　供养天，北魏，石雕

云冈石窟第 17 窟东壁

跪姿供养天面部方圆，发髻高束于头顶，双耳垂肩，眉眼细弯，嘴角含笑，表情淡然而安详。身穿裙装，衣纹流畅自然，披帛绕臂飞扬，富有强烈的动感。虽然相比高大的主像，供养天的体量很小，但无论面部还是服饰的雕刻仍然细致入微，这尊供养天也正是当时人们对佛教恭谨与虔诚的形象再现。

图 2-1-55 佛立像及局部，北魏，石雕，高 15.5 米

云冈石窟第 18 窟北壁

释迦牟尼佛立像气势恢宏。其面部丰圆，肉髻突出，眼睛大而圆，嘴角微扬，唇部较厚，双耳垂至肩膀；身着袒右式袈裟，左手上举在胸前握住袈裟的衣角。值得注意的是，袈裟衣纹之间雕刻有结禅定印的坐姿小化佛，细腻精致。丰圆的面庞、宽厚的肩膀、圆润的手部，加之两足开立的姿态，气势雄伟。

图 2-1-56　胁侍菩萨及弟子像局部，北魏，石雕

云冈第 18 窟东壁

弟子像五身，为高浮雕，风化严重。诸弟子神态各异，表情不一，有做凝神沉思状，有做认真听法状，手法细腻，技艺高超。胁侍菩萨头戴莲花纹宝冠，宝冠中刻有化佛。头发束起，垂于肩膀。可惜身体部分风化严重，多已不存，但从仅存的部分中依然可以遥想当年的华美。

图 2-1-57 弟子像，北魏，石雕，残高 1.3 米

云冈石窟第 18 窟东壁（王南 供图）

弟子身着通肩式大衣，阴线雕刻的衣纹疏密有致。高鼻深目，两腮深陷，双眼眯起，嘴角含笑，耳部造型手法夸张，垂至肩膀，形象极富个性特征。其双手扪胸，生动地表现了弟子认真听法的场景。

第 18 窟与第 17 窟的题材一致，为单室窟、穹窿顶，北壁、东壁、西壁各雕一佛立像，共同构成三世佛。大佛的衣纹雕刻比较浅，凸起的衣纹上加刻阴线，服装轻薄贴体，雕刻细腻匀称，纹饰密集，隐约透露出印度恒河流域马图拉造像的一些特点（图 2-1-55）。龛两侧雕有胁侍菩萨（图 2-1-56），菩萨上部雕刻的比丘像，被认为是十大弟子像（图 2-1-57）。第 19 窟同样为单室窟，是“昙曜五窟”中规模最大的洞窟。北壁雕有释迦牟尼佛坐像（图 2-1-58），高 16.8 米，北壁下部有圆拱龛两个，雕有一佛二菩萨、二佛并坐、供养人像等。东壁和西壁雕刻千佛，但风化严重，保存状况较差。在第 19 窟外的左右两侧各开凿有侧窟，两侧窟内的主尊为高约 8 米的倚坐像。

第 20 窟位于“昙曜五窟”中的最西端，前壁和窟顶在早年已崩塌，原来居于窟内的造像完全裸露在外（图 2-1-59）。主尊为释迦牟尼佛坐像，高 14 米，身形高大伟岸（图 2-1-60）。头光和背光设计复杂，环绕着圈圈小坐佛、供养天和火焰纹，繁复华美。袈裟衣纹厚重，纹褶凸起，反映出犍陀罗和中亚地区的

图 2-1-58　释迦牟尼佛坐像，北魏，石雕，高 16.8 米
云冈石窟第 19 窟北壁

高大雄伟的佛像占据了第 19 窟的大部分空间，是云冈石窟中的第二大像。面相丰圆，虽然下颚部分残损，但巨大的眼睛、丰厚的嘴唇和垂肩的双耳仍凸显着五官的立体感。左手置于膝上握住袈裟一角，右手施无畏印。内着僧祇支，外着袒右式袈裟，衣褶平直，薄衣贴体，更加突出身体的强壮健硕。

服饰特点。主尊左侧雕有一佛立像，身着通肩式袈裟，左手已残，右手施无畏印。主尊右侧已坍塌，原有的塑像应与左侧相似，三尊共同组成三世佛，表现过去、现在与未来。主尊的左右两侧残存供养天与飞天等（图 2-1-61）。

“昙曜五窟”是云冈开凿最早的洞窟，带有鲜明的北魏云冈特色。五窟内的主尊皆为高达 10 米以上的巨像，肩宽体厚，深目高鼻，唇上带髯须，有火焰纹的背光，服装浅薄贴体，这些特点既不同于凉州造像，也不同于犍陀罗造像，承袭了凉州地区造像健美有力、袒右袈裟轻薄贴体等样式，吸收了中亚的部分风格，呈现出身躯魁梧雄壮、面部丰润宽圆、五官立体突出的云冈风貌，表现着草原民族英勇的风姿，甚至可以说是一种英雄主义崇拜在造像上的表达。有研究者认为“昙曜五窟”是为北魏太祖以下的五位皇帝所造，五尊大像分别对应五位帝王，表现了对于英雄帝王的崇拜，但关于五佛与五帝的对应关系则有不同的说法。

图 2-1-59 第 20 窟，北魏

云冈石窟

第 20 窟内的大佛被视为云冈的象征，被认为是北魏道武帝拓跋珪（371—409）的化身。这尊威严而雄浑的造像，端肃宁静但却气势撼人。需要注意的是，现在的佛像露天是因洞窟前壁坍塌所致，并非原本的设计意图。

图 2-1-60　二佛，北魏，石雕，中间佛高 14 米

云冈石窟第 20 窟

佛像面部丰满，高髻高鼻，眉毛细弯，眼睛大而圆，双耳垂肩，五官的刻画给人以强烈的立体感。两肩宽厚，位于正中的佛身着袒右式袈裟，僧祇支的衣缘之上刻有连珠纹，斜于胸前，左侧佛身着通肩大衣，衣纹疏密有度，随身体自然流布。大佛整体造型气宇恢宏、庄严浑厚，是云冈早期造像的代表作。

图 2-1-61 飞天，北魏，石雕，高 1.8 米
云冈石窟第 20 窟

飞天体态丰满圆润，五官立体，手持花束、宝珠等，表情肃穆，似在倾听。佩戴精美的臂钏，身着华丽的衣裙，阴刻的衣褶流畅自然，天衣绕臂随风飞扬，有流动、飞舞之感。对人体美的展现主要源自古印度与希腊，这种艺术风格被鲜卑人所推崇。

从 470 年始，至 494 年北魏孝文帝迁都洛阳，是云冈石窟雕凿的鼎盛阶段，这段时间北魏国力强盛，《大唐内典录》言“自魏国所统赀赋，并成石龛”[①]，这说明当时北魏将主要财力投入石窟建造。云冈中期洞窟以精致、华丽著称，主要有第 1、2 窟，第 5、6 窟，第 7、8 窟，第 9、10 窟，第 11、12、13 窟，以及未完工的第 3 窟。

第 1、2 窟为一组双窟，位于云冈石窟的东端，形制、布局相似，皆是仿造木结构多层塔的中心柱窟。第

① ［唐］道宣：《大唐内典录》，载《大正藏》第 55 册，第 267 页。

1 窟是两层方形塔柱（图 2–1–62），第 2 窟是三层方形塔柱。洞窟成组出现，可能沿袭了河西的文殊山、金塔寺的双窟组合，也有可能与“二圣”执政有关。因文成帝去世后，献文帝与孝文帝两位幼主相继继位，文明太后冯氏临朝。太后崇佛，扶植象教，多建寺塔。双窟或是为了皇帝与太后“二圣”所造。第 3 窟（图 2–1–63）是云冈最大的石窟，但终北魏一代未曾完工，前面断壁高约 25 米，传为昙曜译经楼。分前室与后室，后室内现存的西方三圣像为唐代补塑。

第 5、6 窟（图 2–1–64）亦为一组双窟，有栈道相连通。第 5 窟后室北壁主像为三世佛，居于正中的是高达 17 米的佛坐像（图 2–1–65），这也是云冈石窟最大的佛像。此尊雕像的袈裟是双领下垂式，而后发展出有宽博的带子系于前胸，类似于汉魏士大夫的服饰，因此又有“褒衣博带式袈裟”之称。这种袈裟的出现是佛教艺术与汉式审美风格进一步融合的体现，是佛教艺术中国化的具体表现。第 5 窟的四壁满雕佛龛（图 2–1–66）与雕像（图 2–1–67），拱门上部的飞天亦十分精美，动感十足。

图 2-1-62　第 1 窟内景与窟门雕龙，北魏

云冈石窟

第 1 窟与第 2 窟位于云冈东端，为一组形制相似的双窟，窟中央雕中心塔柱。第 1 窟中心柱分两层，雕饰精美，上层宝盖式塔檐，帷幕下垂，下层为仿木结构屋形顶式塔檐。窟内东、南、西壁龛像密布，走入窟内即被热闹而庄严的气氛所感染。

窟门以雕龙为饰，龙首回望，身姿矫健。龙象征祥瑞，龙文化更是中华传统文化的重要组成，龙出现在石窟中，可见中华文化与来自域外的佛教文化的融合，是佛教艺术中国化的一种体现。

图 2-1-63　第 3 窟外景

云冈石窟

第 3 窟是云冈最大的一窟，前室宽 11 米，高约 25 米，后室宽 42.5 米，深 15 米，高 13.6 米，空间巨大，可见工程之浩大。北魏时期仅完成部分作品，前室上部雕双塔，双塔间凿弥勒窟室，后室的西方三圣像则是初唐完成。

图 2-1-64　第 5、6 窟外景

云冈石窟

第 5、6 窟前有五间四层木结构楼阁，现存建筑为清顺治八年（1651）重建、近代重修，飞檐翘角，气势恢宏。

图 2-1-65　释迦牟尼佛坐像，北魏，石雕，高 17 米

云冈石窟第 5 窟后室

此尊佛坐像是云冈石窟体量最大的佛像，雄伟壮观。清代诗人王度在其《云冈佛阁》一诗中曾这样赞美它："耸峰危阁与天齐，俯瞰尘寰处处低。"佛陀手结禅定印，结跏趺坐。袈裟覆双肩，双领下垂，形如对襟衣，称"双领下垂式袈裟"，这种袈裟的出现是佛教艺术中国化的具体表现。背光有火焰纹装饰，直通窟顶，壮丽华美。佛身的贴金和彩绘为后代所施。

图 2-1-66 佛造像群龛，北魏，石雕

云冈石窟第 5 窟南壁中层

窟内壁面佛龛密布，明窗与拱门之间有上下两层群龛，上层为 8 个圆拱形龛，下层为 8 个盝形龛。这一时期的洞窟壁面龛形增多，有圆形、屋形，还有类似于床帐的天幕式龛。装饰花纹为呈带状的忍冬纹，复杂多变。

图 2-1-67 佛立像局部，北魏，石雕，高 7.9 米

云冈石窟第 5 窟后室西侧（秦川 供图）

佛像面容慈祥，额头较宽，鼻梁高挺与额平，眉目细长，双耳垂至肩部，嘴角微扬，庄严宁静，对于五官和表情的刻画生动形象。头光内圈为整齐的莲瓣，向外一圈为小的坐佛，背光最外圈为火焰纹，设计繁复，雕刻细致。

第 6 窟是中心柱窟，连接窟顶的方形塔柱高约 15 米，分上下两层。上层四面雕佛立像（图 2–1–68），下层四面雕佛坐像。窟内四壁上部有佛立像 11 尊（图 2–1–69）。后室中心塔柱及四壁雕出大面积的佛传浮雕，共计有 33 幅，是国内石窟佛传中最丰富、完整的一处，内容与雕刻顺序为统一编排，从佛陀降生到成道，布局合理，技法精练，有犍陀罗艺术的遗风（图 2–1–70）。窟内的飞天（图 2–1–71）、供养天（图 2–1–72、图 2–1–73）造型各异，精美灵动，飞天与供养天所反映的音乐与舞蹈画面，亦是珍贵的历史资料。

第 7、8 窟这组双窟约凿成于孝文帝初期，佛装交脚弥勒、天龙八部护法像都始凿于此窟。第 7 窟与第 8 窟皆分前后两室，第 7 窟后室东、西、南三

图 2–1–68　佛立像，北魏，石雕，高 4.5 米

云冈石窟第 6 窟后室中心塔柱上层北龛（王南 供图）

中心柱分为上下两层，四面开龛，上层为盝形帷幕龛，龛两侧塔柱之上遍雕千佛。龛内佛像呈立姿，面部方圆，水波纹发髻，左手施与愿印，右手施无畏印，身着“褒衣博带”式袈裟，衣纹层层堆叠，极富装饰性。背光为舟形，最外侧为火焰纹，内侧有数身婀娜的飞天环绕佛侧；头光有三层，最外层亦为火焰纹，内侧有坐佛、莲瓣各一圈，设计精巧，装饰华美，尽显北魏皇家风范。

面壁上布满佛龛造像（图 2-1-74），南壁门拱上部有 6 尊供养菩萨像（图 2-1-75），形象优美逼真。第 8 窟后室南壁的甬道东侧刻有三头八臂骑牛的摩醯首罗天（图 2-1-76），甬道西侧刻有五头六臂乘孔雀的鸠摩罗天（图 2-1-77），这两种题材在云冈石窟中十分少见。摩醯首罗天意为“大自在天”，其原型是印度婆罗门教中的“湿婆”。据《大智度论》，摩醯首罗天的形象为三面八臂，骑白牛，云冈雕像正符合佛典记载。鸠摩罗天是“童子”之意，据说是大自在天之子。《大智度论》有言：“鸠摩罗天，秦言童子。是天擎鸡，持铃，捉赤幡，骑孔雀。”[①]

第 9 窟与第 10 窟同期开凿（图 2-1-78），由尚书兼将作大匠、宕昌公王遇主持开凿。二窟皆分前后两室，前室外各有立柱四根（图 2-1-79），方柱把窟室隔为三开间，造型别致。后室修建有礼拜道，西壁有释迦、多宝佛龛，窟内的佛龛与伎乐天等比例协调，构图之严谨，雕刻之细致，令后人惊叹不已。

云冈中期石窟内容繁复、雕刻华美，是云冈艺术的精品。这一时期石窟的共同特点是汉化趋势发展迅速，主要表现为窟内的建筑和装饰以及佛像衣着的汉化。这一时期的洞窟多为中心塔柱式，或具前后室。造像题材比之“昙曜五窟”更加多样化，除了释迦、弥勒佛，还出现了释迦、多宝二佛并坐像，伎乐天的造型和佛传故事、本生故事的内容也更加丰富。塑像面部丰圆适中，特别是出现了身着“褒衣博带”式袈裟的造像，即源自南朝的汉式服装，这与孝文帝与太后的汉化政策直接相关。太和十年（486）以来，北魏推行服装改制，禁胡服，推广汉装，这说明汉式审美情趣与佛教艺术的融合，表现了中国工匠的独特匠心。

太和十八年（494）孝文帝迁都洛阳，这对平城造像开窟产生重大影响。自迁都至孝明帝正光五年，皇家贵族大规模的开窟活动停止，以中下层民众和官吏开凿的中小型洞窟为主，也有补刻小龛于前期大窟中。这个时期窟形不再成组，内部规整，主要有第 4 窟、14 窟、15 窟和第 11 窟以西的百余个小龛。随着汉化政策的推行，北魏晚期佛教艺术中出现的一种面相消瘦、长颈、肩窄下削的艺术风格，美术史上称之为“秀骨清像”。云冈石窟晚期作品是成熟的北魏佛教艺术和“秀骨清像”审美的集中体现，这种风格在龙门石窟的北魏洞窟中亦有表现，对中国石窟艺术产生了深远影响。

值得注意的是，“秀骨清像”和四壁三龛窟形首先出现于云冈北魏晚期，龙门北魏同类造像的主要特征乃来源于云冈。云冈石窟是印度及中亚佛教艺术向中国佛教艺术发展历程的见证，也是中原民族对佛教文化的重新诠释与理解，是当时佛教思想和社会生活的体现与表达。

---

① 龙树菩萨：《大智度论》，［后秦］鸠摩罗什译，载《大正藏》第 25 册，第 73 页。

图 2-1-69　佛立像，北魏，石雕，高 3.05 米

云冈石窟第 6 窟后室东壁上层南侧（王南 供图）

位于正中的释迦佛头上悬有华盖，右手施无畏印，左手应施与愿印，但手部已残损，端立于基台之上。佛像身着“褒衣博带”式袈裟，胸前作结，衣褶层层铺展，边缘整齐，犹如刀裁，下摆两侧外侈、形似燕尾，佛像的衣袖裙裾向两侧延展，犹如临风而立，令观者亦如沐春风。佛两侧分别为手持净瓶与宝珠的胁侍菩萨，周围还有供养菩萨和伎乐群像，密密匝匝布满佛之两侧，这些小像情态各异，或专心演奏，或回首顾盼，或合掌肃立，构成了一幅热闹非凡的佛国景象。

图 2–1–70 乘象入胎，北魏，石雕

云冈石窟第 6 窟

佛传故事描述了释迦牟尼的生平事迹，释迦之父为净饭王，母为摩耶夫人。据经典记载：“尔时，菩萨观降胎时至，即乘六牙白象，发兜率宫。无量诸天作诸伎乐，烧众名香，散天妙花；随从菩萨满虚空中，放大光明，普照十方。以四月八日明星出时，降神母胎。”（[刘宋] 求那跋陀罗译：《过去现在因果经》卷一，载《大正藏》第 3 册，第 624 页。）这便是乘象入胎的故事。第 6 窟的浮雕生动展现了这一情景：周围侍从或奏乐、或举伞盖，护持在释迦周围。白象的雕刻同样精美，象头配有挂饰，抬起的前蹄极为生动，凌云腾空之感跃然壁上。

图 2–1–71 飞天，北魏，石雕

云冈造像第 6 窟后室中心柱

飞天左手擎托花朵，右手握住天衣，天衣飞扬，凌空而舞，姿态十分舒展，极具装饰性。腿部塑造出健壮有力的肌肉，可以感受到其内在的力量。

图 2-1-72　供养天，北魏，石雕

云冈石窟第 6 窟后室中心柱

供养天高绾发髻，眉眼弯似月，面容姣好。身着菩萨装，长裙着地。双手皆于胸前合十，但姿态各异，特别是左侧两人头部扭动幅度稍大，似在交流着什么，生动传神。这组供养天在统一的布局之下又有着各自的特色，并非程式化的重复，而是融合了共性与个性，赋予每一身雕塑不同的"生命"。

右页：图 2-1-73　供养天群像，北魏，石雕

云冈石窟第 6 窟

供养天多为高发髻，有圆形头光，身着长裙。或双手合十于胸前，做沉静倾听状；或手持乐器，做奏乐状：场面热闹活泼。供养天造型和神态各异，雕刻细致，颇具匠心，展现着对于佛的虔诚供奉。

图 2-1-74　佛龛群像，北魏，石雕

云冈石窟第 7 窟后室

龛与龛之间出现了数座浮雕的楼阁式五级浮屠，塔顶为三股刹竿，并装饰相轮宝珠。史料记载，平城内曾有一座始建于天兴元年、有着五级浮屠的皇家寺院，“始作五级佛图、耆阇崛山及须弥山殿，加以缋饰”[①]。窟内佛塔应是北魏京城内“五级佛图”的缩影，历史的画卷通过洞窟的雕刻重现于世人眼前。

① ［北齐］魏收：《魏书》卷一百一十四，释老志第二十，中华书局，1974 年，第 3030 页。

图 2-1-75　供养菩萨像，北魏，石雕

云冈石窟第 7 窟后室南壁门拱上部（王南 供图）

六尊供养菩萨分为两组，相向而跪。束高发髻，有圆形头光，佩有臂钏和手镯，披帛环臂飞扬，富有动感。柳眉淡描，面容姣好，每尊的造像和神情都略有不同，无一重复。

图 2-1-76　摩醯首罗天，北魏，石雕

云冈石窟第 8 窟甬道东侧

摩醯首罗天，也称大自在天，在色界之顶，为三千界之主。此尊摩醯首罗天骑于牛身之上，三头八臂，三头分别戴高宝冠和尖顶胡帽，八臂分别上举持有日、月，居中叉腰持谷穗以及持弓等。上部雕刻一飞天，与下方的摩醯首罗天相互呼应，造型质朴优美。

图 2-1-77　鸠摩罗天、北魏，石雕

云冈石窟第 8 窟甬道西侧

鸠摩罗天是护世二十天之一，因其容颜如童子也被称为“童子天”。此尊鸠摩罗天五头六臂，五面皆如童子，呈现欢悦的表情，手持日、月、弓箭、飞鸟等，骑坐于孔雀之上，上方的飞天专注地凝视着鸠摩罗天。同时，此尊鸠摩罗天与东侧的摩醯首罗天相互呼应，对称出现，是当时规划者有意的设计。

图 2-1-78　第 9、10 窟外景

窟前列柱，洞开三门，列柱与希腊爱奥尼亚柱式相似。窟为屋形窟面，仿木构建筑而建，这种形制与主持开窟的王遇所创“石祇洹舍”有直接相关。《水经注·漯水》载，“椽瓦梁栋，台壁棂陛，尊容圣像，及床坐轩帐，悉青石也”[①]。中国北方在窟前接木构窟檐是唐代以后才出现的。

① ［北魏］郦道元：《水经注》，陈桥驿、叶光庭、叶扬译注，贵州人民出版社，1990 年，第 457 页。

图 2-1-79　第 10 窟前室列柱，北魏，石雕

云冈石窟

爱奥尼亚式柱纤长笔直，柱头有两个涡卷形装饰，在希腊建筑中应用广泛。窟室前的仿爱奥尼亚柱为八角形，共四根，把窟室隔为三开间。不同于沟槽细密的希腊柱身，云冈石窟的列柱每面雕刻千佛，下为须弥座，雕刻细致精美。列柱既吸收了希腊艺术的风格，又在其基础上表现出佛教内容与北魏特色，是中西文化交流、融合的见证，更是石窟开凿者独出心裁的创造。

图 2-1-80　龙门石窟外景

秋山日摇落，秋水急波澜。
独见鱼龙气，长令烟雨寒。
谁穷造化力，空向两崖看。
——［唐］刘长卿《龙门八咏·阙口》

六、龙门石窟

河南省洛阳市以南 6 千米的伊河两岸，河西为龙门山，河东为香山，二山隔河相对，似一座天然门阙，古称“伊阙”。中国四大石窟之一的龙门石窟，就开凿在伊河两岸的岩壁上（图 2-1-80）。从北魏孝文帝迁都洛阳开始，后经北朝、隋唐五代、北宋等前后 400 余年的开凿，龙门石窟形成了南北长达 1 千米的石窟群，现存窟龛 2300 余个、造像 10 万余尊、碑刻题记 2800 余块，是我国现存窟龛最多的石窟，2000 年被列入世界文化遗产。

洛阳是九朝古都，在中国六大古都中建都最早，建都时间也最长，文化繁盛，史迹纷呈。佛教传入中国时，最早的寺院白马寺就在洛阳，据《洛阳伽蓝记》载，西晋时洛阳已有佛寺 42 所。至北魏时，孝文帝认为国都平城（今山西大同）偏于北方而不利于统治中原，于 494 年迁都洛阳，从而拉开了龙门石窟的营造序幕。北魏和唐代是龙门石窟开凿最繁盛的两个朝代，龙门造像中北魏造像占 30%，唐代造像占 60%，其他朝代仅占 10%。石窟密布在伊河的东西两岸，东山多是唐代时期的窟龛，西山有北朝和隋唐时期的大、中型洞窟 50 多个，其中北魏时期的代

表洞窟有古阳洞、宾阳中洞、莲花洞、皇甫公窟、魏字洞、普泰洞、火烧洞、慈香窑、路洞等。

古阳洞（图 2–1–81）在伊水西岸龙门山的南部，由一个天然的石灰岩溶洞开凿而成，是龙门石窟中开凿最早的洞窟，有太和十九年（495）的题记。窟内有大小佛龛数百个，装饰华丽。窟顶没有藻井，而是由密集的小龛组成，雄伟壮观。造像的题材主要有释迦像、弥勒像、观音像、弟子像、力士像和维摩诘像经变等。窟内主像是位于西壁的释迦牟尼佛坐像（图 2–1–82），身形清瘦，身穿“褒衣博带”式袈裟，是北魏晚期“秀骨清像”风格的典型表现。主尊两侧各有一尊胁侍菩萨像（图 2–1–83、图2–1–84），神情宁静，仪态从容。北侧的胁侍菩萨下方有一身威武的狮子像（图 2–1–85），造型生动形象。

洞窟两壁环列三层龛（图 2–1–86），佛龛装饰复杂多样，龛的外形、龛楣和龛额等处变化多端，有的是莲瓣似的尖拱形，有的垂有帷幔和流苏，有的是楼阁建筑形。有专家将龙门北朝小龛龛形归纳为六种母形，即方形龛、圆楣龛、圆拱龛、尖拱龛、屋形龛和盝顶龛，每种母型中又生出若干种变化，这些龛型在古阳洞中多有出现。[1]龛楣上多雕造有佛传故事（图 2–1–87），内容丰富，技艺精湛。

古阳洞中有大量的造像题记，是北魏时代发愿造像最集中的地方，造像记中的功德主多是北魏的王公贵族、高级官吏和高僧大德，如孝文帝的弟弟、北海王元祥及其母高太妃，文成帝之孙、孝文帝堂弟齐郡王元祐，辅国将军杨大眼，新城县（今成都新城区）功曹孙秋生，比丘慧成等，这是北魏迁都洛阳初期举国崇佛的历史印证。大量的造像题记说明龙门石窟在功用上不再是僧人修行的场所，更多的是从王公贵族到平民百姓各个阶层的信仰者进行供养的地方。题记纪年中以太和十九年长乐王丘穆陵亮夫人尉迟氏造弥勒像龛最早（图 2–1–88）。杨大眼造像龛亦是古阳洞中较为精美的一龛（图 2–1–89），龛楣为尖拱形，龛楣中央为单檐层殿顶建筑，屋脊立金翅鸟，龛楣两侧有四臂夜叉顶举八棱华柱。龛内圆雕释迦坐像，背光是极为复杂繁丽的图案，由坐佛、飞天和火焰纹组成。二胁侍菩萨均为高浮雕，胁侍以上至龛顶阴刻众多的听法比丘和翱翔空中的飞天，雕刻繁复而精美。

① 温玉成：《龙门北朝小龛的分期、类型与洞窟排年》，载《中国石窟·龙门石窟》第一卷，文物出版社、平凡社，1991 年，第 175 页。

图 2-1-81　古阳洞内景，北魏

龙门石窟

古阳洞是一个天然岩洞，其平面呈长方形，高 11.1 米，进深 13.6 米，正壁有为孝文帝所造的一佛二菩萨像。古阳洞在龙门石窟中年代最早、小龛最多，内容丰富而重要。

图 2-1-82　佛坐像，北魏，石雕，高 6.2 米

龙门石窟古阳洞西壁

佛像面部较长，肩膀瘦削，身形清瘦，双手结禅定印，结跏趺坐于高台座上。身着“褒衣博带”式袈裟，双领下垂，衣纹密集，是北魏晚期“秀骨清像”风格的代表作品。遗憾的是，佛像面部和台座部分残损严重，台座部分早年经砖补砌。

图 2-1-83　胁侍菩萨像，北魏，石雕，高 3.7 米

龙门石窟古阳洞西壁南侧

胁侍菩萨表情柔和，颈部长直，右手手提桃形物，手指细节造型格外优美，身着华丽的璎珞和衣裙，立于莲台之上。流畅的线条，匀称的比例，对细节精准的把握，显示出北魏造像的纯熟。

图 2-1-84　胁侍菩萨像，北魏，石雕，高 3.7 米

龙门石窟古阳洞西壁北侧［态渡（上海）文化科技有限公司 吴绥供图］

两身胁侍菩萨南北相对而立，风格与样式基本一致，持物稍有不同，北侧菩萨左手提军持（又称净瓶）。菩萨背后的火焰纹背光与主佛统一，流畅而外展的纹路迸发着北魏崇佛之气象。

图 2-1-85　狮子像，北魏，石雕，高 2.3 米

龙门石窟古阳洞西壁北侧

狮子，古时也作“师子”，本是外域动物，随着佛教的传入和盛行，狮子的形象逐渐融入中原文化。此身狮子雕像仰首挺立，腿有力地蹬于地面，粗犷的线条、古拙的造型，塑造出一个威武雄壮的雄狮形象，彰显着北魏王朝的气派。

图 2–1–86　北壁群龛，北魏，石雕，高 7.3 米

龙门石窟古阳洞北壁

北壁佛龛共有三层，各龛装饰不一，结构布局严谨，体现着共性与个性的和谐统一，雕刻技法成熟，是北魏晚期精湛造像技术的代表。

图 2–1–87　佛传故事龛楣，北魏，石刻，高 0.52 米

龙门石窟古阳洞南壁中层［态渡（上海）文化科技有限公司 吴媛供图］

龛楣正中表现释迦成道的场景，左右两侧刻有佛陀入胎、降生、求学、出家求法、成道等一系列完整的佛传故事，是同期北魏洞窟中仅有的一例。人物形像虽小，但布局和谐，主题突出，带领观者走进一段段佛陀的传奇人生。细致的雕刻足见信众的虔诚信仰与工匠的精湛技艺。

龛楣下方口衔璎珞珠串的兽面，为“荣耀之面”，是一种起源于印度的古老图像，在佛教之前已经出现。佛教出现后，将其纳入自己的体系，使其佛法的守护者。在中国的佛教艺术中，它经常出现在龛楣或菩萨的璎珞等处。

图 2-1-88　长乐王丘穆陵亮夫人尉迟氏造弥勒像，北魏，石雕

龙门石窟古阳洞北壁［态渡（上海）文化科技有限公司 吴媛供图］

尉迟氏造像龛为拱形龛，龛楣上有天人交错牵拉的璎珞珠串，佛像背光上雕刻有小佛像及华美的图案。龛像主尊为弥勒，交脚而坐，腿部两侧各蹲有一只小狮，脚下有一半身人像承托弥勒双足。弥勒两侧各有一胁侍菩萨。整龛造像华丽，精致细腻。

龛侧有《长乐王丘穆陵亮夫人尉迟为亡息牛橛造像记》，碑文记述了尉迟氏为亡过之子牛橛造像，因此此龛也曾有“牛橛龛”之称。碑文字体银钩虿尾，属“龙门二十品”之一，是魏碑中的经典之作。释文：太和十九年十一月，使持节司空公长乐王丘穆陵亮夫人尉迟为亡息牛橛请工镂石，造此弥勒像一区。愿牛橛舍于分段之乡，腾游无碍之境，若存托生，生于天上诸佛之所，若生世界妙乐自在之处，若有苦累，即令解脱三涂恶道，永绝因趣，一切众生咸蒙斯福。

图 2-1-89 杨大眼造像龛，北魏，石雕，高 2.43 米

龙门石窟古阳洞北壁上层［态渡（上海）文化科技有限公司 吴峻供图］

根据题记，此龛是辅国将军杨大眼为孝文帝所造。龛额是覆钵式，额内为庑殿顶建筑，龛侧为四壁神王承托的八角柱。佛龛下部中央刻有香炉，香炉两侧各有三供养人。龛内为一佛二菩萨像，佛陀身着衣纹紧密的袒右式袈裟，结禅定印于台座上。面部左侧残毁，仍可见沉静、慈祥的面容。背光装饰繁复，化佛、火焰纹雕刻细致，表现了工匠高超的技艺，反映了北魏王朝对于中原文化的吸收与发展。

《杨大眼造像记》位于龛的左侧，是“龙门二十品”之一，用笔方峻，结构中敛，铭文如下：

“邑主仇池杨大眼为孝文皇帝造像记。夫灵光弗曜，大千怀永夜之悲，□踪不遘，叶生含靡道之忏，是以如来应群缘以显迹，爰暨□□，□像遂著，降及后王，兹功厥作。辅国将军、直阁将军、梁州大中正、安成县开国子、仇池杨大眼，诞承龙曜之资，远踵应符之胤，禀英奇于弱年，挺超群于始冠，其行也，垂仁声于未闻，挥光也，摧百万于一掌，震英勇则九宇咸骇，存侍纳则朝野必附，清王衢于三纷，扫云鲸于天路，南秽既澄，震旅归阙，军次之行，路经石窟，览先皇之明踪，睹盛圣之丽迹，瞩目彻霄，泫然流感，遂为孝文皇帝造像一区，凡乃众形，罔不备列，刊石记功，示之云尔，武。”

龙门石窟中北魏时期精美的二十方造像题记被称为“龙门二十品”①，其中十九品在古阳洞、一品在慈香窟。“龙门二十品”是魏碑书法的代表，端庄大方，质朴有力，兼有隶、楷两体的神韵。“龙门二十品”不仅是中国书法艺术的精华，也是关于北魏晚期佛教信仰的文字记述，具有珍贵的史料价值。

古阳洞中存有不少礼佛图（图 2-1-90）。礼佛图为浮雕，较突出的是北壁两大龛之间的礼佛图、长裙曳地的贵族妇女捧香炉、提香袋，后有擎宝盖的双髻侍女。画面充满虔诚、肃穆的宗教气氛，似随音乐节奏和旋律而前行。雕凿技法采用减地平钑（平雕、平花），即主要人物景物以外以减地方法铲去，物景还加以阴线刻画，这种源于汉代画像石的技法已成熟地融入佛教雕刻。

宾阳洞（图 2-1-91）开凿于北魏景明元年（500），由中洞、南洞、北洞组成。“宾阳”意为迎接初升的太阳。根据《魏书·释老志》，北魏宣武帝元恪“为高祖、文昭皇太后营石窟二所”②，以后宦官刘腾又建议为宣武帝造窟一所。经中外学者论证，宾阳中洞是宣武帝为其父孝文皇帝所造，宾阳南洞是为其母文昭皇后高氏所造，而宾阳北洞是宣武帝为自己所造。后因宣武帝驾崩、石窟主持人刘腾病故、柔然与北魏的战争等原因，历时 24 年仅完成了宾阳中洞，南洞和北洞的初凿及窟顶装饰完成于北魏，窟内佛像至初唐时期才得以完成。

雕饰华丽的宾阳中洞是龙门石窟的第二大窟，为穹窿顶，顶部中央雕刻有重瓣大莲花，莲花周围是八个伎乐天和两个供养天人。它们迎风飞翔，环绕着莲花，飘逸灵动。窟内地面的装饰亦十分精致，有龟背纹踏道和大莲花纹。窟内有 11 尊较大的造像，正壁主像为一佛二菩萨二弟子像，南、北壁各有一佛二菩萨像，三壁共同组成过去、现在、未来的三世佛。正壁一佛二菩萨二弟子这种五尊像的组合形式，从北魏晚期开始出现，并被后代继承。正壁主尊为释迦牟尼佛（图 2-1-92），身着北魏晚期流行的“褒衣博带”式袈裟，结跏趺坐于台座上，微露笑意。释迦牟尼两侧分别侍立着二弟子（图 2-1-93、图 2-1-94）和二菩萨。南、北两壁的两组一佛二菩萨造像与正壁三尊像相似，不同的是主尊为佛立像。

① “龙门二十品”分别为：《比丘慧成为亡父始平公造像记》《长乐王丘穆陵亮夫人尉迟为亡息牛橛造像记》《步輦郎张元祖妻一弗为亡夫造像记》《北海王元详造像记》《司马解伯达造像记》《云阳伯郑长猷为亡父等造像记》《新城县功曹孙秋生、刘起祖二百人等造像记》《邑主高树和维那解伯都卅二人等造像记》《比丘惠感为亡父母造像记》《广川王祖母太妃侯为亡夫广川王贺兰汗造像记》《邑主马振拜和维那张子成卅四人为皇帝造像记》《广川王祖母太妃侯为幼孙造像记》《比丘法生为孝文皇帝并北海王母子造像记》《北海王国太妃高为亡孙保造像记》《比丘道匠为师僧父母造像记》《辅国将军杨大眼为孝文皇帝造像记》《陆浑县功曹魏灵藏薛法绍造像记》《安定王元燮为亡祖、亡考、亡妣造像记》《齐郡王元祐造像记》《比丘尼慈香、慧政造像记》。

② ［北齐］魏收：《魏书》卷一百一十四，志第二十，中华书局，1974 年，第 3043 页。

图 2-1-90 礼佛图，北魏，石刻，高 0.23 米

龙门石窟古阳洞法生龛基部［态渡（上海）文化科技有限公司 吴媛供图］

此礼佛图位于龙门石窟古阳洞法生龛的基部、造像记的两侧，行列前面是三位比丘的形象，后有贵妇和侍女跟随，表现了贵族在比丘的引领下进行礼佛的场景。人物线条流畅，身穿领口较小的长裙，衣裙随风飘展，宛如流云随风。人物双肩瘦削，身形颀长，体现了当时人们飘逸、洒脱的审美风尚。

图 2-1-91　宾阳洞外景

宾阳洞是继古阳洞之后开凿的第二个大窟，由南洞、中洞和北洞组成，是北魏宣武帝元恪为其父母所建的功德窟，历时 24 年，仅有中洞完工。窟外有立柱，门柱两侧开龛雕金刚力士。窟内富丽堂皇，集中展现了北魏晚期的石窟造像艺术。

图 2-1-92　宾阳中洞正壁，北魏，石雕，佛高 8.42 米

龙门石窟

穹窿顶正中央雕有一朵大型莲花，莲花周围环绕着伎乐天和供养天人，飞天外有流云装饰。以莲花为中心，层层外展，繁复又不失秩序，增添了热闹的氛围，烘托了佛国盛景。

主尊为释迦牟尼佛，身着典型的北魏晚期“褒衣博带”式袈裟，衣裙下垂遮住台座。头部为螺发，肉髻突出，左手施与愿印，右手施无畏印。面容清瘦，脖颈细长，嘴角含笑，表现出北魏晚期以“秀骨清像”为美的审美情趣，是当时汉化政策在佛教艺术中的反映。

图 2-1-93　阿难像，北魏，石雕，高 4.88 米

龙门石窟宾阳中洞正壁南侧

阿难，全称阿难陀，释迦牟尼的十大弟子之一，以多闻著称。此尊阿难像身形瘦削，身着“褒衣博带”式袈裟，嘴角含笑，做沉思状。据说阿难陀天生容貌端正，其身光净如明镜。在匠师的手中，一个年轻俊朗、虔诚、智慧的弟子形象生动地展现在人们面前。

图 2-1-94　迦叶像，北魏，石雕，高 4.88 米

龙门石窟宾阳中洞正壁北侧

迦叶，全称摩诃迦叶，释迦牟尼的十大弟子之一，以苦行第一著称。迦叶年岁较长，且潜心苦行，因而在造像中常常表现为严肃、年长的老者形象。此尊迦叶像高鼻深目，五官略显夸张，双手合十于胸前，给人以潜心佛法、沉静的形象。

图 2-1-95　北魏孝文帝礼佛图，北魏，石刻，高 2.08 米，宽 3.94 米

龙门石窟宾阳中洞前壁，美国大都会艺术博物馆藏
图片来源：美国大都会艺术博物馆

威严的孝文帝头戴冕旒，身穿衮服，在众人的簇拥下缓缓行进。场面宏大，人物密集，布局合理，协调有序。人物体态修长，身穿汉式宽袍大袖装，显得飘逸而洒脱。这是孝文帝推行汉化政策的反映，是汉文化与外来文化融合的具体表现。

在宾阳中洞前壁南北两侧有精美的浮雕，自上而下分为四层。第一层表现了“维摩诘经变”的内容，第二层是佛本生故事，第三层是著名的帝后礼佛图，第四层是“十神王”像。其中的帝后礼佛图尤为精美，雕刻内容是北魏孝文帝和文昭皇后在众人簇拥下进行佛事活动的场景，两边对称排列：北段为北魏孝文帝礼佛图（图 2-1-95），南段为文昭皇后礼佛图（图 2-1-96）。图中人物密集，各司其职，各人物形象并无明显的大小差别，但通过人物的位置布局、风度神韵之间的细微差别显示出帝后的威仪，刻画出当时壮观、严肃的景象，表现了工匠精湛的浮雕和线刻技术，表明了宾阳中洞与皇家的关系，是我国雕塑史上的珍品，具有重要的历史价值与艺术价值。非常遗憾的是，帝后礼佛图在 20 世纪 30 年代流散至国外，北魏孝文帝礼佛图现藏于美国大都会艺术博物馆，文昭皇后礼佛图现藏于美国纳尔逊 - 阿特金斯艺术博物馆。

图 2-1-96 文昭皇后礼佛图，北魏，石刻

龙门石窟宾阳中洞前壁，美国纳尔逊－阿特金斯艺术博物馆藏

文昭皇后头戴莲冠，一手拈香，周围簇拥着贵妇与众宫女。妇人们的长发高高盘起，身穿交领长裙，腰间的束带使衣裙贴合身体，裙长曳地，下摆褶皱密集，袖口宽松肥大，更加凸显女性的高挑与清瘦。北魏晚期的雕刻已脱离域外影响，中原汉式风格广泛流行。

图 2-1-97 窟顶莲花藻井，北魏，石雕，直径 3.63 米

龙门石窟莲花洞

莲花图案为高浮雕，莲瓣肥厚，排列整齐。在莲瓣的周围连缀了一圈忍冬纹花边，六身飞天环绕莲花，飞天手托花果供品，精美飘逸。图案结构严谨，造型精致，展现了当时工匠的智慧创造。

莲花洞开凿于北魏年间，因窟顶雕有一朵高浮雕的大莲花而闻名（图 2-1-97）。石窟窟顶多见莲花装饰，但莲花洞窟顶的莲花硕大精美，是龙门石窟中最为宏大的雕琢。莲花周围环绕数身飞天，体态轻盈舒展。窟内正壁造一佛二弟子二菩萨像，主尊为释迦牟尼立像（图 2-1-98），“褒衣博带”式袈裟和修长的体态是北魏晚期“秀骨清像”审美情趣的集中体现。佛像两侧的菩萨、弟子像头部皆佚失，多流散至国外。莲花洞的南北两壁遍布大大小小的佛龛，佛龛样式多样，有屋形龛、拱形龛、盝形龛等，龛楣、龛柱装饰华丽，细观之下可发现很多精细之美。还有不少带有铭文纪年的造像龛，为造像年代提供了准确的资料。

图 2-1-98　莲花洞主尊与正壁，北魏，石雕，主佛高 5.1 米

龙门石窟

身着“褒衣博带”式袈裟的释迦牟尼立于台座之上，袈裟领子低垂，胸前系有宽大的带子，衣纹呈“U”形分布，是典型的北魏晚期样式。头后有莲瓣装饰的头光。可惜头部、手部皆已不存。

皇甫公窟是龙门石窟中型洞窟中唯一有绝对纪年的洞窟，窟门处有孝昌三年（527）皇甫公石窟寺造像碑。皇甫公是北魏胡太后的母舅、孝明帝时期的权臣皇甫度。窟内呈马蹄形，穹窿顶。窟顶正中为一朵大莲花，莲花周围环绕着手持不同乐器的伎乐天，可惜莲花残损严重。地面四周有一圈莲花瓣浮雕，地面正中有一条以连珠纹及莲瓣装饰的踏道，踏道两侧以莲花图案、忍冬纹与水波纹为装饰。窟顶与地面的莲花相映成趣，更加衬托出洞窟的富丽堂皇。

皇甫公窟是龙门北魏晚期洞窟的主要样式，窟外崖面凿有屋形窟檐，正壁为西壁，雕出一佛（图 2-1-99）、二弟子、二立菩萨和二思惟菩萨，台座下端两侧雕有二狮子。南北两壁各开一大龛，壁门的南北两侧也各开一龛。

皇甫公窟南北壁下层刻有精美的礼佛图。因宾阳中洞的帝后礼佛图流散至国外，此幅礼佛图是龙门幸存的最大一铺礼佛图。浮雕布局和谐，人物多样，衣裙、神情等细节雕刻细腻，表现了男女供养人在比丘的引导下徐徐前进的场景，是表现北魏贵族阶级宗教生活的重要史料。

北魏孝文帝迁都洛阳，不仅有着重大的政治意义和军事意义，也有着深远的文化意义。一系列汉化政策的推行，促进了南北交流，促进了民族融合，也开启了石窟造像的新样式。从云冈到龙门，北魏造像大大减少了粗犷雄健的特征，生活气息逐渐变浓，趋向活泼、清秀的风格。“秀骨清像”的审美情趣和“褒衣博带”式服装是这种变化最集中的体现。以龙门石窟为代表的北魏晚期造像一改云冈造像的壮硕宽圆，变得面相清瘦，双肩瘦削，体态修长，突显躯干的形体之美。服饰也随着北魏汉服政策的推行，改夹领小袖的胡服为汉式的宽袍大袖，使人显得风流潇洒。佛像袈裟也改云冈常见的袒右式为“褒衣博带”式。

佛教艺术自西传入中国，在龙门之前的众多石窟较多地保留了古印度犍陀罗和马图拉艺术的遗风，而龙门石窟表现出的汉式审美意识是当时社会生活的集中体现，表现了我国古代劳动人民的智慧，呈现出了石窟艺术中国化的趋势，是佛教艺术中国化的典型标志。

图 2-1-99 释迦像，北魏，石雕，佛坛高 1.07 米，佛高 3.18 米

龙门石窟皇甫公窟正壁

正壁塑佛七尊像，分别为一佛、二弟子、二立菩萨和二思惟菩萨，可惜面部皆残。台座两侧雕有二狮子。主尊释迦牟尼身穿北魏晚期典型的“褒衣博带”式袈裟，厚重地悬裳垂于座前。有趣的是，此尊释迦牟尼像的左手有 6 个手指，相传是窟主皇甫度按照北魏孝明帝元诩的形象所塑造。

图 2-1-100　巩义石窟外景

根据第 4 窟窟外唐代龙朔年间（661—663）所刻《后魏孝文帝故希玄寺碑》可知，此处在北魏孝文帝时建有希玄寺，唐更名为净土寺。明弘治七年（1494）重修石窟寺碑记载："自后魏宣武帝景明之间，凿石为窟，刻佛千万像……"巩义石窟现存 5 窟、200 余龛，其风格与龙门石窟颇为相近，规模虽小，却不乏精品。

七、巩义石窟

巩义石窟原称巩县石窟，位于河南省巩义市（原为巩县）市郊的大力山之中（图 2-1-100），距汉魏洛阳故城仅 40 千米。魏孝文帝迁洛之后，在此建立希玄寺，石窟开凿于北魏宣武帝景明年间（500—504），后经北朝、隋唐五代、北宋等朝代的相继开凿，现存洞窟 5 个、千佛龛 1 个。石窟多呈方形，窟中有中心方柱，柱上开龛，龛内多雕一佛二弟子二菩萨。

巩义石窟的龛像风格非常接近龙门石窟，是继龙门之后，北魏王朝佛教艺术的又一典型代表，其中亦有众多上乘之作。造像题材有佛、菩萨、弟子、天王、力士、神王、神兽、伎乐等。五窟中第 1 窟（图 2-1-101）的规模最大，题材为三世佛，其中主佛（图 2-1-102）置于中心柱龛中，另二尊佛像则位于窟门两侧的大龛内（图 2-1-103）。三佛上方以雕出飞天、卷草纹的饰带相连，龛楣装饰精美（图 2-1-104）。龛内雕凿有维摩诘与文殊对坐说法图（图 2-1-105），维摩诘居士身穿“褒衣博带”式大衣（图 2-1-106），手持麈尾（图 2-1-107），彰显出文人的风骨。窟内造像主要源自《妙法莲华经》的内容，汉式风格明显，是北魏汉化政策推行后的反映。

步入石窟，高大的主尊吸引观者的目光，体例较小的造像也同样饱含着塑造者的心血与深情。稚拙可爱的胁侍菩萨（图 2-1-108）、热烈讨论的比丘（图 2-1-109、图 2-1-110）、虔诚供养的弟子，不同的人物在佛教的空间内追寻着内心的信仰。

位于第 1、3、4 窟壁门两侧的帝后礼佛图是巩义石窟中最精美的雕刻。龙门宾阳洞礼佛图被盗后，巩义石窟礼佛图是国内现存礼佛图的代表性作品，其中以第 1 窟的礼佛图最为完整、精美。第 1 窟东壁东侧是以帝王为首的男供养人群像（图 2-1-111），西侧是以皇后为首的女供养人群像（图 2-1-112）。帝后礼佛图分三层六组，每层比丘和比丘尼做前导，后为帝后和侍从，前呼后拥，长达五六十人的隆重队列颇能显示北魏佛教的兴盛。礼佛图表现了贵族人物的雍容华贵和虔诚肃穆的宗教情感（图 2-1-113）。

图 2-1-101　第 1 窟东北角

巩义石窟

第 1 窟是巩义石窟中最大、雕刻最精美的一窟，图中为东壁一龛及北壁东部三龛。浅龛光线明亮，龛像清晰，窟门和明窗形成深重暗影，明暗对比强烈。可见工匠经过了周密思考，注重光影效果。

图 2-1-102　佛坐像，北魏，石雕

巩义石窟第 1 窟中心柱北面

龛内为一佛二菩萨二弟子的组合形式。主尊释迦牟尼坐于须弥座之上，肉髻突出，表面有水波纹，眉目细长，鼻梁挺立，嘴角微扬，身着“褒衣博带”式袈裟，是北魏时期造像的典型代表。

图 2-1-103　第 1 窟北壁与主尊坐佛，北魏，石雕，龛高 1.55 米

巩义石窟

龛内雕刻有一佛二菩萨像，主尊坐佛身着北魏典型的"褒衣博带"式袈裟，胸前作结，衣纹流畅。佛脸部较长，眉目细长，嘴角含笑。佛龛雕刻十分精细，龛顶雕刻莲花和化生童子，五边形的龛额上装饰缠枝忍冬纹，帷幕垂下，精巧的装饰烘托出整个佛龛的富丽堂皇。

图 2-1-104　龛楣，北魏，石雕

巩义石窟第 1 窟西壁

龛楣上方两侧刻有飞天两身，周围伴有卷草忍冬纹，舒展的线条给人流畅的动感。龛楣处雕有禅定坐七佛，虽然空间较小，但佛像雕刻之精细足见工匠之用心。袈裟的衣纹亦用心刻画，疏密有致，裙摆堆叠，富有层次感。

图 2-1-105　维摩诘与文殊对坐说法图，北魏，石雕，龛高 1.55 米
巩义石窟第 1 窟东壁

龛内雕凿有维摩诘与文殊对坐说法图，左为文殊菩萨，右为维摩诘居士。南北朝时期流行的《法华经》与《维摩诘所说经》记载有“维摩示疾”与“文殊问疾”的故事。佛于毗耶离城庵罗树园说法，维摩诘示病不往，佛欲遣菩萨和弟子前去看望，但维摩诘的辩才无碍令众人望而却步，最后文殊菩萨受命前往。维摩诘与文殊会面后对坐说法，宣讲大乘。

文殊、维摩对坐的图像是北魏时期风靡一时的题材，除石窟外，在造像碑上亦多有出现。

图 2-1-106　维摩诘像，北魏，石雕，龛高 1.55 米

巩义石窟第 1 窟东壁

维摩诘是著名的佛教居士，曾与文殊菩萨辩论佛法，妙语连珠，所以维摩诘的形象常与文殊共同出现。《维摩诘所说经》言其“虽处居家，不著三界；示有妻子，常修梵行”①。维摩诘以居士之身而成就佛法，成为信众效仿的榜样。

此尊维摩诘身着大衣，坐在莲花台座之上，似一清谈的文士，风度翩翩。其右手举麈尾，正侃侃而谈，其无碍辩才被表现得淋漓尽致。

① ［后秦］鸠摩罗什译：《维摩诘所说经》，载《大正藏》第 14 册，第 539 页。

图 2-1-107　麈尾（维摩诘像局部），北魏，石雕

巩义石窟第 1 窟东壁

魏晋时期玄学盛行，清谈的名士经常手持麈尾。东晋名士王导《麈尾铭》言：“勿谓质卑，御于君子。拂秽清暑，虚心以俟。”麈尾是“拂秽清暑”的器具，更是身份的象征。直到唐代，麈尾仍在士大夫间流行。麈尾在石窟中出现，说明佛教艺术的中国化，是当时社会生活的一种反映。

图 2-1-108　胁侍菩萨，北魏，石雕

巩义石窟第 1 窟东壁

胁侍菩萨赤足、身披“X”形天衣站立佛侧，头部微低，双目微闭，面容含笑。身形接近儿童，故而显得憨态可掬，其身侧一枝袅娜的莲花映衬着菩萨的娇俏可爱。

图 2-1-109　比丘像，北魏，石雕

巩义石窟第 1 窟西壁第 4 龛

两位年轻的比丘，一位双手抬起，一位双手向下，似在进行激烈的讨论。两位比丘由匠人浮雕而出。浮雕是佛教雕刻的主要手法之一，线条的造型结合光线与阴影的变幻，使得平面的图案亦有了深度与质感。

图 2-1-110　供养比丘像，北魏，石雕

巩义石窟第 5 窟西壁佛龛下南侧、北侧

两侧比丘分别位于佛龛下部南北，南侧与北侧各刻有题记“比丘僧惠兴”“比丘僧惠高”。两位比丘手持莲花，表达着虔诚的供养。除手持的莲花外，南侧比丘僧的头侧还阴刻有莲花一朵，阴刻与阳刻结合，使画面更加充实、丰富。

图 2-1-111　礼佛图，北魏，石刻，高约 2 米

巩义石窟第 1 窟东壁东侧

窟内窟门两侧雕有帝后礼佛图，东壁礼佛图描绘的是皇帝礼佛行列，与西侧的皇后礼佛图相互呼应。礼佛图生动、真实地记录了北魏统治者参与宗教活动的情景。东壁礼佛行列中，皇帝在前，贵族和侍从紧随其后，尊卑分明，秩序井然。

图 2-1-112 礼佛图，北魏，石刻，高约 2 米

巩义石窟第 1 窟东壁西侧

皇后礼佛图位于西侧，与东侧的帝王礼佛相对应。《魏书》言："高祖每遵典礼，后及夫、嫔以下接御皆以次进。"[1] 北魏皇室崇佛，佛事活动众多。礼佛图构图饱满，人物有规律地排列在一定的空间内，展现出真实的历史。透过图像，我们仿佛回到了那个佛法隆盛的恢宏时代。

① ［北齐］魏收：《魏书》卷十三，中华书局，1975 年，第 332 页。

图 2-1-113　礼佛图局部，北魏，石刻

巩义石窟第 1 窟东壁东侧第 1 层

画面展现了帝王礼佛的情景。行列前有身穿袈裟的比丘作为前导，皇帝头戴冕旒，周围侍从各司其职，有人或执扇，或擎伞盖，有人手捧供品，有人挈提长裙，场面宏大。可以想见当时皇家礼佛情景之盛大。图中的帝王形象不禁让人联想到唐代阎立本《历代帝王图》中帝王的形象。

巩义石窟的帝后礼佛图（图 2-1-114、图 2-1-115）共计 18 幅，为全国现存石窟中所仅见。作为北魏王朝集中国家力量开凿的石窟，巩义石窟是专供皇室礼佛的场所。就内容而言，礼佛图是皇家佛事活动的真实写照；就构图而言，礼佛图布局严密，构图巧妙，行列之间彼此分开，又相互联系，充分体现了等级之分与男女之别；就手法而言，礼佛图的雕刻主要以线造型，线条的运用极具装饰性，富有流动的韵律。[①] 巩义石窟的礼佛图取法于龙门石窟，又进一步发展。侍从的行列大大增加，与龙门"皇帝—侍者""贵族—侍者"的二元构图相比，巩义石窟的礼佛图发展成为直线式"皇帝—贵族—侍者"的三段式结构，画面更显程式化。[②] 这也是佛教艺术进入北魏晚期的一种反映。

除佛、菩萨等常见题材，巩义石窟中神王、异兽、伎乐等雕刻作品亦耐人寻味。龙门宾阳洞始有在壁脚雕刻十神王，而巩义石窟中相关题材的数量和内容远超其他北魏石窟。巩义石窟的神王（图 2-1-116）多刻在壁脚和中心柱基座上，其内容在十神王的基础上可能掺杂有十二宫（图 2-1-117）、二十八宿等。[③] 与神王相呼应，异兽多出现在壁脚（图 2-1-118），形态各不相同。这些图案在北朝的墓葬、墓志中亦多有出现，似有辟邪之意，但与佛教艺术的关联仍待进一步发掘。[④] 窟中的伎乐（图 2-1-119）造型飘逸灵动，表现出浓郁的现实生活气息，从画面中使用的乐器和演奏的姿势，我们可以一目了然地看到千年前的乐器形制与演奏方法，又如亲身经历了一场精彩的音乐会。

每一个洞窟都是一个完整的有机整体，每一个细节的安排均凝结着创作者的心血，巩义石窟窟顶的雕凿与装饰是对此最好的诠释。其窟顶雕刻方格平棊（图 2-1-120），飞天、莲花和化生有序排列，黑、黄、红三色彩绘，穿过历史，风采依然。

---

① 赵飞、高阳：《巩县石窟礼佛图装饰特征初探》，《艺术教育》2014 年 第 6 期，第 201 页。
② 焦琳：《帝后礼佛图研究》，中央美术学院博士学位论文，2015 年，第 59 页。
③ 陈明达：《巩县石窟寺的雕凿年代及特点》，载河南省文物研究所编《中国石窟・巩县石窟寺》，1989 年，第 195—196 页。
④ 安金槐、贾峨：《巩县石窟寺总叙》，载河南省文物研究所编《中国石窟・巩县石窟寺》，1989 年，第 227 页。

图 2–1–114　帝后礼佛图，北魏，石刻

巩义石窟第 4 窟南壁

第 4 窟南壁中间开凿窟门，帝后礼佛图位于窟门两侧的千佛龛之下，东侧四层，西侧两层，每层礼佛图的行列分为三组。体量方面，侍从像比主像小三分之一，更突显主像高贵的地位与威仪。

图 2-1-115 礼佛图局部，北魏，石刻

巩义石窟第 4 窟南壁西侧第二层

画面中人物众多，菩提树下，以皇后为首的嫔妃、贵族等一众妇人徐徐前进，浩浩荡荡。主像头绾双髻，身着袍服，身侧侍从提裙、执扇、执香，有条不紊。人物形态与神情具有一定程式化的特点，重在突出行列的整体气氛。

图 2-1-116　神王像，北魏，石雕

巩义石窟第 4 窟中心柱基座北面

窟内中心方柱的四面为佛龛，方柱下方基座四周浮雕神王像。北面最左为龙神王，线条粗犷，寥寥数笔就勾勒出威武的形象。身上围绕一龙，龙头灵动，龙爪强健有力，表现出匠师精湛的雕刻技艺。

图 2-1-117　神王像，北魏，石雕

巩义石窟第 4 窟中心柱基座西面

神王为双面，中间非常巧妙地两面共用一目，造型奇特，有学者推测其身份可能为十二宫中的阴阳宫，[1] 尚待进一步研究。面部呈现北魏时期清秀的面容，线条简约、质朴。

① 陈明达：《巩县石窟寺的雕凿年代及特点》，载河南省文物研究所编《中国石窟·巩县石窟寺》，文物出版社，1989 年，第 196 页。

图 2-1-118 **异兽，北魏，石雕**
巩义石窟第 3 窟北壁壁脚

第 3 窟北壁共有 4 龛，龛下壁脚雕刻有 12 身形态各异的异兽。异兽鬃毛分明，背脊有力，简练的线条充满力度，夸张的手法恰到好处地表达了异兽的威猛。

图 2-1-119 **伎乐，北魏，石雕**
巩义石窟第 3 窟西壁壁脚

伎乐在佛教石窟中多有出现，其主要作用在于供养佛陀。两位伎乐呈坐姿，左侧伎乐腮部鼓起，用力吹奏排箫；右侧伎乐手执拨片，弹奏着阮咸。人物刻画精练写实。衣带在身体两侧迎风舒展，仿佛乐音也随风而来，兼具现实主义与浪漫主义的风格。

图 2-1-120 **方格平棊，北魏，石雕**
巩义石窟第 1 窟窟顶

靠近中心柱的方格内雕刻飞天，外围方格内雕刻莲花和化生。方格之间以卷草纹图案分界。方寸之间，各种佛教图样汇集，古人将信仰化在了一凿一刻的汗水里，为观者展现了他们心中最美的世界。

图 2-1-121　巩义石窟洞窟外景

巩义石窟

洞窟外开凿有众多小龛，时代由北朝至唐代，龛侧多有发愿文。

北魏王朝先后在云冈、龙门、巩义三地开凿了石窟，巩义石窟是三处石窟中营建最晚的一个。巩义石窟题材内容相当完备，细节耐人寻味，其艺术风格采取古典的高度概括手法，多以平雕的技法来表现，既延续了浓郁的北魏风格，又有着北齐、隋代雕刻艺术的萌芽。[1]

走出洞窟，各窟外壁有诸多北齐、唐代等后世开凿的小龛（图 2-1-121、图 2-1-122），历史的绵延与信仰的传承令石窟更加丰富与厚重。

① 陈明达：《巩县石窟寺的雕凿年代及特点》，载河南省文物研究所编《中国石窟·巩县石窟寺》，文物出版社，1989 年，第 192 页。

图 2-1-122 众小龛，石雕

巩义石窟第1窟窟门西侧

窟门门道西壁共开凿18个小龛，编号为第42—55龛，其中第49—55龛位于窟门内侧。图中第一层为第49、50龛，第二层为第51、52龛，第三层为第53、54龛，第四层为第55龛。

第49龛造像记：“咸通八年六月七日，女弟子苏氏重装前件功德三躯，愿合家平安。”

第50龛造像记：“久视元年六月廿八日，弟子基为亡妻王敬造程立释迦一躯，今得成就，愿合家及诸亲□供养佛时。”

第51龛造像记：“咸通八年六月七日，男弟子李仲舒为身敬装前件功德两躯，永无灾难。”

第52龛造像记：“外生敬造观世音菩萨、大势至菩萨三区，今得成就，一心供养。”

第53龛造像记：“咸通八年六月七日，男弟子李氏敬装前件功德两躯，愿身无灾难。”

第55龛造像记：“咸通八年六月七日，女弟子李氏敬装上件功德□□愿身无灾。”

图 2-1-123　文殊山石窟群外景

文殊山原名嘉峪山，属祁连山支脉，山势巍峨，层峦叠嶂。在如此陡峭的山上开凿石窟，可想施工的艰难。遗憾的是，洞窟残损严重，被风和岁月磨平了轮廓。

八、文殊山石窟

文殊山位于甘肃省张掖市肃南裕固族自治县，因有文殊菩萨殿而得名。山上石窟始建于北朝，是我国早期石窟中规模较大的一处（图 2-1-123）。史料中关于文殊山石窟的记载甚少，据元代《重修文殊寺碑》记载，“文殊圣寺古迹建立已经八百年矣”，基本与北魏孝明帝时期相符。[1] 石窟依山势而开凿，分为前山和后山，前山有千佛洞、万佛洞、太子寺，后山有古佛洞、千佛洞、观音寺，前后山之间还有六七个小窟（图 2-1-124）。

文殊山石窟损毁严重，前山千佛洞和万佛洞两窟保存情况稍好，窟顶和窟壁的壁画仍有留存。千佛洞和万佛洞都是塔庙式中心柱窟（图 2-1-125），四壁无造像，绘有说法图，窟顶附近绘千佛、供养人、飞天等。二窟中心柱上下皆为二层，每面开龛，龛内塑一佛像（图 2-1-126），龛外塑二胁侍菩萨（图 2-1-127）。

文殊山石窟壁画佛、飞天、弟子等体形较大，彩绘色彩浓重，以晕染画法体现人体质感，用笔粗狂，凹凸晕染的方法描绘具有浓郁的西域风格，体现出龟兹石窟的影响。同时，文殊山石窟还出现了两窟并列的双窟形制，成组的双窟在以后的石窟中多有出现，如云冈、龙门等。可惜今日的文殊山已不复当年，残存的遗迹诉说着昔日的辉煌。

① 李甜：《文殊山石窟研究》，兰州大学博士学位论文，2019 年，第 3 页。

图 2-1-124　残损的洞窟

洞窟大体的规模与轮廓尚存，每一座洞窟都经过严密的设计，而后再实施具体的工事。从设计到竣工，往往需要数年甚至多年的时间，饱含着开窟人的坚持与心血。

图 2-1-125　中心柱东北角，北魏

文殊山石窟万佛洞（张掖市文物保护研究所 供图）

千佛洞与万佛洞的四壁均未开龛造像，造像集中在中心方柱上。除正面上层为阙形龛外，其余皆为圆拱形龛。每面每层造像均为一佛二菩萨的组合形式，造像损毁严重，仅余残身。中心柱与四壁皆有壁画留存，北魏开窟之后，后代有不同程度的重修，因此壁画存在上下层叠压。[①]

① 李甜：《文殊山石窟研究》，兰州大学博士学位论文，2019 年，第 128 页。

图 2-1-126　佛坐像，北魏，泥塑

文殊山石窟万佛洞中心柱西向面上层（张掖市文物保护研究所 供图）

龛内佛像残损严重，留存身体部分。坐佛身着通肩大衣，线条粗犷，身材魁梧，衣纹疏密有致，凸显出身体的结构，呈现了早期佛像特征。龛楣上方正中位置绘有华盖，华盖两侧绘带有圆形头光的弟子像。壁画与塑像结合，共同展现着丰富的佛教世界。

图 2-1-127　中心柱及胁侍菩萨，北魏，泥塑

文殊山石窟万佛洞（张掖市文物保护研究所 供图）

中心柱正面上层凿阙形龛，下层凿圆拱形龛，龛内皆塑一坐佛，敦厚雄伟，残存的胎骨仍可窥见其当年风貌。龛外二胁侍菩萨除头部外保存较完整，双手合十，虔诚肃穆，表现出对佛陀的尊敬；手部刻画细腻，指节分明，带有一种饱满的肌肉感，十分写实。三尊造像表现出雄浑、古朴的早期风格。

九、马蹄寺石窟

马蹄寺石窟群包括马蹄南寺、马蹄北寺、观音洞、金塔寺和千佛洞等，各部分之间有一定距离，尚存洞窟共计70余个，其中以金塔寺东西二窟（上文已介绍）、千佛洞和马蹄北寺等石窟具有较高的价值。

马蹄寺位于甘肃省肃南裕固族自治县境内，是河西走廊的佛教圣地之一，因天马饮水于此并落有马蹄印的传说而得名。马蹄寺最早由十六国时期敦煌名士郭瑀（东晋名士，师从郭荷，而后隐居山林）及其弟子开凿。据《甘州府志》载："石窟始于郭瑀及其弟子，后人扩而大之，加以佛像，番僧五六百人。"[①]（图2–1–128）北魏是马蹄寺石窟的兴盛时期，早期汉传佛教盛行，元代以后汉传和藏传佛教并存。

马蹄寺石窟损毁较为严重，北魏时期的造像基本不存。马蹄北寺又名普光寺，明永乐年间（1403—1424）敕赐其名，现共有9窟。第7窟（图2–1–129）名为藏佛殿，也称站佛殿，是马蹄寺规模最大的石窟，也是国内单体面积最大的石窟。石窟开凿于北魏，高约15米，宽27.43米，进深33.5米，由前堂、拜殿和甬道组成（图2–1–130）。历经千年的风霜，北魏时期的造像已不存，依稀可见龛内残留的痕迹（图2–1–131）。甬道供信徒绕行礼佛使用，甬道两侧开龛，北魏原塑已不存，现有的48尊佛坐像为元代补塑（图2–1–132），窟内壁画均为明代重绘。

马蹄寺石窟群与莫高窟、榆林窟并称"河西三大佛教艺术宝库"。山崖石质为粗红砂岩，不宜直接雕刻，故绝大多数造像为泥塑。开凿年代虽早，但残损严重，徒留后人感伤。往事已矣，站在横亘大漠的祁连山脉上，感受着河西朔风的吹拂，我们仿佛离古人的心境又近了一步。无惧世事变幻，追寻内心的平静，前人为后人留下了无尽的精神宝藏。

① ［清］钟赓起：《甘州府志》，张志纯等校，甘肃文化出版社，1995年，第331页。

图 2-1-128　马蹄寺石窟外景

马蹄寺初建之时是儒家讲经论道之地，而后成为佛教石窟，这也是儒家与佛教两种文化交汇的见证。

图 2-1-129　第 7 窟前堂

马蹄北寺

洞窟宽敞开阔，射入的阳光使洞窟更加明亮，光影效果为洞窟带来一种别样的美。洞窟壁上满布佛龛，可惜今日龛内已是空空如也。

图 2-1-130　甬道

马蹄北寺第 7 窟

甬道两侧的佛龛直通窟顶，整齐划一，可见开凿之初经过仔细的设计。漫步甬道，高大的佛像带给人强烈的震撼。造像的体量与合理的空间利用相互配合，造成视觉上的冲击。

图 2-1-131 甬道局部

马蹄北寺第 7 窟

甬道供信众环绕礼拜，龛内的北魏造像已不存，所存为元代作品。

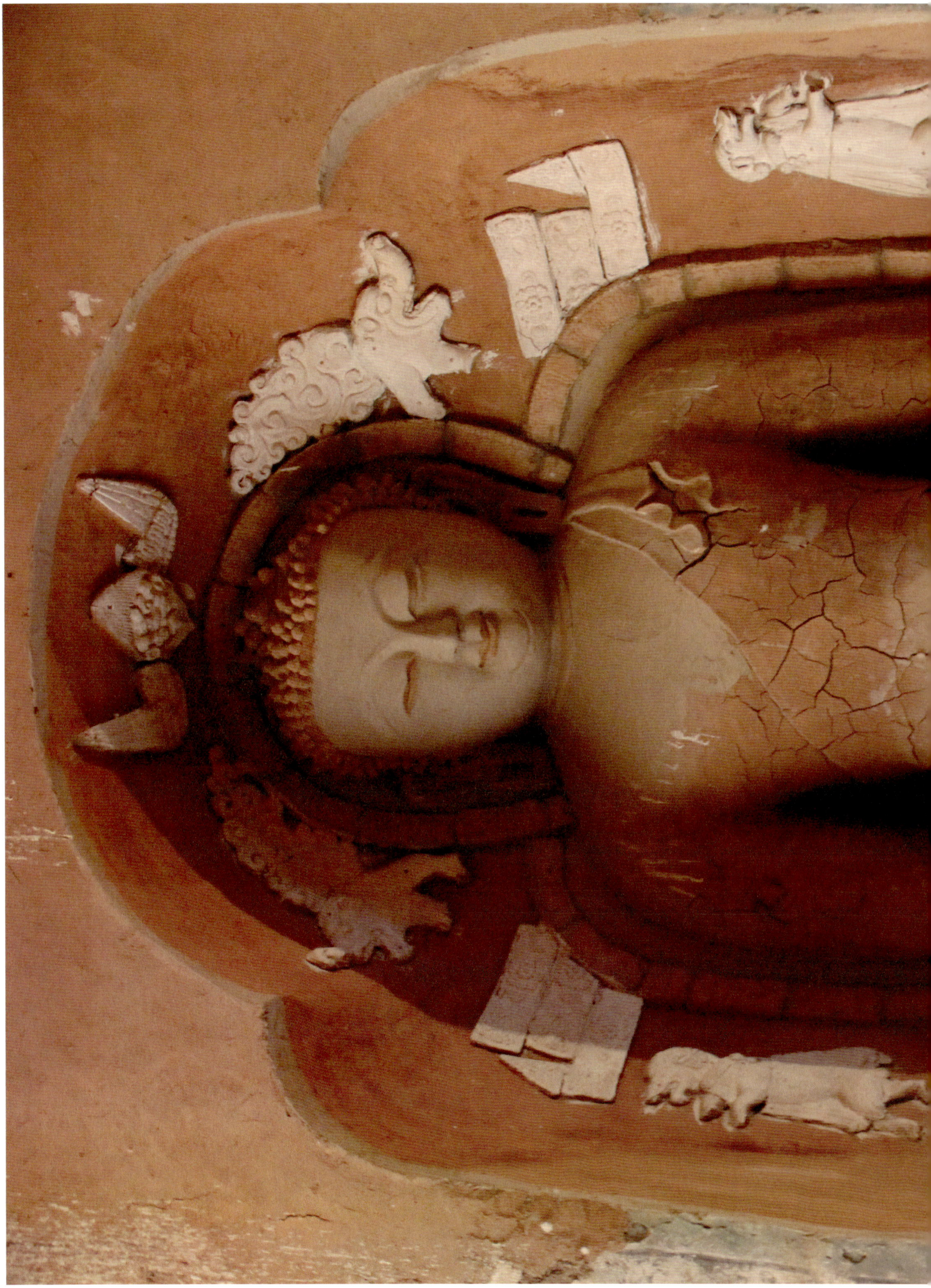

图 2-1-132　佛坐像，元，泥塑

马蹄北寺第 7 窟甬道

佛面相方圆，螺发密布，端坐于双层仰覆莲台座之上。腰腹突出，厚重有力。造像至元代已完全没有北魏时期“秀骨清像”的风格。风云变幻，弹指已千年。

十、须弥山石窟

须弥山，属六盘山支脉，位于宁夏固原市原州区境内，距城区西北 55 千米。须弥山石窟分散开凿在山麓的东西向崖面上，初创于北魏孝文帝太和年间（477—499），兴盛于北周和唐代，已有 1500 多年的历史（图 2-1-133）。须弥山早称逢义山，唐代称景云寺，至明代改称须弥山。须弥，梵文音译，意为“宝山”，原是印度神话中的山名，佛教沿用了这一名称。

须弥山石窟由南向北形成八个区域，分别为大佛楼区、子孙宫区、圆光寺区、相国寺区、桃花洞区、松树洼区、三个窑区以及黑石沟区。洞窟现编号 132 个，但由于年久风化损坏，仅有 13 个洞窟保存较好，共计有 113 龛，大小造像 315 尊。[1]

北魏时期的洞窟是须弥山石窟创建最早的一批洞窟，集中于

图 2-1-133　须弥山石窟外景

须弥山周边为典型的丹霞地貌，赤红色的岩石上凿出一座座窟龛，风霜的侵蚀使彩绘大部分脱落，岩石原有的色彩再一次显露出来，瑰丽而神奇。

① 宁夏回族自治区文物管理委员会、北京大学考古系：《须弥山石窟内容总录》，文物出版社，1997 年，第 4 页。

子孙宫区，以第 14、24、32、33 窟为代表。北魏窟多为中心塔柱式窟，塔柱四面分层开龛造像，内容丰富，有一佛二菩萨像，还有精美的佛传故事。第 24 窟平面方形，中心柱基座以上共三层，最上层雕刻佛传故事，正面为思惟菩萨，后面为乘象入胎，左面为逾城出家，右面为托钵乞食。下面二层每面开凿一尖拱形龛，龛内塑一佛二菩萨（图 2–1–134），佛身着通肩大衣，衣着略微厚重，仍是北魏汉化前的风格。雕刻简洁明了，粗犷的线条中又有细密的笔触，表现了北魏由草原文化向中原文化转变的过程。

须弥山石窟地处中原通往河西走廊的交通枢纽和战略要地，是丝绸之路东段北道的必经之地，是草原文明和中原文明在此碰撞出传之后世的文化瑰宝。

图 2–1–134　一佛二菩萨像，北魏，石雕

须弥山石窟第 24 窟中心柱正面下层

中心柱窟源自印度，是由印度支提窟发展变化而成，在早期石窟中十分常见，柱上多雕有密集的雕刻。第 24 窟中心柱下面二层每面龛内塑一佛二菩萨，佛为坐姿，结禅定印，通肩袈裟较为厚重，延续了北魏早期的风格。正面下层风化较为严重，佛和菩萨的头部已不存，身体部分保存相对完整。佛身着袈裟，袈裟质地较为厚重，衣纹刻画细密，尤其是底部，袈裟完全覆盖了双腿，延伸至台座下部，散开的裙摆仿如展开的羽尾，具有较强的装饰效果。

图 2-1-135　北石窟寺远景

十一、北石窟寺[1]

在甘肃省庆阳市西南 25 千米处蒲河与茹河交汇的东岸，有一座北石窟寺。它始建于北魏永平二年（509），由泾州刺史奚康生（467—521）开凿，因与平凉市泾川县南石窟寺为同时代开凿，南北对应，故而得名。北石窟寺（图 2-1-135）是北朝时期陇东高原最大的一座佛教石窟寺院，现存窟龛 308 个、石雕造像 2429 身，其中北魏洞窟 7 个。

窟龛主要集中在主窟群，即寺沟门窟群（图 2-1-136），有洞窟 294 个，洞窟依崖面形态分为上中下三层，层次分明，错落有致。第 113 窟是北魏洞窟之一，窟内正龛雕一佛二菩萨像，南北壁雕有供养人像（图 2-1-137），虽然风化严重，但仍残存千年前的精美风韵。第 165 窟是北石窟寺历史最久、规模最大和内容最精美的洞窟，由奚康生主持开凿，是北石窟寺的第一个洞窟。窟门

北石窟寺地处丝绸之路陇右道东段北线，是陇东地区的佛教中心。陇东，即甘肃省陇山以东的地域。5 世纪末，这一地区已出现佛教造像。6 世纪初，石窟初凿。地处丝路要道、毗邻陕西与宁夏的陇东石窟在北方地区北朝石窟中有着重要地位。[2]

① 本小节图片除特别标注之外，皆由刘拓拍摄并提供，特此致谢。

② 甘肃北石窟寺文物保护研究所编：《庆阳北石窟寺内容总录》，文物出版社，2013 年，序二，第 3 页。

图 2-1-136 北石窟寺寺沟门窟群

北石窟寺比南石窟寺内容丰富，其窟外立面密密麻麻，排满大小窟龛，可以想见当年佛事之盛。

两侧雕刻二力士（武士），力士外侧更是雕凿大大小小的壁龛。从窟门外残存的遗迹看，当年应建有宽敞的窟外建筑（图 2-1-138）。第 165 窟高 14 米，宽 21.7 米，深 15.7 米，如此巨大的规模，让人们惊叹。石窟并非早期石窟常见的中心塔柱式石窟，而是平面呈长方形，采用了拱形支撑和三角形稳定等原理，给人以殿堂宽阔之感（图 2-1-139）。

第 165 窟内的造像主体为七佛，分布于东、南、北三壁，其中东壁（正壁）雕三佛（图 2-1-140），南、北二壁各雕二佛，佛像之间各雕一胁侍菩萨（图 2-1-141），胁侍菩萨共 10 身。佛高 8 米，菩萨高 4 米，均为立像。在北朝石窟造像中，七佛为常见的题材。佛教认为，释迦牟尼之前已有六位佛祖，释迦是继六佛之后成道的，七佛题材是对佛教这一观点的直接表现。在甘肃陇东的石窟寺和陇南的天水麦积山中，七佛造像非常普遍，但如此巨大的七佛像在国内其他石窟中实属罕见。在造像风格上，虽然仍是"褒衣博带"为主，但人物形象面部圆润饱满，体格渐趋丰硕，北朝新的造像风格已开始初露端倪。

图 2–1–137 男供养人像，北魏，石雕，高 0.42 米

北石窟寺第 113 窟北壁与南壁（男供养人像 刘拓供图，女供养人像 甘肃北石窟寺文物保护研究所供图）

采用浮雕的手法雕有男供养人像 3 身，身着交领长袍，东侧的男子左手持香炉，以香供佛的场景现于眼前。线条简洁，寥寥数笔就勾勒出供养人英挺的身姿和衣袍的质感，栩栩如生，他们仿佛在向千余年后的我们缓缓走来。

女供养人共 2 身，身着交领长襦，袖口相合，长裙曳地。雕像风化严重，已不见面容；但通过其曼妙的身姿可想当年的姣好。匠人的精心斧凿，使得供养人最美好的年华、最诚挚的心意被永远定格在墙壁上。

图 2–1–138　第 165 窟外景

北石窟寺

第 165 窟位于窟群正中，是北石窟寺规模最大的一个洞窟。窟门外有两尊高达 6 米的天王立像，神情严肃，身姿挺立，千余年来威武地守护着洞窟，让人在未踏入窟前就已经感受到肃穆的威仪。

第 165 窟紧临窟门内雕有乘象菩萨和阿修罗王，乘象普贤菩萨（图 2–1–142）位于南侧，阿修罗王（图 2–1–143）位于北侧。西壁靠近南北两壁各有一交脚菩萨像（图 2–1–144），体量较大，雄伟矫健，彰显着北魏的大国气魄。

四壁和窟顶以浮雕的方式雕刻千佛、佛传故事和本生故事等，保存比较完整的有窟顶东披的“宫中娱乐”及西披的“舍身饲虎”（图 2–1–145）。在佛像背光之间的伎乐飞天，体态也是袅娜生姿，呼之欲出。（图 2–1–146）佛、菩萨、飞天列于一堂，加之窟顶的千佛、佛传故事、本生故事相互呼应，整个洞窟经过工匠的精心布局显得和谐统一，表现了北魏造像的迷人魅力。

图 2-1-139　第 165 窟南部，窟高 14 米

北石窟寺

洞窟平面呈长方形，盝形顶，方形门。窟门之上设有明窗，有助于窟内的采光。窟室的用途主要是便于禅观，观七佛是禅观的内容之一，僧俗可在窟内进行观像和佛事活动。[1] 倾斜的墙面带给人视觉上强烈的冲击，宽阔的窟室、高大的佛像，更显人的渺小，敬畏之感油然而生。

① 张宝玺：《陇东石窟》，载甘肃省文物工作队、庆阳北石窟保管所编《陇东石窟》，文物出版社，1987 年，第 4 页。

图 2-1-140　第 165 窟正壁

北石窟寺

东壁以半圆雕的方式雕有三佛，肉髻突出，面相方圆，阴刻白毫。内着僧祇支，束带在胸前打结，外穿双领下垂式袈裟，这是北魏时期的典型衣着。略厚的嘴唇、雄伟的体态，带有北方少数民族的气质。造像及背光上还或多或少地存留着斑驳的色彩。

图 2-1-141　胁侍菩萨，北魏，石雕，高 4 米

北石窟寺第 165 窟东壁主尊左侧

菩萨头戴饰有花鬘的小冠，鼻部英挺，面带微笑。上身袒露，下身着裙，天衣自肩部自然垂下，至腹部交叉。菩萨十分清秀，带有明显的中原容貌。菩萨的清俊慈爱与佛的威仪严肃相互呼应，也是中原文化与游牧文化相互交融的体现。

图 2–1–142　乘象菩萨，北魏，石雕，高 3.05 米

北石窟寺第 165 窟西壁窟门南侧

菩萨半跏趺坐于象背，身披天衣，下着长裙，裙摆层层堆叠，富装饰感。菩萨身前有手持驭象棒的驭象人，身后有一弟子手捧花蕾，半跪在象背上。大象头部也做了装饰，背上覆有坐垫。整体画面布局严谨，比例和谐，人物与动物都十分传神，可见当时高超的雕塑技法。

图 2-1-143　阿修罗王，北魏，石雕，高 3.05 米

北石窟寺第 165 窟西壁窟门北侧

阿修罗王是一位护法神，天龙八部之一，能征善战。此身阿修罗王三头四臂，身躯丰满壮硕。大鼻厚唇，上两手持日和月，下两手持法器，弯曲的左下臂尤为粗壮，显得威猛有力，不可侵犯。

图 2-1-144　交脚菩萨像，北魏，石雕，高 5.8 米

北石窟寺第 165 窟西壁南侧

菩萨交脚而坐，身佩璎珞，下着长裙，衣纹呈水波状贴于腿部，如出水状，具有早期造像的风格。1500 余年前的塑像，线条虽然简单，但所有的勾勒都恰到好处，灵动而久远。

图 2-1-145 “舍身饲虎”浮雕，北魏，石刻

北石窟寺第 165 窟西披南侧

自南向北，雕刻佛本生故事“舍身饲虎”，一共 5 组画面。浮雕刻于界栏内，可见有一人躺倒，一只老虎正向前奔去，林中小虎向下张望，后有僧人修行跪拜。整个浮雕就像一幅幅连环画，内容连续，故事清晰。

在北石窟寺的北魏洞窟中，既可以看到北方少数民族的勇猛果敢，又可见中原文明的含蓄婉约，这就是艺术的感染力。创建北石窟寺的奚康生是北魏久经沙场的一代名将，他最初来泾州担任刺史也是因为此地爆发了沙门刘慧汪叛乱，平叛后奚康生后便下令开始了南北石窟寺的开凿。暗淡了刀光剑影，远去了鼓角铮鸣，只余下一尊尊塑像，向我们讲述着那个遥远的时代。

图 2-1-146　窟顶北披浮雕，北魏，石刻

北石窟寺第 165 窟

北壁二佛的背光之间雕刻有三排人物，最上有 9 人，演奏着各种乐器。西侧有呈坐姿的 2 人，一人正在割腿部的肉，另一人手捧一只鹰，其所表现的是“割肉贸鸽”的本生故事。三排人物中间为两尊坐佛，最下层为两个背向而立的弟子，二弟子双手合十，肃穆而虔诚。

十二、南石窟寺[1]

泾川隶属于甘肃省平凉市，古称泾州，是丝绸之路北线重镇、中西相通的门户，也是佛教中心之一。在泾河两岸绵延百里的山崖上，布满了大小 500 余座石窟，称为“泾川百里石窟长廊”。其中，南石窟寺最为精美。南石窟寺，地处泾川县城东 7.5 千米处的泾河北岸，在北魏永平三年（510）由泾州刺史奚康生主持开凿，比庆阳北石窟寺的开凿晚一年，南北石窟寺相隔百里，并称“陇东石窟双璧”。

南石窟寺现存 5 窟，第 1 窟（东大窟）和第 2 窟（西小窟）保存较为完整。第 1 窟是南石窟寺的主窟，呈长方形，覆斗式顶，窟高 13 米，宽 17 米，深 14 米。南石窟寺第 1 窟是北石窟寺第 165 窟的姐妹窟，二者相差一年，造像风格一脉相承，形制与结构基本相同，题材同为“七佛”。进入窟门，首先映入眼帘的是高达 2 米多的佛立像（图 2–1–147），北壁三佛，东西二壁各二佛，共有 7 尊，佛两侧有胁侍菩萨 13 尊（图 2–1–148），在窟门的两侧各塑一尊交脚弥勒像（图 2–1–149）。各像之间布局合理，比例和谐，充分利用了洞窟的内部空间，可见当时设计者的匠心独运。南北石窟寺作为“陇东石窟双璧”，一脉相承，气势恢宏，是北魏时期佛教艺术的集中表现。与北石窟寺相比，南石窟寺洞窟规模稍小，但在细节方面更显精致，比如对佛、菩萨衣褶的处理，显得更加自然、精致与飘逸。

与北石窟寺第 165 窟一样，南石窟寺第 1 窟窟顶也有浮雕的佛传故事（图 2–1–150），窟门上方的披顶（南披）为萨埵太子本生，正披（北披）及东、西披雕刻树下诞生、宫中歌舞、逾城出家（图 2–1–151）、树下思惟等佛传故事。情节连贯，主题突出，雕刻手法概括简练，具有很高的艺术水平。

第 1 窟内原有南石窟寺之碑（图 2–1–152）（现存泾川王母宫石窟），碑文 650 余字，落款处有“大魏永平三年”的题记，详细记载了南、北石窟寺的开凿时间和主造者。石碑背面阴刻有出资建窟的施主姓名共 3 列、59 人，这是北魏历史的实证。碑文书法也为后人所称道，书法家范寿铭评价其“书体雄朴，犹存太和时造像风度”。据《魏书》记载，南、北石窟寺的创建者奚康生“久为将，及临州尹，多所杀戮。而乃信向佛道，数舍其居宅以立寺塔。凡历四州，皆有建制”[2]。南、北石窟寺的开凿充分反映了古代工匠的智慧和战乱过后人民对美好生活的憧憬。

① 本小节图片除特别标注之外，皆由刘拓拍摄并提供，特此致谢。
② ［北齐］魏收：《魏书》卷七十三，列传第六十一，中华书局，1975 年，第 1633 页。

图 2-1-147 佛立像，北魏，石雕，高 7 米

南石窟寺第 1 窟

七佛指释迦牟尼及其成佛以前的六佛。七佛造像历史悠久，在云冈石窟和龙门石窟中也有出现，相比之下，南石窟寺的七佛体量较大，甚为宏伟壮观。佛像肉髻突出，面相方正饱满。左手施与愿印，右手施无畏印。身穿北魏时期典型的“褒衣博带”式袈裟，衣纹雕刻繁缛，璎珞结为“丁”字形，两袖宽大，层次分明。

图 2-1-148　菩萨像，北魏，石雕，高 3.5 米

南石窟寺第 1 窟

菩萨头戴宝冠，侍立于佛的两侧，身体较为扁平，但修长的身形极大地展现了形体之美，仪态宛如风姿绰约的少女，舒美端庄。

图 2-1-149　交脚弥勒像，北魏，石雕，高约 6 米

南石窟寺第 1 窟

因年代久远，造像风化严重，面容和身体已经十分斑驳，仿佛在向世人诉说着千年的沧桑。交脚弥勒是北魏时期新出现且风行一时的题材，交脚弥勒雄伟的身躯，凝聚了时人对未来美好生活的强烈憧憬。

图 2-1-150　第 1 窟窟顶佛传故事，北魏

南石窟寺

窟顶四披以浅浮雕的形式表现出释迦牟尼从乘象入胎至涅槃的主要经历，但首尾残缺严重，图中主要有树下诞生、阿私陀占相、宫中观歌舞、逾城出家、树下思惟等内容。① 佛传故事浮雕线条细腻，笔触清晰，犹如一幅连环画，带人们走入佛的世界。

① 张宝玺：《陇东石窟》，载甘肃省文物工作队、庆阳北石窟保管所编《陇东石窟》，文物出版社，1987 年，第 7—8 页。

图 2-1-151　佛传故事局部，北魏，石刻

南石窟寺第1窟

描绘了悉达多太子逾城出家的情景，中间有一匹白马，周围有一群人物，似在送别。皇宫中的亭台楼阁完全为汉式，中土元素的融入说明了佛教艺术的中国化进程。

图 2–1–152 《南石窟寺之碑》拓片

图片来源：刘小龙《记〈南石窟寺之碑〉》，《中华书画家》，2016 年第 1 期，第 125 页

石碑高 2.25 米，宽 1.05 米，厚 0.17 米，碑额阳刻“南石窟寺之碑”，碑文 23 行，记述了奚康生主持开凿石窟的历史经过。碑文书法隶意明显，用笔古朴丰厚，表现出由隶书向楷书过渡的过程。南石窟寺之碑具有重要历史价值和书法价值。

十三、羊头山石窟

羊头山（图 2–1–153）位于山西省高平市神农镇，海拔 2000 米，因山顶巨石酷似羊头而得名。羊头山地处历代兵家的必争之地，战国时期著名的长平之战就发生在这里。据载，北魏孝文帝太和年间曾在此地建定国寺，唐代扩建，原有规模已不可考。山腰至山顶现存洞窟共计 40 余个，雕凿与大型的砂岩上，大小不一。羊头山石窟的开凿时间主要集中在北魏到隋唐之间。北魏时期的代表洞窟是第 3 窟和第 5 窟。

第 3 窟（图 2–1–154）窟门外有佛像两尊，风化较为严重，依稀可见突出的高肉髻和粗犷的衣纹，体现了北魏时期的造像风格。第 5 窟（图 2–1–155）是羊头山石窟中最大的一组窟，一块石上开有较大的三窟。其中一窟门外两侧雕有二力士（图 2–1–156），仰首挺立气势雄伟，富有动感。历经千年的风霜，窟内原有的题记多难以识别，只有正壁右下方的题记仍清晰可见，“大魏正始二年”，清晰地记录了石窟开凿的年代。第 5 窟东侧雕有释迦、多宝二佛并坐像（图 2–1–157），二佛面容较长，身体清瘦，是明显的北魏时期“秀骨清像”的风格。

山腰处还有一座千佛碑（图 2–1–158），四面佛像密布，“千佛”之称名副其实。石碑底部有 5 龛，雕一佛二菩萨像。佛像较为雄伟，衣纹刻画简单，带有北魏早期的风格。

图 2–1–153　山路

羊头山石窟

各个洞窟主要分散在山腰及山顶两片区域，编号较小的洞窟在山腰附近，编号较大的洞窟在山顶附近。

图 2-1-154　第 3 窟，北魏

羊头山石窟

羊头山石窟多在较大而平整的石面上开凿，就地取材，因地制宜。第 3 窟窟石表面共有大小龛 30 余个，一块石头上窟龛密布。可见，在动工之前进行了精密的设计，古人的巧思与技艺凝结其中。

图 2-1-155　第 5 窟，北魏

羊头山石窟

第 5 窟以天然的岩石作为洞窟的主体，三面造像，满雕佛、菩萨、天王等各题材的内容，主要造像位于南面，窟顶上部雕有小石塔，内容丰富，形态各异，布局严谨。

上：图 2-1-156 窟门及二力士，北魏，石雕

羊头山石窟第 5 窟

下：图 2-1-157 释迦、多宝二佛，北魏，石雕

羊头山石窟第 5 窟东侧

窟门两侧是两只凤鸟图案，展开的羽尾向上翘起，构成窟楣上的装饰，富有浪漫的想象力。凤鸟图像自北朝开始出现在石窟装饰之中，敦煌石窟中也有留存，说明我国传统文化的元素与佛教艺术的交融。窟门两侧的力士稳稳地脚踩雄狮，腰部侧身微弯，威武地守卫着窟门。飞舞的天衣、飘动的衣襟，使整个石窟立面都鲜活跃动，令人荡气回肠。

释迦、多宝二佛并坐是北魏时期常见的题材。二佛面容已残损，但清瘦的面庞、修长的四肢是北魏汉化政策推行后“秀骨清像”风格的主要特征。二佛的背光由多个小坐佛环绕而成，设计精巧，雕刻细致。

千佛碑高4米，宽1米，厚0.4米。碑身四面雕满佛像，共计2200多尊，排列整齐划一。石碑下部四面共开凿5龛，底部正中雕一佛二菩萨像，佛结禅定印，结跏趺坐。袈裟为偏袒右肩式，衣纹顺畅，与云冈石窟“昙曜五窟”的大佛衣着相仿，富有北魏早期风格的韵味。

图2-1-158 千佛碑，北魏

羊头山石窟

十四、万佛堂石窟[①]

万佛堂石窟位于辽宁省锦州市义县城西北 9 千米的大凌河北岸、福山峭壁之上，是我国东北地区年代最久、规模最大的石窟建筑群。明人贺钦曾作《题万佛堂壁》：“峭壁镵成万佛身，招提开创几千春。行童不识寻幽客，误作恭禅问法人。”让我们吟唱着前人的诗句，走入这座石窟。

石窟分为东区与西区，现存洞窟 16 个、造像 430 余尊。根据西区第 5 窟窟内的《元景造像碑记》，西区石窟最早是在北魏太和二十三年（499）由平东将军、营州刺史元景为皇帝祈福而开凿。西区现存 9 窟，保存较完整的是第 1 窟和第 6 窟。西区第 1 窟和第 5 窟均为中心柱窟，以中心柱为中心，四周空间开阔，便于禅修和佛事活动的进行。中心柱雕刻华美，下层的坐佛为后代补塑，但塔柱的尖楣形龛形与柱四角的缠龙须弥山都是北魏原貌。龛周围的精细装饰衬托出华美的大千世界，步入窟室犹如进入佛国一般。洞窟窟顶别具一格，同是莲花图案，但尖叶单片莲瓣、飞天与化生的布局位置等则凸显着当地特色（图 2–1–159）。西区第 6 窟是万佛堂石窟最大的洞窟，正中有一尊交脚弥勒像（图 2–1–160），两侧有胁侍弟子二身（图 2–1–161）。窟内的整体风格与云冈同期造像一致，是佛教艺术东传至东北地区的实证。

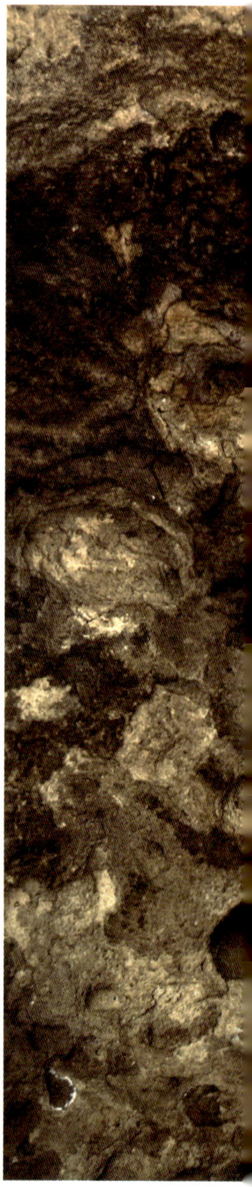

在西区第 5 窟的南壁上，有著名的《元景造像记》（图 2–1–162）。石碑全称《平东将军营州刺史元景造像碑》，记录了北魏太和二十三年元景为皇帝及自身并眷属祈福造窟的过程。石碑风化严重，仅存 304 字，但仍具有很高的书法价值，康有为赞其为“魏诸碑之极品”，梁启超评其“天骨开张，光芒闪溢”。与西区相比，东区洞窟保存较差，风化严重，造像也多为后代补塑。根据第 5 窟门楣上的《韩贞造像记》，东区石窟是韩贞等 74 人在北魏景明三年开凿的私窟。韩贞造像碑也具有重要的价值，是研究我国北方鲜卑、契丹等民族史的宝贵资料。

万佛堂石窟是北魏开凿的石窟中地理位置最北端的石窟。义县在北魏时期属营州，毗邻契丹、高句丽等国，是北魏的边境之地。在距离国都平城（今山西大同）较远的边邑出现大规模的石窟群，足见佛教影响之广泛。万佛堂石窟延续了北魏迁都洛阳前云冈石窟的艺术风格，是平城佛教向东传播的例证。

---

① 本小节图片皆由刘阁拍摄并提供，特此致谢。

图 2-1-159 西区第 5 窟窟顶，北魏，石雕

万佛堂石窟

窟顶图案从内至外可分为三层：最内层为莲花，中间花蕊位置雕刻三身化生；中间层顺时针雕刻六身飞天；最外层为三角形尖叶单片莲瓣。飞天与化生的布局不见于北方同时期的石窟，细长的单片莲瓣也异于云冈石窟饱满的双片莲瓣，而是与辽宁地区东晋壁画墓中的莲花图案相近，[1] 说明万佛堂石窟在继承一定云冈风格的同时，又独具地方特色。

① 刘建华：《辽宁义县万佛堂北魏石窟分期研究》，《考古学报》2001 年第 2 期，第 178 页。

图 2-1-160　交脚弥勒像，北魏，石雕，高 3.2 米

万佛堂石窟西区第 6 窟

此尊造像是万佛堂石窟最大的一尊造像，也是中原北方地区石窟中现存最大的以弥勒为主尊的北魏造像。[1] 佛肉髻突出，高鼻薄唇，背光经后代重新敷彩，头顶饰有细密的水波纹，发际线整齐，密而不乱，带有早期造像犍陀罗风格的意味。面相长圆，身体健硕，俯视前方，属典型的北魏前期造像风格。万佛堂石窟没有出现孝文帝改革后流行的“秀骨清像”“褒衣博带”的新样式，而是与云冈同期造像风格一致，表现出云冈造像风格的向东传播。

① 刘建华：《辽宁义县万佛堂北魏石窟分期研究》，《考古学报》2001 年第 2 期，第 184 页。

图 2-1-161　胁侍弟子像，北魏，石雕

万佛堂石窟西区第 6 窟

弟子面相丰圆，眉眼细弯，嘴角含笑。头光呈桃形，身穿较为厚重的通肩大衣，内着僧祇支。造像整体与主尊弥勒风格一致，健朗雄厚，表现出北魏早期的风格。

图 2-1-162 《元景造像记》拓片

元景，孝文帝的族叔祖，史书无传，其生平散见于各种史料，学者推断元景任营州刺史的时间约在太和十八年（494）十二月以后至太和二十三年之间（495—499），在任期间开凿了万佛堂西区石窟。①

《元景造像记》全称《平东将军营州刺史元景造像碑》，原碑几乎每行文字均有缺失，对文字的识读较为困难。石碑文字结构严谨，刻制精良，极具高超的书法价值。

① 刘建华：《辽宁义县万佛堂北魏石窟分期研究》，《考古学报》2001 年第 2 期，第 179 页。

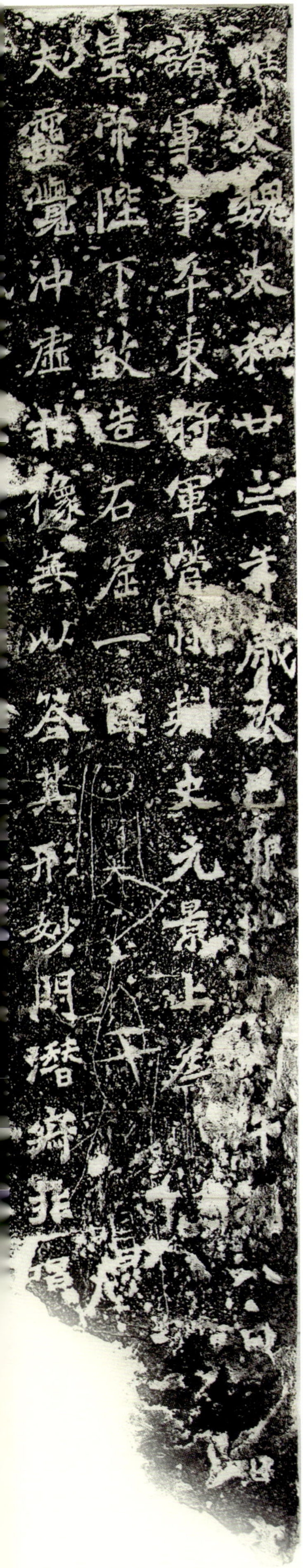

十六国时期是我国佛教艺术的起步阶段，在4世纪中后期北方地区出现了最早的石窟，[1]早期的造像多已不存，从仅存的少量实物来看，此时的造像主要吸收了印度与西域的艺术风格，同时又融合了中土文化的元素，兼容并蓄，独具风貌。

历史进入北魏时期，统一的政权和相对稳定的局势为石窟艺术的进一步发展提供了前提。河西地区的佛教持续勃发，且不断向东传播。定都平城后佛教得到皇室尊崇，由此北魏佛教艺术的发展注入了国家的力量。孝文帝迁都洛阳，更是具有划时代意义的历史事件，汉文化的推行巩固了北魏的统治，推进了民族融合，中原地区的审美意趣更使佛教艺术风格焕然一新，开启了佛教艺术的一个高峰，加快了石窟艺术中国化的进程。

① 宿白：《早期佛教遗迹与石窟寺遗迹的分布》，《中国石窟寺遗迹——3至8世纪中国佛教考古学》，文物出版社，2010年，第16页。

第二节 凝练升华：西魏至北周时期

一、敦煌莫高窟

永熙三年，北魏分裂为东魏与西魏。该年闰十二月，权臣宇文泰（507—556）拥立元宝炬（507—551）为帝，国号大魏，建都长安，史称西魏（535—556）。西魏恭帝三年（556），宇文泰之子宇文觉在堂兄宇文护的拥立下废帝而自立，国号周，史称北周（557—581）。

北魏时期，佛教迅速发展，西魏和北周虽然国祚短暂，但佛教在这一时期仍得到上至皇族、下至百姓的信仰。西魏三帝皆信奉佛教，北周五帝中除武帝宇文邕有灭佛之举外，其余四帝也都信仰佛教，佛教在这一时期得以继续发展。北朝前期塑像人物体态强健，风格朴实厚重。进入西魏、北周后，风格变得复杂，西魏及北周初期，主要延续北魏后期以来“褒衣博带”“秀骨清像”的风格，北周中期后，中原的新一轮造像风格又取而代之；这一时期的彩塑身着高领大袖襦服，胸前系小结，外罩对襟式袈裟，人物也渐渐开始有了丰腴的感觉，为以后的隋唐气象奠定了基础。

敦煌莫高窟西魏到北周时期的代表洞窟有第 249、285、432、428 和 297 等窟。第 249 窟（图 2-2-1、图 2-2-2）和第 285 窟（图 2-2-3、图 2-2-4）均是覆斗形顶。莫高窟早期石窟为中心塔柱式，北魏之后逐渐演变为覆斗形顶，窟顶形如倒斗。第 249 窟和第 285 窟窟顶藻井装饰精美，均画斗四莲花井心。藻井在我国古代建筑中早有使用，所谓“交木为井，绘以藻纹”。覆斗形石窟顶部中心的方形部分多以藻井为装饰，造

图 2-2-1　第 249 窟西壁，西魏，泥塑，佛高 2.4 米

莫高窟

窟室西壁开凿一龛，龛内塑一佛二菩萨像。佛龛装饰精美，浮雕的龛楣上绘忍冬、化生、伎乐等，龛外沿为忍冬纹，龛内佛像背光为火焰纹。土红、土黄、石绿、宝青等颜色交替使用，对比鲜明，内敛而热烈。

图 2-2-2　倚坐佛局部，西魏
莫高窟第 249 窟西壁

西壁主佛为倚坐佛，手部残缺。袈裟衣纹呈“U”形自然下垂，内部僧祇支的系带露出袈裟之外，别具装饰之美。背光和头光由数层火焰纹组成，向上的动势与下垂的衣纹增加了视觉层面的上下距离，更加衬托出佛像的高大。

型简练，用笔豪放，色彩明快，是难得的艺术瑰宝。二窟内的佛像数量并不多，整个洞窟的精华在于保存完整的壁画，佛、菩萨、诸天、化生童子、伎乐飞天等齐聚一窟之内，向世人展示着精彩的佛国世界。

西魏到北周时期，中心柱窟依然在莫高窟流行，如第 432 窟（图 2-2-5、图 2-2-6）和第 438 窟。与前代的窟形一样，中心柱四面开龛，龛内塑造像。北周时期的造像圆润饱满，身形已有向丰腴发展的趋势，线条也较为柔美，有一种内在美，这种风格为以后的隋唐时期佛像奠定了基础。遗憾的是，建德二年（573）北周武帝宇文邕召集群臣、沙门、道士等商议三教先后，最后得出“以儒为先，道教次之，佛教为后”① 的结论。建德三年（574），宇文邕下诏禁断佛、道二教，敦煌境内的瓜州阿育王寺和沙洲大乘寺被废，一批佛教场所被毁。至隋唐时代，佛教才又一次开始兴盛。

① ［唐］李延寿：《北史》卷十，周本纪下第十，中华书局，1974 年，第 359 页。

图 2-2-3 第 285 窟西壁南龛，西魏，窟高 4.3 米

莫高窟

覆斗形洞窟装饰精美，窟室南、北壁各开四禅窟，西壁开三龛。西壁正中为倚坐佛像，高 1.98 米，身着典型的“褒衣博带”式袈裟，两侧为高度不足 1 米的禅僧像。整个洞窟保存完整，壁画精美，菩萨、诸天、化生童子、伎乐飞天等人物丰富，呈现出一片热闹的佛国景象。

图 2-2-4 禅僧像局部，西魏，泥塑，高 0.68 米

莫高窟第 285 窟西壁南龛

僧人眉目清秀，身穿传统式百衲衣。百衲衣由碎布拼接、缝合而成，不仅僧人穿着，后世亦深得妇人、孩童喜爱。从寺院到民间，宗教与世俗生活融通的意义在其中。禅僧手结禅定印坐于佛龛之中，寂静安宁，似已进入禅定状态，周围的任何扰攘都无法将其触动。

图 2-2-5　一佛二菩萨像，西魏至北周，泥塑，中心柱高 3.5 米
莫高窟第 432 窟中心柱东向龛

此铺彩塑共三尊，组合形式为一佛二菩萨。主尊佛施说法印，倚坐在台座上。背光外侧为火焰纹。佛身着汉式对襟大襦，内着僧祇支，下身衣纹呈阶梯式。主尊两侧各有一胁侍菩萨静静侍立，身体微曲，面带笑容。三尊彩塑色彩明快，和谐统一。敦煌石窟使用矿物颜料，彩塑的色彩与壁画的色彩相得益彰。

图 2-2-6 菩萨像，西魏至北周，泥塑，高 1.24 米

莫高窟第 432 窟中心柱东向龛（敦煌研究院供图，吴健摄）

此尊菩萨为佛左侧胁侍，头戴宝冠，右侧发髻处插有发簪。面相丰满，五官紧凑，嘴角含笑，恬静的面容中又表达出一种欲言又止的情态。左手持宝瓶（瓶已失），右手置于胸前，上身披天衣，下身着裙。此时的菩萨已不再是遥不可及的天神，更像是现实世界中的少女，恬静姣好。

二、麦积山石窟[1]

麦积山石窟是中国四大石窟之一，留存众多北朝雕塑精品，故有“北朝雕塑博物馆”之称。北朝一直到明清，麦积山石窟持续修造，但其盛期及精华主要在北朝。继北魏之后，麦积山在西魏时期又迎来了一次营造高峰。北魏中期以来，“褒衣博带”“秀骨清像”的风格流行开来。西魏继承了这种风格，并将这一风格继续发展，使得造像更倾向于展现女性特征，体现出女性的宽和与温柔。

麦积山的西魏洞窟现存12个，主要有第43、60、102、123、191等窟。北方战乱频繁，石窟寺的修造多为皇家与贵族出资。西魏王朝与麦积山有一段凄美的故事。北魏分裂为东魏和西魏后，朝政分别为权臣高欢和宇文泰所把持，皇帝并不具有实权。西魏第一任皇帝元宝炬于大统元年（535）在宇文泰的支持下继位，立结发妻子乙弗氏（510—540）为皇后。“世间好物不坚牢，彩云易散琉璃脆。”面对与东魏的不断摩擦和北方柔然的屡次进犯，西魏采取了联姻柔然的方式。大统四年（538），皇帝元宝炬听从宇文泰的建议，废黜乙弗皇后，令她削发为尼、居住别宫，柔然公主郁久闾氏成为新皇后。而后，乙弗皇后次子武都王元戊出任秦州刺史，母亲随之一同赴任。大统六年（540）柔然再次进犯，迫于压力，元宝炬将乙弗氏赐死。一代皇后如此结束了年仅31岁的生命。乙弗皇后死后，其灵柩被葬入麦积山开崖为龛的石窟之内，后来这一洞窟被称为“寂陵”，俗称“魏后墓”，即今日麦积山第43窟（图

图2-2-7　第43窟外景
麦积山石窟

① 本小节图片皆由张铭拍摄并提供，特此致谢。

第43窟为崖阁式，三间四柱，柱上雕刻精美。窟内前部为廊，正壁开龛，龛后为用于安放棺椁的盝顶后室。窟内现存造像皆为宋代所塑，仅在龛两侧存留些许西魏壁画残迹。

乙弗皇后生性节俭，温良贤淑。据《北史》记载，她在自尽前曾言："愿至尊享千万岁，天下康宁，死无恨也。"① 相传乙弗皇后的灵柩送入石龛之时，有两团丛云飘入龛内，不久后一团消失，另一团飘出。元宝炬去世后，乙弗皇后的长子、太子元钦即位，将母亲遗骨迁至长安，与父亲合葬于永陵。

① ［唐］李延寿：《北史》卷十三，列传第一，中华书局，1974年，第507页。

2–2–7）。在佛教石窟中，瘗藏僧人、信徒尸骨的洞窟被称为“瘗窟”。第43窟是我国现存最知名的瘗窟。

第44窟建造于西魏，正壁造像一铺三尊，为一佛二菩萨之组合（图2–2–8）。主尊造像保存完好，雕刻精美，比例匀称，线条柔美流畅，衣服与肌肤的质感表现十分到位，无论哪一处都给人以增一分则多、减一分则少之感。佛像端庄典雅、气质高贵，更多地体现出母性的慈祥。第44窟与乙弗皇后的寂陵相邻，有人认为这尊典雅的佛像是在乙弗皇后死后皇家为纪念她而建造，也有学者认为这尊造像就是以乙弗皇后的容貌为原型。

另一值得关注之处是，造像的雕塑手法较之以前更有所进步。虽然其上身衣纹仍以阴刻线表达，但头上的旋涡纹（图2–2–9）以及下摆的塑造已经不再是一种线性的表达，而是开始考虑到物体本身的体量感，例如右腿部位的几道“U”形衣纹，其处理手法不再是阴线刻，或类似贴塑般的线性表达，而是着力表现衣纹的起伏转折，开始有了“体积”的概念。

西魏造像继承魏晋高逸通脱、清俊潇洒之风格，并有发展，人物造型清瘦但更自然，衣着多是“褒衣博带”或交领儒袍。第123窟（图2–2–10）也是西魏典型洞窟之一。窟内正壁、左壁和右壁各开一龛，正壁塑一佛二菩萨像，佛的袈裟下摆垂于座前，如层层绽放的花瓣，极具装饰性，表现了西魏时期的审美风尚。左、右壁有少年侍者的塑像二身，俗称为童男像（图2–2–11）和童女像（图2–2–12、图2–2–13）。二人均身着少数民族装束，匠师以极概括精练的雕塑语言，集中塑造了少年纯真的神态和稚气，表情十分传神，让人感到扑面而来的生活气息。其服饰有鲜卑族特点，塑造手法一如汉俑。

西魏时期可谓麦积山石窟的精练提高阶段，到了北周时期，造像一改西魏的清秀可爱，而成为“面短而艳”的风格，为以后唐代造像的丰满圆润开启了先河。麦积山北周洞窟以第4、12、36、62窟为代表。第4窟又名上七佛

图2–2–8　第44窟正壁，西魏，泥塑，佛高1.6米，菩萨高1.3米

麦积山石窟

主尊佛结单跏趺坐，右手施无畏印，左手施与愿印。双领下垂，“褒衣博带”式袈裟与同期其他佛像无异。佛像的袈裟极富韵律，下摆将凝重与飘逸并举。龛外胁侍菩萨头戴宝冠，天衣绕肩，在身侧翩飞，衣裙仿佛随风而动。三尊造像儒雅从容，笑意含蓄、隽永，堪称完美的西魏佳作。

图2–2–9　佛像局部，西魏，泥塑

麦积山石窟第44窟正壁

佛头为高肉髻，上有右旋式旋涡纹。佛像面庞圆润，两道远山细眉斜飞入鬓，一双狭长的秀目眼睑微微低垂，鼻梁俊挺，与额相平，口小而唇薄，更显清丽，眼角眉梢带出的笑意更令人心驰神往，颇具女性温柔慈爱的特征。此尊造像为麦积山北朝造像的经典之作。

图 2-2-10　第 123 窟正壁，西魏，窟高 2.47 米

麦积山石窟

正壁龛内有释迦说法像一尊，两侧为胁侍菩萨，释迦佛的袈裟堆叠，尤其是盘曲的右腿处的衣褶纹路被处理成莲瓣状，将出尘不染之感衬托于无形之中。此铺造像显现出一派娴雅、祥和之气。

图 2-2-11　童男像，西魏，泥塑，高 0.97 米

麦积山石窟第 123 窟左壁

男孩的刘海遮盖住额头，颈部佩戴项圈，身穿圆领长袍，脚穿毡靴，两手交叉放入袖中，衣着为鲜卑人服饰。年轻的面庞上略带稚嫩，但又不失虔诚，一位充满活力的少年跃然眼前，灵动传神。

图 2-2-12　童女像，西魏，泥塑，高 0.99 米

麦积山石窟第 123 窟右壁

童女与童男相对而立，头绾双髻，面庞圆润，佩戴项圈，穿大袖襦裙，静静侍立。其面带稚气，表情恬静，充满青春的气息，仿如一位现实生活中的孩童，栩栩如生。

图 2-2-13　童女像头部，西魏，泥塑

麦积山石窟第 123 窟

仔细观察，可以看到女孩五官比例精准，刻画细腻，眉眼与嘴角含笑，头部微颔，似在思考着什么。她沉浸在自己的世界里，清纯可爱。关于童男童女的身份，有侍者说、有供养人说。不论何种身份，只要面对他们，就会不自觉地被其自然可亲的气质所吸引。

阁，是麦积山规模最大、位置最高、造像最精美的石窟。《秦州天水郡麦积崖佛龛铭》记载："大都督李允信者，籍于宿值，深悟法门，乃于壁之南崖，梯云凿道，奉为亡父造七佛龛。"有人认为第4窟即北周秦州大都督李允信为亡父而开凿，还有人认为第4窟与北周皇族宇文家族有关。宇文导在西魏时曾任秦州刺史，北周建国后，其子宇文广先后出任秦州刺史、梁州都督、秦州都督等职，病逝长安时北周武帝亲自前往吊唁，并诏将其归葬秦州（今天水）。而后宇文广之子宇文亮出任秦州总管。可见，西魏末年到北周末年，秦州始终在宇文家族的统治之下，这个家族理应是当时麦积山石窟最大的功德主。前文提到的李允信是宇文广的故吏，因此第4窟应与宇文氏有着密切的关联。①

第4窟前廊七梁八柱，宽31米，高15米，气势恢宏，是现存规模最大的崖阁建筑。七大龛内各塑一佛或一佛二菩萨，现存造像多为后代重塑。前廊左右两边和各龛之间有浮雕的天龙八部八身（图2-2-14），虽经宋代补修，但基本保存了北周原貌。龛上还有薄肉雕（也可称为浅浮雕，仅在面部及身上露出皮肤的地方使用浅浮雕的手法）形式的飞天数身（图2-2-15），表现出高超的雕刻技法。

第62窟内的北周造像十分精美，是麦积山现存北周洞窟中保存最好且未经后代重修的洞窟（图2-2-16）。窟内三壁开三龛，龛外各有胁侍二身，六身胁侍菩萨整齐统一，但又不乏自身特色，既有"秀骨清像"的余韵，又有珠圆玉润的充实（图2-2-17）。麦积山石窟是佛教艺术由西域风格向中原风格转变的分水岭，这一特点在北周时期表现得更为明显。北周时期的造像在关注整体的同时，更加注重个体的塑造，出现了一些有趣的形象，比如第36窟的胁侍菩萨（图2-2-18）一手托起摩尼宝珠，另一手托起手肘，造型灵动，极具个性。

① 天水麦积山石窟艺术研究所编：《中国石窟·天水麦积山》，文物出版社、平凡社，1998年，第243页。

图 2-2-14　天龙八部（部分），北周，石雕

麦积山石窟第 4 窟廊正壁

天龙八部包括天众、龙众、夜叉、乾达婆、阿修罗、迦楼罗、紧那罗和摩睺罗伽。第 4 窟的 8 身天龙八部为浮雕形式，身穿武士的装束，手持不同兵器，表情严肃，孔武有力，拱卫着石窟。

图 2-2-15　弹阮飞天，北周，薄肉雕，高 0.68 米

麦积山第 4 窟第 3 龛正壁

四身飞天手持不同器物，有乐器、香炉、花蔓等。弹阮飞天是四身飞天之一，其面部丰腴，珠圆玉润。采用薄肉雕的形式，表现飞天的正面角度，凸显效果明显；人物立体感更强，刻画出正在弹奏的状态，带给观赏者更为直观的感觉。侧耳聆听，似有乐声隐隐传来。

图 2-2-16　第 62 窟正壁及主佛像，北周，泥塑，佛高 0.92 米，左侧菩萨高 1.15 米，右侧菩萨高 1.12 米

麦积山石窟

正壁塑一佛二菩萨像，佛呈说法状，端坐于台座之上。佛像面部圆润，身体结构塑造准确，已是北周所承继的南朝新风格的特色；而佛像袈裟的悬裳堆叠，自然垂至台座之下，似层层绽放的花瓣，富有层次感及装饰性，则是西魏时期的典型特色。

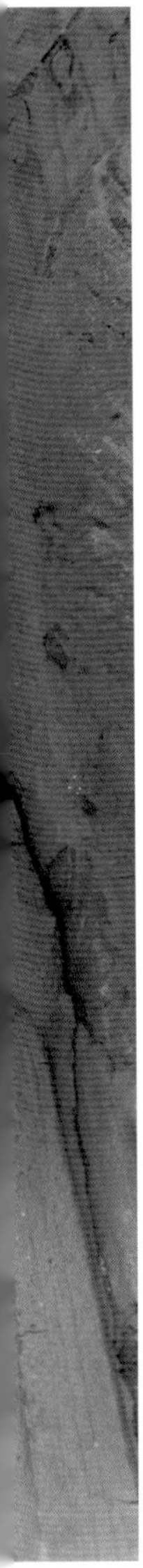

图 2-2-17　菩萨像，北周，泥塑，高 1.12 米

麦积山石窟第 62 窟正壁、左壁

六身菩萨的头冠、发髻和持物各有不同，整体而言身体修长，造型舒展，天衣在身前排成两道“U”形，既有西魏时期延续而来的清秀，又有北周时代丰腴的新面貌，形象高贵庄重。

图 2-2-18　胁侍菩萨局部，北周，泥塑，高 1.2 米

麦积山石窟第 36 窟正壁右侧

菩萨面部丰圆，腰部略鼓，呈现出丰腴的体态。最为有趣的是她的姿势，右手托起供物（供物已失，或为摩尼宝珠），左手握住璎珞，姿态颇具现实生活情趣，仿若思考，又如沉醉在佛法之中。菩萨安静地站立在台座之上，身体比例和谐，体态优美。

三、水帘洞石窟群

位于甘肃省天水市武山县东北25千米外的钟楼山峡谷中，错落分布着众多石窟造像，因水帘洞位于窟群中心，故而统称为“水帘洞石窟群”（图2-2-19）。水帘洞石窟群始建于十六国后期，北周（557—581）时期初具规模，而后宋代、元代屡有增建，是渭河上游古丝绸之路南道上一处重要的佛教圣地。现有水帘洞、拉梢寺、千佛洞和显圣池四个部分，现存历代窟龛69个、塑像160余尊、浮雕42幅、壁画2400多平方米，其中拉梢寺摩崖石雕规模最大。

拉梢寺位于峡谷两侧的峭壁上，相传修造者把周边山上的树木砍下来，拉树梢成山，因此得名“拉梢寺”。其实真实的修建过程是搭建与山峰一般高的脚手架，自上而下施工，再将脚手架拆除，如此巨大的工程量，令我们不得不对古人的智慧与工艺肃然起敬。拉梢寺最早开凿于北周明帝宇文毓武成元年（559），由北周柱国大将军、陇右大都督、秦州刺史尉迟迥主持开凿。崖面为红砂岩质地，长、高各60余米，平面呈方形，整个崖面浮雕、壁画面积1700平方米，东部崖面正中有一幅巨型浮雕释迦牟尼佛像（图2-2-20、图2-2-21），通高42.3米，占整个崖面的一半以上，比麦积山东崖大佛还要高出一倍有余，气势恢宏，雄伟壮观，是现存最大的一处北周佛教摩崖造像。

图2-2-19　峡谷中的石窟

钟楼山峡谷为红砂岩丹霞地貌，峡谷两岸青山环绕，层峦叠嶂，怡人的自然环境和平整的崖面为石窟的开凿提供了便利的地理条件。

图 2-2-20　拉梢寺大佛，北周，石胎泥塑，高 42.3 米

拉梢寺石窟

大佛坐西面东，肉髻低平，面相圆润，唇部丰厚，呈现出北周时代的审美意趣。佛身着通肩袈裟，衣纹凸起，双手结禅定印，结跏趺坐于莲台上，左脚掌心向外，左脚掌中心刻有一法轮图案。浮雕刀法流畅，凹凸有致。北周国策尚简，以浮雕形式开凿大像，大大节省了人力和财力。

图 2-2-21　拉梢寺大佛头部，北周，石胎泥塑

拉梢寺石窟

大佛头光装饰繁杂，共有 8 圈，呈同心圆式，最内圈为花卉图案，第 2 至 6 圈为波浪纹图案，第 7 圈为半花瓣图案，最外圈为红色装饰带。8 圈皆为彩绘，历经千余年而颜色犹存。

释迦牟尼佛两侧有浮雕泥塑的二胁侍菩萨（图 2–2–22、图 2–2–23），两位菩萨的服饰与姿态基本相同，均手持莲花，头光由内而外共有 5 圈，彩绘有波浪纹、花卉等图案。二胁侍菩萨与主尊相互呼应，形象高大，比例匀称。

大佛端坐于台座之上，方形台座别具特色（图 2–2–24）。浮雕台座由六层组成，自上至下分别为双层仰莲、卧狮（图2–2–25），双层仰莲、卧鹿（图2–2–26），双层仰莲、立象（图 2–2–27）。狮、鹿、象皆是瑞兽，也是佛教中经常出现的形象。仔细观察会发现，台座上的同种动物之间虽然相似但其实各不相同，耳朵、腿甚至是牙齿等细小位置各有变化，既有不同的个性，又保持了总体的统一与和谐。在鹿的上部、狮子中间有一佛龛，龛内塑有一佛二菩萨（图 2–2–28），相传为宋代补塑。整个台座融浮雕、线刻等手法于一体，雕刻细致，疏密有致，与大佛和菩萨浑然一体，将中国传统文化、印度文化和中亚文化相互融合，体现了北周时期佛教文化的融合和审美情趣，是中国石窟雕塑艺术中的珍品。

拉梢寺一佛二菩萨浮雕周围还塑有小佛龛，绘有精美的壁画（图 2–2–29）。小佛龛内的造像体量虽然比大佛小了很多，但做工依旧精细，属于高浮雕，如位于摩崖大佛右胁侍菩萨右下方侧的彩塑小佛龛（图 2–2–30），可谓十分精美。小佛龛内塑一佛二菩萨，主佛保存完好，轻扬的嘴角虽历尽沧桑，但依然慈祥。

拉梢寺所在的位置地处北周王朝的腹地，毗邻重要的东西商路。在拉梢寺浮雕大佛左下角凿有一个长方形的浅龛，龛内正壁阴刻有摩崖题记（图 2–2–31），题记明确表明拉梢寺是北周武成元年由陇右大都督、秦州刺史尉迟迥主持开凿，表达了动荡年代人们对于“天下和平，四海安乐，家国与天地久长，周祚与日月俱永”[①]的美好愿景。

北周（557—581）佛教在继承北魏、西魏的基础上又有了新的发展，加之北周皇帝（除武帝后期外）多崇信佛教，渭河上游佛教盛行，拉梢寺所处的秦州、渭州地区沟通中原与丝路，受到多元文化交汇的影响，形成了这个地域独特的风格。

水帘洞石窟位于拉梢寺石窟对面，与之南北呼应。水帘洞是一个拱形的天然洞穴，每到雨季流水注入，由此得名。现存的水帘洞建筑群（图 2–2–32）基本保持了清代的形制，是民国时期的道教建筑。北侧崖面上留存有悬塑、浮雕和壁画等形式的佛教艺术作品，原为北周所绘，宋元时期进行过大规模补绘和重绘（图 2–2–33）。

① 语出位于大佛左下角浅龛内的摩崖题记，题记全文详见图 2–2–31 图注。

图 2-2-22　左胁侍菩萨，北周，石胎泥塑，高 26.75 米

拉梢寺石窟

菩萨头戴宝冠，面容丰圆，白毫突出。左手上举，手持莲茎，右手托起莲茎一端。莲花雕刻细致，花瓣层层晕染，莲蓬上的孔洞清晰可见，手法写实。宝冠及面部历经风霜有所剥落，现已修复。

图 2-2-23　右胁侍菩萨，北周，石胎泥塑，高 27.25 米

拉梢寺石窟

菩萨头戴三叶宝冠，白毫突出，双目半睁。缯带于两侧自然下垂至肩膀，颈饰项圈，戴手镯，佩饰上雕刻有细密的花纹。菩萨嘴角微微翘起，静看世间千年的风云变幻。

图 2–2–24　大佛台座，北周，摩崖石刻，高 17 米，宽 17.55 米

拉梢寺石窟

台座呈方形，自上至下分别为仰莲、卧狮、仰莲、卧鹿、仰莲、立象。在鹿的上部、狮子中间有宋代佛龛一个，龛内塑有一佛二菩萨。

图 2–2–25　台座上的卧狮局部，北周，石刻，高 1.8 米，宽 1.82 米

拉梢寺石窟

卧狮现存五头，有的张嘴龇牙，有的闭嘴露齿，双腿前伸，跪伏于地，形象逼真，威风凛凛，同时也衬托出佛的威仪。狮子在古印度、中亚文化中广泛出现，出现在此，体现了印度和中亚文化对此地的影响。

图 2-2-26　台座上的卧鹿局部，北周，石刻，高 2 米，宽 1.75 米

拉梢寺石窟

卧鹿共 9 只，独角竖起，嘴角露出长牙，前腿屈卧。鹿自古以来就是瑞兽，具有吉祥的寓意。在佛教文化中鹿也是神兽，如本生故事中的“鹿王本生”。

图 2-2-27　台座上的立象局部，北周，石刻，高 3.05 米，宽 1.7 米

拉梢寺石窟

大象共 9 头，正中一只为正面，其余为侧面。大耳下垂，双牙外伸，鼻尖略微向上卷起。为了突出造像的简练，中间的大象与两侧的大象共用象腿，构思奇巧，造型简洁明了，结构严谨。

图 2-2-28 一佛二菩萨，宋，石胎泥塑

拉梢寺大佛台座

此一佛二菩萨像和大佛相比体量较小，但雕刻精致，细节之处一丝不苟。左胁侍菩萨保存较为完好，衣纹流畅，富有动感，似乎能感到清风袭来，衣裙翩飞。

图 2-2-29 拉梢寺石窟一角

拉梢寺石窟以一佛二菩萨巨型浮雕为主体，周围伴有小型造像和精美的壁画，年代主要集中在北周、宋、元三个时期。

图 2-2-30　一佛二菩萨彩塑佛龛，北周，石胎泥塑
拉梢寺石窟第 9 龛

佛龛呈圆拱形，龛高 1.1 米，宽 0.9 米。一佛二菩萨踏于半圆形莲台上。主佛肉髻低平，眉眼含笑，向下俯视。雕刻虽残，但神情姿态犹存。

图 2-2-31　拉梢寺浮雕大佛题记，北周，石刻

题记全文：

维大周明皇帝三年岁次己卯二月十四日，使持节柱国大将军陇右大都督秦渭河鄯凉甘瓜成武泯洮邓文康十四州诸军事秦州刺史、蜀国公尉迟迥与比丘释道藏于渭州仙崖，敬造释迦牟尼佛一区，愿天下和平，四海安乐，家国与天地久长，周祚与日月俱永。

图 2-2-32　水帘洞建筑群局部

水帘洞道教建筑包括三清洞、四圣宫、南殿和几座小殿，主要建于清代至民国时期，位于东北面的三清洞依山崖而建，工艺精巧。

图 2-2-33 崖面一角，宋至元

水帘洞石窟北侧崖面

崖面刻有佛塔、绘有壁画，现有遗迹为宋代至元代所绘，色泽亮丽，经过岁月的洗礼依然清晰。

从水帘洞出来，沿着曾经的河谷向西北方向前行，可见一座正中有着天然洞穴的山峰。崖壁上存有上千尊造像和壁画，故称千佛洞。现存大小窟龛 49 个、造像 25 身、壁画约 150 平方米，木质栈道将崖面分为上下两部分（图 2-2-34）。崖面上部主要以影塑为主，下部有浮雕和龛内泥塑两种类型，有大面积剥落，留存一部分北周原作（图 2-2-35），后经唐、五代、宋、元的重绘与修补（图 2-2-36）。

显圣池是水帘洞石窟群的另一组成部分，位于水帘洞东南侧，是一处天然崖窟，洞中常年滴水，叮咚作响。洞窟东壁保存有隋代说法图壁画。

图 2-2-34　千佛洞

水帘洞石窟群

千佛洞现存大小窟龛39个，崖面上下两部分有木质栈道相通。南壁第32龛下方绘有一幅北周时期的说法图，其右侧现存供养人像7身，其中第2身供养人身穿圆领长袍，络腮髭须，前方榜题框内墨书“大都督姚长璩供养时”。根据学者研究，此身供养人的外貌是当时姚羌民族的直观表现，而姚长璩极有可能是尉迟迥的下属，因战功而得大都督之职位。[1]石窟的开凿非一人之功，而能在历史中留下的名字却少之又少，种种蛛丝马迹为后人了解当时的世事提供了线索。

① 张铭：《武山水帘洞石窟千佛洞北周壁画考释》，载李天铭、孙晓峰编《石窟艺术研究（第4辑）》，2019年，第180页。

图 2-2-35　一佛二菩萨二弟子像，北周至隋，石胎泥塑

水帘洞石窟群千佛洞上部

主佛面相方圆，身体健壮，身着通肩袈裟立于莲台之上，袈裟衣纹密集，呈“U”形分布，流畅的线条使得袈裟的垂感极强。左胁侍菩萨已不存，右胁侍菩萨手持宝瓶，身体微扭，呈“S”形，曼妙的姿态极具动感。两侧的弟子，一人持军持（净瓶），一人双手合十，似在认真聆听佛的教诲。

图 2-2-36　佛头部，北周至隋，泥塑，高约 1 米

水帘洞石窟群千佛洞

千佛洞的开凿主要是利用了自然的崖面，或开龛，或悬塑，展现着工匠因地制宜的智慧。此尊佛像为悬塑，除头部外已残毁，肉髻低平，面容饱满丰润，展现着蓬勃向上的面貌，温润而美好。

四、炳灵寺石窟

炳灵寺石窟位于丝绸之路南道上，见证着千年来的西来东往。炳灵寺北周洞窟共有3个，以第6窟、第172窟为代表。第6窟窟室较小，为平面长方形，窟顶壁画已脱落，窟内正壁雕坐佛像1身（图2-2-37），南、北壁各雕菩萨像1身（图2-2-38），四壁彩绘有千佛像。坐佛肉髻低平，北魏时期肉髻突出的形象已不复存在，此尊佛像还有一个明显的特点——面相圆润，肩膀宽厚，这是北周时期出现的新风格。北魏时期的石窟造像在南朝文化的影响下显得清瘦秀美，而自北周开始，一种丰盈饱满的审美意识开始酝酿和发展。

第172窟原建于西秦—北魏年间，北周大规模重修，明代重施彩绘。窟内北壁下部并排塑有五尊立佛（图2-2-39），比例匀称，造型丰满，是北周造像的典型样式。第172窟西壁是一座木阁式样的佛帐（图2-2-40）。佛帐处于洞窟的凹陷处，工匠精巧布局，将不规则洞窟内的空间合理利用，展现着古人的智慧。帐内正壁正壁塑一佛二弟子（图2-2-41），南北二壁塑一佛二菩萨，造像在明代经过大规模修缮，一些保留了原作的风格，一些已有较大的改变。

图2-2-37　佛坐像，北周，泥塑，高1.46米

炳灵寺石窟第6窟西壁

坐佛结禅定印，肉髻低平，身着通肩袈裟，衣纹稠密，呈密集的波浪式，具有装饰性。此尊造像基本摆脱了北魏时期清癯瘦削的形象，呈现出丰满圆润的特征，体貌的变化表现出时代审美风尚的变迁。

图 2-2-38 菩萨像，北周，泥塑，高 1.37 米

炳灵寺石窟第 6 窟南壁

菩萨头戴宝冠，身着长裙，披巾于腹前交叉下垂，裙口张开似喇叭状，似被风鼓起。菩萨左手持念珠，右手提净瓶，站于圆形台上，面露微笑，情态稚拙可爱，整个塑像给人清秀明润的质感。菩萨背后的壁面绘有宝树和千佛，绘塑结合，形成了一个完整的意象。

图 2-2-39　五佛像，北周，泥塑，高 1.07 米

炳灵寺石窟第 172 窟北壁下部

五尊佛像的形态相同，肉髻较低，身形丰腴，这是北周时期的新风格。造像紧贴墙壁，下方置一木板作为五佛的坛基，这种形式自北朝以来一直流行。[1]

① 甘肃省文物工作队、炳灵寺文物保管所编：《中国石窟·永靖炳灵寺》，文物出版社，1989 年，图版说明第 210 页。

图 2-2-40 木阁佛帐，北周至明，木质，高 2.18 米

炳灵寺石窟第 172 窟西壁

佛帐距离地面 1.4 米，由四面板壁组成，正面开门，帐内正壁和南北二壁塑有造像 9 身，明代重修，木阁上的彩绘为明代所绘。

帐在南北朝时期广泛应用，而后用于供佛。佛帐与洞窟之间存在相互影响的关系，北朝覆斗顶型洞窟是对佛帐的模仿[①]，而此佛帐布局和配置与当时的流行洞窟相似，则又受到洞窟的影响。佛帐的建筑形式也可能是模仿了小型木构佛教建筑的形式[②]。洞窟的内容并非开凿者凭空的想象，都是对于当时社会与生活的表达与映现。

① 甘肃省文物工作队、炳灵寺文物保管所编：《中国石窟·永靖炳灵寺》，文物出版社，1989 年，图版说明第 210 页。

② 王泷：《新发现的北朝木构建筑——炳灵寺石窟 172 窟佛帐》，《美术研究》，1979 年 10 月第 3 期，第 75 页。

图 2-2-41　一佛二弟子像，北周，泥塑，佛高 1.3 米

炳灵寺第 172 窟西壁佛帐正壁

主尊佛像面相方圆，袈裟较为厚重，端起的左臂处袈裟堆叠，清晰地感受到袈裟的质感，具有明显的装饰效果。两侧弟子侍立，虽经明代重修，仍留存着圆润、健朗的北周风格。

五、须弥山石窟

北周是须弥山石窟开凿的高峰期，洞窟主要集中在圆光寺区，但规模宏大的第51窟则位于相国寺区。北周窟以中心柱窟为主，主要有第45、46、51等窟，其中第45、46窟最为精美，且保存较好，第51窟规模最为宏大，不过在这些窟中有些被后世修补重绘的痕迹。

中心柱窟的特点是在塔柱每面各自开龛，窟内四壁亦开龛，有的一壁三龛，龛内装饰华丽。第45窟和46窟是须弥山最繁丽的洞窟，第45窟平面呈方形，为覆斗顶中心柱窟，第46窟与第45窟形制相似，只是规模略小。中心柱为单层，四面开龛，两个窟内的佛龛均为帐形龛，每个龛内多为一佛二菩萨的一铺三身组合（图2-2-42），主要姿态有立姿、跏趺坐和倚坐等，只有第46窟西、北、东三面窟壁中间为三尊单独立佛像。窟内造像的整体特征是身体比例短粗，腹部突出，面相方圆，身体丰腴，呈现出北周造像的典型特点。洞窟装饰精美，有很多细节之处耐人寻味。位于窟室中心的中心柱，除了佛、菩萨像的雕刻讲究，基座也十分精美。两窟中心柱的基座处均雕刻伎乐，伎乐演奏着各种乐器，十分热闹。

须弥山北周窟的一大特点是帐形龛（图2-2-43），这是北周佛龛的代表性龛式，在须弥山石窟中得到了突出的表现。帐形龛在陇东北石窟寺的众多北魏晚期和西魏的小龛中最为常见，在须弥山帐形龛的出现比麦积山帐形龛的出现时间要早，可见北周帐形龛是沿自北魏、西魏以来的传统。帐形龛的形制基本相同，但仔细观察也可发现细微变化。如第46窟右壁龛（图2-2-44），可以看到两龛的天幕略有不同，这样就避免了两个临近龛完全相似，从而给观者的视觉造成单调感。再来观察整个窟室，铺像组合看似相似，但仔细看会发现，这些龛像其实无一雷同：铺像组合相同的，菩萨手中的持物不同；持物相同的，佛座的样式又不同；佛座样式相同的，佛的手印又不同。这都反映出设计者于统一中求变化的精妙思维。千年前的古人对于细节的追求、对于信仰的虔诚，值得后人学习借鉴。

第51窟位于相国寺，由前室、主室和左右耳室四部分组成，是须弥山最大的北周中心柱窟（图2-2-45），在全国同期洞窟中也属面积较大者。窟室因地震受到严重破坏，主室、耳室坍塌严重，虽经修复但原貌已毁。窟内后壁开凿大龛，龛内雕三尊坐佛像（图2-2-46），像超过6米，雄伟壮观，展现着北周王朝的气魄。

图 2-2-42　第 45 窟中心柱，北周，石雕，龛高 2.8 米

须弥山石窟

中心柱四面龛内多塑一佛二菩萨像，主尊端坐在台座上，佛像肉髻较为低平宽大，神情肃穆，充满威仪。两侧菩萨身戴长长的璎珞，端庄优美。三尊造像浑圆健硕，突出肌肉的质感，展现出北周时代的审美风尚。

中心柱基座装饰精美，中间浮雕莲花摩尼宝珠，两侧的伎乐演奏横笛、腰鼓、筝和琵琶等乐器供养宝珠，虽然位于中心柱底部，但雕刻仍然谨慎精细。现藏于西安碑林博物馆中的一尊单体佛立像的基座上也有类似伎乐，长安与固原的造像艺术关联可见一斑。

图 2-2-43　帐形龛，北周，石雕

须弥山石窟第 45 窟

帐形龛的天幕下垂，两侧有铃铛和璎珞装饰，帐龛两侧有“S”形龙头，装饰繁复。龛内坐佛的袈裟较为厚重，下垂至台座下面，衣纹堆叠，紧贴台座，具有强烈的装饰感，与麦积山石窟的悬裳相比，繁缛程度已大大减弱。

胁侍菩萨的塑造别具一格，长长的璎珞自身体垂下，可以感受到颗颗圆珠的饱满质感。手持的花苞置于前胸，层层的花瓣清晰可见，千年前古人雕刻之精细实在令人赞叹。

图 2-2-44 第 46 窟右壁龛像线描图，北周

线图来源：宁夏回族自治区文物管理委员会、中央美术学院美术史系编《须弥山石窟》，文物出版社，1988 年，第 6 页

其中一龛的天幕是垂直叠压状排列，另一龛呈“U”形的波浪状排列，各具特色又和谐统一。帐龛两侧都垂着长长的璎珞铃铛。在两龛坐佛之间还有一尊穿通肩袈裟的立佛，头顶亦有帐檐，立佛两侧从帐檐上垂下的璎珞铃铛，即是两龛坐佛的，也是立佛的，构思可谓巧妙。

须弥山石窟所在的固原、泾川一带与西魏、北周政权有着密切的联系，这里是宇文泰的起家地，宇文泰得到固原李氏家族的支持，实力得以聚积。534 年北魏分裂，宇文泰正是从固原出发迎孝武入关。[①] 在他掌控西魏政权后，亦曾多次巡狩至固原。西魏恭帝三年（556）宇文泰北巡，逝于返回途中，他所走的路线正是丝绸之路东段的北道。北道是一条通往河西走廊、进出西域的重要商道，东西往来商旅多经此路，其繁忙程度非今日所能想象。在西魏至北周时期，地处北道的固原还有着重要的军事和政治意义。固原北倚萧关，地势险要，一旦固原失守，突厥人便可顺泾水直下长安，也正是因此，原州（今固原）的地方长官一直以来多是由宇文泰及其继任者最信任的原州豪族李氏家族担任。丝绸之路东段北道及原州，其实与南道的秦州一样，在北周时期都是相当重要且活跃的，只是在以后的历史中，随着山河一统及北部边患的解除等因素，丝路东段北道逐渐荒废，余下的一尊尊塑像见证了金戈铁马，见证了飘摇动荡的年代，留给后人无限的遐想。

---

① ［唐］令狐德棻等：《周书·文帝传》，中华书局，1971 年，第 1—13 页。

图 2-2-45　第 51 窟中心柱西面，北周，窟高 10.6 米

须弥山石窟

中心柱较为高大，龛内塑佛三尊像，广额方颐，肃穆静雅，含笑的眉眼展现出佛菩萨的慈悲。窟室坍塌严重，于 20 世纪 80 年代加固修复，原状已不完整，然北周的壮阔之势仍存。

图 2-2-46　坐佛像，北周，石雕，高 6.2 米

须弥山石窟第 51 窟后壁（王彦嘉供图）

坐佛肉髻低平，面部丰满，双手结禅定印，坐于台座之上。体量巨大，但不失细腻的美感，眉眼、嘴唇等五官雕刻细致，虽经后代补修，仍可感受到北周时代的大气磅礴。

六、庆阳北石窟寺[①]

从长安出发，沿泾河而上，经泾川、平凉、固原至靖远，最后过黄河而抵武威继而进入河西走廊，此条路线为丝绸之路东段北道，属于陇东石窟群的庆阳北石窟寺和泾川南石窟寺就位于这条路线上。北石窟寺所处的覆钟山前茹河、蒲河交汇，北石窟寺分布在蒲河两岸，主窟群位于东岸。北石窟寺北魏时属泾州，西魏至北周时期分属泾州、豳州、宁州，地处丝绸之路要津，加之适宜的自然环境，有利于石窟的开凿。北石窟寺自北魏开凿以来，西魏、北周时期不断发展，西魏时期窟龛现存11个（图2-2-47），以第135龛和第70窟为代表，北周时期窟龛现存17个，以第60窟和第240窟为代表。

第135龛（图2-2-48）为敞口大龛，龛内正壁雕一坐佛，南北两壁各有一尊胁侍菩萨和一尊力士。虽然龛内造像头部皆有不同程度的残损，但龛形完整，正壁上方雕刻有四弟子像和两朵宝相花，南北壁力士上方浮雕伎乐人，在高2.3米、宽2米的空间内，呈现了如此多的内容，可见匠人的精巧布局，细节精美考究（图2-2-49），虽然力士像曾经过修补，但整龛保留着西魏的原貌。

虽然北周王朝的历史十分短暂，但为我国佛教艺术留下了灿烂的一笔。北石窟寺第60窟是一个北周至隋代开凿的洞窟，窟内雕三佛与四弟子，窟外两侧有二力士像，力士的容貌别具特色，面容稚嫩又不失威仪（图2-2-50）。第240窟是在北周时代开窟，唐代续凿，清代重修。窟内正壁（东壁）、南壁和北壁皆雕一佛二菩萨像，东壁和北壁清代重修的痕迹明显，南壁较好地保存了北周时代的风貌。特别是两侧的胁侍菩萨（图2-2-51），极具神韵，扬起的嘴角、健壮的身体，宁静庄严。

534年，北魏分裂为东魏与西魏，东魏据邺城（今河北邯郸临漳县境内）为都，西魏据长安（今西安）为都。西魏造像延续了北魏晚期潇洒飘逸的余韵，至北周时期又发展出饱满丰腴的风格，彰显着国势渐强的北周王朝包容进取的风貌。

南北朝时期朝代更迭频繁，纷乱的政局促进了佛教的传播，更多的民众借助石窟与造像表达着对战事消弭、和平安泰的向往，此时的佛教

① 本小节图片除特别标注之外，皆由刘拓拍摄并提供，特此致谢。

图 2–2–47　第 199 龛，西魏，石雕，高 0.8 米

北石窟寺

第 199 龛位于北段中层，圆拱形龛内雕一佛二菩萨，主尊坐佛身着“褒衣博带”式袈裟，结跏趺坐，露出右足。其附近的第 191、202、206、211 龛同属西魏时期开凿。（甘肃北石窟寺文物保护研究所编：《庆阳北石窟寺》，文物出版社，2013 年，第 11 页。）

图 2–2–48　第 135 龛，西魏，石雕，龛高 2.3 米

北石窟寺

龛形较为完整，龛上有垂幕装饰。正壁主佛残高 1.9 米，结跏趺坐，内着交领衣，外披的袈裟双领下垂，下摆垂至台座前面，层层堆叠，平面的装饰感较强，是西魏时期的典型样式。佛头南侧留存有唐太和五年（831）唐人重修时的题记。

图 2-2-49　第 135 龛顶部，西魏，石雕，高 2.3 米

北石窟寺

佛、菩萨与力士的上部浮雕精美，背光两侧有四弟子像、两朵宝相花和四身伎乐人。弟子和伎乐人身着通肩大衣，伎乐人手持铃、竖笛、排箫、钹等乐器，人物形象传神，显示出西魏高超的雕刻技艺。

龛顶边沿雕帷幔，两角雕莲花。坐佛背光为舟形，两侧雕刻四弟子像和两朵宝相花，装饰精美，彩绘的火焰纹经过时间的洗礼依然清晰，仿佛神圣之火就这样燃了千年。

图 2-2-50　第 60 窟外景，北周至隋，石雕，窟高 1.14 米

北石窟寺

窟顶坍塌，窟内造像风化严重。窟门外侧的两尊力士像别有特色：像高 0.56 米，头顶发髻束起，上身穿长襦，下身着战裙，面容十分年轻，似孩童。他们身姿矫健，活泼、顽皮，十分鲜活灵动，惹人喜爱。

艺术更能体现世事扰攘中平凡大众的内心世界。造像艺术在风云激荡中沉淀、凝练、提升，为隋唐时期又一个艺术高峰奠定了基础。

图 2-2-51　胁侍菩萨像，北周，石雕，窟高 4.3 米，佛高 2.5 米，右胁菩萨高 2.2 米

北石窟寺第 240 窟南壁

正中佛像内着僧祇支，外穿袈裟，袈裟衣裾下垂，在台座前堆叠，这是西魏一直延续的样式。较短的身形、丰圆的面部，表现出北周的新风格。

右胁侍菩萨头戴宝冠，缯带垂至肩膀，佩戴项圈、璎珞、臂钏等各种饰物。左手微残，右手手持净瓶，自然下垂。菩萨面容姣好，嘴角含笑，身体微微弯扭，“S”形的体姿颇具动感。左胁侍菩萨面相圆润，头戴宝冠，双臂微曲，放置于前胸。扬起的嘴角饱含慈悲，身体的丰腴突显强壮健美，柔与刚有机结合在一起，成为北周造像的动人之处。

第三节

和合共生：东魏至北齐时期

一、响堂山石窟

响堂山石窟（图 2–3–1）位于河北省邯郸市峰峰矿区，坐落在太行山余脉之上，相传在山洞中击掌、谈笑会有洪亮的回音，故名“响堂”。武定八年（550），东魏孝静帝元善见（524—552）禅位于高欢次子高洋（526—559），北齐政权建立。北齐王朝（550—577）虽然国祚短暂，但在短暂的 20 余年中留下了丰富灿烂的佛教文化。从王室贵族到平民百姓，北齐全民崇佛，邺城作为北齐国都，成为当时全国的佛教中心。响堂山地区是皇帝往返都城邺城与别都晋阳（今山西太原）的必经之地，地理位置优越，风景秀丽，北齐文宣帝高洋选择于响堂山开凿石窟寺，并在涉县中皇山上修建了离宫娲皇宫。作为北齐皇室主持开凿的石窟，响堂山石窟是北齐佛教艺术的集中代表。

响堂山石窟分为南、北两处，即北响堂与南响堂，均初凿于北齐时代，后隋至明清都有增补，现存石窟 16 个、造像 4000 余尊，是河北省境内已发现的最大石窟。北齐石窟多为平顶，分中心塔柱式与三壁三龛式两种，窟前有檐柱前廊，以石雕仿砖石檐瓦、檀椽、枋斗。北响堂石窟位于鼓山西坡，现存洞窟 9 个，主要洞窟有 3

图 2-3-1 响堂山石窟外景

（王彦嘉 供图）

北响堂山原名鼓山，南响堂山原名滏山，北齐时代在两山之上初建两座寺院，明代以后统称为响堂山。

图 2-3-2　释迦牟尼佛坐像，北齐，石雕，高 3.5 米

北响堂北洞正面龛（王彦嘉 供图）

此尊释迦牟尼佛坐像是响堂山石窟中最大的造像，佛像背光装饰繁复精美，佛身着通肩大衣，改变了北魏流行的“褒衣博带”模式。衣纹疏密有致，随身体自然下垂。佛像面相丰圆，额有白毫，造型匀称，庄重敦厚。

个，均位于半山腰处。三个主窟分别称为北洞、中洞、南洞。

北响堂北洞（第 7 窟）为中心塔柱窟，是响堂山石窟中规模最大、开凿最早的洞窟。窟左右两侧和前面开龛造像，后面凿出过洞，以供绕行礼拜。中心柱上雕刻三世佛，每尊佛两侧为胁侍菩萨。正面龛内的释迦牟尼坐像，为响堂山石窟中最大的造像，因而此窟也被称为“大佛洞”。释迦牟尼佛坐像（图 2–3–2）背光华美绚丽，浮雕有火焰纹、忍冬纹和七条火龙，布局紧密，雕刻精巧，表现了北齐时代高超的技艺。此时的佛像已由北魏之“秀骨清像”脱出，拓展成敦实健壮、厚重圆短的风范，面相浑圆饱满，鼻短翼宽，其体魄甚粗壮，宽肩短颈，下肢略短，近于北方民族的真实体型。中心柱四周刻满许多稍小的龛像，装饰精美，刀工细腻，胁侍菩萨（图 2–3–3）、风神王像（图 2–3–4）、博山炉（图 2–3–5）等细节处都独具匠心。

北响堂北洞内左右壁和后壁甬道两侧，排列着许多塔形龛（图 2–3–6）。龛顶雕覆钵形塔顶，仰莲、相轮、忍冬和火焰宝珠组成的塔刹立于顶心。（图 2–3–7）每个塔形龛犹如一个装饰华丽的佛塔，也是大型塔形窟的缩影。全窟设计周密，装饰精美，光线经由前壁的投射于主像，稳重而庄严，使全窟极具浓烈的宗教气氛。

《续高僧传·释明芬传》载：“仁寿下敕，令置塔于慈州之石窟寺，寺即齐文宣帝之所立也。大窟像背文宣帝陵藏中诸雕刻骇动人鬼。”[①]《资治通鉴》与《元一统志》中亦有相关记载，文献说明北响堂北洞是东魏权臣、北齐高祖高欢的陵寝。北洞中心柱上层有一凿空的穴室，虽然考古调查尚未见灵柩遗迹，但从文献中可见石窟与北齐帝陵之间存在联系。

北响堂南洞是三壁三龛窟，在后壁和左右壁各凿一大龛，正龛内雕一佛七尊像（图 2–3–8）。最具特色的是，南洞窟前有四柱三开间的窟廊，上方又凿有覆钵塔、山花蕉叶和火焰宝珠等装饰，雕刻精美，装饰华丽，这是北齐石窟仿木结构窟廊的典型代表，后文中的南响堂千佛洞也有仿木结构窟廊。

南响堂石窟位于鼓山南麓，隋代《滏山石窟之碑》为石窟的断代提供了确切资料。据碑文可知，南响堂石窟是由灵化寺比丘慧义初创于北齐天统元年（565），继由北齐权臣高阿那肱出资施财，最终于北齐末年完工。南响堂现存洞窟石窟 7 个，北齐代表洞窟为第 1 窟（华严洞）与第 7 窟（千佛洞）。第 1 窟（华严洞）是南响堂规模最大的洞窟，因前壁刻有《大方广佛华严经》而得名。华

① ［清］陈梦雷编：《钦定古今图书集成·博物汇编·神异典》第一百四十二卷，载《大藏经补编》第 15 册。

图 2-3-3　胁侍菩萨像，北齐，石雕

北响堂北洞中心柱南壁龛（王彦嘉 供图）

菩萨头光装饰精美，体态浑圆，身体健壮敦实。上身袒露，下穿羊肠裙，腹部略隆，腿部微微弯曲，左脚微微踮起，重心落于右腿，一种轻松的动态之美跃然眼前，可见工匠对于身体比例的把握十分精当。衣裙轻薄体贴，突出形体之美。此尊造像打破了原来中规中矩的僵硬立姿，使佛教人物更加贴近生活，拉近了佛国与现实社会的距离。

图 2-3-4　风神王像，北齐，石雕

北响堂北洞中心柱坛座

龛楣饰有火焰纹，龛内神王身着甲胄，双手握住风袋，凭此断定其身份为风神王。虽然面容残损，但圆睁的眼睛别具威势。天衣绕过手臂向外飞扬，仿佛随风而动，画面充满动感，更增神王的神武。

图 2-3-5　博山炉，北齐，石雕

北响堂北洞中心柱北壁坛座

博山炉雕刻精美，炉上置有宝珠，两侧有莲叶与莲花。以博山炉、宝珠和莲花组合而成的图案称为“宝花纹”。

图 2-3-6 塔形龛，北齐，石雕

北响堂北洞南壁（王彦嘉 供图）

龛楣圆拱形，下垂帷幕，龛顶雕覆钵塔顶，华美的塔刹立在中心。龛柱为仰覆莲束腰八角柱，柱础是跪状怪兽承托仰莲，怪兽毛羽翅昂，钩爪有力。可惜龛内造像已被盗劫一空，现存造像为 1922 年补塑。

图 2-3-7 塔形龛局部，北齐，石雕

北响堂北洞南壁（王彦嘉 供图）

覆钵上以莲花和陀螺形相轮为装饰，三颗火焰宝珠组由莲花与忍冬共同组成的茎叶托起，设计精妙，技艺卓绝。

图 2-3-8 一佛七尊像，北齐，石雕

北响堂南洞正壁

龛上部以帷幕为饰物，龛内塑佛像 7 尊。主尊佛结跏趺坐于台座之上，左手施与愿印，右手残缺，主尊两侧共有胁侍菩萨与弟子 6 身。从佛 3 尊到佛 5 尊，再到佛 7 尊，组合数量与形式从简单到复杂，是佛教从初传到兴盛的印证。

严洞为中心塔柱式，中心方柱三面开龛（图 2-3-9），塔柱三面通顶，后面上部与山体相连，下部凿成供礼佛时通行的甬道。窟内四壁凿佛龛，南壁上部有精美的浮雕，内容为阿弥陀佛净土变（图 2-3-10），场面宏大、壮观，雕刻精巧细致。

南响堂第 7 窟（千佛洞）窟室规模较小，但造像精美且保存情况较好。窟有前廊，面阔三间四柱，装饰十分精美（图 2-3-11）。第 7 窟为三壁三龛窟的形制，无中心柱，呈现一种佛殿式的结构。三壁开三龛，各雕一佛二弟子二菩萨（图 2-3-12），三龛为帷幕帐形龛，这种形制沿袭了北魏后期龙门石窟的三壁三龛窟。窟内满雕千佛，故又名千佛洞。窟顶中央雕有莲花（图 2-3-13），莲花外侧有 8 身飞天围绕，两两相对，相映成趣（图 2-3-14、图 2-3-15）。

响堂山石窟铭有数十部石刻经文，以北响堂刻经洞唐邕刻经和南响堂第 1、2 窟内《华严经》《般若经》节文等最为著名。北齐晋昌郡开国公唐邕在北响堂南洞刻经（图 2-3-16），其前廊刻经旁留有《唐邕写经造像记》记载刻经经过（图2-3-17），唐邕刻经开创了将经文镌刻在石窟之先河，随后这种刻经行为传至山东、河北等地，形成了中国特有的刻经文化。

图 2-3-9　佛坐像及胁侍弟子像，北齐，石雕

南响堂第 1 窟中心柱（王彦嘉 供图）

龛内为坐佛，结跏趺坐于仰覆莲台座之上。北齐造像一改北魏晚期“秀骨清像”的风格，面相饱满，五官立体感强。头光与背光雕刻精美，最内侧为饱满的莲瓣，外侧为数圈同心圆，最外圈雕刻有过去七佛，背光两侧各有飞天二身，布局严谨，雕刻精美。

图 2-3-10　西方净土变，北齐，石刻，高 1.6 米，宽 3.35 米

南响堂第 2 窟南壁上部，美国弗利尔美术馆藏

经变又称变相，是描绘佛经内容或佛传故事的图画，常见于石窟壁画。南响堂山第 1、2 窟为双窟，二窟的南壁上部皆有经变画，内容为依据《观无量寿经》的内容而展开的西方净土变。无量寿佛居于画面正中，坐于精美的华盖之下讲法，周围有众多听法众围绕，佛前方宝池中有代表“九品往生”的数身化生，画面两侧的亭台楼阁更是当时建筑的缩影。图中人物布局严谨，主次分明，是北齐石刻艺术的佳作。

图 2-3-11　南响堂第 7 窟外景

（王彦嘉供图）

响堂山石窟的重要特征之一即塔形窟，正立面为塔形，具体有不同形态，有些是上下两层构成。南响堂第 7 窟即单窟塔形之代表。窟前楹柱齐列，洞开三间。廊柱柱顶装饰火焰宝珠，中间二柱以卧兽为柱础。柱上有仿楣、斗拱、檐椽和筒瓦屋面，屋脊立有山花蕉叶，正中雕金翅鸟。屋脊之上有大型覆钵，塔刹为宝珠形，显出塔形了重点。总体上显出下部汉式廊檐、上部覆钵宝刹之结合。

图 2-3-12　一佛二菩萨二弟子，北齐，石雕

南响堂第 7 窟正壁（王彦嘉 供图）

龛为五边形天幕龛，龛内为一佛二菩萨二弟子五尊像。主尊佛像结跏趺坐于束腰圆莲台座之上，袈裟贴体，裙裾较短，呈现鲜明的北齐风格。佛像身侧有二菩萨二弟子，身体比例匀称，可惜五尊像的头部皆已不存。龛基部正中雕有博山炉、供养像和双狮。

图 2-3-13　窟顶莲花装饰，北齐，石刻

南响堂第 7 窟（王彦嘉 供图）

莲花图案雕刻于窟顶中央，莲花外侧环绕八身飞天，布局结构精妙，细节精美。

图 2-3-14 飞天，北齐，石刻

南响堂第 7 窟南部窟顶（王彦嘉 供图）

两身飞天分别演奏横笛与琵琶，神态专注，呈现一种平静之感，裙带随风飞舞，佛乐悠扬响起，画面充满动感。

图 2-3-15 飞天，北齐，石刻

南响堂第 7 窟北部窟顶（王彦嘉 供图）

两身飞天头戴花冠，衣着华丽，分别演奏箜篌与笙，以音乐表达着对于佛祖的供养。舒展的身体与飘飞的裙带，优雅而美丽，仔细观之，仿佛可以听到丝丝的仙乐缓缓入耳。

图 2-3-16 《维摩诘经》局部，北齐，石刻

北响堂南洞

《维摩诘经》是唐邕刻经之一部，结构严整，笔法遒劲，不仅是佛教艺术的宝贵材料，也是研究北齐书法的重要文物。

令人扼腕的是，历经千年的响堂山石窟曾多次遭到毁坏，以20世纪初最为严重。大部分佛像的头部流散至国外，散落在世界各大博物馆与私人藏家手中，现在石窟内所见头部多为后世重塑。如有机会不妨走入世界各大博物馆，去近距离体会北齐造像之美（图 2-3-18）。近年美国芝加哥大学东亚艺术中心专门进行国外私收造像的扫描复原，以数字化技术进行详细比对，已使残损佛像流失处基本得到证实。

由北齐皇室贵族开凿的响堂山石窟代表了北齐造像艺术的精华，众多的造像呈现出统一的风格，这是一种与北魏晚期的“秀骨清像”截然不同的新风格（图 2-3-19）。造像面相丰圆，体态健壮饱满，衣纹疏密有致，随身体自然下垂，袈裟轻薄贴体，有“曹衣出水”之感，突出表现形体之美。在继承了北魏平直刀法的同时，北齐又创造出圆刀法，使造像更加圆润立体，更加贴近现实生活（图 2-3-20）。窟内各个细节装饰繁复，纹样复杂，有浓烈的装饰效果。造型之外，窟形具中心柱与佛殿结合，特别是外立面呈如塔形，窟内也有塔形龛。装饰立柱与联珠纹等亦很突出。学术界将响堂山造像称之为“北齐模式”。北齐造像虽在北魏到隋唐之间，其细腻雕刻，创造巧绝，出土造像也有青州与邺城模式，但石窟仍为主流，对后世造像产生深远的影响。

图 2-3-17 唐邕写经碑，北齐，石刻

北响堂南洞（王彦嘉 供图）

北齐晋昌郡开国公唐邕于天统四年至武平三年（568—572）在北响堂南洞镌刻了《维摩诘》《胜曼》《孛经》《弥勒成佛》等佛经，这开启了中国石窟中镌刻佛经的风气之先，反映了佛教徒对“末法”之世的忧虑和应对措施。

图 2-3-18　佛手，北齐，石雕，高 0.52 米

北响堂石窟北洞，美国大都会艺术博物馆藏
图片来源：美国大都会艺术博物馆

手部的塑造异常写实，表现出丰腴的肉感，拇指微微向内倾，其余四指错落有致，手指修长，指节分明，匠人对于细节的把握令人惊叹。

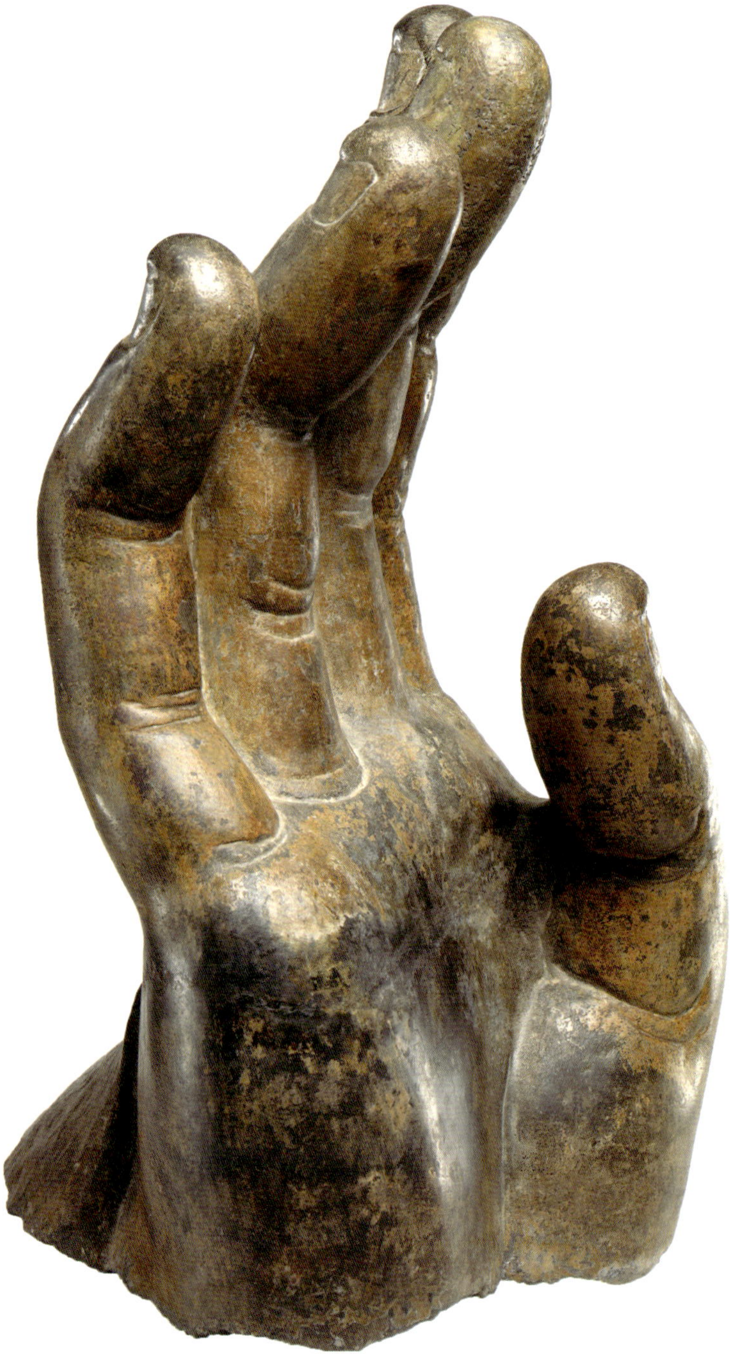

图 2–3–19　南响堂佛头部，北齐，石雕，高 0.4 米

美国大都会艺术博物馆藏
图片来源：美国大都会艺术博物馆

佛头部螺发低平，面部丰圆饱满。双眉细弯，眼部细长，鼻梁直挺，唇部较厚。五官尤为立体，细节之处可见雕刻之精细，神情安详宁静，具有北齐造像的典型特征。

图 2–3–20　南响堂菩萨头像，北齐，石雕，高 0.38 米

美国大都会艺术博物馆藏
图片来源：美国大都会艺术博物馆

菩萨头戴宝冠，冠正中镶嵌有硕大的宝石，精美华贵。双眼微闭，鼻梁挺拔，流畅的刀法、精细的雕刻，凸显出菩萨的宁静祥和，时过千年依然鲜活。

二、水浴寺石窟

河北省邯郸市峰峰矿区的鼓山东坡，有一座水浴寺石窟，与位于鼓山西坡的北响堂石窟隔山相对，因同开凿于北齐，且洞窟形制相似，其规模比南北响堂小，故而有“小响堂”之称。位于山坳之中的水浴寺始建于北齐，唐宋时期香火鼎盛，北宋初年毁于火灾，以后历代重修。寺内遗存有明隆庆五年（1571）《重修磁州武安县水浴寺碑记》：“兹寺在太行山之麓，群峦叠嶂，环倚左右，下有细泉一眼泠泠涧中，诚梵隐之幽栖、禅林之上乘也……”可知当年的山坳中有潺潺的清泉，寺院周围水汽弥漫，因而得名“水浴寺”，可惜今日的泉眼已经干涸。

石窟位于寺院西侧的断崖上，有东、西两窟与摩崖造像两处，其中西窟开凿于北齐武平年间，东窟开凿于北宋初年。西窟是典型的塔形窟，是水浴寺石窟中规模最大、内容最丰富、保存最完整的洞窟。窟内正中为长方形塔柱，塔柱后有廊道供绕佛礼拜之用，窟内壁面和塔柱各面均雕满佛像，因此西窟也被俗称为“万佛洞”。中心柱正面塑有一佛二菩萨二弟子（图2–3–21），龛额正中为覆钵塔，两侧的飞天风化严重。龛内的造像造型饱满，细节装饰精美，头光由莲瓣、连珠纹、忍冬纹等图案构成，繁复精致。龛底部佛坛高0.65米，顶部有条带状装饰，下面为五个雕刻精美的小龛（图2–3–22）。北齐时期的造像较为注重对于底座的装饰与雕刻，香炉、供养人、狮子和神王等是常见于底座上的图案。

西窟后壁东侧有一帷幔龛，龛内雕一佛和三个孩童。一个孩童跪伏在地，另一孩童踩在其背上，第三个孩童立于二人身后。这描绘的是定光佛授记本生故事，佛陀与弟子入城乞食，在路边遇到一群孩童，他们在玩弄沙土，一个小孩手捧名为“米”的沙土供养给佛陀，但因其身高不够，他请另一小孩趴在地上，踩在他的背上供养给佛，后来这个小孩转世成了一统印度的阿育王，其他小孩成了国中大臣，此场景也被称为“阿育王施土”或“定光佛授记”。佛头光和帷幔之间有一段发愿文：“武平五年甲午岁十月戊子朔明威将军陆景妻张元妃敬造定光佛并三童子愿三界群生见前受福亡者托荫花中俱时值佛。”这段发愿文是水浴寺西窟断代的重要依据，武平五年（574）将军夫人张元妃为亡夫造像，表达了希望亡夫灵魂托生佛国的美好愿望。

西窟窟门两侧从上至下依次雕刻千佛、僧俗礼佛图（图2–3–23）、供养人像和千佛，供养人像多有题名（图2–3–24）。西窟前壁刻有“昭玄大统定禅师”的题刻铭文（图2–3–25），根据《隋书》记载，“昭玄大统”是北齐天保年间设立的最高僧官，是北魏时道人统、沙门统之延续。西窟开凿的主要发起人是明威将军陆景之妻张元妃，虽然水浴寺石窟的规模比北齐皇室主持开凿的响堂山石窟要小很多，但雕刻细腻，造像精美，表现出北齐造像的艺术水平。

图 2-3-21 塔柱正面龛，北齐，石雕，高 2.55 米

水浴寺西窟

主尊坐佛高 1.75 米，结跏趺坐于束腰莲台之上，莲台较高，雕刻精美。佛两侧为二弟子，左侧弟子双手合十，右侧弟子手托宝匣，恭敬地侍立。最外侧为二菩萨，左侧菩萨手持净瓶，右侧菩萨手提锁状物，身体微曲，姿态曼妙。

图 2-3-22　西窟塔柱正面龛线描图

线图来源：邯郸市文物保管所《邯郸鼓山水浴寺石窟调查报告》，1987 年第 4 期，第 5 页，图一〇

通过线描图可以获得更为清晰的细节。底部佛坛上层条带由宝珠、化生和莲花装饰，下层有五个小龛，位于正中的龛内雕香炉，两侧的龛内雕供养人，最外侧的龛内雕神王像，可惜残损严重，较难辨认。

图 2-3-23　僧俗礼佛图局部，北齐，石刻，高 1.5 米

水浴寺西窟前壁右侧

僧俗礼佛图共分为五层，第一层前部有身着红色袈裟的比丘僧、弟子、女供养人、随从等数人。礼佛图中人物布局或等距排开，或三两相聚，疏密有致，僧俗位列有序，给人以行列缓缓前进的动态之感，生动的礼佛场景跃然壁上。

图 2-3-24 供养人，北齐，石雕

水浴寺西窟

男供养人身着胡服，手持莲花；女供养人身着宽袖长裙，手持莲茎。供养人的衣着是当时风尚之映现，胡服是北齐王朝崇尚胡风的印证。供养人身侧多有题名，男供养人身侧为“邑子赵洪连侍佛时”，女供养人身侧为“邑子周元贵侍佛时”。他们多是普通人，时过境迁，除了名字，我们已无法知悉他们具体的生活事迹，但刀斧之笔却将他们的身影与虔敬之心永远镌刻在了历史中。

图 2-3-25　僧俗礼佛图局部，北齐，石刻，高 1.5 米

水浴寺西窟前壁左侧

礼佛图榜题“昭玄大统定禅师供养佛时”，图中比丘在前，比丘之后为供养人。人物神情肃穆庄严，表现出对信仰的执着与追求。

三、天龙山石窟

天龙山石窟位于山西省太原市西南40千米的天龙山东西两峰的山腰处。天龙山风景秀丽，因北齐时代在山下兴建了天龙寺而得名（图2-3-26）。东魏北齐时期，别都晋阳地区（今山西太原）佛教兴盛，天龙山石窟即开凿于这一历史背景之下。东魏权臣、北齐高祖高欢（496—547）曾在天龙山修建避暑宫，并下令开凿大规模的石窟寺，高欢之子、北齐文宣帝高洋延续了石窟的开凿，至唐代天龙山石窟的建造达到高峰。

天龙山石窟现存石窟20余个、造像1500余尊，时代为东魏、北齐、隋、唐等，以唐代最多。天龙山石窟中有东魏窟2个，由高欢主持开凿，即东峰的第2窟与第3窟；北齐窟有3个，由高欢之子高洋开凿，即东峰的第1窟和西峰的第10窟、第16窟。东峰第2、3窟是东魏末年高欢摄政时期营建的双窟（图2-3-27），二窟皆呈方形，三壁各塑佛三尊像（图2-3-28），题材为三世佛，正壁塑释迦牟尼像、左壁塑弥勒像、右壁塑燃灯佛像（图2-3-29）。窟顶四面斜披雕刻四身飞天、祥云及莲花等图案，现仅存中心大莲花（图2-3-30）。双窟内的浮雕极为精美，特别是第3窟的壁面浮雕有菩萨（图2-3-31）、僧人、供养人（图2-3-32）等，线条细致精练，人物极具个性，表现出东魏时期已开始摆脱北魏的风格、向北齐风格转化的进程，遗憾残损严重，多流失海外。

北齐时代，高洋在经营晋阳别都时开凿了天龙山东峰第1窟和西峰第10、16窟。相比东魏窟，北齐窟重视窟室的建筑结构，在窟前增加了仿木结构的前廊，廊雕二柱，面阔三间（图2-3-33），

图2-3-26 天龙山石窟外景

天龙山海拔1700米，风景秀丽，曾是北齐皇室的避暑胜地。天龙寺后世改称圣寿寺，20世纪毁于火灾。

此类仿木结构前廊在响堂山石窟中亦有出现，是北齐时代建筑的珍贵实例。北齐窟窟形同为三壁三龛，在造像组合形式方面更为繁复，佛五尊像、佛七尊像经常出现；造型手法方面，北齐像丰圆饱满，注重形体结构的雕造（图 2-3-34）。

东魏至北齐时代的天龙山造像细致、精练，生动显示了石窟艺术由北魏风格向北齐风格转化的进程，遗憾的是，天龙山石质属灰白色砂岩，易于雕凿，也易风化，加之 20 世纪 20 年代石窟遭到严重的盗凿破坏，大批精品流失国外，留存的残像在无声地诉说着距今近 1500 年前佛教艺术的辉煌。

图 2-3-27　第 2 窟与第 3 窟外景

天龙山东峰

东峰第 2 窟与第 3 窟位于整体窟群的东侧，是东魏末年同时开凿的双窟，图中右侧为第 2 窟，左侧为第 3 窟。两窟之间有一座碑文不存的石碑，已无从考证究竟是刻后又被凿去还是未完成的作品。

图 2-3-28　一佛二菩萨像现状（左）与历史照片（右），东魏，石雕

天龙山东峰第 2 窟正壁

三尊像的头部皆毁。主尊释迦牟尼佛结跏趺坐于台座之上，身穿北魏典型的“褒衣博带”式袈裟，体态瘦削，仍是“秀骨清像”的风格，手法精简质朴。主尊右侧胁侍菩萨仅存足部及台座部分，左侧胁侍菩萨头部以下保存较为完整，菩萨下身着裙，身体微微弯曲，身体的曲线之美增加，有向北齐风格过渡的趋势。

图 2-3-29 一佛二菩萨像，东魏，石雕

天龙山东峰第 2 窟左壁

龛内塑佛三尊像，主尊弥勒佛倚坐于覆莲圆台之上，身着北魏开始流行的“褒衣博带”式袈裟，双肩瘦削，身形清瘦。主尊左侧胁侍菩萨已毁，右侧保存较为完整。线条雕刻沿用北魏流行的平直刀法，质朴而精练。

图 2-3-30　窟顶现状（上）与历史照片（下），东魏，石刻

天龙山东峰第 2 窟

覆斗形窟顶部的大量空间使窟顶成为洞窟装饰的重要内容。窟顶正中的莲花莲瓣饱满，蕴含蓬勃的活力。四披各有飞天一身，凝练的线条勾勒出翩飞的裙带与舒展的身姿。

图 2-3-31　菩萨现状（左）与历史照片（右），东魏，石刻，高 0.94 米

天龙山东峰第 3 窟，哈佛大学艺术博物馆藏

菩萨双手合十，躬身而立，其面容不似中原人的样貌，也许为当时的鲜卑人或胡人。菩萨的衣裙刻画十分有造型感，既有飘逸的质感，又不乏垂坠的力度。浮雕作品仍然表现出立体之感，可见东魏末年的技艺。

图 2-3-32　供养人局部，东魏，石刻，高 0.39 米

天龙山东峰第 3 窟，哈佛大学艺术博物馆藏

供养人身穿长袍，头戴魏晋南北朝时期流行的笼冠，具有鲜明的时代特色。手持莲茎，双手合十。远看各人物相似，近观可以发现面部五官的细微不同，有沉稳的中年，亦有正值青春的少年，十分写实。

图 2-3-33　第 1 窟外景，北齐

天龙山东峰

窟前原有仿木结构前廊，宽 3.5 米，廊雕二柱，面阔三间。今日廊柱已不存，留有柱头、屋檐等遗迹。

图 2-3-34　第 16 窟北壁（历史照片），北齐，砂岩

天龙山西峰

龛内塑一佛二弟子二菩萨，佛像体量较大，肉髻低平，身体健硕，呈现北齐的新风格。龛外有供养菩萨二身，供养菩萨头戴宝冠，双手合十，身形已不似北魏时的清瘦，表现出丰满的身姿。

四、蒙山大佛

蒙山大佛（图 2–3–35），也称“晋阳西山大佛”，位于山西省太原市晋源区蒙山北峰，是开化寺寺后的一尊摩崖佛像。开化寺和蒙山大佛始建于北齐天保年间（550—559），文宣帝高洋赐额“开化”。据《北齐书》记载，“凿晋阳西山为大佛像，一夜燃油万盆，光照宫内”[①]，《法苑珠林》亦载此事。隋朝时曾在大佛外侧建佛阁，后毁于唐武宗灭佛。后唐武皇帝李克用重建佛阁，后汉高祖刘知远重修佛像与佛阁。元朝末年，开化寺和蒙山大佛被毁废。

蒙山大佛为释迦牟尼佛坐像，唐代《冥报记辑书》记载大佛“高二百尺”，相当于今日的 59 米。蒙山大佛在尺度上虽低于乐山大佛，但其开凿时间早于乐山大佛百余年，是我国最早的大型石刻造像。大佛在 20 世纪 80 年代的文物普查中被重新发现，当时大佛头部已遗失，现在所见的佛头是 2008 年参考北齐佛像风格在原址上补建而成（图 2–3–36）。

蒙山大佛为单体佛像，利用天然崖壁开凿而成，山与佛像颈部平齐。颈部高 2 米多，有三条阴刻的项线，胸部高约 16 米，两肩平而宽，身形雄壮，双手结禅定印，结跏趺坐于台座之上。蒙山的岩体为砂岩，岩质疏松，风化严重，佛像服饰等细节已无法辨认，佛像被重新发现之时腹部以下都掩埋于泥石之下，现有的双腿和腿下台基为重修时修砌。大佛西侧的崖壁上存有若干小石洞，是修建佛阁时嵌入梁檩所用（图 2–3–37）。大佛东侧崖面上有一块摩崖碑刻和两个残存的洞窟，破坏严重，保存情况较差。

东魏、北齐的太原地区经济贸易繁盛，草原文明与中原文明不断融合，佛教传播和寺庙兴建也进入高潮阶段。北齐造像放弃了北魏流行的“秀骨清像”风格，形成了身形健壮、突出身体美感的新式审美情趣。遗憾的是，蒙山大佛已不完全是北齐时代的风貌，但站于像前，昔年佛教之盛仿佛就在眼前。

---

① ［唐］李百药：《北齐书》卷八，中华书局，1972 年，第 113 页。

图 2-3-35　蒙山大佛，北齐，砂岩，高 40 米

大佛在 20 世纪 80 年代被发现之时，头部与上肢崩塌，只余身腹，所以大佛在当地被俗称为“大肚崖”。佛像风化严重，保存情况较差，遗憾距今近 1500 年前的雕刻细节已无法见到，但基础的体态、雄壮的躯干仍存有当年恢宏的气势。佛像胸部存有若干小方孔，推测为重修大佛时所留的遗迹。

图 2-3-36　蒙山大佛头部，现代，石雕，头高 12 米

佛像头部为2008年补建，以太原市晋源区花塔村出土的北齐石佛头像作为依据，同时参考了响堂山石窟北齐佛头像的样式。头像的肉髻较低，螺发密集，双耳垂肩，嘴唇较厚，双目下视，呈现一种庄严肃穆之感。

图 2-3-37　西侧崖壁

大佛东西两侧有数个残存的石洞，西侧石洞为修建佛阁时嵌入梁檩所用，遗址可以想见往昔的宏伟气势。

五、小南海石窟

小南海石窟位于河南省安阳市安阳县西南 25 千米处，始建于北齐天保年间，石窟与寺院同建，寺院已毁，仅存石窟，因临近小南海山泉而被称之为小南海石窟。小南海石窟与灵泉寺石窟、响堂山石窟遥相呼应，是北齐佛教艺术的代表之一。

小南海石窟现存西窟、中窟和东窟共三窟，均为北齐天保年间建造。三窟规模相近，风格相似。东窟（图 2–3–38）毁坏严重，平面呈正方形，正壁主尊为释迦牟尼佛坐像，左右有二胁侍菩萨，两侧壁各雕 3 尊菩萨，窟内壁与外壁有精美的浮雕装饰（图 2–3–39、图 2–3–40）。

西窟坐东朝西，窟外拱门设计繁复，雕刻精美，门楣上雕两条飞龙，有苍龙翱翔的威仪，二龙之间有一枝莲花，拱门两侧为神王像，线条简练，雕刻传神（图 2–3–41）。窟内布局与东窟基本一致，正壁雕有佛像 3 尊，主尊为释迦牟尼佛（图 2–3–42），左右为二胁侍弟子，两侧壁共有胁侍菩萨和弟子 6 身（图 2–3–43）。

三窟均为方形窟，中窟是其中保存状况最好、装饰最华丽的洞窟。（图 2–3–44、图 2–3–45）正壁雕有一尊释迦牟尼佛，背光装饰华丽，主尊左侧保存有线刻僧稠供养像（图 2–3–46），为国内所仅见，弥足珍贵。主尊两侧为二身胁侍菩萨，两侧壁各雕佛三尊像。造像周围的壁面之上雕刻有小坐佛、供养人（图 2–3–47）、题记、菩提树、说法图（图 2–3–48）、化生童子（图 2–3–49）等丰富的内容，浮雕与圆雕造像相映成趣，使得洞窟内容丰富，主次分明。

中窟窟门门额之上的岩石被打磨得十分平整，上面镌有《方法师镂石板经记》（图 2–3–50）。根据其记载，寺院与石窟由灵山寺方法师草创于北齐天保元年（550），继由僧稠法师主持镂石刻经，于天保六年（555）修成，乾明元年（560）僧稠去世。窟门右侧存有乾明元年所刻隶书《华严经偈赞》（图 2–3–51）和《大般涅槃经・圣行品》，说明此二经在当时的流行，字体苍劲有力，是北齐书法的代表作品。

相比其他北齐石窟，小南海石窟的规模较小，仅有 3 窟，且

图 2-3-38　小南海东窟，北齐，石雕

窟高 1.67 米，进深 1.29 米，[1] 窟顶为覆斗形。主尊释迦佛高 0.62 米，结跏趺坐于台座之上，左右两侧为高 0.62 米的胁侍菩萨。左右两壁各雕菩萨三尊，高 0.65 米。窟内造像残损严重，背光残存的装饰和壁面精美的浮雕，依稀可以遥想当年的富丽华美。

窟高不足 2 米。但小南海石窟，特别是中窟的窟口，呈现出碑形窟的特点，恰与响堂山塔形窟形成对比。虽然较塔形窟稍简，但此窟上螭龙盘绕、似同碑首之特点，不可否认。其窟口碑首的特点，是塔形窟的重要补充，虽然同处北齐，但塔形窟的记述较多，而碑形窟是中国本土特色在石窟立体的体现，尽管窟形较小，但更应得到充分的重视。

① 河南省古代建筑保护研究所：《河南安阳灵泉寺石窟及小南海石窟》，《文物》1988 年第 4 期，第 14 页。

图 2-3-39　化生童子，北齐，浮雕

小南海东窟东壁

佛经有云："复有四法，谓四生：卵生、胎生、湿生、化生。"（[后秦] 佛陀耶舍、竺佛念译：《长阿含经》卷八，载《大正藏》第 1 册，第 50 页。）化生意指无所依托、借业力而出现者。在浮雕、壁画等艺术表现中，在莲花花苞或开放的莲花中或坐或立的童子，称之为化生童子。

小南海东窟东壁上部雕刻有由莲花化生、飞天、供养人等组成的大幅画面。化生童子姿态各异，有手舞足蹈者、有双手合十者，莲的造型也是形象各异，有莲蓬、有花苞、有绽放的花瓣，体量虽小，但变化丰富，每一个形象皆独一无二，简练的线条带给人不尽的意蕴。

图 2-3-40　飞天，北齐，浮雕

小南海东窟东壁

飞天是东窟东壁上部大幅雕刻画面的一部分。此尊飞天头戴冠饰，手捧莲花，裙带飘飘，翩跹飞舞，表现的是对诸佛菩萨的供养。北齐的艺术特征已不见北魏时期清瘦的审美，飞天的体姿饱满丰美，健壮有力的同时又展现出身体的灵动。

图 2-3-41　小南海西窟外景及门楣，北齐，窟高 1.76 米，门高 1.02 米

窟门为拱券形，雕刻精美，门楣正中为一朵莲花，莲花两侧蛟龙盘卧，窟门两侧雕有威风凛凛的神王。窟门右侧的崖壁上刻有供养人一组，共达 80 人之多。窟室规模虽小，但经过缜密的设计，从外到内，所有细节皆周密严谨。

图 2-3-42　释迦牟尼佛坐像，北齐，石雕，高 0.65 米

小南海西窟正壁

舟形背光，头光外侧装以硕大的莲瓣，极具装饰性。释迦双手皆残毁，结跏趺坐于长方形台座之上，袈裟为袒右式，衣纹线条流畅，有轻薄贴体之感。这种印度笈多艺术风格是北齐艺术的鲜明特征。

图 2-3-43　胁侍菩萨像及手部细节，北齐，石雕，高 0.7 米

小南海西窟北壁

胁侍菩萨呈站姿，袒上身，下身着裙。衣裙带有竖条状花纹，青色、红色等敷彩仍存。菩萨手提一桃形物，手部关节刻画的精准细腻，仿佛能感受到抓握的力度，匠心蕴含在各种细节之处。

图 2-3-44　中窟窟门雕刻与神王，北齐，窟高 1.78 米，门高 1.02 米

小南海石窟

中窟的拱形门楣上雕蟠龙与凤首，门洞两侧雕护法神王。两只凤首回首相望，龙爪做戏珠状，龙鳞雕刻细腻。神王面貌不存，但强健的体魄、充满动感的身姿，千载之后仍令人感到生命的律动。

图 2-3-45　中窟内景，北齐，石雕，窟高 1.78 米

小南海石窟

窟室平面呈方形，覆斗形窟顶，正中为莲花藻井，洞窟形制虽小，但覆斗顶增强了空间感，给人以视觉上的延伸。三壁各雕一佛二菩萨像，共九身。各像之间与上部的空间布满供养人、说法图、化生童子、菩提树等各类浮雕。造像为主，浮雕辅之，共同为观者展现了一个丰富的菩提世界。

图 2-3-46　中窟正壁及僧稠供养像，北齐，石雕，佛高 1.12 米

小南海石窟

主尊为结跏趺坐的释迦佛，背光饰以火焰纹，头光外圈环绕舞动的飞天 6 身，装饰华丽，雕刻细致。佛像周围的壁面之上雕刻有小坐佛、供养比丘和题记等诸多丰富的内容。主尊左下部浮雕一位比丘，身穿圆领大衣，手持长柄香炉，身前、身后各有莲叶一片，面前刻有题记“比丘僧稠供养”，表明了此窟与僧稠法师的关联，展现了法师虔诚供养的心境。

图 2-3-47 供养人，北齐，浮雕

小南海中窟西壁

此身供养人为一位俗人，头戴冠帽，身着交领长袍，手执莲茎，表达着虔诚的供奉。虽是静态的图像，但流畅的线条赋予其一种动势，生动展现了其徐徐前行、礼佛献花的情态。

图 2-3-48　弥勒说法图，北齐，浮雕

小南海中窟东壁上部

周围的题记“弥勒为众说法”说明了此画面的内容。弥勒菩萨装，坐于莲台之上，手结说法印。周围的听众有跪姿、有坐姿，双手合十，身体皆朝向弥勒，虔诚而庄重地聆听佛法。画面主次分明，重点突出，主要的头部用浮雕表现，而身体、衣饰则为线刻，虽人物众多，但繁而不乱，和谐完美。

图 2-3-49　莲花化生，北齐，浮雕

小南海中窟西壁上部

根据佛教教义，因为业力的不同，化生有九种品类，即上品上生、上品中生、上品下生、中品上生、中品中生、中品下生、下品上生、下品中生、下品下生。画面中的化生童子有跪拜姿、坐禅姿等不同体态，旁边有“上品下生”“上品中生”“上品化生”“中品化生”等题记，表现着不同品级的化生。

图 2-3-50 《方法师镂石板经记》局部，北齐，石刻

小南海中窟门额之上

《方法师镂石板经记》镌刻于门额上方，详细记录了石窟的开凿年代与经过。依题记可知石窟开凿于北齐天保年间，由方法师初凿，后由僧稠续凿。

题记如下："大齐天保元年，灵山寺僧方法师、故云阳公子林等，率诸邑人，刊此窟，髣像真容。至六年，国师大德稠禅师重莹修成。相好斯备，方欲刊记金言，光流末季。但运感将移。暨乾明元年，岁次庚辰，于云门寺，奄从迁化，众等仰惟先师，依准观法，遂镂石板经，传之不朽。"

图 2-3-51 《华严经偈赞》局部，北齐，石刻

小南海中窟窟门右侧

《华严经偈赞》中有“卢舍那佛惠无寻，诸吉祥中最无上，彼佛曾来入此室”之句，说明窟内佛像应为卢舍那佛。但此窟内的实际塑像均与释迦牟尼佛相关，因此主佛身份存疑。联系窟内与窟外的文字，此窟于天保元年由方法师等人初凿，天保六年僧稠法师续修，二次营造或是造像主佛非卢舍那的原因。

六、碧落寺石窟

清代朱樟《游碧落寺》诗云:“云卧山门隔几重,半天吹落碧芙蓉。”背靠碧落山、面临万松岭的碧落寺自古就是泽州地区修禅奉道的洞天福地,这里从北朝时起就成为僧人参禅悟道、信众朝拜许愿的名刹,鼎盛时曾位居古泽州四大名寺之首。[①] 据寺内西窟外石阶侧的题记所载,碧落寺于北魏太和六年(482)落成,唐太和六年(832)僧人道和进行了大规模兴建。

碧落寺呈长方形,布局于一条东西向谷道之中(图 2-3-52),寺分东、西、中三院,西、中远建筑亦不存,石窟位于东院北侧,有三窟依整块山石开凿,距地表 7—10 米,此地原有禅房,不知何时湮灭,如今仅存柱础,此三窟原本应同禅房为一体,僧人可自禅房直往窟中修行、观想。三个窟内外目前共存大小雕像 102 尊、小型石龛 64 个,按方位称东、中、西三窟。[②]

三窟中,西窟开凿年代为最早,又称“五龙洞”,根据窟外西侧存“大齐武平七年”题记和窟外石阶旁“太和六年造”题记(图 2-3-53),再综合窟内风格特色来看,该窟应在北魏太和六年就已开凿,北齐武平七年(576)有增刻尊像的情况。该窟的开凿应与碧落寺地处北魏自迁都洛阳以后沟通平城(今大同)与洛阳之间的“平洛大道”有关联,彼时这一地区靠近达官显贵往返于两大政治中心的通衢要道,北齐更替后又成为联络霸府晋阳和首都邺城的通道,碧落寺周边还有这一时期兴建的羊头山石窟,自古石窟均开凿于交通便利之所在,于此可见一斑。

西窟门外左右各浮雕有二力士,已大部残损,仅存凿印,左侧力士足下尚存一身石狮,气韵古朴(图 2-3-54)。步入石窟,在狭窄的窟内,千年前雕琢在四壁的智者们仿佛围拢着身居其中的信徒。正对窟门的北壁坛基上雕一佛二弟子二菩萨(图 2-3-55),主尊整体气韵古拙,火焰背光,螺发低矮,

① 于飞:《泽州县碧落寺石窟调查简报》,《文物世界》,2012 年第 4 期,第 45 页。
② 同上。

图 2-3-52 碧落寺谷地

“澶漫太行北，千里一块石。平腹有壑谷，深广数百尺。”

——［唐］皇甫曙《石佛谷》

图 2-3-53　北齐及北魏年号题记

“北魏太和六年”题记为350年后唐太和六年僧道弘所记述，彼时其正欲于此重修伽蓝。

图 2-3-54　窟外力士及坐狮，北齐，石雕

碧落寺石窟西窟

西窟外的力士和坐狮均古意盎然，坐狮的雕琢仿佛受到南朝辟邪图像的影响，但形象却敦厚可爱。

双耳贴脸下垂，二目细长，面容清肃，匠人以极为简洁洗练的刀法刻画出主尊身躯上内着僧衣、外披袈裟的形态。佛尊左右二弟子、二菩萨均有残损。西壁刻造一佛二弟子，呈听法状，主尊右侧弟子双手捧物于胸前。东壁刻造一佛二菩萨，菩萨皆戴宝冠，颈配项圈，身披天衣，天衣垂下至腰部结“X”形结，二菩萨可见一者手持净瓶，一者手持香囊（图 2-3-56）。除了三面雕凿的尊像，西窟内尚有历代开凿的小型佛龛 49 个，分布在四面墙壁上。此外，佛像之间的空隙处有大量线刻供养人及题名，人物多为女性，发髻高耸，细眼弯眉，身着羊肠纹裙，足蹬马靴，具有典型的鲜卑贵族特征（图 2-3-57）。

北朝晚期至东魏，石窟开始流行三壁三龛下设低坛的形式，这种结构在晋阳、邺城等北朝都会地区非常流行。碧落寺西窟三壁的造像风格统一，主尊均为扁平螺发，面短且丰，体态浑圆，刀工洗练，表面整体打磨光滑，仅以阴线寥寥数笔勾勒出衣纹，更多地展现出衣物轻薄贴体之态，一改北魏时期衣带临风的艺术风格，这同我国各地出土的北齐时期造像风格趋同，仅在细节上存地方差异。

自 550 年北齐建立，统治阶层便力主推行去汉化、复鲜卑习俗的政策，在国家导向上摒弃了自魏孝文帝以来全面汉化的风潮，具体体现在佛教造像艺术上，即如碧落寺西窟一般，重在表现人物的健壮与力度的艺术风格，[①]这类风格对体态和面部的塑造对唐代造像也有一定影响。

① 常青：《佛造像》，载青州市博物馆编《青州龙兴寺佛教造像艺术》，山东美术出版社，1999 年，第 16 页。

图 2-3-55　西窟北壁群像，北齐，石雕，主尊高 0.93 米，胁侍高 0.73 米

碧落寺石窟西窟

面带玄妙微笑的佛尊颇有几分云冈大佛的气韵，四壁是唐代开凿的小龛，破坏了北朝时期的线刻供养人，二者如同考古学概念中的扰动土层一般，于壁上互有纠葛。百年前虔诚的祈祷，被唐人重新描绘，可谓后之视今，亦如今之视昔。

图 2-3-56　西窟东壁群像，北齐，石雕，主尊高 0.82 米，二菩萨高 0.73 米

碧落寺石窟西窟

佛像跏趺坐，两侧有胁侍菩萨，造像是北齐特有的浑圆健硕的风貌，虽然雕琢粗略，但仍彰显着彼时流行的美学风尚，与青州龙兴寺、邺城等地出土的北齐造像一脉相承。

图 2-3-57　供养人，北齐，石刻

梁落寺石窟西窟

北齐是由鲜卑化汉人建立的王朝，胡风是当时的风尚。窟中身着传统服装的鲜卑人井然有序地层列于四壁，胡韵满壁。

七、司里山摩崖造像

司里山，又名棘梁山，位于山东省泰安市东平县戴庙乡，海拔只有100米。山顶有三块呈“品”字形分布的巨石，石上有摩崖造像600余尊。东崖多为北齐、唐、宋造像，西崖多为唐、宋摩崖造像。位于东崖的北齐一佛二弟子像（图2-3-58）是东崖最高的造像，主佛像高9.8米，被誉为“中原北齐第一佛”。

北齐大佛（图2-3-59）位于司里山山顶，在大佛右侧弟子的右下角有一尊弥勒下生像，像旁有北齐皇建二年（561）的题记，由此推断一佛二弟子像的雕凿不会晚于皇建二年。三尊造像气势宏大、风格浑厚，表现出丰圆健壮的北齐造像风格。大佛西侧有唐宋时期开凿的群龛（图2-3-60），体量较小，更加衬托出大佛的雄伟壮观（图2-3-61）。

534年北魏分裂，东魏定都于邺，之后北齐又继承了东魏的疆域。两代的统治地区主要包括黄河下游的河北、河南、山东、山西以及苏北、皖北等广阔区域，在各地留有众多佛教艺术遗存。东魏造像主要承袭北魏晚期的风格，但又有着细微的变化，如高耸的肉髻变得稍稍低平，人物形象由清癯逐渐变得稍微偏瘦，这些都显示了向北齐造像过渡的开始。

至北齐时代，造像已完全不复“秀骨清像”的风貌，而是出现一种面相丰圆、宽肩鼓腹、身躯健硕的新样式。低平的肉髻、柔和的线条、修长匀称的身形，突出地表现出印度笈多艺术的形体美。北齐造像还展现出浓郁的胡风。作为鲜卑化的政权，北齐大力推行鲜卑化和胡化，并与西域各国有着广泛的往来，胡风深入到北齐的社会生活中，艺术中出现的胡风也是现实生活的一种反映。

从东魏到北齐，佛教艺术融合了印度、西域和南朝等风格，加之工匠们的创造力而逐渐形成新的审美风尚，这是佛教造像艺术对佛教发展的思考和表达，是佛教本土化的一种表现。虽然时间短暂，但技艺水平臻于完善，有限的时间却留给后人无尽的艺术财富，令人沉迷，引人探索。

图 2-3-58　一佛二弟子像，北齐，石雕，主佛高 9.8 米

司里山摩崖造像

一佛二弟子像是北魏以来典型的组合形式。大佛头戴宝冠，两侧缯带垂肩，肩膀宽厚，身着“褒衣博带”式袈裟，呈禅定状。两侧弟子像立于莲花台座上，身着宽袖长袍，双手合十，虽然面部已残，仍能从其姿态中体会到虔诚与恭敬。

图 2-3-59　大佛局部，北齐，石雕

司里山摩崖造像

大佛白毫突出，双眼微闭，双肩宽厚，突显雄浑壮阔的北齐风貌。

图 2-3-60　群龛，北朝至宋，石雕

司里山摩崖造像

大佛西侧群龛多是唐宋时期雕凿，多为坐佛像，身形敦厚饱满。崖壁上龛像密如蜂窝，透过造像，今人看到的是古人满满的虔诚。

图 2-3-61 西侧群龛局部，北朝至宋，石雕

司里山摩崖造像

群龛体量虽小，但内容丰富，有立像、坐像，有单像、群像。五佛像肉髻低平，丰满圆润，表现的应是五方佛的题材。右图中间立像、托钵、有禅杖，应为地藏，雕刻细腻，形神兼备。

第四节

盛世辉煌：隋唐时期

一、敦煌莫高窟

隋唐时期，莫高窟的发展进入全盛时期。隋代再一次实现了南北的统一，并战胜了吐谷浑和西突厥，收复了西域。西域的畅通使得丝路繁盛，地处丝路交通枢纽位置的敦煌亦随之繁荣。隋朝的两代君主都崇信佛教，仁寿元年（601）隋文帝杨坚诏令天下各州建造舍利塔，一时之间写经、造像之风盛行，敦煌莫高窟（图 2–4–1）也迎来了新的时代。

莫高窟现存隋窟 70 余个，隋代早期窟室延续了北周的中心柱窟，特色是中心柱改为倒塔式的须弥山形状，如第 302 窟（图 2–4–2）、303 窟等；须弥山又发展成佛坛，最后佛坛消失，出现了类似于传统建筑中殿堂式样的“殿堂窟”。殿堂窟又出现了一种形式，以第 420 窟为代表，窟内南、西、北壁各开一龛，龛内各塑造像，三壁的主尊共同构成过去、现在、未来三世佛，这样的形式也被称为“三龛窟”“三壁三龛窟”。窟室西壁（正壁）开方口圆券龛，龛有内外两层（图2–4–3），双层龛为更多的塑像增加了空间，组合形式增至一佛、二弟子、四菩萨，至初唐时期双层龛依然流行。

第 427 窟是隋代洞窟中规模最大的一个，集中表现了隋代的造像的艺术成就。洞窟分为前室与后室。隋唐以前，造像组合以佛三尊居多，隋唐时代出现了以佛为中心的佛七尊、佛九尊像，天王像、力士像等新题材的流行，极大丰富了洞窟内容，第 206 窟的力士像（图 2–4–4）也是此时代的典型代表。第 427 窟后室保留了早期的中心柱，但并未像传统洞窟一样在

图 2-4-1　莫高窟外景

雪岭干青汉，云楼架碧空。重开千佛刹，旁出四天宫。
瑞鸟含珠影，灵花吐蕙丛。洗心游胜境，从此去尘蒙。
——［唐］佚名《敦煌廿咏 其三 莫高窟咏》

中心柱开龛，而是在柱前塑出一佛二菩萨立像（图 2-4-5），洞窟的南北二壁同样各塑一佛二菩萨，共同组成三世佛。中心柱的其他三面各塑一佛二弟子像，全窟共有塑像 24 身，是造像数量最多、内容最全的隋代洞窟，布局合理，宽敞明亮，进入洞窟便有一种进入佛界殿堂之感。窟内造像高大雄伟，给人以健硕的美感，完全不复北魏“秀骨清像”的风格，是当时审美风尚的体现；但面部较为扁平、身形并不完美，这也是工匠在寻求风格转变过程中的探索，为唐代的造像风格做出了铺垫。菩萨的衣裙上还出现了菱格纹、连珠纹、狮子等图案，是中原与波斯等地文明交流的见证。

历史进入唐代，敦煌渐渐走出隋末战乱的萧条，社会经济逐渐恢复。唐王朝平定了各方割据势力，战胜了高昌、突厥与吐谷浑等外敌，在西域设立了安西都护和安西四镇，保证了

图 2-4-2　第 302 窟内景，隋（五代、清重修）

莫高窟

窟室为中心柱窟，塔柱为须弥山状，上部呈倒置的圆锥体，共 7 级，从上到下的第 1 至 6 级原有影塑千佛，现已不存，最下级塑莲花与环绕的四龙。塔柱下部为方形台座，台座四面各开一龛。窟室四壁绘满壁画，多是五代与清代的作品。

图 2-4-3　第 420 窟西壁，隋，泥塑

莫高窟（敦煌研究院供图，吴健摄）

窟为覆斗顶，窟内主要造像为三壁三龛，正壁塑一佛二弟子四菩萨，南北二壁各塑一佛二菩萨，共同组成三世佛的题材。窟内绘满壁画，部分壁画经宋代、西夏重修，有些后代壁画剥落，露出底层的隋代壁画，可见石窟在时间上的延续性，仿若刹那，转身已千年。窟内还有宋代发愿文榜题、宋代供养人像等。

西壁佛龛为圆券形，龛楣饰有忍冬纹、联珠纹与莲花化生图案。龛分内外两层，主尊佛像端坐在正中，内龛佛两侧共有二弟子与二胁侍菩萨，外龛两侧各塑菩萨一身，塑像饱满丰润，表现出隋代风貌。塑像周围绘满菩萨、天人、弟子等，龛下部宋代绘有供器和供养菩萨十二身，绘画与塑像构成一个有机的整体，主次分明，烘托出大千世界的丰丽与繁华。

双层龛内外两层各有胁侍菩萨，高 2.4 米。二菩萨面容秀丽，形态端庄，五官的塑造十分清晰，具有立体感。位于外龛的菩萨手持麈尾贴于胸前，手部纤细修长，十分写实。菩萨所穿之裙有联珠纹图案，裙摆镶有金边，是隋代新出现的装饰形式。造像整体配色和谐，色彩丰富，与壁画相配合，庄重而不失明快。

图 2-4-4　力士像，隋至初唐，泥塑，高 2.52 米

莫高窟第 206 窟西龛外南侧（敦煌研究院供图，吴健摄）

力士双目圆睁，双手握拳，一手置于体侧，一手举起，双腿分立，表现出准备搏击的姿态。上身赤裸，下身着裙，飘向一侧的裙摆表现出风吹之感，劲健突出的肌肉展现力士的勇猛。整像栩栩如生，极具艺术感染力。

图 2-4-5　一佛二菩萨立像，隋，泥塑，佛高 4.25 米，菩萨高 3.62 米

莫高窟第 427 窟中心柱正面

佛像面相方正，广额丰颐，身着通肩袈裟，立于莲台之上。菩萨身穿长裙，衣裙上绘有精美的花纹，衣裙贴体，衣纹流畅。佛手部稍大，面部较为扁平，呈现出质朴、温厚的特点。

丝绸之路的畅通。地处丝路枢纽的敦煌，贸易活动异常繁荣，参与其中的有中原的商贾，亦有中亚、西域的客商，中亚国家的官方使团也在敦煌中转，官员、使臣、商人、僧人、匠人等各阶层奔走在丝绸之路上，各种文化在敦煌相遇、碰撞、交流。佛教进一步发展与兴盛，众多寺院林立，高僧云集，写经、讲经、造像等活动盛行，莫高窟也迎来了营造的巅峰期。

根据唐代敦煌地区的历史，高祖武德元年（618）至武周长安四年（704）为敦煌的初唐时期，中宗神龙元年（705）至德宗建中二年（781）为敦煌的盛唐时期，初唐与盛唐时期敦煌由唐王朝直接管控，两段时期可称为唐代前期。[①]唐代前期的洞窟现存 127 个，是莫高窟开凿最盛的年代。这一时期莫高窟艺术达到顶峰。唐窟多为前后室结构，前室外多建有木构建筑，后室平面呈方形，为“殿堂式”，有宽敞的空间供信徒瞻仰、参拜，只有第 332、39 等少数洞窟保留了前代流行的中心柱。[②]

① 段文杰：《唐代前期的莫高窟艺术》，载敦煌文物研究所编《中国石窟·敦煌莫高窟》第三卷，文物出版社，1987 年，第 161 页。

② 同上，第 162 页。

图 2-4-6 第 220 窟主室内景，初唐（中唐、晚唐、五代、宋、清重修）
莫高窟

主室为覆斗形顶，仅在西壁开龛，留出广阔的空间。西壁塑有一佛二弟子二菩萨（清重修），龛下原绘有供养人像，可惜已模糊。窟内四壁绘满精美的壁画。

佛五尊像是隋唐时期较为常见的组合形式，后期出现了七尊、九尊，甚至十一尊的组合。造像经过清代重修，唐风不甚明显，迦叶像保存较好。

初唐时期的代表洞窟有第 57、203、217、220、283、322、329 窟等。第 220 窟（图 2-4-6）位于南区中部，仅在窟室西壁开凿一龛，唐代殿堂窟多为此类单龛窟。洞窟布局严谨，西壁龛内塑一佛、二弟子、二菩萨，造像有不同程度的残损，经过清代重修，依稀留存初唐的轮廓。迦叶像（图 2-4-7）是窟内唯一保存完好的塑像，神情肃穆、深沉稳重的弟子形象跃然而出。窟内更为珍贵的是精美的壁画，宋或西夏重绘窟内壁画，唐代壁画被完全覆盖；20 世纪 40 年代，后代壁画剥落，初唐壁画的真容才得以显现。西壁龛外绘文殊变与普贤变，南壁绘西方净土变，北壁绘药师七佛经变，东壁门两侧绘维摩诘经变，北壁药师经变与东壁维摩结经变中的人物形象与众不同。这些图像是敦煌出现的新样式，且仅此一幅，人物形象与阎立本《历代帝王图》中的人物

极其相似，学界认为这些图像的粉本来自长安，说明敦煌与都城之间存在文化联系。壁画色彩绮丽、构图新颖、气势宏大，佛国景物与世俗风貌并存，透过流光溢彩的画面，一个个鲜活的人物仿佛向我们走来。

第 220 窟东壁与北壁写有贞观十六年（642）的发愿文与题记，窟室甬道南壁还有五代翟奉达追述先人开窟过程的题记，三处结合可知，此窟是敦煌望族翟氏开凿的家窟。翟式先祖翟迁于北周大成元年（579）曾在莫高窟凿龛一所，翟迁之子翟通于贞观年间（627—649）开凿新窟，即第 220 窟。当时主持营建工作的是敦煌大云寺僧人道弘，窟内部分壁画于太宗贞观十六年完工，整座洞窟竣工于高宗龙朔二年（662），开凿延续了 20 年的时间，翟氏后人翟奉达在五代同光三年（925）重修了洞窟。第 220 窟是敦煌年代较早的以家族为窟主的洞窟，翟家世代崇佛，敦煌石窟与写经中留有不少翟氏家族的印记。可见，石窟不仅是个人信仰的表达，也是集体意志与家族延续的表现。

第 322 窟（图 2-4-8）是初唐又一典型洞窟，主室西壁开龛，壁面绘满壁画。窟室四角与藻井边缘有伸出的枝条，这是悬挂幡与垂幔的挂钩遗迹。幡是一种旌旗，在佛典中是降魔的象征，是寺院、道场经常使用的法具，信众多将祈愿写在幡上，以祈庇佑。挂钩遗迹说明当时洞窟具有实际功用，是信众礼佛、

图 2–4–7　迦叶像，初唐，泥塑

莫高窟第 220 窟正壁龛内北侧

迦叶全名摩诃迦叶，也称“大迦叶”，是释迦十大弟子之首，也是禅宗第一代祖师，其拈花微笑的故事流传至今。此身迦叶眼窝深陷，目光深邃，眉头微蹙，似在思考；颈部青筋明显，衣纹稠密流畅，并无过多的修饰与夸张，非常写实，俨然现实生活中某位高僧的肖像。

图 2-4-8　第 322 窟内景，初唐（五代重修），龛高 1.76 米

莫高窟

洞窟规模较小，为覆斗形殿堂式，主室正壁开龛，内塑佛菩萨等像 7 尊，龛内绘满飞天、童子等人物，龛下留有五代重修时所绘供养人与供器。龛上部可见悬挂幡与垂幔的挂钩遗迹，遥想当时幡幔垂下，洞窟中举行隆重的法事，人们向神佛虔诚地诉说着自己内心深处的祈愿与渴求。

主佛头部螺发密布，左手自然放置在膝上，右手举起，施无畏印。外披红色袈裟，内着僧祇支，流畅的衣纹好像流动的波浪，极富装饰韵律的悬裳垂于坐下，自然真实。

举行法事的场所，这也将精神世界与世俗社会紧密地联系在一起。

第322窟正壁的龛形沿用了隋代双层龛的形式，塑有一佛、二弟子、二菩萨、二天王，共七身。塑像保存基本完好，主尊释迦牟尼位于正中，佛两侧为弟子迦叶和阿难，在塑像后背的壁画中绘出了八身弟子，塑像与壁画相结合，共同构成释迦牟尼的十大弟子。菩萨鼻梁高挺，头发编成细细的辫子束于头顶，这是草原民族的装束。龛外侧的天王像（图2-4-9）更具少数民族特色，传统的天王面部大多夸张狰狞，具有威慑力，然而此尊天王却面带微笑，脚踩地鬼，威猛矫健，和蔼与英武并存，表现出一位现实生活中的将军形象。窟顶藻井附近出现了来自西域的石榴纹、葡萄纹等，枝藤环绕，果实累累，充满着西域风情。

唐中宗神龙元年（705），敦煌步入盛唐时代，这一时期的代表洞窟有第23、45、46、66、79、194、320、328、444窟等。经过隋唐匠人几十年的探索，盛唐时期彩塑技艺已完全成熟。莫高窟的砾岩不易雕刻，窟内塑像自一开始便采用传统的泥塑技法，在一次次的试验中，工匠最终确定了完美的材料配比，就地取材，在土壤中加入30%的细沙，又加入棉花、麻和麦草，这样的配方保证泥塑在干燥的过程中不会出现收缩与开裂，便于后续的上彩和保存。发展到盛唐，敦煌彩塑脱离了墙壁，完全采用圆雕的方法，尊像数量增加，以主尊佛为中心，伴有弟子、菩萨、天王、力士，有佛七尊像、佛九尊像，甚至更多。整铺的群像风格一致，仔细观察每尊造像亦有独立的个性，整体与个体和谐而统一。

图2-4-9　天王像，初唐，泥塑，高1.49米
莫高窟第322窟主室正壁龛内北侧

天王佩戴头盔，身披铠甲，脚穿战靴，威武地将地鬼踩于脚下。与大多面目夸张的天王形象不同，此尊天王浓眉大眼，面带微笑，高挺的鼻梁、嘴部八字胡与唇下的胡须极具少数民族特色，俨然唐军中的一位胡人军将。唐代胡人也是唐军的组成部分，工匠真实地再现了当时现实社会中的情境，表现出“功名只向马上取”的万丈豪情。

第45窟（图2-4-10）是盛唐时期敦煌彩塑技艺的集中代表，窟内正壁现存彩塑七尊。结跏趺坐的释迦牟尼位于正中，做说法状，丰圆的身体、端庄的气度，表现出佛陀的慈悲。最优美的是两侧的胁侍菩萨塑像，菩萨面相圆润，淡雅恬静，头部微微倾向佛的方向，似在静静聆听佛的说法。腰部轻扭，身体呈“S”形，柔和的曲线之美尽显。第45窟内的菩萨（图2-4-11）已完全摆脱外来的风格，表现出盛唐“人物丰浓，肌胜于骨”的美感，娉婷婀娜，风姿绰约。最外侧的两身天王身躯魁梧，身穿厚重的铠甲，脚踏夜叉，手握兵器，随时准备战斗，是唐代武士的真实写照。七身塑像形神兼备、彼此呼应，充分表现出各人物形象的不同性格，刻画精准细腻，是唐代彩塑的精品。除彩塑外，龛内绘有菩萨、弟子、诸天和飞天，四壁布满壁画，

图2-4-10　第45窟西壁，盛唐

莫高窟

洞窟开凿于盛唐，中唐、五代重修，主室正壁凿敞口平顶龛，原有塑像九尊，龛外二力士已不存，现存龛内的一佛、二弟子、二菩萨、二天王，以佛为中心对称分布。主尊坐佛螺发高耸，端庄雍容，典型的盛唐气象。弟子迦叶身穿田相衲衣，面貌清癯，微微下视，似在冥思苦想。菩萨云髻高绾，嘴角微微上扬，眉眼含笑，洁白如玉的肌肤、微微扭动的体态典雅动人，美得动人心魄。菩萨上身半裸，斜披天衣，下穿花团锦簇的长裙，腰带在腰际打结，形如波浪的衣纹层层堆叠，衬托出笔直、修长的腿形。外侧的天王脚踏地鬼，与其身侧的菩萨一个沉静，一个张扬，性格上形成鲜明对比。天王双目圆睁，嘴巴大张，似在奋力呼喊，一手叉腰，一手握拳，身体肌肉紧张，充满随时暴发的张力。整铺塑像比例准确，刻画细腻、生动，人物布局组合由静到动，徐徐过渡，是唐代彩塑的经典之作。

图 2-4-11　菩萨局部，盛唐，泥塑

莫高窟第 45 窟西龛北侧（孙志军 供图）

菩萨发髻高耸，头戴精美的宝冠，佩戴华美的璎珞与臂钏。青眉如黛，朱唇小巧，肌肤莹润，身姿丰盈，“S”形的动态更增加了菩萨的婀娜，宛若一位盛唐美人，无怪时人有“丰肌胜艳骨，菩萨似宫娃”的慨叹。但其凝思的神态、端严的气度，又令人只可远观。

图 2-4-12　半跏菩萨，盛唐，泥塑，高 2.04 米

菩萨半跏趺坐于台座之上，上身袒露，肌肉突出，仿佛可以感受到肌肉的弹性；下身着裙，裙裾依台座下垂，衣纹采用装饰性的表现方式，裙上彩绘犹存，更添服饰的华丽。整尊塑像虽然多有残损，残缺之中不减盛唐的丰腴健美，一位稳重沉静的菩萨形象展现于世人面前。

图 2-4-13　彩塑一铺，初唐

莫高窟第 328 窟西龛（秦川 供图）

发展至唐代，龛内铺像组合数量增加，佛、菩萨、弟子、天王等集于一龛，众多尊像有序排列，洞窟空间利用合理，增加了艺术的感染力。第 328 窟西龛原有塑像九尊——一佛、二弟子、二胁侍菩萨、四供养菩萨，现存八尊。龛内南侧、居于佛右侧的供养菩萨在 20 世纪 20 年代由美国探险家兰登·华尔纳（Langdon Warner）盗运至美国，现藏于哈佛大学艺术馆。

窟内空间被营造者合理利用，在有限的空间内塑造出无限的佛国世界，虚实相通，现实世界与精神世界通过洞窟联结在一起。

唐代前期是充满想象力与浪漫情怀的时期，审美情趣表现在佛教艺术上，使得造像的样式发生了一些变化。菩萨不仅侍立在佛的左右，还出现了半跏趺坐的菩萨（图 2-4-12），如第 205 窟、328 窟，半跏趺坐使造型更加舒展，突出个性。最初的敦煌塑像多为高浮雕，至唐代完全转变为了圆雕。圆雕更加立体，具有可以多方位、多角度欣赏的三维之美。圆雕技艺的成熟是莫高窟唐代彩塑的重要特点。供养菩萨的出现使得唐代洞窟的内容更为丰富，塑像的表现更具鲜明的个性。供养菩萨在供养者中处于最高地位，着菩萨装，常出现在佛座下或胁侍菩萨、弟子的两侧，没有固定的法相与手印，因此有站姿、坐姿和跪姿等各种形态，富有变化，第 328 窟的供养菩萨十分精美（图 2-4-13）。供养菩萨两两相对，穿着、姿势基本相同。但仔细观察会发现，每位菩萨的五官、神情各有不同，有的沉静内敛，有的端庄大方（图 2-4-14）。匠人心怀敬畏、虔诚造像，每一尊塑像都是世间唯一，绝非工序的重复与批量的生产。正是这种精神使敦煌彩塑历经千年依然保持着鲜活的生命力。

随着佛教艺术的发展与国力的强盛，造像体量增加，大像盛行。唐代出现了塑造巨像的大像窟，最具代表性的为莫高窟初唐第 96 窟与盛唐第 130 窟。第 96 窟位于北面，因此窟内弥勒像被称为“北大像”；而位于南面的第 130 窟弥勒像被称为“南大像”。今日来到敦煌，一眼可

图 2-4-14　供养菩萨，初唐，泥塑，高 1—1.12 米

四尊供养菩萨两两相对，两尊位于龛内，两尊位于龛外。菩萨发髻高高束起，面相丰腴，两尊双手合十，两尊二手相触。四位菩萨皆是右膝着地，这是源自古印度的胡跪姿势，左右两膝交互而跪，以右膝着地为正仪。菩萨腿部的衣褶流畅，紧贴腿部，突显出轻薄的质地。文静端庄、气质优雅的菩萨形象表现出唐代早期彩塑的高超水平。右侧图为现藏于哈佛大学艺术馆的供养菩萨。

图 2-4-15　第 96 窟外景，民国至现代

莫高窟

九层楼高 45 米，是莫高窟最高的建筑。唐代窟内大像开凿之初就修建有窟檐以保护佛像，最初层数较少，经后代重修。1936 年，由敦煌当地人集资重修时改建为今日所见的九层，后经现代加固。

见位于中心区域的莫高窟标志性建筑——九层楼，楼阁依山崖而建，气势恢宏，九层楼内即是第 96 窟，也称“大佛殿”（图 2-4-15）。

女皇武则天于天授元年（690）登基称帝，敕令各州建造大云寺，延载元年（694）又敕令造夹纻大像。据专家考证，敦煌大云寺的所在地就是今日的第 96 窟，主持第 220 窟翟家窟营建工程的僧人道弘在大云寺出家修行，可惜寺院已不存，仅有些许建筑遗迹。据《莫高窟记》[①] 记载，北大像（图 2-4-16）是武周延载二年（695）由禅师灵隐和居士阴祖所建。大佛位于窟内正壁，为石胎泥塑，像高 35.5 米，两膝之间宽 12 米，是敦煌石窟中的第一大像。遗憾的是，大佛经晚唐、宋、清多次重修，仅有头部仍保留唐代的风貌。佛后开凿有一条信道，供信徒环绕参拜；置身其中，仍能被大佛的气魄所震撼。

南大像（图 2-4-17）位于第 130 窟西壁，开凿于盛唐开元九年（721），高 26 米，是敦煌石窟中的第二大佛。除右手和衣褶局部重修过，其余部位基本保存了原状，躯体健壮，比例协调，是盛唐巨型塑像精品。

唐代还有一种别有特色的洞窟——涅槃窟。涅槃窟以涅槃像为主尊。涅槃（Nibbana），也称灭度，是指经过修行断除种种烦恼与痛苦，超脱生死轮回的一种状态。《长阿含经》记载，佛祖在涅槃时“偃右胁如师子王，累足而卧”[②]。后世将释迦牟尼右卧侧躺的形象定为“涅槃像”，俗称有“卧佛”“睡佛”等。莫高窟的涅槃图像始于北周，“涅槃变”壁画在北周、隋、唐洞窟中多有出现。唐代的涅槃窟采用彩塑与壁画相结合的表现形式，主室正壁塑佛祖卧于佛床之上，周围围绕着举哀的众人。

第 148 窟是盛唐时期最壮观的涅槃窟，据洞窟前室《大唐陇西李府君修功德碑记》与《唐宗子陇西李氏再修功德记》记载，该窟建于大历十一年（776），是陇西望族李大宾家族的功德窟。窟内主室中央塑佛涅槃像，右胁而卧，双眼微闭，神态寂静、安详。唐代另一精美的涅槃窟为中唐第 158 窟。天宝十四载（755）安史之乱爆发，吐蕃乘机发兵，攻占陇右、河西地区，敦煌亦陷落。关于敦煌被吐蕃攻陷的时间，学界有不同说法，主要集中于建中二年（781）至贞元四年（788），直至大中二年（848）沙州人张议潮起义，陆续收复河西各州，敦煌重归唐朝。吐蕃占领时期正是敦煌的中唐时代，吐蕃政权扶持佛教的发展，因此莫高窟的开凿活动依然兴盛，第 158 窟就开凿于这一时期。窟内主室石胎泥塑释迦牟尼涅槃像（图 2-4-18），佛陀右侧横卧，嘴角含笑，安然而超脱，洞窟的西壁和南壁上绘菩萨、弟子、护法等众人举哀图，北壁绘各国国王等世俗人物举哀图。彩塑与壁画在石窟中有机结合，使情节更加丰富完整，鲜明地烘托出涅槃这一主题。

---

① 《莫高窟记》现存纸本和洞窟题记两种形式，分别为敦煌文书 P.3720《莫高窟记》[写于唐咸通六年（865）正月十五日]、莫高窟第 156 窟前室北壁墨书《莫高窟记》。

② [后秦]佛陀耶舍、竺佛念译：《佛说长阿含经》卷第三，载《大正藏》第 1 册，第 21 页。

图 2-4-16　北大像，初唐，石胎泥塑，高 35.5 米

莫高窟第 96 窟

北大像弥勒大佛倚坐在龛内，面部丰满圆润，虽然已非唐代原貌，但威武的身躯、雄伟的气魄依然打动人心。大像的塑造方法与一般泥塑不同，它依山而建，工匠因地制宜，采用石胎泥塑的方法，先雕刻石胎，在石胎上凿孔插桩，再于表层敷泥塑成，堪称鬼斧神工。

图 2-4-17　南大像，盛唐，石胎泥塑，高 26 米

莫高窟第 130 窟

南大像弥勒像面庞方正，双耳垂肩，嘴唇厚重，颈部有蚕节纹。站在像下仰视，佛像的威仪与庄严延续千年，使人不由肃然起敬，其盛唐气魄至今犹令人神往。

图 2-4-18 涅槃像，中唐，泥塑，身长 15.8 米
莫高窟第 158 窟

佛陀头部为水涡纹的发丝，肉髻较高，额头中间白毫突出，眉如新月，眼睛半睁半合，嘴角微微翘起，神态宁静安详。头枕右手，侧身而卧，左手自然置于身侧，似安然入睡，表现出“寂灭为乐”的境界。此像保持了中唐原貌，是中唐大型塑像的代表作。

莫高窟在吐蕃占领时期新开凿的洞窟有 48 个，[①] 第 112、154、159、231、237 等窟是其中代表洞窟。吐蕃时期洞窟主要继承了唐代的前制，有殿堂窟、涅槃窟等，第 158 窟涅槃窟是吐蕃时期规模最大的洞窟。相比盛唐的富丽堂皇，吐蕃时期的彩塑用色清雅、明快自然，给人以赏心悦目之感。洞窟设计精巧，构图紧凑，菩萨像已不再是盛唐时期的明显的“S”形，其身体微微倾斜，含蓄、自然地表现出体态之美。第 159 窟窟内的菩萨（图 2-4-19、图 2-4-20）是其中的精品。

大中二年，沙州人张议潮起义，驱逐吐蕃，使河西地区重归唐朝。咸通八年（867）张议潮被敕封为节度使，延续近 200 年的归义军统治时期是莫高窟的晚唐时期。经过安史之乱的重创，唐王朝已不复往日的辉煌。敦煌在归义军的统治下社会经济慢慢恢复，张氏崇佛，被政权扶持的佛教继续发展，莫高窟的开凿也并未停止。在历任归义军节度使出资兴建的洞窟中，窟内供养人像出现了张氏家族人物，第 156 窟内就有著名的张议潮夫妇出行图。

① 段文杰：《唐代后期的莫高窟艺术》，载敦煌文物研究所编《中国石窟·敦煌莫高窟》第四卷，文物出版社，1987 年，第 161—162 页。

图 2-4-19 第 159 窟西壁，中唐，泥塑

莫高窟

第 159 窟是保存较为完整的吐蕃时期洞窟，为覆斗形顶，西壁开一盝顶帐形龛。龛外北侧画文殊变，龛外南侧画普贤变。龛内塑像塑在马蹄形佛床上，内容为一佛、二弟子、二菩萨、二天王，佛像已不存。在继承了盛唐风格的基础上，这一时期的彩塑更为清新淡雅。

晚唐时期的代表洞窟有第 12、17、85、107、156、196 等窟，这一时期的塑像在继承中唐风格的基础上，出现了一种新的题材——高僧像，以 17 窟内的洪䛒法师像最为著名。洪䛒是中晚唐时期敦煌的高僧，吐蕃时期任“释门都教授”，为河西地区僧界最高领袖。张议潮起义时，以洪䛒为首的僧团积极支持，而后又帮助归义军政权加强了与中央政府之间的联系，被封为“河西释门都僧统”。洪䛒在吐蕃时期曾主持开凿第 365 窟，在归义军时期开凿了第 16 窟，因洪䛒俗家姓为吴，第 16 窟（图 2-4-21）也被称为“吴僧统窟”。在第 16 窟甬道北壁开凿一间耳室，即第 17 窟，那里本是洪䛒坐禅修行之处。咸通三年（862）洪䛒圆寂，众弟子将耳室改为影窟，塑其尊像放入窟中。第 17 窟北壁设一长方形佛坛，坛上为洪䛒像（图 2-4-22），此尊塑

像应是洪䛒的写真，神情肃然，若有所思，可见晚唐时期塑像高超的写实技艺。窟内西壁嵌大中五年（851）“洪䛒告身碑”，北壁留有晚唐时期所绘的菩提双树，树下绘侍女与比丘尼。壁画与塑像相得益彰，展现出现实生活中法师修行的场景。

第17窟更为传奇之处在于它就是举世闻名的藏经洞。11世纪初叶，由于战乱等原因，5万余件经卷、文书、绢画、刺绣、法器等物被放入第17窟内，砌墙封门，表层绘制壁画。这批宝贵的遗产在窟内被完好封存了900年，直至清光绪二十六年五月二十六日（1900年6月22日），道士王圆箓（1849—1931）请人清理第16窟积沙时偶然发现了甬道墙壁上第17窟的入口，藏经洞的大门打开，敦煌由此闻名海内外。

图2-4-20　菩萨像，中唐，泥塑，高1.39米

莫高窟第159窟西壁龛内南侧

相较盛唐时期，中唐时期的菩萨面部方正，眼角上翘，带有几分藏区佛像的特点。其左手上举，姿势优雅，右手自然下垂，轻轻捏起披巾的一角；身体微微倾斜，落落大方；团花、卷草等纹样遍饰全身，红、绿两种色彩对比鲜明，清新明快。

图 2-4-21 第 16 窟内景，晚唐（宋、清重修）

莫高窟

窟内中央佛坛上塑佛像 9 尊，经重修后唐风所剩无几。甬道南北二壁宋代绘说法图，北壁说法图下有供养菩萨 8 身，供养菩萨中间有第 17 窟的入口。

图 2-4-22 洪䛒像，晚唐，泥塑，高 0.94 米

莫高窟第 17 窟北壁

洪䛒法师身着通肩田相袈裟，结跏趺坐于禅床上，僧袍下隐约可知双手结禅定印。面部塑造十分写实，额头与眼角处的皱纹清晰可见，目光深邃，庄重、睿智的高僧形象栩栩如生，是敦煌彩塑的代表作之一。

二、榆林窟

榆林窟（图 2–4–23）位于甘肃省酒泉市瓜州县（原安西县）城南 70 千米处的榆林河峡谷，因河岸榆树成林而得名。榆林窟最早的开窟年代已不可考，它在唐代已初具规模。榆林窟的洞窟形式和艺术风格与敦煌莫高窟基本相同，同属敦煌艺术系统，因此被称为莫高窟的姊妹窟。榆林窟现存洞窟 43 个，其中东崖 32 窟、西崖 11 窟，彩塑 272 身，壁画 5650 余平方米。唐代洞窟有 14 个，代表洞窟有第 6 窟、第 17 窟、第 25 窟和第 28 窟等。

第 6 窟是榆林窟最大的洞窟，穹窿顶，唐代初建，后经历代重修，窟内留存有大面积五代、宋、元时期的壁画，唐代遗存仅剩一尊弥勒大佛（图 2–4–24）。弥勒大佛位于窟室正壁，高 24.7 米，面相丰满，气势恢宏，是榆林窟的第一大佛，彰显着大唐气象。

第 25 窟是吐蕃占领瓜州时期修建的最早的洞窟，窟内留有相关的藏文题记。窟内彩塑破坏严重，仅存一尊位于佛坛正中的唐代坐佛（图 2–4–25）。窟内最精美的部分在于壁画，正壁绘密宗八大菩萨曼荼罗经变，北壁绘弥勒经变，南壁绘观无量寿经变，西壁门两侧分别绘文殊变与普贤变。[①] 壁画内容丰富，构图严谨，色彩绚丽，带有吴道子的艺术风格，展现了盛唐时代高超的艺术水平。

图 2–4–23　榆林窟外景

（李壁辰 供图）

榆林窟，又名榆林寺、万佛峡，所在的榆林河谷宽 70—100 米，崖壁笔直陡峭，高约 20 米。

图 2–4–24　弥勒大佛，唐，石胎泥塑，高 24.7 米

榆林窟第 6 窟（秦川 供图）

弥勒佛面相丰满，面部绘有胡须，带有早期造像的意味。其呈倚坐姿，气势宏伟。袈裟彩绘和身体贴近，是在清代嘉庆年间完成的，但依然可见唐代遗韵。背光和项光绘于壁上，经宋、西夏补绘。在一个洞窟内有各代的修造痕迹，是时光的推移，更是信仰的延续。

① 敦煌研究院编：《中国石窟艺术：榆林窟》，江苏美术出版社，2014 年，第 46 页。

图 2-4-25　第 25 窟内景，唐

榆林窟

第 25 窟是榆林窟保存最好的唐代洞窟。窟门两侧绘有四大天王中的南方天王与北方天王。窟内塑像仅存唐代坐佛一尊，结跏趺坐，神情端严。袈裟底摆垂于座下，视觉上增加了佛像的高度。造像整体雄壮健美，饱含内在力量与沉稳气度，虽经后代重修，仍存大唐气韵。

三、天梯山石窟

图 2-4-26　天梯山石窟外景

天梯山属祁连山支系，因陡峭如悬梯而得名。山色秀丽，山巅常年积雪，然不知积自何时，故凉州城外八景中有“天梯古雪”之景。黄羊河水碧波荡漾，自然风光与石窟造像浑然一体，蔚为壮观。

天梯山石窟位于甘肃省武威市中路乡，因武威也称凉州，故而石窟也被称为“凉州石窟”。地处河西走廊最东端的武威是丝绸之路上的重镇，也是著名的佛教中心。石窟初凿于北凉沮渠蒙逊时期，被学界认为是中国内地佛教石窟的鼻祖，是“凉州模式”的典型代表。天梯山石窟历经千余年的风霜，因战乱、地震等原因残损严重，特别是 1927 年大地震对石窟造成毁灭性破坏，目前天梯山石窟仅存 3 层，大小洞窟 17 个。

1958 年黄羊河水库动工，为了保护文物，天梯山石窟的大批塑像和壁画被搬运到甘肃省博物馆保存。21 世纪以来，除少量留存甘肃省博物馆的天梯山石窟塑像外，大量文物重回武威，经过修复后将会在天梯山石窟原址陈列展出。今日的天梯山石窟，黄羊河水波光粼粼，佛像庄严威仪，远山如黛，近水清浅（图 2-4-26）。

图 2-4-27　天梯山第 13 窟，唐，石胎泥塑

窟内塑造像七尊，主尊为高 28 米的释迦牟尼佛，两侧为高 21 米的二弟子、二菩萨、二天王，经历代重修，仍然保留着唐代风貌。

天梯山最为壮观的是第 13 窟（图 2-4-27），窟高 30 米，宽 19 米，深 6 米，窟内有泥质塑像 7 尊，因体量巨大，20 世纪 50 年代文物搬迁时被原地保存。主尊为释迦牟尼佛（图 2-4-28），据《武威县志》载，“城东南一百里，有石佛像，高九丈，贯楼九层”[①]，可想而知当年的壮阔。大佛面水而立，大气磅礴，与莫高窟盛唐大佛的风格相似。释迦两旁为二弟子、二菩萨（图 2-4-29）和二天王像（图 2-4-30），虽然体量较大，但细节之处十分用心，造型生动。窟内绘有精美的壁画，有龙、象、鹿、虎和花卉等图案，虽经后代重妆，仍可见当年的风貌。

在甘肃省博物馆中藏有部分天梯山石窟造像与壁画，主要有佛像、菩萨像等。天梯山石窟原址的造像气势恢宏，而博物馆所藏造像体量稍小，但细节之处更为传神，形态各异，栩栩如生。在领略了大气之后，让我们再来领略下大唐的细腻与温柔。佛像端庄肃穆，大气的同时不失静美（图 2-4-31）；菩萨像大多身材高挑，有安静祥和的朴素大方（图 2-4-32），有恬静淡雅的雍容华贵（图 2-4-33），亦有健美威仪的阳刚与自信（图 2-4-34）。

① ［清］康熙刻本《五凉考治六德集全志》卷一《武威县志》。

图 2-4-28　佛坐像，唐，石胎泥塑，高 28 米

天梯山石窟第 13 窟

释迦牟尼佛倚坐在窟内，左手放于膝上，右手施无畏印。身着通肩袈裟，堆叠的衣纹具有鲜明的层次感和秩序感，带有明显的装饰意味。大佛头部在 1927 年大地震中震落，后经补塑与修复，面部较方，少了几分唐代的丰满圆润。尽管如此，穿过千年的风霜雨雪，佛像依然表达着它对众生的慈悲与美好愿景。

图 2-4-29　菩萨头部，唐，石胎泥塑

天梯山石窟第 13 窟

菩萨肉髻高耸，面相方正、丰腴，是典型的唐代风格。虽然体量较大，但五官等细节刻画仍然精细，神态逼真，不怒自威。头顶壁画色泽清丽，现存基本是明代重妆后的状貌。

图 2-4-30　天王像，唐，石胎泥塑，高 21 米

天梯山石窟第 13 窟

天王瞪眼怒目，嘴巴大张，身穿唐代典型的铠甲，双手握拳，左臂抬起，表现着身体的力量与壮硕，威风凛凛，充满张力。

图 2-4-31　一佛二菩萨像，唐，泥塑，佛高 1.3 米，菩萨高 1.8 米

天梯山石窟，甘肃省博物馆藏

主尊佛像左手结禅定印，右手抚膝，端坐于台座之上。身体比例和谐，体态雍容，神情淡然。同窟的胁侍菩萨发髻高高绾起，面庞丰圆，雍容华贵。眉眼细弯，嘴角微微含笑，恬静淡雅之感超然脱俗。身体微有动态，既有挺拔的姿态，又有柔和的曲线，骨肉兼备，灵动传神。整铺造像比例匀称，神态生动，肌肤质感表现得尤为出色。转瞬千年，美好如故。

图 2-4-32　胁侍菩萨像，唐，泥塑，高 1.7 米

天梯山石窟第 2 窟，甘肃省博物馆藏

菩萨发髻高高束起，散下的头发自然披在双肩，双手合十，神情肃穆，似在安静沉思，似在虔诚祈愿。菩萨的面容和蔼可亲，淡化了立于佛堂之上的神圣感，拉近了与人之间的距离，有一种“似是故人来”之感，说明佛教艺术与现实生活的密切联系。

图 2-4-33　供养菩萨像及局部，唐，泥塑，高 1.8 米

天梯山石窟第 3 窟，甘肃省博物馆藏

菩萨发髻较高，发丝雕刻细腻，面容秀丽，静静地凝望着世间，安然、恬静的姿态体现出静谧安宁的内心世界，纵然穿越了千年的时光，也一如往昔。

其下身着裙，裙褶呈“U”形，紧贴身体，透过线条仿佛可以感受到衣裙轻薄的材质。菩萨立于莲花座上，腰部、腿部微向左曲，身姿曼妙，呼之欲出，匠人对于身体曲线美的把握已相当纯熟。

图 2-4-34　菩萨像及局部，唐，泥塑

天梯山石窟，甘肃省博物馆藏

菩萨发髻高束，根根分明的发丝清晰可见；面部方正，下巴丰腴，让人觉得亲切、自然；微睁的双眼又不失肃穆之感。唐人对于身体和五官有着精准的把握。

菩萨上身赤裸，下身着裙，裙带在腰侧系结，结扣的线条流畅整齐。菩萨身材高挑，比例匀称，呈现健美的男子形象，表现出唐代的自信与风仪。

四、炳灵寺石窟

炳灵寺所处的地带位于连通中原与西域的要道。随着丝绸之路的兴盛，炳灵寺石窟迎来了黄金时期。炳灵寺石窟隋代共有 2 窟，以第 8 窟（图 2-4-35）为代表，窟内原塑一佛二弟子二菩萨像，造像体量适中，沿袭了北周端庄大方之气。塑像上方壁画表现了维摩诘经变中“文殊问疾”的场景，石青、石绿的色彩，历经千年而不败。菩萨的衣领之上有闪亮的连珠纹装饰，这是典型的中亚波斯风格，说明当时各种文明通过丝路交流的盛况。

至唐代，佛教发展鼎盛，开窟造像热情高涨。炳灵寺当时称灵岩寺，地处沟通唐帝国与吐蕃的唐蕃古道必经之路，发展更为繁盛。炳灵寺现存唐代窟龛 138 个，占炳灵寺窟龛总数的三分之二以上。大唐气象会让人产生唐代造像大多体量巨大的感觉，其实走进炳灵寺会发现，很多唐代造像高度不足半米，聪慧的大唐匠人在方寸之间塑造出灵动的形象，具有强烈的艺术感染效果（图 2-4-36）。

唐代窟龛中的造像组合形式多为一佛、二菩萨或四菩萨、二天王，第 64 龛中的一佛二菩萨二天王像（图 2-4-37）是其中的典型代表。其雕刻简洁，有骨有肉，形神兼备。龛上有唐仪凤三年（678）的碑文，记载了唐蕃战事与佛教情况，是当时政治、经济与文化的反映。炳灵寺唐代窟龛内的佛与菩萨面相丰满，弯眉修目，修长的身姿给人以灵动的美感（图 2-4-38、图 2-4-39）。我们在欣赏造像时，多将目光集中于佛像与菩萨像，其实唐代的天王像也极具特色，如第 64 龛、第 29 龛（图 2-4-40），龛内的天王（图 2-4-41）身穿铠甲，脚蹬长靴，下踏地鬼，威风凛凛地展现着大唐气概。

炳灵寺第 171 龛内的倚坐佛像（图 2-4-42）是体量最大的造像。据宋代李远撰写的《青唐录》记载，大佛是“贞元十九年凉州观察使薄承祧所建。寺有大阁，附山七重，中有像，刻山石为之，百余尺”[①]。大佛为倚坐姿，高 27 米，龛前原有楼阁式木构建筑，后毁于战火，体量如此巨大的摩崖佛龛，留下一曲盛唐绝唱。

元明之际，藏传佛教传入炳灵寺，出现了汉藏佛教艺术共存的局面。清代以后炳灵寺渐渐衰落。今日的炳灵寺石窟焕然一新，尤其是刘家峡水电厂建成后，炳灵寺所在的寺沟峡与刘家峡水库相连，从水库大坝可乘船至炳灵寺，波光潋滟，风光旖旎，秀美的山水与静谧的佛窟相映成趣（图 2-4-43）。

---

① 青海省民委少数民族古籍整理规划办公室编：《青海地方旧志五种》，青海人民出版社，1989 年，第 9 页。

图 2-4-35　第 8 窟内景，隋

炳灵寺石窟

窟内塑一佛二弟子二菩萨，南侧菩萨为唐代重塑。造像上方留有精美的壁画，菩萨衣领处的连珠纹耀眼闪亮，这是古波斯萨珊王朝最为流行的纹样。

图 2-4-36　第 72—88 龛，唐

炳灵寺石窟

第 72—88 龛修造得较为密集，形制较小，除第 74、82 龛外，年代皆为唐代。虽然空间有限，但工匠十分注重人物肌肤等细节的表现，刻画出体态丰腴、眉眼传神的形象。

图 2-4-37　一佛二菩萨二天王像，唐，石雕，佛高 1.01 米

炳灵寺石窟第 64 龛

五尊造像虽有不同程度的残损，但基本保留了唐代的风貌。主尊佛立于正中，身体修长，和悦恬静。菩萨端庄优雅，呈“S”形立姿，显得婀娜妩媚，高束的发髻更突出修长的身姿。二天王像头部均残，一手举起，威猛刚劲，足下踏一地鬼；二鬼龇牙咧嘴，但并不狰狞，反而有一种呆萌可爱之感，这也是佛教造像取材于生活的一种表达。

图 2-4-38　佛立像，唐，石雕，高 0.5 米

炳灵寺石窟第 13 龛

龛为尖拱顶，龛内塑立佛像一尊。佛面部丰圆，左手手握袈裟一角，举于前胸，右手下垂，施与愿印。身穿袒右肩袈裟，身体丰盈健壮，衣纹由阴线刻画，表现出轻薄的质地。

图 2-4-39　菩萨像，唐，石雕，0.28 米

炳灵寺石窟第 41 龛

龛形制十分小，但雕刻仍然精细。菩萨绾高发髻，半跏趺坐于方形台座之上，左手抚膝，右手持莲枝，衣纹线条流畅，腰部向左扭动，呈现舒展的姿态。

图 2-4-40　第 29 龛，唐

炳灵寺石窟

龛内塑一佛二菩萨二弟子二天王，这是唐龛典型的组合形式，与第 23、23、27、28 等龛相似。二天王位于龛外两侧的浅龛内，身着唐代的特色铠甲；北侧天王手托须弥山，南侧天王手执长剑，守护着佛界净土。

图 2-4-41　天王像，唐，石雕，高 0.97 米

炳灵寺第 29 龛

此尊天王位于龛外北侧，采用浮雕的手法雕凿。线条自如，雄壮有力。怒目圆睁，左手掐腰，右手托起须弥山，将一地鬼踩于脚下，犹如一位勇猛的唐代武士。

右页：图 2-4-42　倚坐佛像，唐，石胎泥塑，高 27 米

炳灵寺第 171 龛

倚坐佛是炳灵寺体量最大的造像。其面部方圆，左手残损，右手抚膝，倚坐于台座之上。佛像是石雕与泥塑的结合，经过后世重修，保存了唐代的形制。大佛静穆庄重，不怒自威。

图 2-4-43　寺沟峡风光

《法苑珠林》中如此记述寺沟峡的风光："群峰竞出，各有异势，或如宝塔，或如层楼，松柏映岩，丹青饰岫。自非造化神功，何因绮丽若此？"①

① ［唐］道世：《法苑珠林》卷三十九，载《大正藏》第 53 册，第 595 页。

五、麦积山石窟[①]

隋文帝笃信佛教，曾在麦积山敕建舍利塔。开皇三年（583），文帝三子杨俊被任命为秦州总管，秦州佛教的发展与皇族有一定联系。麦积山现存隋代洞窟主要有第 5、8、13、14、37、49、82 窟等，造像的组合形式以一佛二菩萨为主。

政治上的统一，容易凝聚人力与物力，因此也更容易造出体量巨大的佛像，因此大像崇拜盛极一时。第 13 龛是麦积山最大的一组造像，主尊释迦牟尼佛高 16 米，两侧的文殊、普贤二菩萨高 13 米（图 2–4–44）。西侧菩萨的头冠之上刻有象头的图案，象为普贤菩萨的坐骑，因此断定了二位菩萨的身份。恢宏的气势展现了大一统的帝国气度，在巨像之下，人更加渺小，崇敬之心也油然而生。

第 5 窟是具有代表性的隋唐洞窟，隋代始凿，初唐完成。原是三间四柱的仿木结构殿堂建筑，其壮观程度仅次于七佛阁，但后世的地震对它造成了损毁。窟外原有天王像 4 身，现仅存 1 身摩醯首罗天（图 2–4–45），天王脚踏一头牛，因此第 5 窟也被俗称为“牛儿堂”。摩醯首罗天威武挺立，犹如一位将军，是隋唐雕塑的典型代表。第 5 窟正壁开三龛，中龛为隋代开凿，内塑一佛二弟子四菩萨像，两侧龛为唐代续凿（图 2–4–46），三龛主尊共同构成三世佛。造像风格写实，体态丰圆，既有简洁清晰的手法，又有厚重饱满之感，奠定了唐代雕塑的基础。此外，窟外龛顶、龛楣等处净土变和供养人行列壁画具有重要的价值。窟外还留存有隋唐时期的“人”字斗拱、额枋等建筑构件，是研究当时建筑的重要材料。

麦积山隋唐造像具有写实性的特点，如果说第 5 窟窟外的天王犹如一位勇猛的将军，那么第 14 窟窟内的胁侍菩萨（图 2–4–47）则如一位温婉可亲的妇人。菩萨发髻低平，眉如春山，姣好的面容、摇曳的裙裾，既有世俗妇人的温和，又有佛国菩萨的庄严，拉近了信仰世界与世俗世界的距离。第 14 窟窟外的力士像（图 2–4–48）更是极具特色，力士两腿分立，造型夸张，仿佛正在蓄

① 本小节图片除特别标注之外，皆由张铭拍摄并提供，特此致谢。

图 2-4-44　释迦、文殊与普贤像，隋，石胎泥塑，佛高 16 米，菩萨高 13 米

麦积山石窟第 13 龛（张铭、王彦嘉 供图）

主尊为释迦牟尼佛，肉髻较为低平，颈部有三道细纹，是隋唐时代的典型样式。双手残缺，腰部以下的外层泥土剥落，露出石胎。两侧的胁侍菩萨为文殊与普贤，头戴宝冠，庄严安详。三尊巨像雕刻手法朴实，造型敦厚，虽然部分残损，但依然可以透过岁月的斑驳去感受千年前的美好与厚重。

积力量，随时准备迎战，这种造型已不复印度力士的特征，更多地表现了北方民族的特点，是佛教艺术中国化的具体体现。隋代佛教的兴盛不仅表现在开窟造像上，还表现在对于前代造像的修复，北魏时期的第74，78窟等都曾经过隋代重修。

虽然有唐一代在中国佛教艺术史上留下了辉煌灿烂的一笔，但遗憾的是，麦积山现存唐代洞窟的数量非常少，这主要是因为唐代的秦州地震。唐开元二十二年（734）二月，秦州发生大地震，这次地震造成麦积山石窟中部大面积坍塌，留存今日我们所见的东崖和西崖两部分。加之后来安史之乱与唐蕃战争，麦积山十分萧条。乾元二年（759）杜甫来到麦积山时写下《山寺》一诗，“野寺残僧少，山园细路高”“乱石通人过，悬崖置屋牢”等句描述了当时的凄清。

图 2-4-45　摩醯首罗天，隋末初唐，泥塑，高 3.54 米

麦积山石窟第 5 窟

摩醯首罗天，又名大自在天，头戴宝冠，身披战甲，充满英雄气概，面部的刻画尤为写实，唇上的八字胡向上翘起，下颌处的络腮胡根根分明，仿若一位西北勇士的形象。天王足下的神牛雕刻甚是生动，牛眼圆睁，鼻孔较大，仿佛正在呼吸，给人以动感。此尊像在隋代塑造后虽经历代重修，其气度一如往昔。

图 2-4-46　一佛二菩萨像，隋末初唐，泥塑，佛高 3.2 米

麦积山石窟第 5 窟正壁右侧龛

圆券形龛内塑一佛二菩萨，初唐开凿，后世重修，龛内彩绘为明代重绘。佛像肉髻低平，白毫突出，结跏趺坐。工匠在表现衣褶时采用麻布贴泥的方法，使得泥塑坚固的同时又表现出厚重的质地。两侧的菩萨头戴宝冠，耳饰耳珰，右胁侍菩萨左手置于腹前，右臂举起，姿势优雅，庄严稳重。

图 2-4-47　胁侍菩萨像，隋，泥塑，高 1.64 米

麦积山石窟第 14 窟正壁右侧

菩萨面相丰圆，嘴角微微含笑，淡雅恬静。左手上举，右手轻捻衣裙，左腿微曲，重心在于直立的右腿；轻薄的衣裙、优雅的身姿，仿如倚门而立的妇人。“艺术来源于生活”，古代工匠就这样巧妙地将宗教与世俗联系在一起。

右页：图 2-4-48　力士像，隋，泥塑，高 1.9 米

麦积山石窟第 14 窟左壁

力士是佛教造像中常见的题材，在隋唐时期广泛出现。此尊力士怒目圆睁，上身赤裸，健美的肌肉突显身体的力量，双臂残损。下身着裙，两腿分立，左腿做虚步，腿部肌肉紧绷，十分写实。整尊塑像饱含力量，一位孔武有力、雄浑威严的武士形象跃然眼前。

六、须弥山石窟

须弥山石窟位于宁夏固原原州区境内，初创于北魏时期，兴盛于北周和唐代。固原，古称原州，位于古丝绸之路东段北道的必经之路，地处屏卫关中的要地，具有重要的战略意义。须弥山山下有石门水流过，将须弥山分为南北两半，在峡口设有石门关。在隋唐时期，石门关是突厥与中原之间的重要屏障，隋开皇三年，突厥经过石门关、越过六盘山而进犯中原。宋人魏野《登原州城呈张贲从事》中有云："日暮北来惟有雁，地寒西去更无州。数声塞角高还咽，一派泾河冻不流。"可以遥想当年的金戈铁马。在战火纷飞的年代，营造洞窟更能给人带来心灵的慰藉。

须弥山现存的 150 余个洞窟，呈扇形分布在 8 个区域，隋代洞窟较少，唐代洞窟数量最多。第 5 窟（图 2–4–49）是须弥山最大的窟龛，窟内塑有高达 20.6 米的倚坐佛像。根据龛内题记，大佛开凿于唐宣宗大中三年（849）。整尊造像比例匀称，气势磅礴，虽然崖壁为砂岩，但线条圆润，雕刻精致，给人以柔和、慈祥之感，可见雕凿技法的高超。须弥山第 5 窟大佛高度高于云冈第 19 窟大佛和龙门奉先寺卢舍那大佛，是中国最大的石窟造像之一，是大像崇拜的一种体现，也是当时国力强盛的表现。

须弥山石窟桃花洞区域共有 5 个洞窟，第 104 窟至第 108 窟，因窟前山谷山桃烂漫而得名，"山桃红花满上头"，别有一番风景。第 105 窟开凿于盛唐前期，是桃花洞最大的洞窟，也是须弥山石窟第二大窟。第 105 窟主室中心柱高约 6 米，中心柱四面和窟室三壁开龛，题材多为一佛二菩萨像（图 2–4–50）；虽因地震损坏严重，但依然保留了唐代敦厚大方的风貌（图 2–4–51、图 2–4–52）。以第 105 窟为中心，周围共 5 个洞窟，依据现存的沟槽和梁孔来看，五窟外统一建有一个大型三重木构楼阁，洞窟与木构结合，规制严整，设计缜密。[①] 第 5 窟与第 105 窟外曾建楼阁建筑，表明在唐代大像窟与木构是一种较为固定的组合搭配。

安史之乱爆发后，吐蕃趁机兴兵，攻占河西、陇右诸地，固原自广德元年（763）被吐蕃占领，至大中三年被收复，历经 86 年之久。第 81 窟与第 85 窟规划整齐，但窟内有几尊明显未完成的造像，可能正是吐蕃的兴兵打断了洞窟的营造工程。而第 5 窟和第 105 窟窟内皆有唐大中三年的题刻，说明这是唐王朝收复固原后所为。石窟造像不仅仅是艺术的直观呈现，更是历史的见证，表达着鼓角铮鸣中民众对于河清海晏的向往与追求。

① 王泷、牛达生：《须弥山石窟》，载宁夏回族自治区文物管理委员会、中央美术学院美术史系编《须弥山石窟》，文物出版社，1988 年，第 12 页。

图 2-4-49　第 5 窟，唐，石胎泥塑，佛高 20.6 米

须弥山石窟

唐代以大佛为中心建有规模宏大的景云寺，后世被毁。明代曾在窟前修建三重楼阁建筑，因此第 5 窟也被俗称为“大佛楼”，佛楼于 20 世纪 20 年代因地震坍塌。

大佛面部浑圆，两耳垂肩，头部螺发密布。呈倚坐姿，双手平放于膝上，大气磅礴，威严而又慈祥。此时的塑像已经摆脱了印度艺术的原型，更多使用了中国本土的雕塑技法。

图 2-4-50　第 105 窟南壁二龛，唐，石雕

须弥山石窟

龛内雕一佛二菩萨像，多有残损。宏大的造像配合洞窟内宽敞的空间，更加衬托出恢宏之势。

图 2-4-51　一佛二菩萨像，唐，石雕

须弥山石窟第 105 窟中心柱正面龛

第 105 窟规模宏大，但形制较为特别，洞窟分为前室与后室，前室敞开，后室置中心柱。中心柱主尊佛像面容庄严，倚坐于台座之上；身体比例匀称，给人以稳重大方的美感。胁侍菩萨腰部微扭，呈现出优美的曲线，为平静的画面增添了几许动感。

右页：图 2-4-52　胁侍菩萨，唐，石雕

须弥山石窟第 105 窟中心柱右面龛

菩萨发髻高绾，发丝雕刻精细，面容凝重，似在安静地沉思。轻薄的衣裙紧贴身体，衣纹稠密流畅，扭动的腰部突显身体的美感，安然娴静与灵动兼备，极静之美使时间亦为之凝固。

七、大像山石窟

在甘肃省天水市甘谷县西南 2.5 千米处的文旗山山巅之上，分布着大小 22 个窟龛，正中有一个大洞窟，洞内有石胎泥塑大佛一尊。石窟因大佛像而得名“大像山石窟”（图 2–4–53）。

大像山石窟依山崖修造，其中最著名的即位于峭壁正中的大佛，俗称“甘谷大佛”（图 2–4–54）。大佛为释迦牟尼佛，石胎泥塑，具体开凿年代不详，但在北周、隋唐时期已颇具规模。大佛高 23.3 米，是甘肃东部地区所有石窟中体量最大的造像（图 2–4–55）。塑像的制作与开凿洞窟是同时进行的，在红砂岩上凿出佛像的大体形状，而后再凿孔插桩，在表面敷泥，最后进行彩绘。大佛面部方正，水波纹肉髻突出，右手施无畏印，左手平放在膝上，身躯厚重，端正地倚坐在台座之上（图 2–4–56）。天水是佛教经丝路东传的重镇，连通着东方与西方。大佛宽厚的嘴唇、短短的须发与头顶螺旋式的高肉髻，呈现出浓郁的印度笈多艺术风格。历经千年的沧桑，大佛在静静地向我们诉说着当年佛教的一路东来（图 2–4–57）。

图 2–4–53　大像山石窟远眺

文旗山山形似旌旗，西山为“文旗山”，东山为“武旗山”，现在大像山已成为文旗山的代称。

图 2-4-54 甘谷大佛，窟高 34 米，宽 14 米，深 4.5 米，大佛高 23.3 米，肩宽 9.5 米

大佛位于 6 号窟内，窟呈长方形，拱为圆形。

图 2-4-55 大佛窟内景

大佛为窟内的主体，体量巨大，气势如虹。围绕大佛还雕凿有众多体量较小的护法形象，大气磅礴与精巧细致融于一窟，给人的视觉带来强烈冲击，极富艺术感染力。

图 2-4-56　甘谷大佛，石胎泥塑，高 23.3 米

大佛面部方正，肉髻突出，眉毛细弯，唇部较厚，眼神沉静、神态庄重。右手施无畏印，左手平放在膝上，倚坐于台座之上，双足各踏莲台。体量如此巨大的造像依然保持着协调的比例，匠人对于塑像整体的把握令人惊叹。

窟内装饰精美（图 2-4-58），大佛身侧和头顶有着细致的雕刻（图 2-4-59），内容为天龙八部等（图 2-4-60、图 2-4-61）。与大佛相互呼应，丰富了洞窟的内容，向世人展现了一个生动的佛国世界。

大佛窟两侧现存 20 余个洞窟，其中有僧人修行的禅窟和几个道教洞窟，依山势修建有一条长廊和亭台楼阁，绿树掩映中一步步带我们走入那个遥远的时代（图 2-4-62）。

图 2-4-57 甘谷大佛局部，石胎泥塑

大像山石窟

笈多王朝（约 320—约 540）是中世纪印度的黄金时代，这一时期亦是佛教艺术发展的一个高潮。佛衣贴体，双目垂视，颈部的三道蚕节纹，头顶螺发浓密，这些均是笈多时代鹿野苑风格的典型特征。在甘谷大佛的身上仍可见笈多艺术的遗风。

图 2-4-58 窟内雕刻

大像山石窟

窟内雕刻有几身护法像。护法又称护法神，拥护佛之正法，常见的护法有梵天、帝释天、四天王、天龙八部等，是佛教艺术中常见的题材。

图 2-4-59　护法，泥塑，高 0.5 米

大像山石窟

护法头部已毁，残存的身躯仍可见体魄的健壮、造型的精准，其左脚抬起，似是做攀登状。尽管塑像较小，但制作却一丝不苟，鲜活生动。

图 2-4-60　迦楼罗，泥塑，高约 0.5 米

大像山石窟

迦楼罗，天龙八部之一，半人半鸟，人首鸟身，也称之为“金翅鸟”。脚爪锋利，栩栩如生，似在振翅高飞。身上还残存着石青和孔雀蓝色，当年新成之时，定然美丽异常。

图 2-4-61 护法，泥塑，高 0.5 米

大像山石窟

护法呈少女形象，立于莲花之上，身着衣裙，体态优美，飘带飞扬。可能为天龙八部中的乾达婆，是香神或乐神，在佛教中是欢乐吉祥的象征。此尊雕像的体量非常小，但雕功十分精细，可见清晰的五官、细弯的眉眼、含笑的嘴角，展现着赏之不尽的韵味。

图 2-4-62　大像山石窟外景

一些佛教洞窟后代被废弃，一些被改为道教洞窟。大像山汇集了多种信仰，山上留存有太昊宫、鲁班殿、文昌亭、关帝庙等建筑。依山势修建的长廊宛如一条腰带，与石窟浑然一体。漫步石阶，忽然生出“光阴者，百代之过客”的感叹。

八、北石窟寺

北石窟寺位于甘肃省庆阳市西峰区的覆钟山下，于北魏永平二年由泾州刺史奚康生开凿。北石窟寺地处古丝绸之路陇右道东段北线的要道。自北魏始，经历代开凿，现存大小窟龛308个，是陇东地区内容最为丰富的石窟。

隋代崇佛之风盛行，北石窟寺开启了大规模开龛的前奏，隋代窟龛有50个，多为小型，以第85窟、第93龛和第151窟等为代表。第85窟窟内塑一佛二弟子二菩萨二供养人，组合形式的多样化也是佛教艺术发展的表现。洞窟风化较为严重，造像面部多已模糊，然菩萨整齐的发辫（图2–4–63）、弟子与供养人肃穆的形态（图2–4–64）历经千年依然清晰，隋代朴实而又丰润的造像风貌可见一斑。

北石窟寺在唐代属关内道宁州。“边声日夜合，朔风惊复来。”唐人李益的这首《立春日宁州行营因赋朔风吹飞雪》尽显宁州边塞的萧瑟。然而，北石窟寺所在的覆钟山却绿水青山、鸟语花香，一个个洞窟、一尊尊造像在金戈铁马声中给边塞平添了一份静谧与祥和。唐代是北石窟寺发展的鼎盛时期，从初唐到晚唐，共开凿窟龛约200个，占北石窟寺全部窟龛的三分之二以上。第32窟是盛唐时期的代表洞窟，窟内留有武周如意元年（692）的题记。窟内北侧凿一中心柱，窟内东壁（正壁）凿一长方形大龛（图2–4–65），龛内塑一佛二弟子二菩萨二力士，是唐代窟龛的典型组合形式。依题记可知，佛像为阿弥陀佛，阿弥陀佛作为西方极乐世界的教主，自北朝以来被广泛信仰。此尊阿弥陀佛像面相丰圆，颈部刻有三道蚕节纹，身体健壮，雄厚饱满。菩萨与弟子像头部已残，值得关注的是几尊造像的衣裙紧贴身体，质地轻薄，突显出“曹衣出水”的美感（图2–4–66）。位于大龛南壁与北壁的力士像（图2–4–67）更具特色，虽然风化严重，但矫健的身姿、翩飞的衣裙充满着张力，盛唐武士的形象跃然而出。第32窟内容丰富，和谐统一，堪称盛唐艺术之精品，确切的题记纪年更为研究当时的文化与社会生活提供了材料。

上：图 2-4-63　胁侍菩萨，隋，石雕，高 1.06 米

北石窟寺第 85 窟东壁（甘肃北石窟寺文物保护研究所 供图）

菩萨体态修长，亭亭玉立。长长的辫发垂于胸前，璎珞垂坠，稳健敦厚之感通过浑圆的雕琢表现而出，轻柔的天衣又带来一丝灵动，虽然面部残损，而残缺中又给人以更多的想象空间。

下：图 2-4-64　弟子与供养人，隋，石雕，弟子高 0.68 米，供养人高 0.59 米

北石窟寺第 85 窟北壁（甘肃北石窟寺文物保护研究所 供图）

弟子内着僧祇支，外披袈裟，恭敬地侍立于覆莲台座上。供养人身着圆领窄袖长袍的男装，与南壁身着女装的供养人相对，左手托举一物，虔诚肃穆。

图 2-4-65　第 32 窟东壁大龛，唐，石雕，高 2.5 米

北石窟寺石窟（甘肃北石窟寺文物保护研究所 供图）

龛为长方形，龛南壁上部有阴刻造像题记：“大周如意元年，岁次壬辰四月甲午朔八日戊戌，太州仙掌县人、奉义郎、行泾州临泾县令杨元裕敬造阿弥陀像一铺……”

图 2-4-66　佛、菩萨、弟子像，唐，石雕，佛高 1.6 米

北石窟寺石窟第 32 窟东壁大龛（甘肃北石窟寺文物保护研究所 供图）

佛像肉髻已残，面相丰圆，结跏趺坐于台座之上。袈裟沿台座垂下，衣纹平整，令观者体会到轻柔纤薄的质感。菩萨与弟子像头部已毁，衣裙紧贴身体，“曹衣出水”的风格被表现得淋漓尽致。

图 2-4-67　力士像，唐，石雕，高 1.46 米

北石窟寺石窟第 32 窟东壁大龛（甘肃北石窟寺文物保护研究所 供图）

二力士风化严重，面部已模糊。一只手臂举起，两脚分立，彰显着身体的壮硕健美，衣裙翩飞，有“吴带当风”之感，如一位勇猛的盛唐武士忠诚地守卫着佛界净土。

图 2-4-68　第 222 窟内景，唐，佛高 4.35 米，窟高 5.96 米

北石窟寺石窟（刘拓 供图）

长方形窟，覆斗式顶。窟内正壁塑一佛二弟子二菩萨，体量较大，窟内南、北、西壁小龛密布，共 64 龛，整个洞窟内容丰富，布局紧凑。

第 222 窟（图 2-4-68）是北石窟寺典型的一个大型佛殿式洞窟，窟为长方形。窟内东壁雕一佛二弟子二菩萨（图 2-4-69），五尊像体量较大，给人以神圣肃穆的威仪。佛结跏趺坐，脚踏莲台，弟子与菩萨侍立在侧，表现出弥勒说法时的场景。东壁的一佛二弟子二菩萨像是北石窟寺唐代造像中保存最完整的一组，简练的技法背后蕴含凝练的细节，质朴大方，表现着初唐时期的审美风尚，与陕西彬州大佛寺一佛二菩萨像风格极为相近，应是初唐开凿、武周时完工的作品。①

第 222 窟东壁为体量较大的佛五尊像，而窟内南壁（图 2-4-70）、北壁、西壁均布满小龛，龛内雕体量较小的一佛二弟子二菩萨或一佛二菩萨，共计 64 龛、217 身造像。位于上层的小龛开凿于初唐，下层小龛年代稍晚，应属武周时期；虽然造型小巧玲珑，但完全不失细节，细腻生动，工匠对于人物的神情、衣着的质地有着精准的把握，反映了唐代工匠的高超技艺（图 2-4-71）。

① 甘肃北石窟寺文物保护研究所编：《庆阳北石窟寺内容总录》上，文物出版社，2013 年，第 21 页。

图 2-4-69　佛、弟子、菩萨像，唐，石雕，佛高 4.35 米，弟子高 2.85 米，菩萨高 3.04 米

北石窟寺石窟第 222 窟东壁（刘拓供图）

佛左手抚膝，右手施无畏印，倚坐于台座之上，庄严肃穆。侍立在侧的弟子与菩萨头部较大，嘴角含笑，似在仔细聆听佛法。造像面相圆润，庄重质朴，是北石窟寺唐代造像中的上乘之作。

第 263 窟东壁雕一佛二弟子二菩萨（图 2-4-72），五尊像保存较为完整。主尊佛结跏趺坐于束腰台座之后，安详平和。用凸起的圆线条表现袈裟衣纹，既富有装饰性，又给人以袈裟轻薄之感。位于北侧菩萨像（图 2-4-73）别具特色，线条流畅，身形优美，饱含唐人的自信与气度。窟内南北二壁各雕三佛，可惜风化严重。整个洞窟布局合理，造像端庄大气，在工匠娴熟的刀法下，一尊尊造像栩栩如生，向我们诉说着那个开放、磅礴的时代。

图 2-4-70　南壁群龛，唐，石雕

北石窟寺石窟第 222 窟（刘拓 供图）

群龛分为四层，错落有致，排列整齐。组合形式多为一佛二弟子二菩萨或一佛二菩萨，展现出一个有序、缤纷的佛国世界。

图 2-4-71　一佛二弟子二菩萨像，唐，石雕

北石窟寺石窟第 222 窟北壁 43 号龛（刘拓 供图）

佛结跏趺坐，右手施无畏印，身披红色袈裟，内着僧祇支，袈裟包住双腿，悬裳垂在台座周边，浅浮雕手法表现出袈裟轻柔的起伏，极好地表现了衣料的质感。两侧的弟子与菩萨由于头与身体的比例比较小，身高大约只有四五个头长，因而形态显得稚拙可爱。虽然造像体量较小，但流畅的衣纹、庄严的神情等细节刻画一丝不苟，颇具表现力。

图 2-4-72　第 263 窟东壁北侧，唐，佛高 1.8 米，弟子高 1.6 米，菩萨高 1.78 米

（甘肃北石窟寺文物保护研究所 供图）

佛像肉髻突出，面庞丰圆，神情端肃，俯视着世间。佛像身躯健壮，身姿挺拔，形象庄严。袈裟紧贴于身体，显出精准的人体有机结构；袈裟悬裳直接雕刻在台座上，似乎与佛像分离，但整体观之则又浑然一体。佛与弟子的袈裟衣纹清晰，凸起的线条增加了视觉上的立体感与层次感。

图 2-4-73 胁侍菩萨局部，唐，石雕，高 1.78 米

北石窟寺石窟第 263 窟东壁北侧（甘肃北石窟寺文物保护研究所 供图）

菩萨发髻高绾，面容虽微微模糊，但弯弯的眉眼、嘴角的笑意，千年之后仍风采依然。菩萨的面庞不仅温润饱满，肌肤的弹性更是表现得淋漓尽致，观之如对生人。

图 2-4-74　龙门石窟外景

龙门横野断，驿树出城来。
气色皇居近，金银佛寺开。
——［唐］杜甫《龙门》

九、龙门石窟

北魏王朝迁都洛阳，开启了龙门石窟延续数百年的造像工程。龙门地处洛阳以南，伊水缓缓流淌，河西的龙门山与河东的香山隔河相对。石窟就开凿在河岸两侧绵延 1000 多米的崖壁之上（图 2-4-74）。龙门石窟现存窟龛 2300 余个、造像约 10 万尊，是中国现存窟龛数量最多的石窟。西山崖壁多是北朝和隋唐时期窟龛，东山崖壁皆是唐代窟龛。

佛教在唐代迎来了全盛时期，龙门石窟也迎来了一个全新的时代。韦应物在《龙门游眺》一诗中写道："精舍绕层阿，千龛邻峭壁。"唐代窟龛约有 2100 个，占龙门洞窟总数的 60%。初唐早期洞窟以宾阳洞、敬善寺和潜溪寺为代表。宾阳洞是北魏孝文帝之子宣武帝元恪（483—515）继位后为亡父母孝文帝、文昭皇后祈福而开凿，工程历时 24 年，分为宾阳中洞、南洞与北洞。宾阳中洞完成后，风雨飘摇的北魏王朝无法继续庞大的工程，南洞与北洞只凿出了窟形与窟顶。唐贞观年间，太宗四子魏王李泰为母亲长孙皇后祈福而续凿洞窟，贞观十五年（641）完工。由岑文本撰文、褚遂良书写的造像题记被镌刻在南洞与北洞之间的石壁上，这就是在书法史上被视为唐楷典范的《伊阙佛龛之碑》。

宾阳北洞正壁雕一佛二弟子二菩萨像（图 2-4-75），主尊为阿弥陀佛，面容方圆，体态丰腴，展现了唐代的审美风尚。饶有趣味的是，佛像的左手向下施与愿印，右手向前，出现了"剪刀手"的姿势，曾一度引起网上热议。其实这纯属巧合，原本佛像伸出三根手指，但由于拇指被破坏，余下两根手指与剪刀手十分形似，在今日的我们看来十分有亲和力。宾阳南洞的基本布局与北洞相似，正壁雕佛五尊像，主尊同为阿弥陀佛。胁侍菩萨（图 2-4-76）端庄宁静，佩戴繁复的璎珞，面庞圆润，呈现出唐代早期造像的特点。

敬善寺（图 2-4-77）位于龙门西山，于唐显庆后期开凿、龙朔年间完工，因窟外有唐代《敬善寺石像铭并序》而得名。据造像记可知，石窟是由唐太宗之贵妃、纪王李慎之母韦氏出资营造。石窟分前后两室，窟门两侧刻二力士与二菩萨，力士造型

图 2-4-75　宾阳北洞内景，唐，佛高 7.25 米

主尊阿弥陀面容方圆，颈部有三道蚕节纹。背光为莲瓣形，外部由火焰纹装饰。两侧的菩萨与弟子恭敬肃穆，洞窟、造像高大，令人近前不禁肃然起敬。先人的鬼斧神工，更是让人由衷赞叹。

威猛，肌肉突出，充满着力量（图 2-4-78）；两侧菩萨体态修长，菩萨的静态美与力士的动态美产生鲜明的对比，使人物更加鲜活（图 2-4-79）。敬善寺后室主尊为阿弥陀佛（图 2-4-80），佛结跏趺坐于台座之上，台座为八角束腰莲花座，增加了装饰效果。主尊两侧为二弟子与二菩萨，靠近窟门的位置有二天王像。仔细观察，可以发现窟内主尊佛像的头部与身体颜色略有不同，其实今日所见的佛头是 20 世纪 50 年代用水泥所补，原作于 20 世纪上半叶被盗后流失海外，现藏于日本大阪市立美术馆。原作面部丰圆，造型浑朴，是唐代典型的风格。白居易《望月有感》所谓："时难年荒世业空，弟兄羁旅各西东。"分离的佛头与佛身似在无言诉说着无奈与悲离。

潜溪寺是初唐时期的又一代表洞窟，开凿于唐永徽末年至显庆年间（655—661）。窟高 9.7 米，窟内雕一佛二弟子二菩萨二天王像，主尊亦为阿弥陀佛（图 2-4-81），弟子迦叶与阿难侍立在侧，胁侍菩萨为观世音菩萨（图 2-4-82）与大势至菩萨（图 2-4-83）。综合龙门初唐各窟，可知阿弥陀佛信仰盛极一时，阿弥陀佛、观世音菩萨、大势至菩萨并称西方三圣，随着唐代净土宗的兴盛，出现"户户阿弥陀，家家观世音"的盛况。

图 2-4-76　左胁侍菩萨，唐，石雕，高 6.5 米

龙门石窟宾阳南洞正壁

菩萨绾高发髻，头戴宝冠，头光外侧为雕刻细腻的火焰纹。佩戴的璎珞由圆形、椭圆形、菱形、方形等各形状的珠子穿插编成，繁复而华美。菩萨体态丰满，面容宁静，似在凝神思考。

图 2-4-77　敬善寺外景，高 3.5 米

龙门石窟

窟门呈圆拱形，窟门两侧雕有二力士与二菩萨。北侧的力士与菩萨之间刻有《敬善寺石像铭并序》，共十五行，为后世留下了窟主身份的确切记载。

图 2-4-78　力士像，唐，石雕，高 2.3 米

龙门石窟敬善寺窟门北侧

力士上身袒露，下着战裙，较宾阳洞洞内的力士增加了项圈与璎珞，更具装饰意味。左手下垂，紧握成拳，右手上举，已残。左臂雕刻十分写实，肌肉鼓起，似已积蓄了力量，正蓄势待发，其威猛的形象令外道邪魔望而却步。

图 2-4-79　菩萨像，唐，石雕，高 2.28 米

龙门石窟敬善寺窟口外崖南壁

窟口外崖南北壁各有菩萨像一尊，北壁菩萨像损毁严重，南壁菩萨像相对完好。南壁菩萨头戴高冠，面容稍长，面部稍有残损，仍可见姣好的轮廓。所佩璎珞雕刻精致，花纹和珠玉细节分明。腰腹部略鼓，仿佛在积聚身体的力量，唐人自信的风貌显露无遗。

图 2-4-80　阿弥陀佛像，唐，石雕，高 2.55 米

龙门石窟善寺主室

主尊阿弥陀佛背光为莲瓣形，外侧由火焰纹装饰，头光内圈为细密的莲瓣，外圈为七佛。阿弥陀佛结跏趺坐，袈裟悬裳自然垂下，流畅的衣纹简洁有力，富有质感。北魏晚期至东魏、西魏时的那种繁缛的形式已然无存。现有头部为现代补塑，原件流散海外，现藏于日本大阪市立美术馆。

图 2–4–81　阿弥陀佛像，唐，石雕，高 7.8 米

龙门石窟潜溪寺正壁

平面呈方形的洞窟内主尊阿弥陀佛位于正中。佛像肉髻较高，水波纹形发纹，颈部有三道蚕节纹。袈裟下摆下垂，遮住下方的方形高台座，装饰意味明显。宽敞的洞窟结合高大的造像衬托出唐代造像的恢宏，但此窟的雕凿背光外层仅有阴刻的轮廓线，未有更多装饰，略显简单。

图 2–4–82　观世音菩萨像局部，唐，石雕，高 7.75 米

龙门石窟潜溪寺南壁

菩萨头戴宝冠，辫发垂至颈部，颈有三道蚕节纹。璎珞由圆润的宝珠串成，秀美中尽显大气端庄。面庞丰颐敦厚，仪态文静，微微扬起的嘴角拉近了与人之间的距离。整个雕塑仿佛一位沉思的温婉女子，娴雅宁静。

图 2-4-83　大势至菩萨、天王像，唐，石雕，菩萨高 7.75 米，天王像高 5.5 米

龙门石窟潜溪寺南壁

大势至菩萨端庄秀丽，面貌和善，左手持宝珠，右手自然下垂，似提有一环状物。衣褶整齐排列，线条流畅，给人以和谐之感。天王身穿铠甲，下踏夜叉，紧紧握拳的右手，充满力度。

龙门石窟最令人难忘的便是位于西山中段的奉先寺摩崖群雕（图 2–4–84），这是龙门石窟最为壮丽的一组造像。追溯历史的长河，奉先寺与唐高宗李治及皇后武则天紧紧联系在一起。最初并没有奉先寺，只有以卢舍那像为中心的佛九尊像——一佛、二弟子、二菩萨、二天王、二力士。唐高宗李治继位后召命有司凿建“大卢舍那像龛”，咸亨三年（672）皇后武则天施助脂粉钱两万贯。上元二年（675）十二月三十日卢舍那大像竣工，主佛莲座北侧的题记《河洛上都龙门山之阳大卢舍那像龛记碑》记述了造像工程的过程。所谓的“奉先寺”是后期在卢舍那像南侧所建的寺院建筑，调露二年（680）竣工，建筑后世已毁，留存的大卢舍那像龛便沿用了“奉先寺”之名。

卢舍那大像龛由唐代净土宗名僧善导大师、法海寺僧惠简和司农寺卿韦机共同监制。大龛南北宽 36 米，东西进深 40.7 米，匠人们依就山势将山体劈平后露天雕凿，开阔的空间更增加了造像视觉上的高大，令人望而兴叹。卢舍那大像（图 2–4–85）位于奉先寺的正中，坐西朝东，通高 17.14 米，是龙门石窟最大的造像。卢舍那佛也称“毗卢遮那”，是“三身佛”中的报身佛。“卢舍那”，意为智慧广大、光明普照。大佛匀称丰腴，舒展纤秀的眉眼、宁静内敛的微笑，有一种女性美的仪态。佛像背光华美，主体呈莲瓣形，外侧有翩飞的伎乐与流云纹为装饰（图 2–4–86）；相对繁复的背光，衣纹较为简练，流动的曲线错落有致，繁复与简练、动态与静态和谐统一，展现着大唐的气度与辉煌。大佛依山而坐，俯视众生，站在佛下仰望，会有“三千世界本无穷”的感慨。

奉先寺共有九尊大像，正壁为一佛五尊像，以卢舍那大佛为中心，两侧为二弟子与二菩萨。弟子与菩萨（图 2–4–87）皆立于八角束腰莲台之上，台座由三部分组成，最上为仰覆圆莲，中间的束腰部分，露在外面的五角每面刻出桃形壶门，最下为单层仰莲。这种设计精美的莲台在龙门石窟第一次出现，它增加莲台高度的同时也使造像整体更为修长。天王与力士像雕于奉先寺的南北两壁（图 2–4–88），天王英武威猛，力士气势逼人，威风凛凛地守卫着佛龛。特别是位于北壁的天王（图 2–4–89），左手叉腰，右手托三级圆形宝塔，这种托塔天王像在龙门仅此一例。奉先寺九尊大像各具特色，又有机地组合在一起；既端庄典雅，又英伟刚健；既淡泊宁静，又有繁华热闹，向世人宣示着大唐盛世的底蕴与自信。大像之间还有若干小型龛像有序排列。

双窑是共用一个前室的两个洞窟，开凿于唐高宗时期（649—683）。上元元年（674），皇帝李治称天皇，皇后武则天称天后，有人认为共用前室的双窑正是并称“二圣”的一种体现。北洞正壁雕一佛二弟子，南北两壁雕二菩萨、二立佛、二菩萨（图 2–4–90），三壁共同构成三佛的题材。南洞正壁造弥勒倚坐像与二弟子、二菩萨，左右两壁雕有千佛（图 2–4–91）。双窑内造像与敬善寺造像相似，手法简练，特别是流畅的衣纹，是唐代雕刻技艺的集中体现。

图 2-4-85　*卢舍那像，唐，石雕，高 17.14 米*

龙门奉先寺

卢舍那大像体量巨大，头高 4 米，耳长 1.9 米。大佛肉髻微平，发呈水波纹状，双眉弯如新月，双耳内削而下垂，几乎垂至肩部，嘴角微微上翘，露出慈祥的微笑。卢舍那身着通肩袈裟，衣纹刻画简练，疏密有致。造像集慈悲与智慧于一身，气度沉稳，傲视天下。

民间传说大佛的面庞是依女皇武则天而造，这并没有直接的证据。但时为皇后的武则天为大像的开凿捐助脂粉钱确有其事，且女皇后来为自己更名为“曌”，意为“日月凌空”，与卢舍那光明普照之意相近，是一代女皇与卢舍那像之间有着千丝万缕的联系。

梁思成在《中国雕塑史》中写道：“唐代宗教美术之情绪，赖此伟大之形象，得以包含表显，而存留至无极，亦云盛矣！……此像（卢舍那大像）实为宗教信仰之结晶，不惟为龙门数万造像之最伟大、最优秀者，抑亦唐代宗教艺术之极作。”

图 2-4-84　奉先寺摩崖群像

龙门石窟

已从招提游，更宿招提境。阴壑生虚籁，月林散清影。

天阙象纬逼，云卧衣裳冷。欲觉闻晨钟，令人发深省。

——［唐］杜甫《游龙门奉先寺》

图 2-4-86　卢舍那像背光局部，唐，石雕

龙门奉先寺

伎乐弹奏不同乐器，描绘出一幅仙乐缭绕的天宫画卷。伎乐裙裳舞动，旁边的流云纹更增加了风吹裙扬的动态。

下图 2-4-87　阿难与右胁侍菩萨，唐，石雕，阿难高 10.65 米，右胁侍菩萨高 13.25 米

龙门奉先寺

阿难与右胁侍菩萨均立于八角束腰莲台之上。阿难眉清目秀，面容俊朗，内穿交领长衫，袈裟下部衣纹如丝，呈放射状。胁侍菩萨头戴雕刻精美的宝冠，身佩瓔珞；帔肩垂下横于腰部与腿部，轻柔薄透的质感清晰可见。阿难温婉恭谦，菩萨和善慈悲，展现出匠师高妙、精湛的技艺。

以平视视角看，佛身边的胁侍弟子、菩萨、天王等像的头部较大，但如果站在佛的脚下，仰望崇高的佛国世界时，根据近大远小的视觉规律，距离观者最远的头部制作得略大些，则可以弥补视觉差。故而在低处的观者眼中，造像比例非常匀称。

图 2-4-88　奉先寺正壁北侧与北壁西侧，唐

龙门石窟

弟子与菩萨位于正壁，天王与力士位于南北二壁。左胁侍菩萨与天王之前有十五身立佛，天王与力士之间有上下两身立佛。大像与大像之间的空间用以雕凿小像，布局严谨，排列整齐，空间得到合理利用的同时也令窟龛内容更加丰富，将信众心中神圣的佛国净土形象地展现了出来。

图 2-4-89　天王与力士，唐，石雕，天王高 10.5 米，力士高 9.75 米

龙门石窟奉先寺北壁

天王身披铠甲，胸前有两个圆形的护胸镜，此当系唐时武士的装束。天王左手叉腰，右手托起三级圆形宝塔，脚踩夜叉，宽肩细腰，体魄强健，手臂粗壮有力。天王面相四方，双眉紧蹙，目光紧盯前方，突显出沉着与冷静。

力士面目狰狞，两眼暴突，极具威慑力，左手并拢当与胸前，右手握拳置于腰际；舒展的身姿、隆起的肌肉充满着无限的力量。

万佛洞于唐高宗永隆元年（680）完工，由女官大监姚神表和运禅师僧官尼智运禅师主持开凿。窟前室雕二力士与二狮子，窟后室雕一佛二弟子二菩萨（图 2-4-92、图 2-4-93），是龙门石窟造像组合较为完整的洞窟。主尊阿弥陀佛波状发髻，庄严地坐于台座之上。莲花台座（图 2-4-94）雕刻细致，设计精巧，四身力士托举起莲台，威猛有力，让人感受到千年前喷薄而出的大唐力度。万佛洞南北两壁雕有 15 000 尊高仅 4 厘米的小佛（图 2-4-95），这也是万佛洞得名的原因。在万佛之下、南北两壁的下部各雕有伎乐六身，伎乐或奏乐、或起舞，体量虽小，但雕刻精美，造型各异，与万佛和谐统一，描绘出一幅佛国热闹欢乐的场景。

天授元年，武则天登基称帝，改国号为周，史称“武周”；定都洛阳，称之为“神都”。武则天曾多次莅临龙门，因其对佛教的推崇，龙门石窟迎来了全盛时期，看经寺便是在这一时期开凿的。看经寺是龙门东山最大的一个洞窟，开凿于武周时期，完工于唐玄宗时期。与同一时期的其他洞窟不同的是，看经寺主室正壁没有开龛造像，而是在洞窟中央建坛，在坛上放置佛像（图 2-4-96）。洞窟最大亮点是窟内北、南、东三壁下部雕刻有 29 身罗汉像。这些罗汉神态各异，生动传神，是我国石窟中现存最完整、规模最大、雕刻最精美的唐代石刻罗汉群像。29 身罗汉像

图 2-4-90　双窑北洞北壁，唐，石雕

龙门双窑

佛立于中间，两侧为胁侍菩萨，三尊造像均立于束腰仰覆莲台座上，身材修长、挺拔。佛的袈裟与菩萨的天衣、衣裙等部位的线条流畅明快，表现出衣料轻柔的质感。

图 2-4-91　双窑南洞内景，唐

龙门双窑

唐代弥勒信仰大盛，武则天利用弥勒信仰为其登基制造舆论，推动了弥勒信仰的风行。南洞的主尊为弥勒佛，端正倚坐于台座上；两侧弟子双手合十而立，恭敬肃穆。左右两壁雕满千佛，千佛结跏趺坐，密集而有序，充满重复的力量感。

图 2-4-92　万佛洞后室，唐，窟高 5.8 米

龙门石窟

窟顶莲花雕刻精美，莲花周围环刻题记：“大监姚神表、内道场运禅师一万五千尊像，大唐永隆元年十一月卅日成。”窟前室雕二力士与二狮子，窟后室雕一佛二弟子二菩萨二天王，是龙门石窟造像组合最完整的洞窟。

图2-4-93 弟子、供养人、菩萨像，唐，石雕，弟子高3.4米，菩萨高3.66米，供养人高1.9米

龙门石窟万佛洞后室主佛右侧

弟子身份为阿难，双手合十，侍立于佛侧。菩萨身份为大势至菩萨，左手持宝珠，举起置于胸前，右手持物已残。在菩萨与弟子之间有双手捧起宝珠的供养人，体量之间的差距也展现出世间之人对佛法的敬畏之心。万佛洞经过严整的设计，在大像之间穿插设置供养人、供养菩萨、胁侍菩萨等小像，空间利用合理，琳琅满目的同时又错落有致。

图2-4-94 莲花台座，唐，石雕

龙门石窟万佛洞

台座装饰精美，束腰处四身力士托举起莲台。力士雕刻得格外生动有趣。其造型夸张，有力的手臂和粗壮的双腿表现出强烈的力量感和动感，似乎使尽平生的力气在托举着佛陀的莲座。

图 2-4-95　万佛，唐，石雕

龙门石窟万佛洞南壁局部

南北两壁雕有 15 000 尊小佛像，北壁 85 排，南壁 88 排，均为坐佛，排列整齐。每尊像仅高 4 厘米，体量极小，细腻的雕刻、严谨的布局，处处皆体现着匠人对于神明的敬畏和对于信仰的虔诚。

南北壁万佛之下的壁基处各有伎乐 6 身，形态各异，婀娜多姿，或翩翩起舞或弹奏乐器，天衣飘举，裙带飞扬，丝竹管弦之声犹似在耳。形象虽小，但动态神情在毫厘间表现得淋漓尽致，与万佛相互呼应，展现出佛国的升平景象与神圣庄严。

图 2-4-96　看经寺外景与内景，主室高 8.25 米，宽 11.16 米，深 11.7 米

龙门石窟

看经寺是禅宗主持开凿的洞窟。洞窟正中佛坛上有佛坐像一尊，原作已失，今日所见的佛像为后来放置。

为浮雕，身高 1.8 米，正壁 11 身，南北两壁各 9 身。关于 29 身罗汉的身份，有学者认为是禅宗所传的 29 位祖师，从南壁开始，第一位为佛陀大弟子摩诃迦叶，最后一位为菩提达摩。因此，看经寺应为禅宗开凿的禅堂，僧人在此打坐、礼佛。2016 年，看经寺作为“特窟”第一次向公众开放。

看经寺 29 身罗汉均为成年男子形象，身着袈裟，年龄、相貌、神态、动作各不相同。（图 2–4–97）有清秀俊朗的青年，亦有皱纹深重的老者（图 2–4–98）；有张口诉说者，亦有静静聆听者；有仰望凝思者，还有低首沉吟者。每一身罗汉都是独一无二的，但彼此之间又相互配合、协调。环顾三壁，一身身罗汉仿佛在缓缓行进，一场庄严的佛教仪式即将展开。

走过一个个洞窟，不难发现，许多造像或头部或身体残损，这背后是一段满目疮痍的历史。清末民初，龙门石窟遭受到极为严重的盗凿和破坏，大批造像流散海外。据专家初步统计，龙门石窟被严重破坏的洞窟有 96 个，造像头像被盗 262 尊，各类被毁坏的造像 1063 尊。流散至海外的造像（图 2–4–99、图 2–4–100）多被美国、欧洲、日本的博物馆及个人收藏，其中不乏精品。实在令人悲愤、叹息。

时光流转，龙门石窟已成为我们宝贵的财富。龙门石窟自开窟以来便与皇室贵族有着密不可分的关系，表现着统治者的意志。自北魏到唐代，龙门石窟的风格也随着审美风尚的改变而变化，从北魏的“秀骨清像”到唐人的丰满圆润，龙门为后人呈现了四五百年的世事变迁，是我国佛教艺术的瑰宝。天宝十四载十二月，安禄山攻陷洛阳，自此后“俯视洛阳川，茫茫走胡兵”；直至宝应元年（762）唐代宗收复洛阳，龙门随着盛唐的衰落而渐渐萧条。晚唐时期，一位诗人的到来使龙门重新焕发了生机，他就是白居易。太和三年（829），白居易任河南尹，开始了他在洛阳 18 年的晚年生活。白居易在龙门山水间流连忘返，自号“香山居士”，并于太和六年（832）重修位于龙门东山的香山寺。会昌六年（846），白居易在洛阳去世，葬于龙门东山琵琶峰。如同他自己在《香山寺二绝》中所言：“且共云泉结缘境，他生当作此山僧。”诗人终于在心爱的龙门长眠。伊水两岸佛寺林立，梵音缭绕。历史上的许多高僧都与龙门有着不解之缘，唐代高僧义净、菩提流志、金刚智、善无畏等人都葬于龙门。今日，当我们游览伊水之时，除了领略石窟的雄伟，不妨也去追寻一下古人的遗迹。

图 2-4-97　罗汉群像，唐，石雕，高 1.8 米

龙门石窟看经寺南壁

每一身罗汉都与众不同，有的双手合十，有的两手上下堆叠，有的手持念珠、香炉、锡杖、经盒、莲花等物；有的闭目沉思，有的双眼微睁。罗汉既富于变化又和谐统一，刻画细致入微，如肖像画般具有人物个性，有着鲜活的生命力。袈裟衣纹为阴刻，线条明快流畅，随身体结构、动态的变化而变化，展现出唐代凝练、精湛的技艺，堪称唐代浮雕艺术的精品。

图 2-4-98　迦叶像，唐，石雕

龙门石窟看经寺，龙门石窟研究院藏

29 身罗汉像中位于第一的迦叶像上半身并非原作，而是复制品。原件于 20 世纪 30 年代流失海外，后由加拿大国家美术馆收藏。2001 年，加拿大政府将此像送还我国，因不具备公开展示条件而被保存于龙门石窟研究院。

迦叶左手托起莲花茎的根部，右手握住花茎中部，稳稳地将莲花固定。其脸部的皱纹和眼皮的处理十分生动，刻画出老成持重的佛陀弟子形象。

图 2-4-99　菩萨像，唐，石雕，高 0.47 米

龙门石窟，美国大都会艺术博物馆藏

菩萨发髻高高束起，发丝雕刻细致。面相方正、饱满，双目下垂，似在凝神沉思，嘴角带有一丝浅笑。右手向外伸展，自然而潇洒，微凸的腹部积聚着气魄与力量。纯熟的刀法塑造出菩萨的英姿，展现了盛唐时代的风格。

图 2-4-100　迦叶头像，唐，石雕，高 0.53 米

龙门石窟，美国大都会艺术博物馆藏

迦叶是释迦牟尼最知名的弟子之一。“佛陀拈花，迦叶微笑”的故事广为流传。迦叶年龄较长，因此在造像艺术中多表现为老者的形象，密布的皱纹展现着多年的修行与智慧。此尊迦叶头部已高达半余米，可想而知原造像的体量之大。唐人擅造大像，规模宏伟又不失细腻灵动，盛世气度为后人留下一篇篇精彩华章。

十、天龙山石窟

天龙山位于太原市西南 36 千米处，因北齐建天龙寺而得名。寺院在金、元、明多次重建，民国时毁于战火，今日的寺院是依明代布局重建，称“圣寿寺”。天龙山所在的晋阳地区在隋唐之时是重要的行政中心，随着佛教的兴盛，佛教徒在晋阳地区修建了大量寺庙与石窟，天龙山拥有此地最大、最多的石窟群。在天龙山东、西两峰南坡的山腰间有佛教洞窟 25 个，其中东峰 12 窟、西峰 13 窟，大小造像 500 余尊。

隋开皇元年（581），隋文帝杨坚次子杨广被封为晋王，镇守晋阳（今太原），并支持佛教的发展。位于天龙山东峰的第 8 窟（图 2–4–101）是隋代代表洞窟，在窟前前廊处有开皇四年（585）造像碑；根据碑文记载，第 8 窟是当时官员为隋文帝及晋王杨广所造。窟门两侧原有二力士（图 2–4–102），被盗后流于海外，现藏于日本京都藤井有邻馆。第 8 窟主室呈方形，正中间立有方形中心柱（图 2–4–103），中心塔柱四面各开一龛。主室三壁开三龛，造像整体线条流畅，技法简洁，但在衣纹、装饰等细节之处富有变化，表现出由北朝向唐代过渡的风格特点。十分可惜的是，20 世纪 20 年代，天龙山石窟遭到大规模的掠夺和破坏，今日我们只能从历史照片中领略当年的艺术风采（图 2–4–104、图 2–4–105）。

历史进入唐代，天龙山迎来了开凿的高潮。天龙山的唐代洞窟共计 19 个，窟内主尊多为释迦、弥勒和阿弥陀。来到天龙山西峰，一座名为“漫山阁”（图 2–4–106）的阁楼映入眼帘。阁内为唐永徽年间（650—655）开凿的天龙山第 9 窟。依山崖雕凿的佛龛分为上下两层，上层为一尊弥勒坐像（图 2–4–107），是天龙山体量最大的造像，恢宏的气势令人肃然起敬；下层主体为三尊像，位于正中的是十一面观音像，东侧为普贤菩萨，西侧为文殊菩萨（图 2–4–108）。十一面观音呈站姿，普贤菩萨身骑白象，文殊菩萨身骑青狮。三位菩萨面相丰腴，身佩连珠纹璎珞，细腻的衣纹突显出衣物的轻薄，端庄大方，灵动飘逸，表现出唐代工匠对细节的把握、对精致的追求。

天龙山第 17、18、21 窟也是唐代典型洞窟，佛像面相丰腴，水波纹或旋涡纹肉髻呈现出端庄、敦厚的大唐风格。（图 2–4–109、图 2–4–110）窟内的唐代坐姿菩萨（图 2–4–111）别具特色，菩萨头戴宝冠，腰部、腿部弯曲，重心偏向一侧，优美典雅的体态、薄纱质地的衣裙，仿佛能感受到肌肤的弹性，极具写实风格。天龙山唐代造像表现出饱满、大方的风格，线条精练，技巧成熟，同时具有一定的地方特色。宋代以后，天龙山佛教逐渐衰落，民国时期更遭到严重损毁，大量造像流失海外，藏于各大博物馆，留下深深的遗憾（图2–4–112、图2–4–113、图2–4–114）。

图 2-4-101　第 8 窟外景

天龙山石窟

第 8 窟是仅次于第 9 窟的第二大窟，也是天龙山唯一一个中心塔柱窟。前廊为三间仿木式，建筑特征与北齐时代相似，有一根支撑屋檐的石柱保存完好，另一根已不存。

图 2-4-102　二力士像，隋，石雕，左侧像高 1.89 米，右侧像高 1.8 米

天龙山石窟第 8 窟窟外，日本藤井有邻馆藏

力士是佛教艺术中的常见题材，发展至北齐，因胡风盛行，力士更显雄伟。两尊力士相对而立，身材高大，手持金刚杵，宽肩细腰，比例匀称，表现出健硕有力的肌肉和英武的身姿。

图 2-4-103　中心柱正面，隋

天龙山石窟第 8 窟

中心柱正面雕一佛二菩萨像，可惜面部、手部皆有残损。主尊佛端坐于莲台之上。莲台为双层仰莲，别有一番特色。两侧弟子恭敬而立，左侧弟子一手执净瓶。造像线条简洁，造型朴拙。

图 2-4-104 弟子、胁侍菩萨像现状（左）与历史照片（右），隋，石雕

天龙山石窟第 8 窟东壁南侧

弟子与菩萨肃然而立，弟子衣纹阴刻，整齐流畅。菩萨头戴宝冠，颈佩项链，身着飘逸的长裙，丝绦穿过腰部的圆环，衣裙质地轻薄，特别是圆环周围的刻画，观之可感薄如蝉翼的轻盈。

图 2-4-105 弟子、胁侍菩萨像现状（左）与历史照片（右），隋，石雕

天龙山石窟第 8 窟北壁西侧

弟子与菩萨皆侧身而立，相比正面更显生动活泼。菩萨身穿长裙，左手托起一颗摩尼宝珠，颈佩的项链由圆珠相缀而成，颗颗分明。弟子与菩萨都微微下视，面含微笑，慈悲而平和。菩萨头部流失海外，现藏于意大利国家东方艺术博物馆。

图 2-4-106　漫山阁外景

天龙山石窟

漫山阁始建于明代，原为重檐楼阁，后毁于战火。现在所见的漫山阁是 20 世纪 80 年代重修的仿明建筑。“高阁凌虚拥碧云，烟林万壑望中分。”青松苍翠，碧空如洗，天龙八景之一的“层阁停云”便指此处。

图 2-4-107　弥勒像现状（右）与历史照片（左），唐，石雕，高 7.55 米

天龙山石窟第 9 窟

弥勒面相方圆，双耳垂肩，倚坐在方形须弥宝座上，双足之下各有莲花。身着袒右肩袈裟，袈裟沿腿部自然垂下，衣纹立体感较强。整尊造像浑然一体，技艺精纯，立于佛下，庄严肃穆之感油然而生。

图 2-4-108 文殊菩萨、十一面观音、普贤菩萨像，唐，石雕，十一面观音高 5.5 米

天龙山石窟第 9 窟下层

十一面观音位于正中，头部为现代修复。依据佛经记载，十一面观音前三面作慈悲相，左边三面作嗔怒相，右三面作白牙上出相，后一面为大笑相，上一面为佛面，共计 11 面。观音面容清丽，体态优美，突显其温婉与慈悲。坐骑为白象的普贤菩萨位于东侧，坐骑为青狮的文殊菩萨位于西侧，菩萨发髻高束，身佩华美的璎珞，生动写实。

图 2-4-109 第 18 窟北壁现状（左）与历史照片（右），唐，石雕

天龙山石窟

原作为一佛四菩萨，皆有不同程度残损，仅存一佛与二菩萨局部。主尊佛坐于束腰须弥座上，身穿袒右肩袈裟，衣纹清晰，线条整齐。四菩萨中二尊为坐姿，二尊为站姿，坐着的腰部微扭，姿态婀娜，站立的则袅袅婷婷。

图 2-4-110　佛、菩萨像现状（上）与历史照片（下），唐，石雕

天龙山石窟第 21 窟

第 21 窟是除第 9 窟外最大的唐代石窟，仅存部分造像遗迹。主尊佛端坐于台座上，袒右肩袈裟，衣纹细腻，紧贴身体，胸部的肌肉充满力量，给人以敦厚、雄伟之感。下身为双跏趺坐，腿部结构清晰。袈裟铺于台座，悬裳自然下垂，这也是唐代佛造像的一个显著特征。佛旁的胁侍菩萨双腿弯曲，腰部略向右扭，姿态曼妙，身体比例和谐，具有很强的艺术感染力。

图 2-4-111　菩萨像，唐，石雕

天龙山石窟第 21 窟，中国国家博物馆藏

菩萨上身帛带斜系，下身着轻薄的长裙。一腿弯曲，一腿触地，呈游戏坐姿。腹部突出的肌肉配合腿部的曲线，展现出刚毅的力度，而面部却呈现出典雅与沉静，柔与刚、力与美融合于一身，既给人写实的亲近之感，又不失充满威仪的神圣感。唐人高超的技艺令人称绝。

图 2-4-112　佛坐像，唐，石雕，高 1.1 米

天龙山石窟第 21 窟南壁，哈佛大学美术馆藏

佛肉髻突出，布满旋涡纹，面容丰圆，颈部有三道典型的蚕节纹。袒右肩袈裟衣纹整齐，简洁地刻画勾勒出流畅的线条；腿部的袈裟之下似乎可感紧致的肌肉，突出袈裟的轻薄。腰部较窄，胸部的肌肉更显雄壮，袒露的部分挺阔有力，陆、张之骨、肉兼备，静穆庄严。

图 2-4-113　菩萨头像，唐，石雕，高 0.4 米

天龙山石窟第 21 窟后壁，美国大都会艺术博物馆藏
图片来源：美国大都会艺术博物馆

菩萨的发髻于头顶高高束起，发丝雕刻精细，丝丝清晰，十分写实。虽然已经残损，但仍可见头部不是正直，而是有一定角度的倾斜。这种造型增加了造像的灵动感，再配合高挑的双眉，温婉慈祥，观之可亲。

图 2-4-114　力士头像，唐，石雕，高 0.36 米

天龙山石窟第 17 窟，哈佛大学美术馆藏

力士头部较长，高束的发髻更增强了向上的动势，五官夸张，眉眼上扬，嘴唇下弯，面部肌肉突出，双眉紧蹙，目光下视，不怒自威，具有一种蓄势待发的张力。一位勇猛善战者的形象跃然而出。

十一、云冈石窟

北魏迁都洛阳后，云冈石窟的开凿逐渐停息。隋唐时代，云冈未有大规模的工程。北魏迁都后，关于云冈石窟的史料记载极少，幸而宿白先生于20世纪40年代在北京大学所藏古籍善本中发现《大金西京武州山重修大石窟寺碑》碑文，碑文详细叙述了唐代至金代云冈石窟的兴修过程。石碑撰于金皇统七年（1147），依碑文记载，“唐贞观十五年守臣重建”。因此，学者推断云冈第3窟内的雕像是隋唐时期在北魏基础上完成的作品。

第3窟（图2-4-115）位于云冈石窟的东部，外部崖壁高25米，是云冈规模最大的洞窟。洞窟分前室与后室，由窟门进入前室，前室无雕像，应是没有完全完工（图2-4-116）。经过狭长的前室步入后室，雄伟的一佛二菩萨像（图2-4-117）出现在眼前。北魏时期完成了洞窟形制和窟内壁面的基本开凿，在后室后壁中部、面对窟门凿出较大面积的凸出壁面。壁面之上凿有佛三尊像，三尊像雄伟壮观，其风格与雕刻手法表现出浓郁的初唐特点。

主尊为高达约10米的倚坐佛像（图2-4-118），面容圆润，背光外侧为火焰纹，内侧雕数尊飞天与坐佛，大气且细腻精致。主尊两侧各雕一胁侍菩萨（图2-4-119、图2-4-120），菩萨头戴宝冠，冠饰华丽，流畅的衣纹衬托出优美的体态，淡然庄严。三尊造像和谐统一，圆润丰满的肌肉、雄伟恢宏的气魄代表着盛世气象，特别是三尊造像的眼睛圆而明亮，炯炯有神，似在与人对话，传神又灵动。第3窟没有完全完工，窟内北壁有大面积空余。唐代、辽代、金代都曾继续开凿工程，佛三尊像已如此宏伟，如若完工将更为壮丽。漫步在窟内，千年前的斧凿之声仿佛远远飘来，留给人无尽的遐想。

唐代以后，辽代、金代曾重修云冈石窟，《大金西京武州山重修大石窟寺碑》中写道：“虑不远不足以成大功，工不大不足以传永世。且物之坚者莫如石，石之大者莫如山，上摩高天，下蟠厚地，是以昔人留心佛法者，往往因山以为室，即石以成像，盖欲广其供养，与天地而同久，虑远而功大矣。”这段碑文非常准确地概括了开窟造像的原因与目的，斗转星移，万事变迁，一个个洞窟、一尊尊造像，“与天地而同久”，历经风雨依然饱含着活力。

图 2-4-115　云冈石窟第 3 窟外景，断崖高 25 米，宽 50 米

窟的中上部凿有 12 个长方形石孔，金代曾修建木构大阁，今已不存。窟分前室与后室，前室上层两端各有一座三级方塔，损毁严重。前室上层正中洞窟开凿弥勒像一尊，洞窟与方塔之间为明窗。

图 2-4-116　云冈石窟第 3 窟前室内景局部

壁面光滑，显然经过统一的、有计划的打磨，但未有雕像，说明洞窟没有彻底完工。

图 2-4-117　一佛二菩萨像，唐，石雕，佛高约 10 米

云冈石窟第 3 窟后室

主尊为倚坐佛，两侧胁侍菩萨侍立在侧。造像体态丰满，大气磅礴，动人心魄。阳光透过上层的明窗照入窟室，在光线的映衬下造像更显高大。

图 2-4-118　倚坐佛像，唐，石雕，高约 10 米

云冈石窟第 3 窟后室

佛左手横向向外，右手上举，施无畏印。佛像面容丰圆，双耳垂肩，胸部浑厚饱满。其倚坐的姿势，令人感觉腿部似有一种力量的积蓄，好像随时都会站立起来。

图 2-4-119　左胁侍菩萨，唐，石雕，高 6.2 米

云冈石窟第 3 窟后室

菩萨头戴装饰华美的宝冠，额头露出的发丝根根分明，雕刻细致，十分写实。右手举于胸前，左手自然下垂，可惜身体下部大多残损。其面容丰满圆润，凝重的神情中又有一丝恬淡。在菩萨的目光中，一切的尘世喧嚣均如浮尘，万物宁静而美好。

图 2-4-120　右胁侍菩萨，唐，石雕，高 6.2 米

云冈石窟第 3 窟后室

菩萨头光精美，最外圈为火焰纹，内为环绕的七佛。菩萨头戴三叶宝冠，发髻向上束起，颈部有三道蚕节纹。左手下垂，右手置于前胸，衣纹流畅自然。丰腴的面容、丰满的身体，线条柔和圆润但力度不失。

十二、灵泉寺石窟

灵泉寺石窟位于河南省安阳市善应镇宝山山麓，东魏武定四年（546）由高僧道凭始建，原名“宝山寺”，隋开皇十一年（591）寺院更名为“灵泉寺”。寺内现存洞窟2个，东魏至宋代的造像、石塔共200余尊。位于寺东的洞窟为大留圣窟，由东魏道凭法师（487—559）开凿；位于寺西的洞窟为大住圣窟，隋开皇九年（589）由灵裕法师（517—605）开凿。灵裕为道凭之徒，佛法精深，隋文帝曾想任命其为僧官，被拒绝后“助营山寺”，即灵泉寺。

大住圣窟窟门呈圆拱状，窟门两侧浮雕二神王像，龛侧刻有题名，一位是迦毗罗神王（图2-4-121），另一位是那罗延神王（图2-4-122）。二位神王的形象基本相似，身穿厚重的铠甲，手持戟与剑，极具威武之态。其体态、造型与穿着均具有明显的西域风格，尤其是神王所戴的鸟翼头冠别具特色（图2-4-123）。

由窟门进入洞窟，窟顶中心为莲花藻井，莲花周围环绕6身飞天（图2-4-124），飞天凌空起舞，为洞窟增添了无限动感。窟门外侧题记云：“大住圣窟，大隋开皇九年己酉岁敬造窟，用功一千六百，廿四像世尊用功九百，卢舍那世尊一龛，阿弥陀世尊一龛，弥勒世尊一龛，三十五佛世尊三十五龛，七佛世尊七龛，传法圣大法师廿四人。”[①]窟内正壁与左右壁各开一大龛，内雕一佛二菩萨像，主尊分别为卢舍那、阿弥陀与弥勒（图2-4-125），主龛两侧又各有7个小佛龛（图2-4-126），皆有题刻佛名。窟内南壁、窟门两侧线刻二十四高僧像（图2-4-127），题记称“世尊去世传法圣师”，以佛陀弟子迦叶、阿难为首，上下共分六层，每层两组四人。工匠采用传统的减地法，把主要表现对象以外的空间铲去，突出主体，再以阴线刻画细节。以此法雕刻的二十四高僧像布局严谨，雕刻精练，细腻传神。洛阳龙门看经寺与擂鼓台洞窟内有唐代传法谱系浮雕，但灵泉寺的年代更早，十分难得。窟内、窟外雕刻佛经多部，有《大集经月藏分中言》《华严经偈言》《法华经》《五十三佛名》《略礼佛忏悔等文》《涅槃经》等，文字与造像共同构成一个丰富的佛国世界。

灵泉寺石窟以大留圣窟与大住圣窟为中心，在宝山沟中从东到西密布浅龛造像和佛塔（图2-4-128），其中塔龛156座，年代从南北朝至北宋时期，俗称“万佛沟”。塔龛名称有支提塔、像塔、灵塔、散身塔、影塔等，是佛教艺术宝贵的资料。灵裕法师曾写下诗句：“今日坐高堂，明朝卧长棘。一生聊已竟，来报将何息？”[②]虽然历经千年，灵泉寺已不复往日的鼎盛，但一座座佛塔、一尊尊造像仍向我们传达着高僧大德的精神力量。

---

① 河南省古代建筑保护研究所：《河南安阳灵泉寺石窟及小南海石窟》，《文物》1988年第4期，第3页。
② ［唐］道宣：《续高僧传》卷九，载《大正藏》第50册，第496—497页。

图 2-4-121 迦毗罗神王，隋，石刻，高 1.78 米

灵泉寺大住圣窟窟门西侧

神王身材高大，身穿甲胄，左手持三叉戟，右手持宝剑，剑尖向上，搭于肩膀，足踏羊形怪兽，威猛地守卫着洞窟，展现了隋代浮雕的高超技艺。头部斜上方有隶书榜题“迦毗罗神王”。

图 2-4-122 那罗延神王，隋，石刻，高 1.74 米

灵泉寺大住圣窟窟门东侧

与西侧的迦毗罗神王造像基本相似，长须飘飘，身穿战裙，左手持剑，右手持三叉戟，跣足立于一牛背之上，给人以威武、勇猛之感。头部斜上方有隶书榜题“那罗延神王”。巧合的是，隋文帝杨坚鲜卑姓氏为普六茹，小字那罗延。

图 2-4-123　迦毗罗神王局部，隋，石刻

灵泉寺大住圣窟窟门西侧

神王头部侧向一边，双眼微闭，长须飘至胸前。铠甲胸前的护心镜上雕刻的是人面图像，这种图像可能与亚历山大带入中亚的古希腊文明中美杜莎的形象有关。神王头戴的鸟翼冠主要以鸟的双翼为装饰，虽然南北朝、唐代皆有武官头戴鹖冠的传统，但神王所戴的鸟翼冠与鹖冠的鹖尾不同，主要造型为鸟的双翅，这或与古波斯的双翼崇拜、袄教崇拜等中亚文化相关。

图 2-4-124　飞天，隋，石刻

灵泉寺大住圣窟窟顶

飞天为浅浮雕雕刻，共三对、六身，头戴花冠，身着长裙，翩翩的裙裾随风飘扬，满壁风动，眼前的场景也变得鲜活。

图 2-4-125 阿弥陀佛及胁侍，隋，石雕

灵泉寺大住圣窟西壁

位于正中的是阿弥陀佛，两侧胁侍菩萨应为大势至与观世音，三尊合称西方三圣。阿弥陀佛端坐于双层仰莲台座之上，菩萨为站姿，三尊造像和谐统一，线条简洁，有着隋代质朴的美感。头部与手部颜色较深的部分为后期修补，修补前佛像残高 0.95 米，菩萨高 1.25 米。

图 2-4-126　七佛龛局部，隋，石雕

灵泉寺大住圣窟东壁

七个小佛龛位于主龛两侧，排列整齐。内容皆为坐佛，龛侧有楷书的题刻佛名。七佛龛与主龛相互呼应，使得空间更加丰富、饱满。

图 2-4-127 线刻二十四高僧像局部，隋，石刻

灵泉寺大住圣窟南壁

二十四高僧像是对传法定祖的图像化表现，图中上部的二位僧人为鸠摩罗驮与阇夜多，题记：“第十九鸠摩罗驮，第廿阇夜多，持戒第一名，最后律师。”雕刻虽然简洁，但人物情态却极为生动传神。

图 2-4-128 佛塔

灵泉寺石窟万佛沟

万佛沟内的佛塔体量稍小，多为浮雕形式，有些塔的塔顶、塔檐上的纹饰十分精美，塔下部雕有佛像、僧人像等。造型简洁，变化丰富，是从北朝以来就流行的方形单层覆钵小塔的进一步发展。这种塔也是高僧的灰身塔，存放高僧的骨灰。

十三、碧落寺石窟

开凿于北魏时代的碧落寺石窟位于山西省泽州县，此地环境清幽，适宜修行。明代户部尚书张养蒙来到碧落寺后曾作《宿碧落寺》感叹：“槛外疏风摇古树，桥边细雨长新藤。端居悟却无生理，浑似山中老衲僧。”据史料记载，碧落寺最初名为圣佛院，唐代得名碧落，又名石佛寺；宋代赐名治平院，元代延用唐时“碧落”二字。

碧落寺院落呈长方形分布，分为东、西、中三院，西院与中院建筑已不存。石窟位于东院北侧，按方位称东、中、西三窟。[1] 碧落寺中窟又称“老佛洞”，是碧落寺石窟中最大的一窟。窟门呈拱形，门内外两侧存有唐代题记数铺，其中包括会昌二年（842）诗人皇甫曙题句与书法家李道夷所书的《秋游石佛谷诗》（图 2-4-129），历经千余年的风霜，这铺集书法和诗词于一体的珍品仍然大部清晰可辨，仿佛新刻。

相较西窟，中窟在规模上更加轩敞，造像亦明显精妙许多，体量也基本等人大小，观之几如破壁而出。窟内北、东、西壁坛基上造刻神像 7 尊，以北壁为核心，东、西二壁为辅助，三壁统一形成佛祖说法图（图 2-4-130）。北壁主尊为佛，头部已残缺，身后火焰型头光璀璨熠熠，雕琢颇为精美（图 2-4-131）。佛左右两侧肃立二弟子。东西二壁各刻菩萨一尊与天王一尊（图 2-4-132），四尊像虽多有残损，但菩萨身姿丰润，天王肌肉遒劲之神韵尚在，唐风浓郁。

图 2-4-129 《秋游石佛谷诗》局部，唐，石刻

碧落寺石窟中窟外侧

唐人铮铮笔意，历久弥坚。皇甫曙乃白居易挚友，二人屡次以酒相会。思念皇甫的白居易曾写出“老来多健忘，唯不忘相思”的名句。千年前宦游至碧落寺石窟的皇甫曙所见“花座五云扶，玉毫六虚射”之像，如今尚存一息。

---

[1] 于飞：《泽州县碧落寺石窟调查简报》，《文物世界》2012 年第 4 期，第 45—49 页。

图 2-4-130　中窟北壁，唐，石雕，主尊高 1.86 米，二弟子高 1.63 米

碧落寺石窟中窟

中窟规模稍大，造像体量也较大，几乎与人并高，仅与观者相隔咫尺，步入窟中，恍惚间如误入菩提道场。窟内北、东、西壁共有造像 7 尊。以北壁为核心，展现佛祖说法的场景。遗憾的是，佛像风化严重，残存轮廓中唐代端正大方的风貌犹存。

图 2–4–131　中窟主尊头部及背光，唐，石雕，高 1.86 米

碧落寺石窟中窟

佛的袈裟轻柔自然地垂落在束腰莲台四周，似在随风而动。火焰背光跃动晃耀，似有吞吐冲天之势，精美璀璨。

图 2-4-132　中窟东壁菩萨与西壁天王局部，唐，石雕，菩萨高 1.68 米，天王高 1.72 米

碧落寺石窟中窟

东西二壁各刻菩萨一尊与天王一尊，多有残损，饱满丰壮的身体与肌肉遒劲的神韵，带有浓郁的唐代风貌。

东窟位于中窟偏上的位置，俗称“摸光洞”，平面为不规则梯形，窟内尊像布局同中窟相类，同为一佛二弟子二菩萨二天王的组合，但体量稍逊，头部已毁。（图 2-4-133）相较中窟，东窟在造像细节上更趋于法度的规范，体量虽稍小，但雕工更加熟练，尤其是东、西二壁之天王和菩萨，菩萨无首，但衣冠璎珞、垂带霞帔与圆融体态均极尽精细（图 2-4-134）。天王无身，仅余衣带当风飘摇。即使如此，张扬之态也通过这小小的衣带表现得淋漓尽致（图 2-4-135）。唐人云佛画大家尉迟乙僧所绘神明“身若出壁”，或许便是如此了。

碧落寺中窟和东窟的开凿与李唐皇室成员、唐高祖第十一子韩王李元嘉之子李撰有关。根据史料和窟外题记记载，唐高宗永淳二年（683），李元嘉三子李撰为亡母祈福，在泽州、绛州分别举行悼念活动，于泽州开凿了弥勒像并作文立石，于绛州塑天尊像并作文立石。后者之碑传于今日，便是现今在中国书法史上鼎鼎大名的新绛龙兴寺《碧落碑》。遗憾的是，碧落寺之碑却已毁于战火，仅存旧凿之石窟。中窟因具有皇室开凿的背景而在整体造像风格上成为碧落寺三窟中艺术水平最高者，其衣纹饰品之繁丽、人物仪态之丰满、整体气韵之雄阔都是晋东南地区唐代造像所罕见（图 2-4-136）。

图 2-4-133　东窟北壁，唐，石雕，主尊高 1.83 米，二弟子高 1.13 米

碧落寺石窟东窟

主尊头光内刻七瓣莲花，外环熊熊烈焰，风动心静，皆于一念，佛教哲学思想融入这小小的头光中。二弟子一合掌，一捧物，衣带重叠，虽头部残损，但仍可见其虔诚恭谨的意态。

碧落寺石窟规模虽然不大，但自西向东石窟从北朝延续到隋唐，已然跨过百年，仿佛一处微型的中世纪佛教造像流变史。后人视之，从北齐之圆融简洁，到盛唐之雄伟博大，仅仅横跨数十米，内中折射而出的时代审美意趣的更替令人慨叹。希望这样的文化瑰宝如同千年前白居易的好友皇甫曙诗中所祝：“精艺贯古今，穷岩谁爱惜。托师禅颂馀，勿使尘埃积。”

图 2-4-134　菩萨局部，唐，石雕，高 1.68 米

碧落寺石窟东窟西壁

菩萨左手轻捻莲花于胸前，拈花微笑的神妙之态可人，像虽残但意不减。项链、瓔珞、臂钏、手镯等饰物雕刻精美，与菩萨优雅的仪态相得益彰，既有娉婷的美感，又不失庄严。

图 2-4-135　弟子、胁侍菩萨、天王，唐，石雕，菩萨高 1.6 米，天王残高 1.65 米

碧落寺石窟东窟西壁

三身像皆有不同程度的残损，弟子双手托钵，恭谨谦卑。菩萨头部与身体半部残缺，火焰纹头光、精致的瓔珞，令人遥想当年的华美。天王像仅存飘扬的天衣，但那种张扬、气宇轩昂之感几欲喷薄而出。

图 2-4-136　地鬼，唐，石雕

碧落寺石窟中窟

地鬼造型夸张，矮胖壮实，被踩于英武的天王脚下，烘托出天王的高大威猛。碧落寺中窟和东窟由唐高祖第十一子韩王李元嘉第三子李撰为亡母祈福而开凿，中窟因具皇室背景而更加富丽，是晋东南地区唐代石窟造像水平的集中体现。女皇武则天的“万岁通天”年号题记就在中窟门外，不知泉下因起兵反武而遭诛杀的窟主李撰做何感想？王图霸业终成梦幻泡影。

十四、驼山石窟

在山东省青州市西南方，有一座山形似驼的山峰，名为“驼山”。“不厌驼山路，千峰列翠屏。”在风景秀丽的驼山主峰现存有北周至唐代的佛教洞窟5个、摩崖造像1处，是山东省最大的摩岸石窟造像群。原有驼山寺，元初道教将寺院改建为昊天宫。驼山石窟中开凿年代最早、面积最大的为第3窟（图2-4-137），窟内雕一佛二菩萨像与千佛像。位于正中的主佛面相方正，身着“褒衣博带”式袈裟，端坐于台座之上；两侧雕菩萨两尊，头戴高冠，面容清秀。在佛像坛基上刻有题记“大像主青州总管柱国平桑公”，平桑公为何人？据考证，平桑公为北周名将韦孝宽之侄韦操，据《隋书》记载：“以平尉迥功，进位柱国，封平桑郡公，历青、荆二州总管。”[①]第3窟便是韦操在青州任职时于隋开皇初年主持开凿。龛内除三尊像外遍刻千佛（图2-4-138），由300余身坐佛组成，刀法平直，具有浓郁的北朝晚期至隋代早期风格。

第3窟旁是与之相似的第2窟（图2-4-139），年代稍晚于第3窟，窟内雕一佛二菩萨像，窟壁雕二天王、千佛像与供养人像（图2-4-140）。主尊为阿弥陀佛，两侧胁侍为大势至菩萨与观世音菩萨，三尊共同组成西方三圣。在南北朝时期，西方三圣信仰盛行，驼山隋窟内的西方三圣像亦是这种信仰的体现。佛像底座一侧刻有题记“像主张小叉敬造”“像主叉妻吕敬造”，遗憾的是，在史料中并未找到张小叉的相关记载。隋代国祚短暂，驼山石窟精美的隋代造像为后世保存了宝贵的资料，也说明了当时佛教在青州地区的兴盛。

驼山石窟的唐代洞窟以第1窟与第4窟为代表，第1窟（图2-4-141）为小型洞窟，窟内雕一佛二弟子二菩萨二力士像。主尊螺发密布，肉髻突出，佩戴莲瓣形项链，十分别致。窟内的菩萨（图2-4-142）十分传神，佩戴华美的项链、璎珞与臂钏等饰品，左腿微曲，右腿直立，凸显形体的柔软与灵动。弟子像的刻画也非常生动，一个老成沧桑，一个朝气蓬勃，应是佛陀的两大弟子迦叶与阿难。窟两壁还开凿有四处小龛，有三处题记，分别为“长安二年尹思贞”造像题记、“长安二年任玄览造观音像”题记与“长安三年李怀膺造弥陀像”题记（图2-4-143）。长安

① ［唐］魏徵等：《隋书》卷四十七，列传第十二，中华书局，1973年，第1271页。

图 2-4-137　驼山第 3 窟，隋，石雕，窟高 7.5 米，宽 4.5 米

第 3 窟主体造像为一佛二胁侍，窟内遍雕千佛像。主尊佛高约 6 米，面相圆润，白毫突出，目光微微下视，似在沉思。左手残，右手施无畏印。主尊坛基上亦刻有小型坐佛，共同构成千佛。

图 2-4-138　千佛局部，隋，石雕

驼山第 3 窟坛基及侧面

千佛皆为坐佛，多为禅定印，体量虽小，但刻画细致，平刀直切式的刀法精准地刻画出身体肌肉的健壮之感。主尊在千佛的映衬下更显威仪，一尊尊千佛于方寸之间展现出无尽的佛国世界。

是武则天执政晚期的年号，不同年代的题记说明窟内造像并非同时完成，而是在长安年间延续的开凿工程。

第 4 窟（图 2-4-144）破坏较为严重，造像头部皆残，主要造像为一佛、二弟子、二菩萨与二力士。主尊佛为倚坐佛，此像是驼山唯一一尊倚坐佛像，其造型与龙门石窟宾阳南洞内贞观年间弥勒像相似。胁侍菩萨虽有一定程度的残损，但丰腴的身形、微微的曲线已具有初唐的审美特点。窟内刻满佛坐像、佛三尊像等小龛，内容丰富，令人目不暇接。

图 2-4-139　驼山石窟第 2 窟，隋，石雕，窟高 3.3 米，宽 2.93 米

主尊佛高 2.83 米，螺发，面相丰圆，颈部有蚕节纹。内着僧祇支，外穿“褒衣博带”式袈裟，袈裟上残留着赭石色的田相衣纹。二胁侍高 2.55 米，头戴宝冠，曳地长裙衬托出端丽的身姿。

图 2-4-140　左右胁侍，隋，石雕，高 2.55 米

驼山石窟第 2 窟

胁侍菩萨头戴精美的宝冠，冠侧的缯带垂至肩膀，面容圆润，面带微笑，颈部佩戴细密的圆珠串成的项链，飘逸的天衣、轻柔的长裙，表现出隋代菩萨造像的典型特点。

图 2-4-141　第 1 窟，唐，石雕，窟高 1.7 米，宽 1.83 米

窟内雕一佛二弟子二菩萨二力士像，主尊佛像肉髻突出，面容方正，颈部佩莲花瓣项链，身穿轻薄的袒右肩袈裟，双手结禅定印，整尊造像比例和谐，胸部肌肉突出，给人以健美之感。相比隋代造像，唐代造像更注重形体的美感。

图2-4-142　*左胁侍菩萨，唐，石雕*

驼山石窟第1窟

菩萨发髻较高，为螺形，面庞丰满，颈部的项链雕刻细腻。上身袒露，披帛由左肩垂下，衣纹细腻，更显质地的轻薄。左手上举，手持莲花苞，右手垂下，扭动的腰部、微曲的腿部，表现出曲线美的同时也蕴含着一种动势中积蓄的力量，这也是唐代审美风尚的一种体现。

图 2–4–143　李怀膺造像龛，唐，石雕

驼山石窟第 1 窟南壁

李怀膺造像龛位于第 1 窟南壁胁侍菩萨与力士之间。胁侍菩萨发髻高绾，面容姣好，佩戴华美的项链与璎珞。造像龛虽然体量较小，但布局十分严整，主尊阿弥陀佛位于正中，两侧为二弟子与二胁侍菩萨，顶部正中有 2 身飞天捧起覆钵塔，台座底部两侧为双狮与二力士，最下方为 4 身供养人像。造像组合形式严整，形象刻画细致。

龛侧有题记："长安三（年）十月十九日，李怀鹰为亡过母任及妹九娘，见存父仅施净财，敬造弥陀像一铺。普愿见在眷属，咸同斯福，高文纪书。"

图 2-4-144 驼山石窟第 4 窟，唐，石雕，高 2.2 米，宽 2 米

第 4 窟规模较小，窟近方形，主要造像为一佛、二弟子、二菩萨与二力士。主尊倚坐于台座之上，形体雄壮有力，仪态威严。胁侍菩萨头戴宝冠，冠部已残，仅留下飘然的缯带，圆润的身体微扭，已显唐代流畅、律动之美，表现出初唐造像的特点。

十五、大佛寺石窟

大佛寺石窟（图 2-4-145）位于陕西彬州市，是陕西省境内规模最大的石窟群。在主窟两侧长达 500 米的岩壁上，分布有历代开凿的大小洞窟 107 个，大小造像总计约 1500 尊。石窟前堆土为台，名曰明镜台。唐太宗李世民为纪念在平定薛举之战中阵亡的将士而兴建应福寺，石窟于唐贞观二年（628）已初具规模，北宋年间宋仁宗赵祯（1010—1063）为其养母刘太后庆寿时将寺院改名为庆寿寺，明代以来俗称大佛寺。现存洞窟多开凿于唐代，金代有部分重妆。

大佛寺石窟主要分为大佛窟、千佛洞和罗汉洞三部分，窟内造像保存相对完好。唐代佛教造像遗存虽多，但距离都城较远，而大佛寺石窟则直接体现着都城长安一带的佛教造像风格与样式，为后人研究唐代佛教造像提供了重要的依据。2014 年，作为中国、哈萨克斯坦和吉尔吉斯斯坦三国联合申遗“丝绸之路：长安—天山廊道的路网”的一部分，彬州大佛寺石窟被列入《世界遗产名录》。

大佛窟是整个石窟群的主体和中心，洞窟呈穹窿形。窟内正中开凿主龛，龛内雕一尊高达 20 米的阿弥陀佛，主尊东西两侧开凿副龛，龛内各塑有一尊高 17.5 米的胁侍菩萨，左胁侍为观世音，右胁侍为大势至。主尊阿弥陀佛结跏趺坐于莲花台座之上，面容端庄，安详肃穆（图 2-4-146）。佛头部外侧有两圈头光，花纹繁复，头光外的背光之上七佛环坐（图 2-4-147），周围有众多飞天环绕（图 2-4-148），呈现出西方极乐世界的欢乐景象。阿弥陀佛背光西侧、佛左肩外侧有题记“大唐贞观二年十一月三日造”（图 2-4-149）。据《旧唐书·尉迟敬德传》载，贞观元年，“会突厥来入寇，授泾州道行军总管以击之……三年，出为襄州都督”[1]。可见，贞观二年时，尉迟敬德（585—658）正主持大佛寺所在地的军政，这与郡志记载尉迟敬德奉旨建造大佛相吻合。此尊阿弥陀佛像是陕西省境内体量最大的

图 2-4-145 大佛寺石窟外景

石窟前建有楼阁建筑，高 38 米，共 5 层，现存建筑为明代嘉靖年间重修，清代扩建。底层中间有甬道进出大佛寺石窟，第二层门洞正中上刻“明镜台”。楼阁背倚高山，气势宏大，有力地保护了大佛寺石窟。

① ［后晋］刘昫等：《旧唐书》卷六十八，列传第十八，中华书局，1975 年，第 2499 页。

佛像。大型体量的佛像艺术自西域传入中原，其宏伟的体姿、非凡的仪态彰显着大唐盛世的气概，是中原文化鼎盛时期唐代都城长安及周边地区佛教艺术的典型代表。

大佛窟外是明清时所建的明镜台。明镜台是封护窟口的楼阁式建筑，下层中部有通往窟内的砖石甬道。窟内大佛和胁侍菩萨像后各凿有一环形廊道（图 2–4–150），廊道为唐代所修，其开凿年代可能稍晚于石窟。廊道内亦雕凿有各类小型造像。经地质调查发现，主窟所在的岩层中有地下水渗出，廊道是为了避免泉水对于大佛的侵蚀而修建，可见唐人的智慧。

图 2-4-146 阿弥陀佛像头部，唐，石雕，头高 5.2 米

大佛寺石窟

阿弥陀佛仅头部就高达 5.2 米，体量巨大。佛像面部方正，螺发、肉髻低缓，顶心有髻珠，眉毛细弯，白毫突出，眼角向上扬起，双目俯视，炯炯有神，双耳垂肩，面容安详而慈悲，肃穆庄严。

右页：图 2-4-147 阿弥陀佛像背光东侧局部，唐，石雕

大佛寺石窟

头光外侧有过去七佛环坐，七佛造型大致相似，但头光、衣饰等处有细微差别，身侧有火焰纹装饰。背光雕刻细致，装饰繁复，雕刻一丝不苟，犹如一幅华丽的锦缎，可见当时工匠精巧的技艺。

图 2–4–148　飞天，唐，石雕

阿弥陀佛像背光东侧，大佛寺石窟

飞天体态呈“U”形，一手持圆鼓，另一手似在击打。下身着轻薄贴体的纱裙，双腿向上伸展，衣带随着身体向上纷飞。衣带的样式尚保留有一丝北朝古意，而丰满的身体则表现出明显的唐代风格。观之似有乐声远远传来，视觉的形象诉诸观者的听觉，技艺之妙不言而喻。

图 2–4–149　唐贞观二年题记

题记：大唐贞观二年十一月三日造。

图 2-4-150　廊道内景

大佛寺石窟

廊道的修建，既缓解了窟室岩层渗水的问题，又开凿了更多的尊像，使石窟内容更加丰富。漫步其中，仿佛置身庄严的佛国世界。

图 2-4-151　罗汉洞内景

大佛寺石窟

主室呈马蹄形，进深 6.5 米。洞内造像风化较为严重，仍依稀可见大唐的气象。造像多为立像，体量较大，仰视着一尊尊造像，顿觉人身之渺小，生百代过客之慨叹。

千佛洞位于大佛窟东侧，形式为中心柱窟。窟中造像多为浮雕，主尊为弥勒，两侧为胁侍菩萨。罗汉洞（图 2-4-151）位于大佛窟西侧，由主室和东室两部分构成，主室平面呈马蹄形。内有佛龛 39 处、造像 69 尊。洞内塑像受到一定的侵蚀，面部多不存。仔细观察，发现造像虽然相似但形态各异，其挺立的身姿、生动的形态向后人展示着唐代佛教造像的多样性和丰富性。

在距离石窟主体有一定距离的山崖西侧有一处大像窟，也称“丈八佛窟”（图 2-4-152）。窟内依山雕刻一佛二菩萨像，造像风化较为严重，但残留的部分依稀可见当年的风貌。丈八佛窟开凿于北周时期，主尊佛像高 8.2 米，两侧胁侍菩萨高 6 米，一佛二菩萨像的面庞较为丰腴，但又不失窈窕，俊美优雅。

此外，在两侧的山崖上还密集分布着 98 处僧房窟（图 2-4-153），即当年僧侣生活起居的洞窟。僧房窟展现了僧侣真实的生活环境，虽然年代已远，但当我们走进洞窟，仍能想见当年的香火鼎盛与袅袅梵音。

隋唐时期是我国佛教艺术的高度成熟时期，是佛教艺术史上的又一座高峰。较长时间的政治稳定与丝绸之路的通畅促进了佛教的发展，造像之风遍及全国。除前世已流行的弥勒、释迦佛外，对阿弥陀佛、卢舍那佛的供奉渐多，天王、罗汉也多为人所崇奉。[①] 经过几百年的积淀，造像技法已至纯熟，工匠通过写实技法表现出不同人物的精神世界；即使是同一洞窟内同一题材的造像，也断不会有重复之感，每身造像皆传神灵动，展现着时代赋予的气质与自信。

雕造大像是隋唐时期石窟造像的另一特点，在敦煌、炳灵寺、麦积山、云冈、龙门等地皆有表现。大像的制作更需精湛的技艺，特别在造像比例上，需要上部大、下部小才能适合观者的视觉。[②] 巨大的体量不失典雅瑰丽，盛唐气象光耀后世。

① 梁思成：《中国雕塑史》，生活·读书·新知三联书店，2013 年，第 135—138 页。
② 赵声良：《敦煌石窟艺术简史》，中国青年出版社，2016 年，第 140 页。

图 2-4-152 丈八佛窟，北周，石雕，主尊佛高 8.2 米，胁侍菩萨高约 6 米

大佛寺石窟

佛身着通肩式袈裟，左手施与愿印；右手已残，和与愿印相对应，推测为施无畏印。上身袒露，下身着裙，佩有璎珞，微扭的腰身表现着身姿的曼妙。

图 2-4-153 僧房窟

大佛寺石窟

僧房窟层层叠叠，密集分布，相互连通。大多数洞窟呈方形，少数呈圆形，一些洞窟之间以栈道相连。僧房窟窟内均无造像，也无题记，说明当时的僧房主要用于生活起居。如此密集的排列，说明当年佛寺规模宏大，僧人云集。

第五节 落日余晖：宋元明时期

一、敦煌莫高窟

莫高窟晚期艺术包括五代、宋、西夏、元共四个时代。唐王朝灭亡后，归义军节度使张承奉建立的西汉金山国覆灭。曹议金于后梁乾化四年（914）重建归义军政权，开始了曹氏对敦煌百余年的统治（914—1036）。这一时期中原处于五代、北宋时期。在曹氏归义军时期，莫高窟开凿洞窟41个，重修前代洞窟248个。[①] 新凿洞窟沿用了晚唐殿堂窟的形制，均为覆斗顶，中心设佛坛；这一时期的洞窟被严重破坏，彩塑所存数量极少。五代造像虽有唐代余绪，但唐代艺术精神渐远，新的时代艺术风貌已在酝酿之中。

第55窟开凿于宋建隆三年（962）前后，窟主为曹元忠。曹氏家族笃信佛教，主持开凿的洞窟大多规模巨大，第55窟是其中的典型代表，洞窟面积约140平方米，高约9米，窟内中心设马蹄形佛坛，坛上有三组十身塑像，三面的主尊皆为弥勒佛，表现“弥勒三会”的场景（图2-5-1）。据佛典记载，弥勒在龙华树下成道后三次说法，通过塑像的方式表现“弥勒三会”，是这一时期出现的新题材。在佛座的两侧出现了前代未有的力士，好似在用力托举，既装饰了佛座，又增加了佛像的神圣与庄严。塑像整体丰满健壮，保留有一些唐代

---

① 赵声良：《敦煌石窟艺术简史》，中国青年出版社，2016年，第206页。

图 2-5-1 “弥勒三会”群像，宋

莫高窟第 55 窟（敦煌研究院供图，吴健摄）

第 55 窟为覆斗形窟顶，四角均有凹入的浅龛，画四大天王。佛坛之上现存佛菩萨等像 10 尊，三面主尊均为弥勒，正中为一佛一弟子一天王，南侧为一佛二菩萨一天王，北侧为一佛一菩萨。塑像比例匀称，衣纹贴体，是莫高窟宋塑中的上乘之作。塑像体量较大，中心正面主尊的背屏直通窟顶，在视觉上烘托了塑像的主尊地位。

佛座东侧的金刚力士尤为特别。力士身着战裙，一手叉腰，一手托举佛座，威武强悍，有一种不容侵犯的威仪与气度。力士是台座的一部分，起到了一定的装饰作用。同时，佛像在力士的烘托下，也更显庄严神圣。

遗风，体量较大，超过了唐代的规模，是莫高窟宋代塑像的集中代表。

第 55 窟窟内还绘制经变画 15 铺，十分精美。曹氏归义军政权有画院建制，包括专门的开窟人、塑匠和画匠。这一时期的塑像保留较少，且整体塑像水平相较前代已趋下落；但此时期的壁画技艺仍在发展，形成了院派特色，代表洞窟有第 61、98 等窟。曹氏政权还支持莫高窟的维修工程，五代、宋时期开窟造像的数量远不及隋唐，但却进行了大量的加修窟檐、维修甬道等工作，对洞窟的保护起到了重要作用。莫高窟至今仍存宋代窟檐 4 座。

宋景祐三年（1036），归义军政权为西夏李元昊所灭，后西夏与沙州回鹘争夺敦煌，乾道元年（1068）西夏取得最终胜利。西夏统治者同样笃信佛教，莫高窟在西夏时期仍有建造活动，但极少开凿新窟，绝大多数是对于前代已有洞窟的重修、装绘。现今保存有一部分西夏壁画；但因造像多是对于前代原塑的补塑，所以完整的一铺西夏造像基本不存。第 491 窟内的供养天女是难得一见的西夏原作。两身供养天女位于佛的两侧，这种组合形式是新出现的题材，也是西夏时期莫高窟艺术新发展的一种体现。

西夏保义二年（1227），蒙古铁骑攻克沙州，同年蒙古灭西夏。元代莫高窟新开洞窟 8 个、重修洞窟 19 个，[①]代表洞窟有第 3、61 和 465 窟等。元代尊崇藏传佛教，因此莫高窟元代洞窟现存壁画可以看到中原与藏传两种风格，但窟中彩塑多为清代重塑，原作基本不存。

宋元时期莫高窟渐趋衰落，元代以后敦煌的开凿工事彻底停止。明代嘉靖七年（1528）封闭嘉峪关，敦煌完全成为荒凉的边塞之地。正如清代汪灊《敦煌怀古》所说："风摇柽柳空千里，月照流沙别一天。"直到清代康熙年间平定新疆，雍正年间设沙州卫，乾隆年间改敦煌县，敦煌才重归中央政权的统治。1900 年藏经洞被意外发现，莫高窟重新展现在世人面前。中华人民共和国成立后，敦煌走上复兴之路，敦煌学蔚然盛行。

---

① 赵声良：《敦煌石窟艺术简史》，中国青年出版社，2016 年，第 226 页。

图2-5-2　佛坐像，宋，泥塑，高1.65米

麦积山石窟第90窟正壁（张铭供图）

佛端坐于台座上，手结说法印。面容延续了唐代的圆润，双目下视，眼角上挑，额间白毫相光，神情静穆不染纤尘。袈裟下部稍显厚重，线条疏密有致，塑造更为写实。

二、麦积山石窟

“千崖万像，转崖为阁，乃秦州胜景。”[1]这是宋代《方舆胜览》中对于麦积山的记述。至宋代，麦积山的开凿已接近尾声，工事活动主要在于对前代洞窟的重修。宋代造像大体继承了唐代丰腴饱满的风格，但又注重写实，给佛教人物赋予世俗的情感，具有世俗化的特点。佛像圆润端庄（图2-5-2），菩萨温柔清丽（图2-5-3），力士强健刚劲（图2-5-4），塑像手法写实，个性鲜明生动。仿如一位位故人，能在现实生活中找到造像的原型，工匠将世俗与神圣相结合，塑造出更具人间气息的佛教造像。

麦积山宋代塑像的题材十分丰富，除佛、菩萨、弟子、天王等人物外，还有叙事性的场景，如第133窟中罗睺罗授记（图2-5-5）的内容。罗睺罗为佛陀之子，长大后随佛出家，成为十大弟子之一。窟内的塑像一大一小，高大的佛陀微微俯身，伸出右手似要抚摸罗睺罗的头顶，虽为佛教的内容，但表现出人世间的父子情深，尽显慈悲之爱（图2-5-6）。

① ［宋］祝穆：《方舆胜览》卷六十九“利州西路”，清文渊阁四库全书本。

左页：图 2-5-3　观音菩萨局部，宋，泥塑，高 2.96 米

麦积山石窟第 4 窟第 6 龛（贾瀸 供图）

菩萨绾发髻，头戴宝冠，冠上有化佛，这是观音菩萨的重要标志。菩萨颈佩富丽的项链，披肩之上以彩绘的方式展现出刺绣的花团，线条流畅，层次感更加鲜明。菩萨身上的装饰以贴塑手法表现，线与面结合，层次分明、错落有致，丰富了菩萨的表现力。

图 2-5-4　力士，宋，泥塑，高 4 米

麦积山石窟第 4 窟前廊（张铭 供图）

力士发髻高束，戴有头箍，下身着裙，两腿分立，一手叉腰，一手握拳举起。胸部与腰部隆起的肌肉刻画写实，似能使人感到力士坚实、健壮的肌肤的弹性。力士造型夸张大胆，但已不似前代的面目狰狞，就如一位现实中愤怒、激动的武士，十分贴近生活，这是当时佛教艺术世俗化的一种体现。

图 2-5-5　罗睺罗授记，宋，泥塑，佛高 3.5 米

麦积山石窟第 133 窟前部（张铭 供图）

释迦牟尼在出家修行前曾结婚生子，这个孩子就是罗睺罗。佛陀成道后回家探望，罗睺罗随父出家，成为佛祖十大弟子中密行第一之人。佛陀微微俯身，目光下视，但并没有看着罗睺罗，而是看向远方，若有所思。右手伸出，正要抚摸罗睺罗的头顶。父子深情，令人动容。

图 2-5-6　罗睺罗授记局部，宋，泥塑，高 1.44 米

麦积山石窟第 133 窟前部（王彦嘉 供图）

佛像手部塑造尤为传神，柔软纤长的手掌、灵动的手指，传递出慈爱的力量。罗睺罗双手合十，立于莲花座上，稚嫩的面庞充满对佛法的虔敬与憧憬。

宋代的供养人像也别具特色。第165窟正壁左右两侧各有一身女性供养人像（图2–5–7），二像的造型与服饰基本相似，身穿长袍、高贵典雅的宋代女性形象栩栩如生。除圆雕外，浮雕亦精美动人，如第191龛下的迦楼罗像（图2–5–8）。迦楼罗组合像设计得十分精妙，整个形象以高浮雕形式雕塑而成。迦楼罗上半身从莲花瓣中探出，莲花似是他的腰裙，莲花下不见下半身。在迦楼罗的身后两侧各生出两枝莲茎，一为半开的莲台，一为含苞的花蕾，莲台上各有一尊倚坐交脚菩萨，整个画面为左右对称图式。迦楼罗舒展的羽翅似花朵绽放般浪漫恣肆，蕴含着生命的张力。

明代冯惟讷曾于嘉靖年间游麦积山，其《游麦积山四首》中有佳句："千载庚开府，传闻此勒铭。金涵沦宝气，玉字秘图经。"元明时期，麦积山依然有斧凿之声，虽然没有新凿洞窟，但对于前代洞窟进行了修缮与重妆，这一时期的遗存主要是洞窟内补塑的塑像。元代造像具有典型的藏传佛教风格，最具代表性的是四臂观音像（图2–5–9），虽然缺少细腻的雕刻，但不失敦厚、庄重之美。明代造像同样数量较少，有一定的艺术水平，但没有形成独立的风格，第25窟的菩萨像（图2–5–10）与第1窟的涅槃像（图2–5–11）是其中的代表，塑造已不复前代精致细腻，呈现衰势。

至民国时期麦积山石窟已经荒废，在群山的掩映中即使是当地人也鲜少知道其具体位置。1941年，学者冯国瑞（1901—1963）入山考察，将石窟从沉睡中唤醒。根据考察的第一手材料，冯国瑞所写的《麦积山石窟志》在学界影响深远。这位自号"麦积山樵"的学者，把毕生都奉献给了甘肃，奉献给了他的故乡。

图2–5–7　女供养人，宋，泥塑，高2.1米

麦积山石窟第165窟（张铭 供图）

供养人为女性，眉毛弯弯，眼角向上翘起，似丹凤眼。身穿交领长袍，腰部又罩短裙，真实地表现出当时妇人的衣着。神情安宁，淡定从容，表现出典雅不俗的气韵，是一尊十分出色的人物塑像。

图 2-5-8　迦楼罗像，西魏原凿、宋重修，泥塑，高 1.18 米

麦积山石窟第 191 龛（王彦嘉供图）

迦楼罗又名金翅鸟，是护法八部众之一。常见的形象为鸟首人身背后有一对翅膀，或者人首鸟身，但嘴为鸟喙。此龛下的迦楼罗相貌凶恶，眼睛凸出于眼眶之外，方鼻阔口上唇有八字胡须，颌下一副卷曲的经匠师图案化处理的虬髯。他赤裸上身，身形健硕，手臂上举，似有所托举，但小臂以上均残，一条披帛从脑后绕双臂飞扬在头部两侧，与身体两侧经提炼抽象的、似鸟羽又似花叶的鸟翅恰到好处地融为一体，堪称宋代浮雕艺术的精品。

图 2-5-9　四臂观音像，元，泥塑，高 0.5 米

麦积山石窟第 48 窟左侧龛（张铭供图）

洞窟残损严重，仅存四臂观音像一尊。四臂观音是藏传佛教密宗本尊之一，代表着慈悲与智慧。四臂观音端坐于台座之上，背光似一朵莲瓣，正中浮雕宝相花等简单装饰，面部五官缺少些许神韵，肩膀宽阔，体格健壮，有一种敦厚之感，与内地造像风格迥异，带有明显的藏传佛教艺术特征。

图 2-5-10　菩萨像，明，泥塑，高 3.1 米

麦积山石窟第 25 窟正壁（张铭 供图）

菩萨头戴五叶冠，束发的缯带自耳侧经两肩膀垂下，颈佩璎珞，珠玉圆润，颗颗分明。身体较为扁平，表现出麦积山石窟造像明显的程式化特征，面容方正，肩膀宽厚，造像敦实、沉稳。

图 2-5-11　涅槃像局部，明，泥塑，横长 5.9 米

麦积山石窟第 1 窟（张铭 供图）

窟内塑释迦牟尼与十大弟子像中，佛祖双目微闭，头顶有髻珠，侧身横卧在佛坛上，安详从容；身后的弟子表情各异，或悲伤，或痛苦，或不忍。整组造像生动地展现了佛涅槃之时的场景，具有一定的艺术水平。

三、钟山石窟[1]

在陕西省子长市西15千米处的钟山南麓、秀延河畔，有一座钟山石窟（图2-5-12）。钟山石窟是宋代开凿的规模最大的石窟。据史料记载，共有洞窟18个，目前保留完好、已被发现的有5处，其中第3窟为主窟。第3窟由民间集资于北宋治平四年（1067）开始雕凿，历时97年完成，窟内有大小佛像万余尊，故有“万佛岩”之称。

“洞天深处藏佛工，几点丹青烛长空。”进入第3窟（图2-5-13），位于中央基坛上的三世佛展现眼前。三佛高3.5米，佛两侧各有胁侍弟子与胁侍菩萨等。佛坛上有8根石柱，石柱将佛坛分隔为3个部分，空间布局十分考究。更为神奇的是，佛像、石柱与基坛是用一块完整的巨大青石雕刻而成，浑然一体，鬼斧神工。三世佛端坐于束腰须弥座上，庄严肃穆；胁侍菩萨长裙曳地，婀娜娉婷，宛如一位少女（图2-5-14）；弟子迦叶与阿难侍立于佛的两侧，迦叶瘦骨嶙峋（图2-5-15），阿难俊朗清秀。三组塑像布局严谨，相互配合。

在坛基前方的正中位置有两尊大型菩萨像，东为骑青狮的文殊菩萨（图2-5-16），西为骑白象的普贤菩萨。两尊菩萨相对，与坛上的佛像呼应，坐骑微微回首，仿佛又在与菩萨互动。工匠巧思妙用，合理利用窟内空间，造像排布错落有致又相互配合，有序而和谐。

第3窟窟内四壁密集雕刻万尊浮雕小像，在石窟前壁下方雕有十六罗汉像（图2-5-17）。东西两侧各有8身，罗汉造型神态各异，有拨弄念珠者，有安禅打坐者，有持诵经书者，或沉思，或交谈，或怒视，每身罗汉显示出不同的性格，生动传神。窟内东壁雕刻有一组涅槃像（图2-5-18），佛陀侧身而卧，安静祥和，表现出“寂灭为乐”的精神境界。众弟子环绕在侧，虽然造像的体量较小，但观者似乎可以透过雕刻感受到当时弟子不舍、悲戚、沉痛的心情。

图2-5-12　钟山石窟外景

钟山石窟依山而建，坐北向南。除石窟外，还保存有宋明时期的山门、牌坊、浮屠塔等建筑，具有较高的历史与艺术价值。

---

① 本小节图片皆由石建刚拍摄并提供，特此致谢。

窟内的泥金彩绘使用天然的矿物颜料，缤纷亮丽，历经千年而不退。开窟者以信仰为支撑诠释了何为永恒。佛坛与洞窟东壁保存较好，西壁（图 2-5-19）风化严重，但模糊的轮廓中仍有一种岁月沉淀的美。第 3 窟窟内存有题记：“治平四年六月二十六日，同州界安定堡百姓张行者发心打万菩萨堂……皇帝万岁，重臣千秋，国泰民安，合家安乐……”安定堡是宋代设立的用于防守的军事堡垒，与石窟相距仅几百米。石窟开凿之时，宋、辽、金、西夏长期对峙，子长县（今子长市）更是宋夏战争的前沿阵地。石窟因战而生，表达着百姓对于和平的向往。一尊尊塑像，承载着精神信仰，寄托着美好的愿望。

图 2-5-13　第 3 窟内景，宋，高 5.5 米，宽 16.4 米，深 9.5 米

钟山石窟

主窟呈长方形，窟内正中高 1.4 米的基坛上有 3 组大型雕像，内容为三世佛。8 根高 4.1 米、与窟顶相连的石柱，柱上雕满造像，既起到了支撑作用，又将 3 尊主佛像分隔出各自的空间。整座洞窟规模宏大，龛像密布，令人叹为观止。

三世佛结跏趺坐，端坐于台座之上。台座较高，为束腰形，更加衬托了佛像的高大雄伟。菩萨、弟子等胁侍围绕在佛侧，与立柱上的龛像一起，烘托出宏大、热闹的氛围。

右页：图 2-5-14　胁侍菩萨与阿难，宋，石胎泥塑

钟山石窟第 3 窟中央台基东开间

身着袈裟的阿难双手合十，神情肃穆专注，仿佛在认真听佛讲法。胁侍菩萨头戴花鬘装饰的宝冠，身佩瓔珞。丰腴的体态、呈“S”形的身姿延续了唐的风格，明眸善睐，俨然一位袅袅婷婷的女子。

左页：图 2-5-15　迦叶，宋，石胎泥塑，高 2.5 米

钟山石窟第 3 窟中央台基东开间

迦叶眉头紧蹙，若有所思，面部的五官雕刻十分细致。迦叶的皱纹与青筋清晰可见，形象生动而逼真，非常写实，体现了宋代造像的高超技艺。

图 2-5-16　文殊菩萨，宋，石胎泥塑

钟山石窟第 3 窟中央台基前东侧

文殊菩萨头戴高冠，身着菩萨装，坐于莲台之上，其特有的坐骑青狮威猛地托起莲台。青狮的雕刻十分真实，表情狞厉，阔口大张，微微回首，仿佛在与菩萨交流。

图 2–5–17　罗汉像，宋，石雕，高 0.7 米

钟山石窟第 3 窟前壁下方

每身罗汉的神情与动作各有不同，个性鲜明，好似现实生活中的人物，洋溢着生活气息。浮雕作品一样将人物展现得栩栩如生，可见当时工匠对人物塑造的精准把握。

图 2-5-18　涅槃像，宋，石胎泥塑

钟山石窟第 3 窟东壁

图像中佛陀涅槃的姿态并非右卧，而是如普通人一般仰面向上，反映出佛教的进一步世俗化。场景中佛陀的安详超然与弟子的伤心难过形成鲜明对比，突出了“寂灭为乐”的境界。造像体量虽小，但工匠依然一丝不苟，赋予了作品鲜活的生命力与感染力。

图 2-5-19　洞窟西壁，宋

钟山石窟第 3 窟

西壁布局与东壁基本对称，但风化较为严重，仅存大致的轮廓。同一窟内，精美与模糊皆存，让人在慨叹岁月无情的同时，透过斑驳去感受更为厚重的精神世界。

四、万佛洞石窟

“凿山成石宇，镵佛一万尊。人世亦稀有，神功岂无存。”这是宋代范仲淹《清凉山漫兴四首·其三》中的诗句，描写的是陕西延安万佛洞石窟。石窟位于延安城东清凉山山麓，也称“清凉山万佛寺石窟”，落成于宋代，共有洞窟4个。

第1窟（图2–5–20）是四个洞窟中最大的一窟，为石窟的主窟，即“万佛洞”，明代《延安府志》记载：“有万佛洞，内大小石佛万余。”[①]窟内正中设佛坛，坛上塑三世佛与二弟子，可惜原作已不存，现代重塑。基坛两侧各有一座连接窟顶的石屏壁（图2–5–21），壁面上浮雕有佛、菩萨、弟子像等，排列整齐，错落有致，与四壁的千佛交相呼应，左侧屏壁外侧雕刻涅槃群像与十五级浮屠尤为精美。位于南壁的一尊自在观音像（图2–5–22）别具特色，观音菩萨右腿曲起，左脚轻踏莲台，姿态舒展潇洒，体态优雅又不失端庄稳重。窟内最早的题记年代系宋元丰元年（1078），为石窟的修凿年代提供了依据。

第2窟与第1窟相邻，窟正壁同样塑三世佛与弟子像，南北两壁分别塑有文殊菩萨与普贤菩萨（图2–5–23）；两尊菩萨均为坐姿，坐于各自的坐骑之上，仪态优雅。靠近窟门处有两身天王像（图2–5–24），一身风化严重；另存一身威风凛凛，是宋代代表作品之一。宋代佛教造像以写实著称，造型相比唐代更为纤细、柔美，注重表情以及体态等身体语言的塑造。

四窟之中第3窟的藻井（图2–5–25）最为精美，从藻井中可见装饰与纹样之美，绽放的花朵、舒卷的祥云、飘逸的飞天、生动的佛传故事等集中在方寸之间。工匠将一切美好凝练地表达出来，鬼斧神工令人惊叹。

---

① ［明］李延寿主修，杨怀纂辑：明弘治本《延安府志》，樊高林、曹树蓬校点，陕西人民出版社，2012年，第21页。

图 2-5-20 第 1 窟内景，宋，佛坛高 1.43 米

万佛洞石窟（何利群 供图）

洞窟以中央佛坛为中心，坛上三世佛及二弟子像的原作已毁，现有的塑像为 1985 年重塑。窟顶凿有 3 个藻井，藻井为八角覆斗式，装饰较为朴素。坛上屏柱与洞窟四壁雕满姿态各异的大小佛像，富丽堂皇。

图 2-5-21　石屏壁面，宋，石雕

万佛洞石窟第 1 窟东壁（张建刚 供图）

壁面以千佛为主要内容，间有释迦佛、胁侍菩萨、弟子、罗汉等。各造像的体量较小，然刻画细腻。袈裟流畅的线条、人物丰富的神情，佛国境界跃然壁上。经过岁月的侵蚀已有一定风化，但气韵不减当年。

图 2-5-22 自在观音，宋，石雕

万佛洞石窟第1窟南壁（张建刚 供图）

菩萨左脚踏莲台，右腿曲起，重心落于左胯，身体左倾，左手撑着台座；另一手自然放置在右膝上，右侧姿态的舒展与左侧身体的肌肉紧张状态表现得恰到好处。菩萨体态丰腴，面貌慈祥秀美，整体结构比例十分精准，衣饰表现自然真实。其恬静、淡然的姿态示现出菩萨无限的慈悲与智慧。

图 2-5-23　普贤菩萨，宋，石雕

万佛洞石窟第 2 窟北壁（张建刚 供图）

菩萨头戴花冠，坐于象背之上。白象是普贤菩萨的坐骑，是辨识其身份的重要象征。象侧有一名袒露上身的牵象昆仑奴，象前站立一名双手合十的男子，似在对菩萨顶礼膜拜。

图 2-5-24　天王，宋，石雕

万佛洞石窟第 2 窟（张建刚 供图）

天王面容丰满，眉眼上翘，不怒自威。身穿甲胄，短衫的飘带向上飞扬，双手按剑，昂扬自信：一位在风中挺立的武士形象跃然而出，令宵小之徒望而生畏。该石雕继承了唐代健硕饱满的风貌，又增添了对神情与内心世界的刻画和表达，线条流畅，刀法自然，是宋代造像中的佳作。

图 2-5-25　窟顶藻井，宋，石刻

万佛洞石窟第 3 窟（张建刚 供图）

藻井呈八边形，藻井周边刻斗拱，八边形的每一块分为四层，从外向内雕佛传故事、卷草纹或花纹、飞天、莲花等。图案精细，刀法有力，时过千年，画面依然激动人心。

五、石空寺石窟

石空寺石窟位于甘肃省庆阳市镇原县东南 2 千米处的茹河南岸石崖上，寺院建筑已不存，石窟群长 200 多米，现存洞窟 9 个，其中第 1 龛与第 2 龛（图 2–5–26）保存较好，有石胎彩绘造像 14 尊。

第 1 龛（图 2–5–27）呈长方形，内雕佛五尊像，主尊释迦牟尼佛高 4.8 米，肉髻突出，面相方圆，沿袭了一定的唐代风格。佛左右各有一弟子与一菩萨，佛左侧弟子清秀俊朗，双手合十，应是佛弟子阿难（图 2–5–28）；右侧弟子年长稳重，手托宝盒，应是佛弟子迦叶。阿难身侧的胁侍菩萨（图 2–5–29）非常有特色，面部丰圆，双手合十，下着裙，腹前裙带相系，具有一定的装饰性。菩萨眼眶深陷，鼻梁高挺，表现出一定草原民族的特征。迦叶身侧的菩萨残损严重，头部、手部已失，仅余修长的身体部分。整体来看，五尊像中佛像体量最大，突显佛的宏伟，造像头部较大，手部较小，身体比例有些失调。虽然在一定程度上继承了唐代丰腴饱满的风格，然雕刻较为扁平，工匠对整体的把握已开始失去真实感与敏锐度，表现出佛教艺术逐渐衰落的趋势。

第 2 龛（图 2–5–30）与第 1 龛大小相仿，两者相距 3 米，有甬道可供通行。龛内雕有五佛四菩萨像，五佛即五方佛，分别是中央的大日如来、东方阿閦佛、西方阿弥陀佛、南方宝生佛、北方不空成就佛。佛像皆为立像，与第 1 龛的佛像造型相似，螺髻高耸，面容丰腴（图 2–5–31），四尊菩萨立于五佛之间，或双手合十，或手捧法物（图 2–5–32）。在第 2 龛东壁有一方清乾隆四十三年（1778）的题记《石空寺公地碑记》（图 2–5–33），碑上楷书百余字。题记说明洞窟最早开凿于宋代，明代隆庆年间（1567—1572）重修。石空寺石窟的整体风格沿袭了一定的唐代风格，注重人物神态的塑造，有浓厚的生活气息，表现出宗教世俗化的内涵，但在雕刻技法上明显不如前代的精致、细腻。

石空寺石窟地处的茹河谷是萧关道的重要路段，王昌龄在《塞下曲》中写道：“蝉鸣空桑林，八月萧关道。出塞入塞寒，处处黄芦草。”宋代镇原更是防御西夏的前线，在佛教再度兴盛的背景下，石窟的营造更饱含着民众对于战事消弭、国泰民安的美好祈愿。

右页：图 2–5–26　第 1 龛与第 2 龛外景

石空寺石窟

石窟所在的地区被当地人称之为“石佛湾”。造像距离地面约 10 米，在造像外原建有木质遮檐与带有明窗的建筑，今已不存。

右页：图 2–5–27　第 1 龛，宋，石胎泥塑，高约 8 米

石空寺石窟

龛内雕一佛二弟子二菩萨像，佛面部丰满，双肩较宽，袈裟下部呈“V”形衣纹。两侧的弟子为迦叶与阿难，一个老成持重，一个朝气蓬勃。两位胁侍菩萨仅一尊保存较好，身体修长，双手合十，虔诚、恭敬。五尊像中佛像的体量最大，与胁侍的大小对比鲜明，突出佛的核心地位。

图 2-5-28　阿难，宋，石胎泥塑，高约 3 米
石空寺石窟第 1 龛

图 2-5-29　胁侍菩萨，宋，石胎泥塑，高约 3 米
石空寺石窟第 1 龛

弟子的体量虽然较佛稍小，但近 3 米的高度仍十分高大，远观已有威仪，近观更甚。阿难身穿双领下垂式袈裟，双手在胸前合十；年轻的面庞上五官清晰、结构精准，展现出谦和与恭俭，非常传神。

菩萨形象质朴，发髻高高束在头顶，颈部细长，肩膀瘦削，合十的双手表现出对佛祖的尊敬。裙带系结，在腹前垂下。菩萨眼眶较深，眼角上挑，衣着显得十分朴素。

图 2-5-30　第 2 龛，宋，石胎泥塑，高 7.5 米，宽 11 米

石空寺石窟

龛内雕五佛四菩萨像，佛高 4.7 米，菩萨高 3 米，造像躯体高大，气势宏伟。山崖的岩体为红砂岩，匠人因地制宜，在岩石上叠加河床里的泥沙，使得岩体更易雕凿，造像更为坚固。

图 2-5-31　二佛与菩萨，宋，石胎泥塑

石空寺石窟第 2 龛

佛肉髻突出，面容方圆，身着双领下垂式袈裟，腹部略鼓，手部残损严重，具有一种端严、厚重之美感。菩萨体量稍小，窈窕而立，面含微笑，宛如现实生活中的邻家女子。

图 2-5-32　胁侍菩萨，宋（明重修），石胎泥塑，高 3.7 米

石空寺石窟第 2 龛

菩萨面部方正，发髻较高，五官与其他菩萨大为不同，应为后代重修。菩萨上身衣着已漫漶不清，下身着裙，彩绘颜色保存较为完整，赭红色鲜艳亮丽。

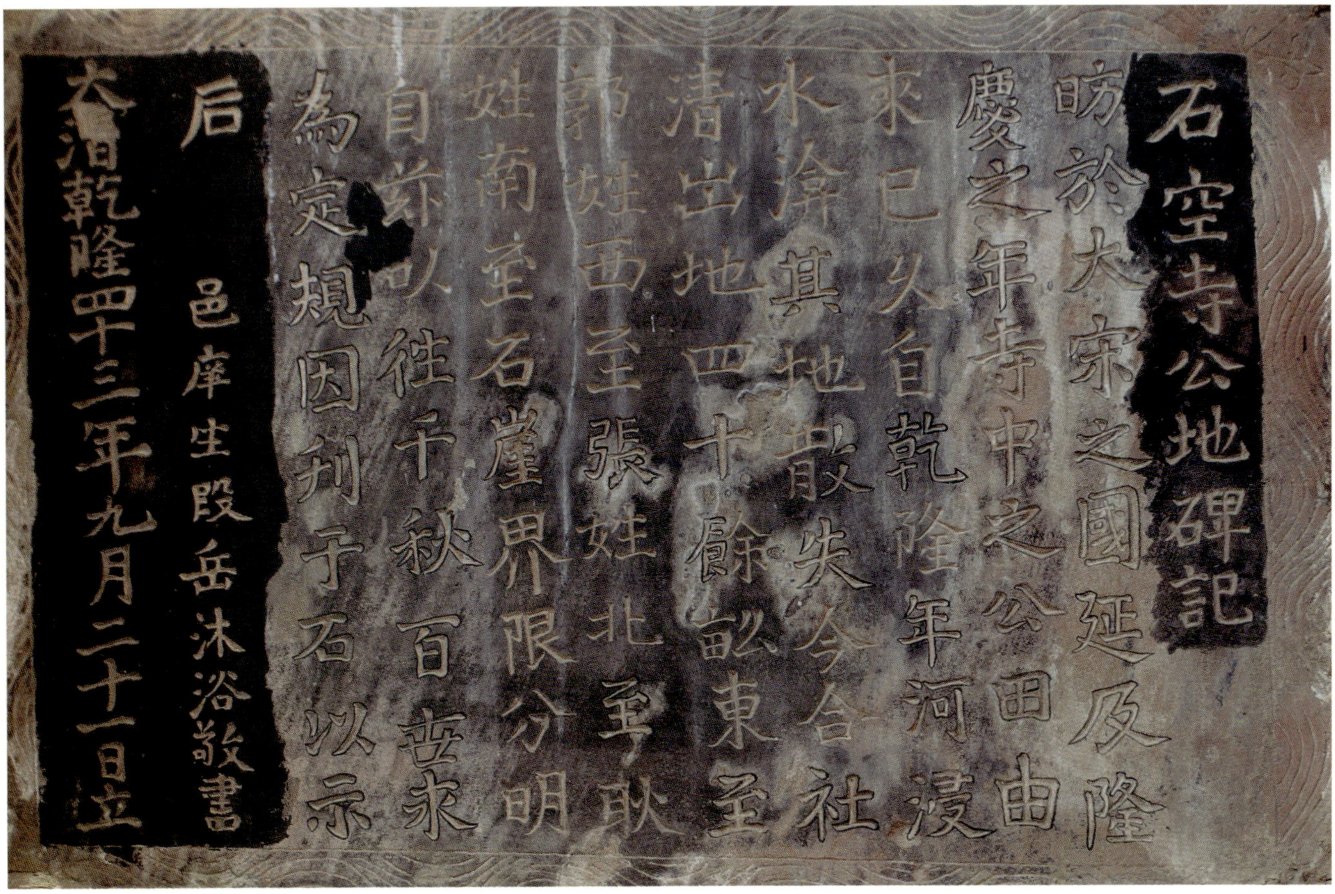

图 2-5-33 《石空寺公地碑记》，清，石刻，高 0.6 米，宽 0.9 米

石空寺石窟第 2 龛东壁

碑文：“昉于大宋之国延及隆庆之年，寺中之公田由来已久，自乾隆年河浸水淹，其地散失，今合社清出四十余亩，东至郭姓，西至张姓，北至耿姓，南至石崖，界限分明。自兹以往千秋百世，永为定规，因刊于石，以示后。邑庠生段岳沐浴敬书，大清乾隆四十三年九月二十一日立。”

六、金灯寺石窟[1]

在山西长治平顺县东北65千米处，有一处金灯寺石窟（图2-5-34）。明代申锐有诗《梵宇神勘》云："矗突危峰倚碧空，何年肇建梵王宫。时辟宝地鸣清磬，口见秀云绕翠松。"这首诗生动再现了金灯寺的奇景。金灯寺的建寺时间尚不明确，目前遗存皆属明代，现存七进院、殿宇30余间，大小洞窟17个，洞窟开凿的时间集中于明正德、嘉靖、隆庆、万历年间。

水陆殿（图2-5-35）是第四进院，是金灯寺规模最大、保存最完好的殿堂。面积125平方米的水陆殿开凿于明弘治元年（1488），为仿木结构，窟内地面凿出一方池沼，从石缝中涌出的泉水蓄满，清澈见底；池上架石桥，直通佛坛与左右两壁，小桥流水，颇有禅意与诗意。中央佛坛上塑三世佛像（2-5-36），三世佛是造像中的常见题材，至明代依然流行，背面的佛台上亦塑并坐三佛。

殿前部有八角形方柱（2-5-37）两根，柱上雕刻丰富，与殿堂有机统一，既有支撑作用，又具装饰性。左、右、后壁上部刻小佛龛，下部浮雕水陆画79幅，内容有诸天、四大天王、明王（图2-5-38）、帝王、后妃、文武大臣（图2-5-39）等，包括儒释道三教人物，体现了三教合一。其刻画精细，人物云集，精妙绝伦，是明代浮雕中的佳品。

① 本小节图片皆由山西省平顺县金灯寺文物管理所拍摄并提供，特此致谢。

图 2-5-34　金灯寺石窟外景

金灯寺坐北朝南，殿堂和洞窟依山崖分布，主要建筑有山门、大佛殿、关帝殿、聚仙楼、水陆殿等。

图 2-5-35　水陆殿内景，明

全灯寺石窟

殿内正面佛坛塑三世佛，左右两壁上部为佛龛，下部为浮雕。佛坛下方雕凿池沼，潺潺的泉水蓄满其中。水面与地面通过石桥连接，设计巧妙，意在塑造一个充满禅意与诗意的佛境。

图 2-5-36　三世佛，明，石雕，高约 3 米

金灯寺石窟水陆殿

三世佛的造型与风格基本一致，肉髻突出，面庞方正，结跏趺坐于台座上。台座两侧有二力士，似在托举台座。佛像较为扁平，袈裟的衣纹刻画稍显简单，带有程式化的特点，表现出晚期造像的风格。

图 2-5-37　八角方柱，明

金灯寺石窟水陆殿

八角形方柱位于殿前部，共有两根。柱身遍雕纹饰，正面雕龙，其他几面雕刻花卉图案，柱础为莲瓣式，装饰内容丰富，非常精美，集支撑作用与装饰作用于一身。

图 2-5-38　明王浮雕，明，石刻

金灯寺石窟水陆殿

明王一般为愤怒相，具有降伏魔障之力。此身明王头发竖起，眼睛圆瞪，有三面。身穿甲胄，手持弓箭，十分威仪。流畅的线条塑造出夸张的造型，比例协调，动感强烈与充满张力，呈现出一派俨然不容侵犯的气势。

图 2-5-39　文臣浮雕，明，石刻

金灯寺石窟水陆殿

文臣以俗人的身份进入佛教艺术之中，表达着对于佛祖的供养，同时也是对于当时佛事活动的真实记录。文臣身穿袍服，双手持笏，庄严肃穆地进行着宗教仪式。袍袖处的刻画非常传神，线条圆润，有当风之感，工匠对生活的精细观察与高超的技法蕴含在其中。

七、木梯寺石窟

在甘肃省天水市武山县马力乡有一座柏林山，它是西秦岭的余脉，地势险要。其茂林叠翠之中有一处石窟掩映其间，这就是木梯寺石窟（图 2-5-40）。木梯寺位于距离地面千余尺的半山腰，三面为悬崖绝壁，古时并无其他道路入寺，仅在北侧山门处架木梯通向寺内，因此得名（图 2-5-41）。

木梯寺石窟南北横跨九梁十沟，长约500米，现存窟龛和殿阁20个。历代造像80余尊，2006年被列为全国重点文物保护单位。木梯寺石窟具体的建造年代已无籍可考，相传始建于北魏，后经历代增建和维修，造像多为石胎泥塑，从风格来看有魏唐遗风，其中宋代作品为石窟中的精华。

依山而上，首先见到的是1号窟。1号窟又名朝阳洞，窟内造像为明清两代所塑，主尊为阿弥陀佛（图 2-5-42），主尊两侧墙壁上绘有二菩萨、四天王和二力士等，造像面容端方，呈现晚期造像的特点。壁画有上下三层，底层为早期作品，最上层为清光绪三十四年（1908）的作品。

第5、7、9窟规模较大，保持较好。第5窟高4.9米，宽6.7米，深5.4米，窟龛呈平面方形，始建于宋代，清代进行了补修。窟内有大型造像11尊，正壁一佛（图 2-5-43）二菩萨二弟子，左右壁各有一佛一菩萨，左壁有清代补塑的文官坐像一尊，右壁有清代补塑的武官坐像一尊。窟内的宋代雕塑是其中的精华，特别是几尊胁侍菩萨像（图 2-5-44、图 2-5-45），雕刻细腻，生动传神，尤为注重神情、手部等细节的表现（图 2-5-46），可见当时的匠心独运及佛教文化与世俗生活的紧密结合。

第7窟略小于第5窟，内有塑像8尊，具有中唐到五代的风格。其中最著名的即位于正壁的左胁侍菩萨，呈游戏坐坐于束腰莲台之上，右腿伸出莲台，其足踩莲花，神态娴雅，泰然自若。第14窟也称大佛阁，依天然崖面开凿，原建于唐，现代重修。在窟前重建有二层木构阁楼，阁楼通高8.5米，内有木梯直通二楼。窟内塑有倚坐佛像一尊和胁侍菩萨两尊（图 2-5-47），大佛胸以上部分为现代重修，下部基本保持了原貌（图 2-5-48）。当年大佛的恢宏气度全然可感。

木梯寺石窟位于古丝绸之路南道和唐蕃古道上，是渭河上游重要的

图 2-5-40 木梯寺石窟远眺

微雨中的木梯寺石窟，山色青翠，轻烟袅袅。

佛教遗迹之一，表现着古人的生活与精神追求。在巍峨秀丽的山色中，依山而建的石窟与山景相映成趣，为青山平添了肃穆与庄严。立于石窟之外，山下的马力乡一览无余（图 2-5-49）。

两宋时期，经济发展，文化艺术渐盛。宋代石窟造像延续了一定流畅清雅的唐风，但其灵动已大不如前。自宋以后，北方石窟的开凿临近尾声，而单体木雕、彩塑以及壁塑风行一时。

随着藏传佛教的兴盛，元明时期一些藏传佛教的内容出现在内地石窟之中，然其数量相对较少，此时的石窟工事主要是对于已有洞窟的修葺，但无法修复如前，前人的精神风貌已失，石窟艺术渐趋衰微。

图 2-5-41　通往山门的石阶

古时通向寺内的木梯早已不存，现有一条石阶路通向山门。石阶陡峭，攀爬艰难若此，千百年前的木梯应是尤甚。古人在如此险要之地开窟造像，一些材料更是需要人工背上山，其艰难程度可想而知，由此，对古人的敬畏之心亦不觉油然而生。

图 2-5-42　阿弥陀佛像，明，高 2.36 米

木梯寺石窟第 1 窟

阿弥陀佛是西方极乐世界的教主，能接引念佛之人往生西方净土，故又称“接引佛”。此尊阿弥陀佛面部方正，头部螺发盘布，白毫突出，双耳垂肩；身穿袈裟，上有沥粉堆贴的团花、云纹等图案；下着长裙，装饰细致精美。

图 2-5-43　燃灯佛及手部，宋，石胎泥塑，佛高 1.85 米

木梯寺第 5 窟正壁

洞窟正壁塑佛五尊像，主尊为燃灯佛。燃灯佛又称定光如来、普光如来，是三世佛中的过去世佛。佛左手置于左膝，右手施无畏印，手掌塑造极为传神，手指纤细修长，掌纹清晰可见。佛像头部突起的螺发十分有质感，袈裟下燃灯佛雄厚饱满的身体结构准确，表现出宋塑对人物形体的精准把握。

左页：图 2-5-44　胁侍菩萨，宋，石胎泥塑，高 1.95 米

木梯寺石窟第 5 窟正壁左侧

胁侍菩萨位于正壁左侧，面相圆润，眉眼细弯，令人观之亲切。菩萨佩戴项圈、臂钏及手镯。上身袒露，下身着贴体长裙，裙带于双腿之间打结后垂下，衣上色彩微存。左手自然下垂，右手手持一花苞举至胸前，身体略呈“S”形，体态优美，风姿绰约。

图 2-5-45　胁侍菩萨局部，宋，石胎泥塑，高 1.95 米

木梯寺石窟第 5 窟正壁左侧

胁侍菩萨束发高髻，眉目清秀，身姿婀娜。与其说她是一位菩萨，不如说她是一位正值豆蔻年华的少女，神情宁静，似在沉思，又似在聆听，静静地伫立于佛国世界，转瞬千年。

图 2-5-46　胁侍菩萨局部，宋，石胎泥塑，高 1.86 米

木梯寺石窟第 5 窟右壁

菩萨束发高髻，头发刻画细致，发丝清晰可见。颈部有三道蚕节纹，挺胸鼓腹，左手自然下垂，右手持一摩尼宝珠置于胸前。项链和臂钏贴有细腻的花饰，自双肩垂下的披帛紧贴身体，随身体起伏上下。

图 2-5-47　一佛二菩萨像局部，石胎泥塑，唐（现代重修），主佛高 6.38 米

木梯寺石窟第 14 窟

大佛胸部以上部分和两侧胁侍菩萨为现代重修。雄伟壮阔的唐风虽隐约可见，但肩膀偏瘦削，形体比例稍欠协调，整体气势已不如唐代。大佛双目微睁，凝视远方，静谧安详。

图 2-5-48　大佛像局部，唐，石胎泥塑，高 6.38 米

木梯寺石窟第 14 窟

大佛左手抚膝，右手施无畏印，倚坐于台座之上。外穿袈裟，内穿僧袛支，衣带在胸前打结，衣纹呈“U”形分布于腿部。尽管大佛经累世维修比例失和，不复当年风采，但其体量巨大，且坐落在陡峭的山崖之上，依然能使人感受到威严。

图 2-5-49　山下的乡镇

山上的石窟与山下的乡镇相顾而望。佛境与世俗，静谧与喧嚣，就在分隔与相连中过了千年，任尔红尘滚滚，我自清风朗月。

中国佛教美学典藏

总主编

高建平　尹　佃

各分部主编

佛教绘画部　丁　方

佛教造像部　张　总　王敏庆

佛教书法部　何劲松

各分卷作者

造像经典与仪轨　王敏庆　普　能　著

石窟造像（上下）　何　莹　全　薇　著

地面寺院造像（上下）　宋伊哲　著

出土及传世造像　王敏庆　杨小娟　吴源虹　著

经卷佛画　张建宇　著

石窟壁画　张俊沛　著

绢帛佛画　刘　韬　著

禅意绘画　陈粟裕　著

禅德墨迹　聂　清　著

佛教碑刻　胡吉连　著

敦煌写经　李逸峰　著

佛塔建筑　王　耘　著

伽蓝建筑　徐　翥　著

主要编辑、出版人员

社　　长　刘祚臣

副总编辑　刘金双

主任编辑　曾　辉

编　　辑　（按姓氏笔画排序）

于淑敏　马　蕴　王　绚　王　席

王一珂　王慕飞　冯　然　邬四娟

刘金双　李　静　李玉莲　宋焕起

林思达　易希瑶　帖慧祯　胡春玲

郭银星　黄佳辉　曹　来　盛　力

程　园　曾　辉　鞠慧卿

特约审稿　汤凌云　韩　伟　陈丽丽　王怀义

装帧设计　今亮后声

排　　版　博越设计

石窟造像（下）

内容简介

本书分上下两卷，上卷介绍新疆和中原北方地区的造像，下卷介绍南方和藏传佛教地区的造像。作为佛教艺术的重要表现形式，石窟造像积淀了国家、民族和时代的风貌，是佛教中国化的表现与见证。本书依地域、时代、形式样态、材质等框架对石窟造像加以全面解读。

全薇

专研中国佛教艺术史，对石刻佛经和西南地区佛教石窟艺术有较深入的研究。

国家出版基金项目
NATIONAL PUBLICATION FOUNDATION

高建平　尹佃
-总主编-

中国佛教美学典藏

佛教造像部
主编·张总　王敏庆

石窟造像 下

全薇 著

中国大百科全书出版社

图书在版编目（CIP）数据

中国佛教美学典藏．石窟造像．下／高建平等主编；全薇著．—北京：中国大百科全书出版社，2024.5

ISBN 978-7-5202-1393-6

Ⅰ.①中… Ⅱ.①高…②全… Ⅲ.①佛教—美学—研究—中国 Ⅳ.①B948

中国国家版本馆CIP数据核字（2023）第149519号

出 版 人　刘祚臣
策 划 人　曾　辉
责任编辑　程　园　林思达
特约编辑　鞠慧卿
责任校对　齐　芳
责任印制　李宝丰
装帧设计　今亮后声
排　　版　博越设计
出版发行　中国大百科全书出版社
地　　址　北京市阜成门北大街17号
邮政编码　100037
电　　话　010-88390969
网　　址　http://www.ecph.com.cn
印　　刷　北京雅昌艺术印刷有限公司
开　　本　889毫米×1194毫米　1/16
印　　张　56.5　拉页14面
字　　数　601千字
印　　次　2024年5月第1版
　　　　　2024年5月第1次印刷
书　　号　ISBN 978-7-5202-1393-6
定　　价　1400.00元（全二册）

总序

这部多达十五卷的佛教美学和艺术的总汇，是聚数十名专业研究者，积八年之功完成的一项宏大工程。在过去的这些年里，各位参与者都很辛苦。现在，终于苦尽甘来，欣喜之感油然而生。

当前，我们正处在中国式现代化建设的伟大进程之中。要建设中华民族现代文明，就要将现代理论与优秀传统文化遗产相结合。中国佛教艺术是中国传统文化和美学的一个重要组成部分。古人给我们留下了许多精美的艺术珍品，值得我们花大力气去整理、总结，站在现代的立场进行思考、研究。

在五千年的中华文明史中，最初一千多年，中华美学思想的萌芽可从巫史传统和工艺创造中体现。当时的人留下了丰富的实物，给我们提供了对那个时代文化状况的丰富的想象空间。其后，从商到周，出现了精美的青铜器皿，形成了发达的礼乐文化，在实物、操作和观念这三个层面推动了中华美学思想的形成和发展。佛教是发源于印度的宗教，传入中华大地以后与中国原有的礼乐文明碰撞交融，经历了一次外来思想中国化的过程，由此造就了文明的更新。

中国的礼乐文化在周朝兴盛，历经春秋战国，尽管礼崩乐坏，但还是有人竭力保存，到秦汉时仍有所传承。礼乐文化服务于周王室，通过分封的等级制度，实现以上化下、以夏化夷的政治设计。秦汉以后，分封逐渐消失，大一统的帝国逐步形成。这一时期，社会的上层与下层相距遥远，礼乐仍在上层社会的一些礼仪性活动中施行，这时就需要宗教在下层起到填补审美需求空间的作用。

在欧洲，希腊式的城邦制度解体，原来的希腊－罗马宗教体系只在上层社会被维持；而基督教则从社会的下层开始发展，得到广大民众的支持，最终迫使罗马皇帝改宗，同时也在巨大的罗马帝国范围内流传，成为世界性的宗教。在中国，佛教在一定意义上也起着这样的作用。从汉代到唐代，普通民众的审美需求成为佛教兴盛的土壤。正是由于这一原因，通过满足社会中下层民众的审美需求，佛教的审美理想和艺术创造在文明的深处扎下了根。

中国佛教美学有着一些突出的特点。

第一是理想性。这种理想性与非现实性、虚无和出世的观念结合在一起。这在华严宗和净土宗等宗派的思想中有明显的表现。它们所追求的净土，并非存在于现实的此岸世界，而是在理想的彼岸世界。它们的美，也从属于那个世界。现实的美只是彼岸世界美的影子。

第二是通过悟来感受世界。通过悟获得真美，或是苦修而悟道，或是禅宗所主张的顿悟——机缘触发，瞬间就能得道，即达到真美的境界。

第三是偶像崇拜。各种源于犹太经典的宗教，无论是犹太教、基督教，还是伊斯兰教，都流传逃出埃及的以色列人由于崇拜偶像而引起摩西震怒的故事，从而形成各种反偶像崇拜的传统，有的弃绝一切形象，有的不准造圣像。即使后来最热衷造像的天主教，也是依据一套“愚人的《圣经》”的说辞，即运用图像给不能阅读的人演绎《圣经》故事，提供图像存在的理由。这样一来，天主教的图像只是神圣故事的演绎，其本身不具有神性；圣徒所崇拜的不是偶像，而是通过图像感受神的道理。与此不同，尽管佛教早期也有过一段无佛像时期，但后来很快就有了对佛像的普遍接受。佛教的造像被认为其本身就有神性，是神的化身。

第四是宏阔的时空观。源于犹太经典的各种宗教都具有关于世界起源的传说和关于世界末日的预言。佛教则不同，不认为有起源和末日，而认为世界在时间上是无限的，循环往复，以至无穷；在空间上也是无限的，无所谓中心、边缘。体现在美学和艺术上，佛教就具有一种超越时空、追求无限的美学观念。

第五是和谐圆融的审美境界。美的理想是一种圆，但这不是毕达哥拉斯的数学上的圆，而是圆融的生存境界。佛教讲世界和谐，这又是通过圆的意象得到体现。

本套书共分四部十五卷，涉及书法、绘画 、造像、建筑等。

佛教书法部共有四卷，即《敦煌写经》《佛教碑刻》《禅德墨迹》和《禅意绘画》。

在印刷术流行之前，佛经的流传主要靠人工抄写。在这方面，敦煌藏经洞给我们留下了大批人工抄写的佛经。当时传抄佛经是基于保存和流传的需要，同时佛教徒们也将抄写佛经当成一种修行，通过艰辛的抄写工作以积累功德。这不仅为我们留下了大量的经典，同时也留下了重要的对当时的书写进行研究的材料。绝大多数佛教徒在抄写佛经时，都有一种虔敬的心态，他们书写认真，字迹清楚、容易识读。在字体上，楷、行、草三体均有，但以楷书为主。

佛教碑刻包括佛经碑刻、造像题记及寺塔碑碣。这些碑刻用途不同，风格上也有差异，但大体上是以隶书和楷书为主，风格上庄严静穆，偶有装饰意味。

禅德墨迹包括具有文人趣味的禅僧的书法作品，以及受禅宗思想影响的文人的书法作品。这些作品风格自由活泼，字体多为行书和草书，通过笔墨直抒胸臆，表现内在的情感。

禅意绘画，最初是画者致力于表现禅理，强调直觉性和感悟性，并以此使绘画超越形象的描绘。这种绘画追求推动了中国绘画意识的发展，并且与文人绘画结合，对中国绘画观念的发展和转折起到了关键作用。

佛教绘画部共有三卷，分为《石窟壁画》《绢帛佛画》《经卷佛画》，各有其鲜明的特点。

石窟壁画是指画在石窟壁上的绘画。壁画是人类最为古老的一种绘画形式。中国佛教石窟壁画主要存在于西域地区，以佛像和佛教故事为主要题材，也包括对佛国之境的描绘，其中乐舞飞天的壁画穿越千年，给人以惊艳之感，成为当代众多艺术创作的灵感来源。石窟壁画大多受印度绘画人物造型的影响，又开始具有中原绘画的元素，成为中西艺术风格结合的最早范例。

绢帛佛画以敦煌藏经洞绢画为主，现多藏于英、法、俄、德等国的博物馆中，日本、印度、韩国等国也有保存。这些绢画所画的形象不同，有佛、菩萨、罗汉、武士，以及供养人。从这些画中可看出中国绘画中线条之美的来龙去脉、中国绘画色彩的源与流。宗白华区分了中国艺术的错彩镂金之美与芙蓉出水之美，绢帛画大体属于错彩镂金一类。

经卷佛画，即佛经中的插图或附图，包括佛教经卷的卷首画（也称扉画）、随文插图、卷末的拖尾画。从制作技艺来看，经卷佛画分墨绘佛画和版画，雕版印刷繁盛时代出现了讲述各种佛经故事的版画。对经卷佛画的研究很有价值，但过去研究不多，本卷是对此研究领域的开拓。

佛教造像部内容最为丰富，分为《石窟造像》《地面寺院造像》《出土及传世造像》《造像经典与仪轨》。

《石窟造像》分上、下两卷。上卷讲新疆和中原北方石窟，下卷讲南方和藏传佛教造像。将这些不同地域、不同时代所创作的造像放在一起来对比，可以清晰地看出这些造像的造型和艺术风格在文化交流中留下的痕迹和在时代变迁中的沿革。

地面寺院造像则呈现出多样性和变动性。遍布西域和中原大地的佛寺中的造像，以及在藏区的藏传佛教寺庙中的造像，呈现出各自的地域特点；经过千年变化，又呈现出不同的时代特点。尽管佛像有“千佛一面”的说法，但不同地域、不同时代佛像的差别仍鲜明地体现出来。

出土及传世造像可称为前两种佛教造像的补充。这些造像被发现和保存，具有极大的偶然性。它们不像石窟造像，可系统发掘；也不像现存寺院里的造像，原本就有完整布局，具有系统性。这种出土及传世造像相对零散，其系统性需要研究者构建。

《造像经典与仪轨》是很特别的一卷。该卷对佛教造像特点和主要菩萨、天王等形象的基本框架做了概述，还对佛教活动的空间、所用法器等做了阐释。

佛教建筑部共两卷，一卷讲伽蓝，一卷讲佛塔。

《伽蓝建筑》主要讲历代的中土佛寺及藏传佛教的寺庙。正像欧洲历史上的建筑集中体现于教堂一样，佛教寺庙亦成为中国古代建筑的典范。本卷分朝代展示中国古代的寺庙，并对藏传佛教的寺庙做了专门的论述。

《佛塔建筑》专门论述佛塔。佛塔造型精美，是中国古代建筑精华所在。佛塔近可与寺庙组成一个整体，高耸的塔在建筑群中起画龙点睛的作用；远可装点河山，在自然山水中加上人工点缀。佛塔原本是瘗埋高僧圆寂后遗体和珍藏舍利的地方。它既是死亡之所，又是涅槃和超越之地。生死之事，永远是最大的事，这与僧人生活有密切关联，也使塔有了人情、人性、理想等多种意味。

佛教美学和艺术的内容丰富多彩，包含各个艺术门类。除本套丛书所介绍的之外，还包括诗词、音乐、歌舞等。我们的想法是，在现阶段能做什么，就先做起来。希望这套典藏为更全面地研究中国佛教美学起奠基作用；也希望将来在此基础上，借助新媒体，使中国佛教美学的精华得到更为全面的展示。

在最初组织这一课题组之时，我们的计划是，从几个主要的佛教艺术门类中，选取最有代表性的作品，给予精要的说明，以形成佛教美学的一个总汇。其目的在于，将佛教美学的精华在一个选本系列中汇总起来，将一些平时很难见到、只有专家才掌握的佛教艺术作品的图片加以集中，配以解说，从而使这些作品受到人们的关注。佛教从两千多年前开始传入中国，带来了佛教美学和艺术，在中国大地上生根、开花，与中国原有的传统结合，再经过历代僧俗信众的传承和创新，形成了璀璨多彩的中国佛教文化。中国佛教文化成为中华文化的一个组成部分，在世界文化史上也具有重要意义。在今天，加强佛教美学的学术研究，对佛教艺术的普及，对大众熟悉和了解佛教文化，对传承和弘扬中华优秀传统文化，都是一件功德无量的事。

记得第一次开编纂工作会，任务是明确大脉络的分工，确定各卷的主持人和基本研究队伍，划定各卷内容的边界。各位参编者的热情都很高。大家一方面认为，这件事很重要，编出的书会很宏伟壮观，成为一个大制作；另一方面也认为，这方面的书过去很少，有了一个好的立意，再加上选对了人，编起来不会费多大的劲，不过是将相关领域的专家集中起来，将原本就熟悉的材料以一个新的、对读者更具有亲和力的形式重新组织一遍而已。

到了真正上手去做才发现其中的种种艰难。材料难找，解说不好写。历史事实考证清楚，解说内容正确，这是基本的要求。这方面的要求，说说容易，做起来就有难度。不仅如此，由于这套书冠名美学，在选材时体现美学视角、在解说中体现美学阐释就很重要，对于长期致力于事实考证的专家来说，这种工作也有一定的难度。在撰写过程中，有人畏难退缩，有人赶不上进度要求，但是，这样一个庞大的工程，开弓没有回头箭，再艰难也要做下去，并且要保质保量地完成。

在这几年的工作中，撰稿和编辑人员都付出了巨大的努力。他们不仅研读既有的书籍、史料和画册，还要遍访全国各地的代表性寺院。最让我感动的是，他们跋山涉水，带着沉重的拍摄器材到现场拍摄。为了获得最佳的拍摄角度，课题组还购置了无人机，以便在人无法到达的角度进行拍摄。他们的努力，为这套书提供了大量精美的独家图片。

在此期间，课题组多次在北京召开会议；还远赴广东、山西等地，举行各种工作会议。每次会议都力求实效，解决编写过程中所出现的各种具体问题，包括工作分工、人员配备、文字质量、图片规格和要求、工作进度，以及编撰者与编辑如何相互配合以加快进度，等等。为了深化这套书的美学特色，我们还邀请了几位对中国古代美学有研究的学者对文字内容进行了审阅，提出了许多具体的修改意见。

现在，书稿终于付印了。感谢参加撰写《中国佛教美学典藏》的各位作者，各位均为对佛教美学和艺术有深厚研究基础的专家。他们不辞辛劳，集中精力，终于使这项巨大的工程得以完成。更令我们感动的是，著名佛门高僧尹佃法师自始至终参与我们的策划立项、内容框架研讨和后期编纂工作，多次参加编纂工作会议，提出重要意见。中国大百科全书出版社的郭银星和曾辉两位接力领导的编辑团队，对这项工作极为负责，在编辑出版过程中提供了周到而贴心的服务。本书是各位辛勤劳动的结晶。

佛教艺术和文化是中华美学的一个重要组成部分。中国佛教之美是先人留给我们的一笔宝贵遗产。同时，它又是在当代充满生命力的活的美学。我们带着对文化传统的虔敬之心来整理这份遗产，又以面向当代、面向世界、面向未来的态度，带着责任感和使命感，以激发传统文化在当代的生命力为目的，来审视并引领中国美学的辉煌未来。

总 论

《中国佛教美学典藏》以历史上中国佛教美术的遗产为主，表述其美学方面的面貌与特色。佛教造像部是其中的主要部分。因为中国佛教美术的主要遗产是石窟寺，其数量与地域、历史跨度及时代之早等都在世界上居于首位。中国木构寺院当然数量更大，但是现存者多为明、清建构，包括许多始建年代甚早、代有延续的寺庙，唐、宋寺殿之遗构已属很少。石窟寺与木构的地面寺院本身具有建筑、雕塑、绘画浑然一体的性质，但其中皆以造像为崇拜主体。佛教造像部主要侧重于石窟寺、地面寺院之中的造像部分，还包括了石窟寺与地面寺院以外各种材质的佛教造像。这类可移动单体造像（包括造像碑与造像塔）在古代多在寺院之中。但自古以来在寺窟之外的许多环境，如通衢大道、村落集镇、义井池旁、宫殿家宅等，也有很多大小不等的像设。再者，佛教造像都有经典依据，且具种种深浅程度不同的相关仪轨，略加论述会有更好的效果。所以，佛教造像部设为六卷，即《造像经典与仪轨》、《石窟造像》（上、下册）、《地面寺院造像》（上、下册）、《出土及传世造像》。其中后三卷先依时代地域、形式样态或材质等构成框架，再结合美学方面的观念与概念加以列述，以期使读者对佛教造像的美学面貌有较好之了解。

《中国佛教美学典藏》佛教造像部采取这种构成，基本上是依据目前学术界大多认同的现状而做出的。《中国佛教美学典藏》本意重在美学，应以美学的观念与概念来组构，但因佛教美学自身概念和体系上的问题而无法形成可供操作的体系形态。譬如说，用崇高之美、慈悲之美、精巧之美、超然之美等划分是无法构成完备的佛教美学架构的。佛教本身也有不少关涉美学的观念思想，具备很多自成的概念，如庄严、相好、殊胜、妙好等；还有很具体的佛陀相貌，如“三十二相”“八十种好”及《造像量度经》之类的规式。若能以佛教本身的美学概念来构成本书的结构，当然最好不过。但因佛教本身是宗教，自有统摄与延展的哲学体系，其论说之中既有赞颂涉美的部分，也有反对美感观受的部分，若全以佛教美学观念来组构，也确有一定的困难。所以，我们只能就一般学术理论视阈在《石窟造像》《地面寺院造像》《出土及传世造像》的基础上，将现代学术之美学观念与佛教特有的一些观念结合起来，进行陈述；而佛教本身的具体规式，则专设《造像经典与仪轨》阐述、展现。

美学观念与感受既有客观性赋予，也有主观性臆想。同一尊佛陀、菩萨像或天王力士像，在不同的人看来，感受是不同的。就是同一个人，在不同时段以不同心境来观看（想），美学方面的感受也是不同的，甚至差别很大。所以，本书只是给读者提供一种基本的参考，仅为佛教美学在造像方面最基本的脉络依据，绝非佛教美学在造像方面的定论之成果。

关于佛教美学范畴之内的造像，最直接具体的经说就是关于佛陀“三十二相”“八十种好”的论述，即这些庄严相好意蕴具有很强的感化力。不少佛传故事或记传之中，都说是观看到了庄严相好的佛陀，因而生出了敬仰倾慕的心，从而皈依了佛教。关于“大人相好”（指佛陀的庄严相貌），古印度就有相关传统。涉及这一主题的经典文献众多，它们向我们展示了佛教中觉悟者佛陀相貌的美好之处。从丰富多样的佛教造像遗存来看，在不同时段与地域中，采用各种材质和手法创制的佛像，既遵循了佛教经典的规定，又呈现出多姿多彩的样貌。这些不同样貌的佛像，既反映了国家、地区、人种、民族等文化特征的差异与变迁，也体现了时代背景下的传播演变，以及造型艺术手法、材料与技术手段的创新与发展。简而言之，佛像之美具有鲜明的时代特征。

关于佛像之美的论述，除佛教典籍之外，还可见于历史文献的记载。这些资料，有些可以和遗存吻合，有些则没有实物印证。佛教美术的遗产杰作中，有不少由具名有姓的艺术家创制，但更多的由未留下姓名的工匠所为。就其普遍性与多样性，以及历史年代的广泛覆盖而言，佛教美术实际上反映的是自古以来各个国家、地区与民族的审美观念。

佛教造像所展现的美、美学的观感、美学的概念是多方面的。其中，既有某一特定方面或细节，如崇高感，这在大佛的造像中得到了充分体现；也有更为核心的内容，如佛教中“诸恶莫作，众善奉行”的教义，它阐述了佛教最基本的慈悲精神与理念。因此，我们可以从各种各样的佛陀形象，如佛教所尊崇的十方佛、三世佛与三身佛，以及各国各地不同材质、技法雕琢的佛像，如古印度石雕、犍陀罗前期与后期的石刻与灰泥塑像，日本的木雕，中国的泥塑、木雕与石刻造像等中观察到慈悲与智愿等精神的体现。在佛教造像之中，也有很多美学观感可以成龙配套。例如，某些时期和地域流行成铺的造像，如唐代很多佛像都是一佛、二弟子、二菩萨、二天王、二力士，或再加双狮，共九尊或十一件像。其中佛陀的庄严、弟子的谦恭、菩萨的慈悲、天王的威武、力士的孔武、双狮的雄强，恰成一个小世界，或者说小宇宙、小天地。这是就一铺造像而言。就佛教的体系而言，又何尝不是如此？这个成系列的组合与配套，可以更详尽、丰富地展开论述。

从原始佛教到部派佛教，到大乘佛教，再到密教佛教，佛教这四大发展阶段对佛教造像有很大影响。

在原始佛教时期，不允许出现佛陀形象的本身。在佛传故事中应该出现佛陀本身的地方，如佛座上，或空无一物，或以法轮代替，这样处理有象征之美、空灵之美。而在佛传故事的其他部分，则会以不同手法展现丰富而细腻的美学意蕴。

在部派佛教时期，造型艺术中只有释迦牟尼佛，偶有弥勒佛。这一时期，释迦牟尼佛此生的佛传故事、其前世的种种本生故事，以及配合的一些因缘与譬喻故事，都在艺术作品中得到了充分的体现与生动的表达。这一时期的造像还有弟子罗汉、菩萨及伎乐天人。

在大乘佛教时期，佛陀降诞出现于十方与三世，空间与时间上都有，且具无限的可能性。菩萨是大乘佛教的根本特征之一。诸大菩萨已经具有成佛的条件，但却发了大誓愿，留在五浊恶世拯救众生。观世音、文殊、普贤、地藏四大菩萨，具有慈悲、智慧、大行、大愿的抽象象征。弟子罗汉更有发展，十大弟子特别是五百罗汉的表现，与僧侣直接对应，表达出宏阔广大的景象。护法则有天龙八部，其中的乾闼婆（香音神）——飞天，在美学上成为东方美学灵动殊妙的代表形象。龙王摩睺罗伽（大蛇）及天王力士与神兽的威猛、孔武有力，亦大有展现。大乘佛教造像艺术的谱系，可以说是佛教美术中最主要的谱系，在中国、韩国、朝鲜、日本及越南等东亚、东南亚国家和地区有着极大范围的丰富遗存并产生极重要的影响，是佛教美学资源方面最主要的宝藏。

密教，是佛教汲取婆罗门教的内涵及一些要蕴形成的。密教为佛教造像艺术带来了根本性的变化。由于佛法修行的需要，密教形成了极为复杂的佛菩萨体系。成熟的密教有高度组织化的神祇谱系，如金刚界大曼荼罗与胎藏界大曼荼罗。密教经典对佛像谱系有详细规定。诸佛、菩萨、护法等像的相容、姿态、服饰、手印、法器，每个部分的色彩，主像与胁侍的组合，成铺的像设，分系列及大曼荼罗等，都在经典中有详细规定或经典的配合仪轨。所以，密教经典也被称为经轨。密教像设与遗存，在中国唐代长安（今西安）、敦煌，藏传佛教流行的蒙古地区、藏区等，以及印度、尼泊尔、日本等地都有。密教造像，特别是后期密教造像，在表现佛陀、菩萨、天部、明王等形象时，常常化现为凶神恶煞的形貌。所以，密教后期美术确有特别的美学特征，即威猛狞厉之美。

《造像量度经》出现较晚，但其对佛像的比例有相当详密的规定。佛像身体各部分的比例和谐舒展，自然体现出美感，但此经对佛像比例进行规定并不是为了追求美感，而是从宗教的神圣性与功用性出发的。佛教美学在各历史阶段具有不同特质的美。

从佛教自身出发，我们可以从经典与仪轨、历史教派阶段的特征变化上对佛教造像的美学有所认识。当然，从造型艺术或者说空间与手法等方面，也可以对佛教造像的美学特征有所认识。佛教造像安放布列最主要的单元是寺庙殿宇。石窟寺其实也是一种寺庙。寺庙的规模可以有很大差别。大者如名山道场，小者有阿兰若等。“天下名山僧占多”，说明了寺庙与环境的关系。所以从寺院的层级与环境的关系，亦可追寻其中的美学特征。

寺庙之中，从像设的安放主体——大雄宝殿到配合主体殿堂的种种佛菩萨殿，都有各自的美学美感特点。更为普及的阿兰若，或是家庭中的佛堂、神龛，各自有各自供奉佛像的具体环境。

佛教造像都是雕塑而成的，所以要从维度方面简要说明。现代雕塑术语中，有圆雕与浮雕之说。在长、宽、高三维空间中，各维度都等同原状，即相当于人身或物体形状，即为圆雕。在某个维度予以压缩的就是浮雕，压扁程度大者为浅浮雕，程度小者为高浮雕。圆雕一般可以从四周来观看，浮雕则不行。形态上还有雕塑本身独立与雕塑后面连着背光或山岩等物体的。古代雕塑之佛像，背后往往贴连背光或像后衬托。从空间来说，有不可移动的石窟作品，多为大像巨作，近于圆雕的像体，后面连在山体之上。寺庙殿宇之中，通常专设佛坛来安放像设。这些佛像，本身近于圆雕，但后面多设有背光。不过，在现存文物之中，特别是出土的佛像作品中，能从四周观看的圆雕作品也为数不少。

中国的佛像作品往往结合了多种造型手法。除了立体程度不等的圆雕与浮雕手段，还有本质上属于绘画的线刻。线刻有在石面上进行的线刻，也有通过突起或下陷形体轮廓，再施以线条描刻来表达的形式：通过不同形式，达到丰富浑成的艺术表现效果。在材质的选择与处理上，也有很多表现手法。金、铜与石、木等多种材质在体积与重量上各有特色。在色彩施加方面，既有彩塑即泥塑敷彩，也有石雕彩绘。绝大多数佛教造像是具象写实的表达，但也有抽象与象征或装饰图案的辅助表现，如合掌手势、胸前“卍”字、肉髻顶珠、服饰图案等。

总之，我们可以从空间造型艺术手法来观察、理解、感受佛教造像之美，感受佛像与美的种种关联。当然，基于造型手法的感受比较侧重于美术之专业角度。但一般来说，最普通的观者在看到佛教造像时，在进入石窟、寺庙和面对像龛时，都能产生种种的美学感受。因而，我们基于佛教美术本身的时地架构，从中选出精妙美好、殊胜庄严、具有美学情趣的作品，希望能为读者提供丰富妙好的大餐。

2023 年 4 月

目 录

图片目录

第三章

南方地区石窟（一）

第四章
南方地区石窟（二）：南天瑰宝

第五章
藏传佛教石窟

中国
佛教美学
典藏

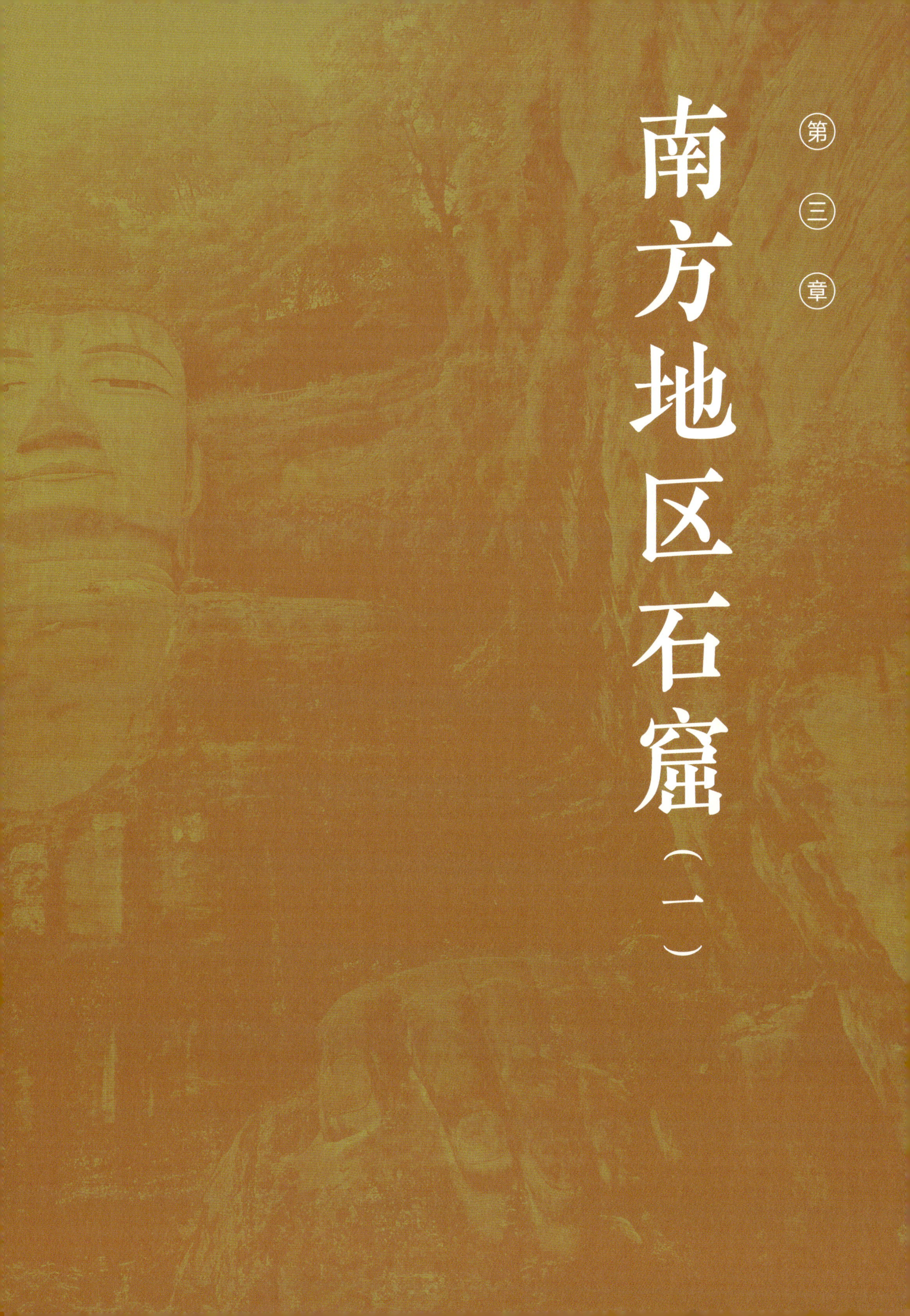

第三章 南方地区石窟（二）

巡礼中国石窟艺术，不同的美的需求、不同的美的风格交织在时间和空间之中。从北到南、从西至东，从3世纪时开始凿造，延续至16世纪，大小不同的石窟星罗棋布，时代和风格的差异主要集中在南北两个区域。幅员辽阔的土地产生了南北之间气候、地理、文化和历史的巨大差异，也造就了不同的审美意趣。北方石窟情况最为复杂，从佛教初传至晚唐，沿丝绸之路涌现出无数鸿篇巨制。而南方窟像萌芽自东汉，魏晋南朝佛事虽盛但开窟造像却少，由唐入宋南方才迎来石窟营建的第一次高潮。窟像主要分两个区域，以南京为中心的江南一带和以成都为中心的四川一带，广义上云南和西藏两地也属于南方，但因地理阻隔，形成了不同的文化板块，另文述之。

以建康（今南京）为中心的江南一带，三国孙吴时期已有支谦、康僧会等传法。江苏连云港孔望山摩崖造像约开凿于东汉末，是中原地区最早的佛教艺术遗存之一。东晋时期，江南涌现出一批杰出的艺术家，如顾恺之、戴逵、陆探微等都曾参与佛教艺术的创作，但这一时期石窟较少，留存的遗迹是以南京栖霞山为代表的少量遗存和浙江剡溪大佛。从凿造的情况来看，大佛的形式实质都是大龛像，即开大龛造像而并非凿成窟室，像凿成后，龛前再接木构建筑，以供礼拜。南方多龛像、少窟室的特点自此一直传承。杭州西湖附近石窟自五代滥觞，尤以宋代罗汉造像和元朝藏传系窟像著称，长江南下进入江西境内与赣江相连，也将赣州通天岩造像与杭州飞来峰石刻联系在一起，两处造像时代接近，题材相同。

成都及周边出土不少精美的南朝造像。而川北广元位于连接长安（今西安）和成都的交通要道上，早期龛窟表现出强烈的北朝风格。巴中、绵阳等地也因地缘较早地接受了佛教文化，不乏初唐、中唐时期的精美佛窟。安史之乱是唐代历史的转折点，也是中国石窟之重心由北向南转移的节点。唐朝帝室、贵族入川避乱引起的文化南移和四川社会经济的发展，使晚唐五代至两宋时期的川渝石窟异军突起，巴中、梓潼、安岳、大足等地石窟迅速发展，其地方化、世俗化特色随时代演进愈发突出；宋代学术中儒佛合流、援佛入理在石窟艺术中的三教合一及水陆窟像中得到突出反映。川人柳本尊和赵智凤一系弘传的密法，因独特又通俗的教理和修行方式备受百姓尊崇，影响了安岳石羊和大足宝顶的一大批“川密”造像的营建。

南方石窟虽仍以佛教为主题，但各个时期、各个地域对于佛教的信仰有不同的特点，造像题材多样；无垠土地中，不同地区天然的差异也造成审美意趣的不同；士阶层的衰落，市民力量和乡土力量的崛起，信仰之权被赋予更多人。总之，南方石窟艺术主要崛起于安史之乱之后，产生于更动荡、开放、发达的社会氛围之中，摆脱了程式的束缚，更具层次性、复杂性，更加异彩纷呈。

第一节

迹简意澹：汉晋、南朝造像

两汉之际，佛教已传入中国，对佛像的崇拜也在此后渐盛。笮融于献帝初平四年（193）于下邳（今徐州）大起浮屠祠，铸金铜佛像，建重楼阁道。彼时，相去不远的连云港隶属下邳国，留存在此的孔望山摩崖可能是最早的佛教石窟遗迹。

百余年的流传辗转，至南朝时南方佛教终于迎来第一次隆盛。各代帝室、王臣达官及文人学士乃至民间清信士女修建庙宇，靡然成风，梵宫琳宇遍布江东，文人画手留名佛史。如梁武帝造同泰寺，《历代三宝记》中赞其“楼阁殿台，房廊绮饰，凌云九级，俪魏永宁”[①]，此外还有爱敬、智度、皇基、光宅、开善、瓦官等也都是著名的大寺。伴随着寺塔修建，佛教造像、绘画活动也随之繁荣。金铜、石质、木质佛像的铸凿尤为普遍，如宋武帝造有无量寿金像，明帝造有丈四金像及行像八部鬼神；齐时石匠雷卑等造释迦像，皆尽雕琢之奇；梁武帝造有光宅、爱敬、同泰诸寺的丈六弥陀铜像等；陈文帝也造有等身檀像十二躯，金铜像百万躯，宣帝造有金铜像等两万躯。画史中也有一众佛教图像留名，如宋有陆探微的《灵台寺瑾统像》，陆绥的《立释迦像》，宗炳的《惠持师像》，袁倩的《维摩诘变相图》；齐有姚昙度的《白马寺宝台样》，毛惠秀的《释迦十弟子图》；梁有萧绎的《文殊像》，张僧繇的《卢舍那佛像》《行道天王像》《维摩诘像》；等等。

佛教在南朝的兴盛，史书多有记载，毋庸置疑，石刻艺术也是南北朝佛教文化的重要内容。南京栖霞山石窟、浙江新昌

① ［隋］费长房：《历代三宝纪》卷十一，载《大正藏》第49册，第99页。

大佛寺、四川成都地区是目前所知留存南朝佛教石质造像较集中的地区。成都地区南朝造像以单体造像为主，石窟主要见于南京栖霞山和新昌大佛寺两处。20世纪30年代，向达先生曾两度对栖霞山造像进行考察，对有关后世庄严龛像的铭文进行论证，阐述了千佛岩的发展及沿革。宿白先生于80年代奠定了对南朝造像的基本认识，同时也对新昌大佛寺大佛及南京栖霞山南朝造像的初始风格进行了分析论证，[①]至今所见南朝石窟亦不出这一范围。栖霞山造像被水泥涂敷，对其进行深入研究受到很大限制；宝相寺造像也屡经修缮不见原貌，只能透过栖霞山、大佛寺两处寻找旧时遗痕。而今所存留的南朝造像数量与当时佛教之兴盛极不相称，保存现状堪忧，但我国南方地区造像仍然是讨论南朝石窟艺术最不可缺少的一环。

一、孔望山摩崖造像

中国佛教之盛，江淮曾占风气之先。东汉明帝永平八年（65）楚王英“诵黄老之微言，尚浮屠之仁祠”[②]；汉末运之时笮融督管苏北，于徐州大起浮屠祠；东吴孙权赤乌十年（247），康僧会至建业设像行道。这些早期的佛教活动为东海之滨连云港孔望山出现佛教题材的相关造像提供了可能。

孔望山摩崖造像（图3–1–1）聚集在山的西南角，依山就势浮雕而成。东西长17米，高9米，刻有约105个大小不等的人物图像，最大的高1.54米，最小的仅10厘米。20世纪80年代，中国历史博物馆馆员史树青先生考察此处后提出孔望山造像中包含佛教内容，引起极大关注，几十年来关于此处造像的年代、图像学意义的争论从未停歇，争论包括开凿于东汉、魏晋、唐代或者历经很长的历史时期形成，以及其中宗教意涵的判定。

不管争论如何，其中的佛教元素是毋庸置疑的，如其中最为醒目的X4—X42“涅槃图”（图3–1–2）。造像者利用两块断崖及其下方岩石，雕刻出一组计有42个人像的画面，中为利用一块肉红色的山石雕成的一个高肉髻、着圆领衣的仰面卧佛像，长62厘米，右手支颐；围绕在卧佛四周的是诸弟子群像；弟子男女有别，老幼有序，神情不同，衣着各异，皆面向卧佛，大小均在20厘米以下。卧者周围多人形象虽然不同于莫高窟造像，但也侍立在涅槃者身旁，无

① 宿白：《南朝龛像遗迹初探》，《考古学报》，1989年第4期，第389—413页。
② ［刘宋］范晔：《后汉书》卷四二，《光武十王列传·楚王英传》，中华书局，1965年，第1428页。

图 3-1-1　孔望山摩崖造像全景及线图，东汉，线刻，刻像山崖总长 17 米，高 8 米

连云港孔望山

引自丁义珍：《连云港市孔望山摩崖造像调查报告》，《文物》，1981 年第 7 期，第 2 页

造像高低错落地分布在天然岩石上，以汉画像石技法雕凿而成，各组造像的尺寸、样式等都较为相似，应是同一时期整体制造。这种浅浮雕在本身就在凹凸不平的石面上难以辨识，这也是孔望山摩崖历经千年，除天然风化外，没有其他改造或磨损仍保存完好的重要原因之一。

图 3-1-2 涅槃图，东汉，线刻，长 2.15 米，高 1.7 米

连云港孔望山 X4—X42

东汉时期已有《小泥洹经》《道行般若经》《般舟三昧经》等经典译出，其中介绍有涅槃故事。四川乐山麻浩崖墓画像有 2 或 3 世纪的坐佛像，山东沂南石椁墓也发现有佛教特征的神仙像，为汉末所造。孔望山此龛应是中国现存最早的涅槃题材造像，从技法看，以汉画像石手法雕凿的浅浮雕的造像粗犷古朴；从风格看，卧像周围弟子的造型装束及两个灯碗极具中国本土特色。此龛表现了糅杂民间信仰的佛教艺术风貌。

疑是其弟子。从形象上看，虽然他们似未剃发，但是有些造像头顶隆起似“肉髻”，或者头部刻出圆形的物体如“头光”，并且右手举于胸前，手掌向外，舒展五指，左手有握衣角的动作，双足交叠，服装也多为圆领。东侧佛教图像还有立佛、坐佛、弟子、供养人等形象，这些图像都属于佛教图像体系。另有 X82 存在争议，同时也是东侧造像中的一个重要图像。X82 尺寸大，躺姿的图像在汉画像石中比较少见，目前一般认为是“舍身饲虎”的本生故事，或认为“虎头难以辨识”而存在疑问（图 3-1-3）。

孔望山大大小小各式人物沿山壁分布，除有佛教题材外，还有道教的内容，故从总体而言，孔望山摩崖造像属于道教与佛教造像的综合体。这种以山石为载体集中造像的形式已具备佛教石窟的雏形，而质朴、古拙的线条则呈现出当时人们对于佛教最初的想象和记忆。

图 3-1-3　舍身饲虎图，东汉，线刻，长 1.55 米，宽 0.45 米

连云港孔望山 X82
引自汪小洋：《孔望山摩崖造像的图像体系讨论》，《民族艺术》，2015 年第 1 期，第 92 页

有学者认为在其左侧腰部有一突起像虎头的石块，[①] 长 22 厘米，高 9 厘米，用阴线刻出口、眼、鼻，做欲吞噬之状。除和突起的石块相连处，另有一狭长石块，似表现因饥饿而弯曲的虎身。

二、栖霞山千佛岩

南京栖霞寺为南朝古刹，据南朝陈江总撰《金陵摄山栖霞寺碑》、唐上元三年（676）的《摄山栖霞寺明征君碑》（以下简称《明征君碑》）记载，栖霞寺始建于南齐永明七年（489），隐士明征君（僧绍）隐居于此。梁僧朗于此大弘三论教义，被称为“江南三论宗”初祖，僧诠、法朗等继之，其学更盛。栖霞寺因成为“三论宗”的发源地而声名大噪。寺依摄山，山因多产药草可以摄养，故有此名。山本清幽怡静，遍布诸峰，被清代的乾隆皇帝誉为“第一明秀山”，后山因南朝创建的“栖霞精舍”而易名“栖霞山”。

从南朝至今，栖霞佛教文化经久不衰，随着春去秋来，山中变换四时景色，往来的名士高僧由景生情，留下许多文学、艺术杰作。“一丈唐碑今露立，十寻梵塔已低摧。层层石佛云间出，坐阅齐梁成劫灰”[②]，宋代诗人曾极眼中的栖霞山佛塔、造像已残迹斑斑。三百年后，明代画家文伯仁所绘摄山（图 3-1-4），唐碑仍立，层层石佛掩盖在绿树梵宫身后，不知容貌是否如前。在历经了数个世纪，不论南朝的宋、齐、梁、陈，还是后世的宋、元、明、清都已成为过眼

① 李洪甫、丁义珍：《孔望山汉代摩崖画像石刻》，《徐州师范学院学报》，1980 年第 1 期，第 68—73 页。
② ［清］陈毅：《摄山志》，南京出版社，2017 年，第 217 页。

图 3-1-4 《金陵山水册》之摄山，文伯仁，明，纸本册页，长 22.8 厘米，宽 20.5 厘米

上海博物馆藏

享誉“六朝金粉，十代故都”的金陵，山明水秀，形胜天成，历代文人雅士纷至沓来，寻幽访胜，相继以图画、诗文等形式记录山川风物之美。文徵明曾经绘有《金陵十景图》，已不见画影踪迹，其子侄文伯仁晚年也绘《金陵十八景图》册页，辗转流传至今。

册页第十开即描绘金陵东北佛教圣地摄山之景，文氏采用“深远”法布景，笔触细腻，墨色幽秀淡雅，画面清新隽永。尤其画中清晰可见《摄山栖霞寺明征君碑》，基于现实的人文景致和意境超然的自然胜迹交相呼应，留下鲜活的图像记忆。

云烟，唯有碧山云树依旧，石碑和石佛伫立千年。

今日的栖霞寺经历不断修缮，面貌和南朝时已经大不相同，唯有寺后之千佛岩石窟寺仍可一窥六朝遗风。（图 3–1–5）《江总碑》载："（征君）居士尝梦此岩有如来光彩……居士有怀创造，俄而物故。其第二子仲璋为临沂令，克荷先业，庄严龛像，首于西峰石壁与度禅师镌造无量寿佛，坐身三丈一尺五寸，通坐四丈；并二菩萨，倚高三丈三寸。"[①]《明征君碑》载："（征君）拜受嘉征，愿言经始，将于岩壁造大尊仪。"[②] 两碑的三段文字记载了栖霞山南朝石窟开凿之始，是出于隐士明征君之愿，再由其子明仲璋与禅师法度协力完成。宿白先生在《南朝龛像遗迹初探》中考证，千佛岩唯一的大像窟即为法度修造，窟内大像为无量寿佛。[③] 第 19 窟是整个栖霞山石窟中最大的洞窟，主尊像尺寸较大，一佛二菩萨的造像组合与文献记载无异（图 3–1–6），但其主要完成实依僧祐。《高僧传》又载："祐为性巧思，能目准心计，及匠人依标尺寸无爽，故光宅、摄山大像及剡县石佛等，并请祐经始，准画仪则。"[④] 僧祐的设计摄山大像即为此尊。完成之后，据《江总碑》，梁天监十年（511）临川靖惠王又"复加莹事"[⑤]，造像更加金碧辉煌。

史籍与碑文共同勾勒出第 19 窟西方三圣的营建轨迹，一佛三尊造像在明征君故后，僧祐设计主持，梁天监时再加改造，在南齐永明二年（484）至梁天监十年之间完成，恰好在大同云冈石窟之后、洛阳龙门始凿之前，成为衔接两时、两地的过渡。大龛前原有木构窟檐，龛为横椭圆形，无量寿佛（图 3–1–7）跏趺坐于正壁高坛之上。20 世纪 20 年代，寺僧若舜以水泥涂缮佛身，使原作面目全非，随着水泥剥离工作的进展，大佛原面貌得到显现。观世音（图 3–1–8）与大势至菩萨立于龛沿侧壁重瓣莲台，虽然尝试依照原貌重新塑造，但仍与南朝风格相去甚远。

大佛为栖霞山石窟营造之始。相传在梁武帝大同二年（536），佛龛顶出现佛光圣迹，此后达官显贵纷纷在此捐造石像。如"齐文惠太子、豫章文献王、竟陵文宣王、始安王及宋江夏王霍姬、齐田奂等，琢石建像"[⑥]，留下千佛岩南朝造像 40 余龛。20 世纪 20 年代对造像的水泥改造，使南朝多数龛窟难见原貌。但其后在动乱中砸毁佛像，恰好使水泥剥落，石质本体显露，加之近年的科学

① ［明］葛寅亮：《金陵梵刹志》卷上，南京出版社，2011 年，第 189 页。
② 同上书，第 239 页。
③ 宿白：《南朝龛像遗迹初探》，《中国石窟寺研究》，文物出版社，1996 年，第 176—199 页。
④ ［梁］释慧皎：《高僧传》卷十一，载《大正藏》第 50 册，第 402 页。
⑤ ［明］葛寅亮：《金陵梵刹志》卷上，南京出版社，2011 年，第 189 页。
⑥ 张敦颐、李焘：《六朝事迹编类六朝通鉴博议》，南京出版社，2007 年，第 84 页。

图 3-1-5　栖霞山石窟群，南朝

图 3-1-6　三圣殿外景，明，砖石构

栖霞山石窟第 19 窟

栖霞山南朝造像以三圣殿为中心，殿内一铺三身大像贴壁而凿，初修于南齐。当时窟前即有殿廊，但早已坍塌。今见为明代万历二十八年至三十四年（1600—1606）依坍塌部分修筑的一座砖石结构的前殿，名为“三圣殿”。虽无法想象南朝原貌，但明代以条石构筑的殿堂，亦显露出古朴和凝重。

图 3-1-7 无量寿佛，南朝，石雕，高 9.98 米，宽 3.58 米

栖霞山石窟千佛岩第 19 窟 A

佛面有损毁，双耳垂肩，颈略粗短身长而端正，身着双领下垂袈裟，双臂浑圆修长，手结禅定印。衣着为汉化的“褒衣博带”式袈裟，衣褶层叠稠密，衣裙垂蔽，结跏趺坐于石台，衣摆垂于台前，充分表现出南朝士族所追求的飘逸气质和潇洒风度。

佛像面部呈长圆形，额部较平，五官集中，鼻梁平直，鼻翼较宽，双耳垂肩，嘴唇的轮廓线在斑驳之下隐约显露出笑意，毫不生硬。整体面部优雅柔和，眉目脸颊之间圆转起伏，过渡自然。佛像头长身长，颈脖短粗，礼佛者自下而上仰视丝毫无不协调之感，这正是工匠精心调适、把握人之视觉规律的结果。

大佛虽屡遭破坏，然而悬裳座的部分并没有较多改动，作为南朝为数不多的遗存，具有重要价值。佛衣悬裳紧贴佛座，似与之融为一体，但又巧妙地保持着各自的独立，线条淳朴，婉转流动，疏密有致，垂感极强，丝绸般柔顺的质感被表达得淋漓尽致，颇具南国风范。

修复，使更多造像风采重焕。

释迦、多宝二佛在北朝的石窟造像中是常见的造像题材，壁画、石窟中有明确北朝纪年的达45例之多，而南朝石窟仅栖霞山一例。南朝石窟造像基数远少于北朝固然是其中重要原因，同时也是南北方对坐禅的态度不同和皇权政治关系等造成了差异。[①]二佛并坐龛（图3–1–9）内二佛头、手皆毁，经由后世修复；身躯也经历不同程度的风化。覆盖的水泥剥落之下，原有衣纹和躯干依稀可辨。

更多的南朝造像组合以一佛二菩萨、三壁三佛为主，佛多全跏趺坐。第3窟与西方三圣龛开凿年代相当，窟正壁设一坐佛像（图3–1–10），造像头部及手臂皆有残损，坐佛两侧还有菩萨、弟子胁侍。此时千佛盛行，窟中主尊身后壁面还开数个小龛，内设佛像，意指千佛。第5窟中为一佛二菩萨（图3–1–11），佛身着通肩袈裟，衣摆覆盖方形台座，三尊造像皆衣裙贴体，肩腹饱满。第50窟（图3–1–12）中为一佛二弟子二菩萨，造像身覆水泥。窟顶两身飞天（图3–1–13）却引起学界极大的关注，飞天昂首俯身，鲜花、祥云烘托左右，而体态的转折由胸腹部开始、不刻画足部等细节显示出早期汉式飞天的特征，缘此栖霞山又有“东敦煌”之称。

“南朝四百八十寺”，这一时期无论江南塞北皆佛塔林立，但得以留存至今者屈指可数，栖霞山千佛岩和新昌大佛寺则是南朝佛教石窟仅存的果实。《历代名画记》中称南朝画家陆探微“参灵酌妙，动与神会，笔迹劲利如刀锥焉。秀骨清像，似觉生动”[②]，南朝美学风貌大约不出这条评语。千佛岩南朝佛窟主尊皆为佛像，全跏趺坐于洞窟之中，除头光、佛座、胁侍等基本的造像元素外少有其他装饰。虽然造像本身已无从探寻南朝士人所追寻的清雅秀丽，但隐匿在山林洞窟的静坐形式，已将时人崇尚的隐逸思想融汇于形象之中。

唐、宋、元、明各代，僧侣信徒续有在栖霞山的开凿和修补活动，直至清咸丰三年（1853），太平军攻占金陵，对栖霞山石窟造成严重破坏。如前文所述，民国时期寺僧的发愿修复，施以朱唇，画眼以墨之后，造像原有的历史风韵被掩盖。这些人为的和自然的破坏，给世人留下许多遗憾。但在千佛崖的层林下，一座富丽堂皇、精雕细琢的舍利塔（图3–1–14），填补了参访前朝石窟之后的失落和未尽兴味。

栖霞山舍利塔建于隋初、复建于南唐，为密檐式五层八面塔。仅塔座就分

① 符永利：《南朝佛教造像的考古学研究》，南京大学博士学位论文，2012年，第44页。
② ［唐］张彦远：《历代名画记》，辽宁教育出版社，2001年，第58页。

图 3-1-8　无量殿观音，南朝，石雕，高 6.5 米，宽 2 米
栖霞山石窟千佛岩第 19 窟

无量寿佛两侧胁侍菩萨屡经后世修补，尤其于民国十一年（1922）被当时寺僧用水泥涂覆，然后在水泥表面重新塑造。观音所戴五叶宝冠和身上衣裙绝非南朝之物，面容也较呆滞生硬。唯有和主尊一样较为饱满的身形可以想象其南朝的底蕴。

图 3-1-9　释迦、多宝二佛并坐龛，南朝，石雕，像高 0.93 米
栖霞山石窟千佛岩第 18 窟

造像屡经修补，只有在细致观察后，旧时的蛛丝马迹才可浮现。尊像皆外披大衣，内着僧祇支；衣袂覆搭座前，褶纹疏落有致。二佛身后头光在历代修复中似被忽视，故而可见为相对修长的桃形头光，与当时流行的样式相符。体态和姿势与相邻三圣殿无量寿佛接近，皆有端庄温润之感。

图 3-1-10　坐佛像，南朝，石雕

南京栖霞山千佛岩第 3 窟

佛外着通肩袈裟，内着僧祇支，胸部衣褶呈“U”形阶梯状层层下落。佛全跏趺坐，衣摆覆盖佛座，衣纹细密。此尊佛身与千佛岩其他造像略微不同，身躯拉长，造型似乎摇摆在“秀骨清相”和雄伟宽阔之间。

图 3-1-11　一佛二菩萨像，南朝，石雕

栖霞山石窟千佛岩第 5 窟

佛像外着通肩袈裟，内着僧祇支。上身比例缩短，使造像显得宽和敦厚。衣褶转向立体化，层叠稠密，悬裳宽博厚重，覆于座下，具有强烈的写实性、装饰性，与云冈石窟晚期、龙门石窟早期的造像风格一致。佛座左右两位立姿菩萨，上身披天衣、着短衫，下身穿着厚重长裙，这类穿着保守的菩萨是南朝艺术的一大特色。

图 3-1-12　第 50 窟全景，南朝，石雕

栖霞山石窟千佛岩

窟中五尊造像，佛座、佛与二菩萨的身体比例和布局位置与第 5 窟类似。尊像上被涂抹厚重的水泥，具体原貌已不可知。

为三层，下部须弥座装饰龙、凤等吉祥纹样；中间束腰亦为八面，与塔身呼应，各面雕凿“八相成道图”（图 3-1-15），中以浮雕力士和蟠龙的圆柱分隔；上部数层仰莲莲座直承塔身。塔身共五层，每层均出檐深远，呈曲线划出，自然俊逸，虽大体模仿木构建筑造型，但精益求精，不设斗拱，简单地雕出柱枋，充分利用了石材的特性，最大限度地保留了小型石塔的绰约风度。塔第一层较高，撩檐石立雕飞天形象，八面转角雕作仿木倚柱，柱上设阑额，东西两面正中分别浮雕文殊、普贤像（图 3-1-16），南北两面雕石门，门柱镌刻经文，其余四面各雕一尊天王像；第二层及再上各层高度逐层减低，飞檐逐级收缩，每层皆八面开龛，每面都雕出两座圆形石龛，龛内浮雕一坐佛（图 3-1-17）。塔刹也有五层，各有莲花雕饰。此塔不仅形制别致，并且从塔基至塔顶都以浮雕装饰，不失为栖霞山石刻艺术精品。

图 3-1-13 飞天及局部，南朝，石雕

栖霞山石窟第 50 窟

对“翩若惊鸿，婉若游龙”之女性形态美的追求，自顾恺之《洛神赋图》始，堪称贯穿整个六朝艺术。窟顶飞天宽衣长袖，衣裾飘逸，天衣飞舞，凌空而降。

图 3-1-14　舍利塔，南唐，石构，高 18 米

栖霞山

栖霞寺舍利塔改变了唐代密檐塔只有一层低素面平台基的做法，吸取了唐代小塔的造型方式，在塔下以须弥座为基座，座上并有仰莲式平座，创密檐塔逐渐趋向华丽之先风。虽塔檐、柱枋等处有意模仿木构建筑造像，但也淋漓尽致地发挥了石材的特性，整体敦实稳固，精致的浮雕和绰约的风度得以留存千年。

图 3-1-15　八相成道之四天王献钵，南唐，石雕
南京栖霞山舍利塔须弥座束腰处

《普曜经·四天王上钵品》中言佛祖于菩提树下初证佛果，四十九日未有所食。二商主奉上麸蜜，四天王奉钵。佛祖不受金银等材质，最后接受石钵，并将四天王所献石钵合四为一。浮雕中，佛全跏趺端坐于双树下，左侧一跪三立四种形象，皆双手捧钵，虽然面目已失，但上着铠甲，下着短裙，凌风而动，从衣装可以推断为四天王。

山石云树填满整个空间，用细密的线条表现云卷云舒、山川走向。然风吹云动佛不动，释迦居画面右侧，身后双树笔直屹立，袈裟衣纹自然下垂，如如不动的佛与衣袂飘举的天王形成动静对比。因画面的中心人物佛陀以及四天王的朝向动势，均向着画面的右侧，处理不当易使画面失衡，而匠师则巧妙运用稳固的山岩平衡了画面的重心，独具匠心。

图 3-1-16　普贤像，南唐，石雕

南京栖霞山舍利塔第一层

普贤菩萨顶悬华盖，全跏趺坐于六牙白象上，菩萨与大象均面向左侧，与文殊对望。一人牵象，与象一同踏在飞动的卷云上。石壁空间有限，雕凿舍利塔的工匠擅用火焰、云气和衣袂摆动来暗示画面的动感，尽管画面是静止的，但随处可见表现动态的设计，使画面意境亦随之延展。

图 3-1-17　舍利塔局部，南唐，石雕

南京栖霞山舍利塔

圆光内雕凿小佛在川地宋代龛窟中非常常见，开封北宋繁塔内外壁也镶嵌这种内设坐佛的小圆龛。栖霞舍利塔上圆光内小佛十分精致细腻，姿态各异，是塔身最为殊胜的装饰元素。

三、新昌大佛

新昌大佛位于浙江新昌大佛寺，大佛寺位于新昌县南 2.5 千米处的南明山，现石城山景区内，初名隐岳寺。初建隐岳寺时，此地还有于法兰建的元化寺，以及支道林立的楼光寺，梁天监中合称石城寺。五代吴越时改称瑞象寺，宋初赐名宝相寺，清初曰南明寺，清末始称大佛寺。[①] 现大佛阁上有平台称“无量桥”，平台两侧各有一石塔，六角七层，每层雕有佛龛内有坐佛，为明代嘉靖年间增建砖拱无量桥时所建，共建有两座，[②] 只是其一已损毁。（图 3–1–18）

据刘勰所撰《梁建安王造剡山石城寺石像碑》，石城寺创于晋世于法开时，昙光禅师（286—396）曾构禅室。齐永明四年（486）僧护游观于此，见寺北青壁高达数十丈，显如佛焰光之形，因而发心，愿造弥勒大像。正如《高僧传》载：“愿搏山镌造十丈石佛，以敬拟弥勒千尺之容。”[③]造像从南朝齐建武年间（494—498）开始，但因工程浩大，规划未周，雕凿数年，仅成面部。此时僧护染病亡故，工程未就，此后虽有僧淑继承开凿，因财资不足仍未成功。至梁天监七年（508）建安王又上奏，梁武帝敕令僧祐营建，僧祐是著名高僧，他不仅佛学造诣很深，而且心思巧绝。由于僧祐曾铸造光宅寺“丈八金像”，修饰过栖霞摄山大佛，经验丰富，改正了僧护所凿太过浮浅、比例不够的缺点，因而“乃铲入五丈，改造顶髻，事虽仍旧，功实创新”[④]，梁天监十五年（516）大佛方镌造成功。现存佛像结禅定印，结跏趺坐，身着双领下垂式袈裟，面长颈短，可能是五代吴越王钱镠营修时所改塑，原像为弥勒大佛（图 3–1–19），应为倚坐像式，发作螺髻，手施无畏印。大佛屡经改塑，破坏程度较摄山大佛有过之而无不及，现全身贴泥饰金，已失原貌，唯有体态与文献所载和摄山造像有些许相似，佛身穿着宽博的大衣，这就更清楚地显示出北魏“褒衣博带”佛装的来源。

大佛阁西不远处为千佛禅院，又称千佛岩，千佛禅院为东晋永和年间（345—356）僧人于法兰、于法开师徒前后兴建，初名元化寺。南齐永明三年（485）开窟凿小佛千余尊，故名“千佛岩”。千佛岩石窟两窟毗连，一大一小，南朝造像遗存主要保存在大窟中。大窟平面为半圆形，高 7 米，宽 17.95 米，

---

① 吕士君：《浙东名刹——新昌大佛寺》，《浙江学刊》，1996 年第 3 期。
② 杨隽永、范陶蜂、杨毅、徐飞：《新昌大佛寺石塔病害的检测与防护研究》，《石材》，2014 年第 1 期，第 24 页。
③ ［梁］释慧皎：《高僧传》卷十一，载《大正藏》第 50 册，第 412 页。
④ 同上书，第 402 页。

图 3-1-18　大佛阁外景及无量桥上的明代石塔

后梁开平三年（909），吴越王钱镠曾为弥勒大像修三层宝阁，如今大佛则隐于 1917 年所修的五层高阁内。佛阁平台右侧为明塔，左侧石塔为现代仿右侧明塔而建。屡经修缮的大佛和历代补修的佛殿、佛塔共同构成了兼具历史性、层次性和佛教内涵的独特佛教美学景观。

进深 10.3 米，共有佛像 1040 尊。大窟正中有新塑之佛像，千佛位于洞窟正壁中上部呈带状分布（千佛部分总高 2.15 米），千佛下为十八罗汉像，亦为后世之作，位于玻璃罩内（图 3-1-20）。在千佛的两端各有一尊菩萨立像（图 3-1-21），虽经风化侵蚀，但仍能凸现时代特征。从菩萨衣饰与佛像造型等方面看，皆与北魏太和年间（477—499）造像相仿，其雕造甚至可能早于弥勒大龛像。

大佛寺可溯源至东晋永和初年（345—346），千仞石壁和参天林木吸引众多高僧在此修行、发愿。除五代不慎遭到火焚，吴越王当即修缮重建，千余年间来此朝山拜佛的僧侣香客络绎不绝，历代的修缮和扩建也从未中断。正因如此，大佛像才屡经妆彩和改造，不断地丰富和积淀中虽失去前朝原貌，但承载了更多信众的祈愿和历史的内涵，超越了造像外在的、视觉的形式，有着其内在的生命力。

图 3-1-19　弥勒佛，南朝梁，石雕，高 16.3 米

新昌宝相寺（大佛寺）

尊像面长颈短，眼眉低垂注视众生，身着双领下垂式袈裟，衣物宽博，结禅定印，结跏趺坐。遗憾大佛多有改造，全身贴金，原初风貌已然难见，但大佛依旧端肃威严，只是审美风尚已趋近世。此尊造像与摄山大佛一样，适度放大尊像头部，信众仰视时的视觉差被弥合，毫无比例失调之感，唯觉佛陀亲切、真实。

图 3-1-20　千佛岩石窟内景

千佛岩石窟内的千佛呈带状排布于石窟的后壁，其形式犹如一幅千佛经卷的变相图。

图 3-1-21 千佛岩千佛两侧的菩萨，南朝，石雕

新昌宝相寺千佛洞

两尊菩萨头部已残，但身体部位保存较好，着天衣，天衣的肩部如翅膀一般展开，显得洒脱俊秀，周身均不饰瓔珞。千佛右侧菩萨手中持物，当与胸前，披帛从肩部后背围绕至前面垂下至膝盖间，然后上扬绕至手臂并垂下；腰部纤细，腿部略粗壮，显示出身材的窈窕。造型体态与北魏接近。左侧菩萨天衣从肩部后背围绕至前面，交叉下垂至膝盖间，其天衣衣纹发挥着重要的装饰作用。衣纹经过腰部时紧密、纤细，达到腿部后又变得宽松、疏放，衣纹的疏密暗合出身体结构的变化。

第二节

腾踔万象：隋唐时期

三国两晋南北朝的历史，在黄河长江的千沟万壑中冲撞300余年，携卷的黄土飞沙铺开沃野千里，凝筑成一个空前的隋唐盛世，乃至时过境迁之后，依然触手可及。天龙山巅的弥勒大像和伊水河畔的卢舍那佛如虹气势贯穿千年；五台山中佛光大殿蔚然耸立，殿内群像生机勃发；长安少陵原上寺塔林立，玄奘永远地驻锡于此，向后人讲述大漠风沙与大唐繁华。中原北方自有数不尽的隋唐风物，南方地区也以如火如荼的佛教石窟营建回应盛世中心梵钟的回荡。

隋唐时期南方地区石窟艺术主要集中在四川地区，这与当时该地的地理位置、历史背景有莫大关联。南北朝时期，各政权势力此起彼伏，南北分立的前线在淮河和长江中下游之间，向西延展至川地。此时川东北的广元便较早接受了石窟营建的风气，留下几处造型古朴、典雅庄严的北朝窟像。至于隋唐两代，统治者多推行佛教，武周和玄宗朝尤其促进造像，由大一统王朝支持的石窟艺术，无论开凿规模还是造像技艺皆超越前代，开窟造像的狂热浪潮从两京沿川陕古道几乎席卷全川。鼎鼎有名的乐山大佛即在开元年间建造；广元、巴中等地也保存了众多形体丰健，气势恢宏的唐风造像，并在两京造像的基础上，因华丽的龛楣和精巧的镂空装饰而更具当地特色；绵阳虽更近成都，造像风格却与长安更近，碧水寺阿弥陀佛与五十菩萨像，其粉本可由日本法隆寺再追溯到长安，这是以中国为中心的佛教艺术在东亚的传播与交流的重要实例；安岳偏居川西，规模庞大的唐代刻经和造像再次彰显当时当地佛教强大的影响力。

从异域而来的佛教艺术历经汉末六朝的积淀，至于隋唐，已从继承希腊罗马雕塑以及笈多艺术的讲求肌体之美，完成了符合中土文化和审美的转变。南方地区佛教石窟中佛与菩萨生动传神的造型、敦实厚重的人物样貌特征，既有雄浑豪放的阳刚之美，也有清秀飘逸的柔和之美，辅之以灵动多样的飞天、力士、护法形象和地域特色鲜明的装饰元素，更加充分体现了佛教中国化的成果和中国艺术的特质。总而言之，历经汉末六朝，佛教作为一种外来文化在石窟艺术中中国化、世俗化、地域化的转变，在以四川为中心的南方地区石窟中全然体现，南方石窟既承袭了长安风格，也保存了地方特色；既有名门望族捐造的华丽龛窟，也有平民许愿的简单造像，跨越风格也跨越阶层，精彩纷呈。

一、乐山大佛

乐山大佛（图 3-2-1），位于四川乐山市岷江东岸凌云寺侧，故又名凌云大佛。佛为弥勒佛坐像，通高 71 米，巍峨壮观，是中国古代乃至世界最大的一尊唐代摩崖石刻造像。史书载："唐开元中，僧海通于渎江、沫水、濛水三江之合，冲涛怒浪之滨，凿山为弥勒大像，高逾三百六十尺，建七层阁以覆之。至韦皋（745—805）时，积十九年而工始备。"[①]韦皋在大佛营造的过程中发挥了重要作用，所作《大像记》镌刻在大佛右侧的临江峭壁上，传至今日成为后世了解大佛的宝贵资料。开元初年三江汇集，水流湍急，多雨季节更加势不可当，过往行人、船只苦不堪言。凌云寺名僧海通见此而发愿造佛除患，护佑众生，并在此后的十几年间筹集资金，策划修造，奔走不停，但也只完成了大佛的头部和胸部工程。剑南节度使章仇兼琼和剑南西川节度使韦皋相继接手工程，完成了海通的未竟事业。因开山造像凿下的山石填补了水下礁石间的缝隙，悍流怒浪在大佛前变得平缓温顺，有如神力相助。

弥勒大佛气势恢宏，堪称唐代造像在南方地区的代表之作。远看大佛发髻与头部浑然一体，近观可知，实则以石块逐个嵌就。1962 年维修大佛时，清点佛顶上共有螺髻 1051 个。大佛头部和身上还巧妙设计了排水系统，其工艺也不全是依山凿石，例如，佛像的鼻子和耳朵则是衬以木骨，以减轻重量对佛像的破坏。多重设计避免水流冲蚀，减弱风化，使大佛在千百年后依然完好无损（图 3-2-2）。在大佛两侧沿江崖壁上各有一尊力士像（图 3-2-3），与大佛一起形成了一佛二力

① ［明］曹学佺：《蜀中名胜记》1—5 卷，商务印书馆，1936 年 6 月，第 166 页。

士的格局。与大佛、力士共存的还有历代凿就的数百龛上千尊石刻造像（上述麻浩崖墓佛像也在此处），汇集成为规模庞大的石刻群。

随时间的流转，大佛被赋予更多的人文内涵。嘉祐四年（1059），年少的苏轼沿江出川，初发嘉州（今乐山）从大佛脚下经过时，曾有感而道“奔腾过佛脚，旷荡造平川”，其弟苏辙也有《初发嘉州》言“飞舟过山足，佛脚见江浒”。南宋陆游作有《能仁院前有石像丈余盖作大像时样也》《谒凌云大像》等诗文赞颂大佛。在这些古人的词句中，尤以南宋诗人范成大对大佛的称赞最无保留，以“极天下佛像之大”称之。这些诗词中，山、云、水、寺俱全，诗作既有寄意抒怀，也有对景称叹，它们与大佛一起已经成为蜀地独有的文化符号。

不醉疾步登重阁，聊欲今生识伟人。
水镜正涵螺髻绿，浪花不犯宝趺尘。
——［宋］陆游
《谒凌云大像》

图 3-2-1　乐山大佛

图 3-2-2 乐山大佛局部，唐，红砂岩，佛像头高 14.7 米，颈高 3 米，肩宽 24 米，手指长 8.3 米，从膝盖到脚背 28 米，脚背宽 8.5 米

四川乐山

大佛头高与山齐，足踏江岸，双手抚膝临江危坐，脚边能围坐数百游人。自然生长的植物，俨然成为佛衣的点缀，刀斫斧凿与天然之功融为一体，见证漫长岁月间的风吹雨逝。

佛头螺发密布，以石凿后逐个嵌就，千年的光阴早已使其与佛头融为一体，只有近观才可发现内中乾坤。佛耳则以木为骨塑成，隆起的鼻梁，可能也是以木衬之。各种材料共同塑就大佛头部。为保证其稳定性，佛的面部相对一般造像而言缺乏立体感，眉眼和唇部狭长，婉转的线条中和了面庞、鼻子等处分明的棱角。大佛神情凝重庄严，慈悲地注视着众生，目光中闪烁着悲悯和慈爱；佛像肩宽背厚，身躯伟岸，带有盛世所赋予的沉稳、雄浑的气魄。

图 3-2-3　乐山大佛左侧力士像，唐，红砂岩，高 16 米，宽 6 米

四川乐山

大佛周围是葱郁的树木和密集的像龛，两侧的力士像龛开凿在稍凸的石壁上。龛中力士像虽在大佛的映衬下显得身形渺小，但实际上则是像高有 16 米，单独观赏亦是气势非凡。佛左侧力士头顶高髻与龛顶相连，上身袒露，下身着裙，身体紧贴山壁，虽经时间的剥蚀已有些残损，但其挺身而立、英武威猛的气势不减当年。

二、广元石窟群

“噫吁兮，危呼高哉！蜀道之难难于上青天！”由长安入蜀，先途经褒水斜水河谷的褒斜道，或沿着傥水骆水河谷的傥骆道，再或沿汉江的子午道，穿越秦岭的崇山峻岭之后，再经米仓道、荔枝道或金牛道深入川蜀，一路山高水深，道路崎岖。《水经注》引西汉来敏《本蜀论》：“秦惠王欲伐蜀而不知道，作五石牛，以金置尾下，言能屎金。蜀王负力，令五丁引之成道。秦使张仪、司马错寻路灭蜀，因曰石牛道。”[①]石牛道即今金牛道，至少自战国时期开始，其便是从长安、汉中入蜀之重道，广元即是扼守金牛道的关口。在险恶凄绝的蜀道上历尽艰辛之后，富庶繁荣的广元成为来往客旅休憩和探索的第一站，也成为佛教艺术入蜀的前站，四川最早开凿佛教石窟的地区。早在梁武帝天监四年（505），广元便归于北魏版图，剑阁鹤鸣山摩崖造像便有明确的北魏“大代”铭文，此后又相继受西魏、北周统辖。这段时间正是佛教日盛，中原北方石窟雕凿的高峰，地处要冲的广元自然也深受影响，工匠沿金牛道栈道一锤一斧开山造佛，开辟中国佛教艺术新的据点。

广元佛教石窟约起自北魏，历北周、隋而盛于唐，延续至清，现存有17处，其中千佛崖、皇泽寺、观音岩规模较大。北朝营建的龛窟是前人留下的宝贵文化遗产，千佛崖第726窟、皇泽寺第45窟就保存了与中原北方一脉相承的北朝造像。数量众多、凿刻精美的唐代佛窟更是广元辉煌历史文化的重要见证，千佛崖700余躯唐代造像，神态庄严，体躯雄健，题材显密兼具，尤以背光坛屏和镂空雕刻为强烈特色。皇泽寺的营建亦在唐代最盛，大小千余躯造像各具其美，因武则天之父曾在广元任职，这里也成为后人纪念武氏的场所。观音岩肇始自唐，以观音造像为主，尽显安宁、祥和。

广元石窟作为四川地区最早开始营建的佛教石窟群，历经朝代更替，世事变迁，俨然成为一部刻在岩石上的史书。千佛崖、皇泽寺、观音岩三处石刻较为集中，因不同的营建历程，体现出不同的美学风格。石窟中众多精美的佛、菩萨和弟子像，继承了佛教造像的基本范式，又被赋予了人性色彩；飞天、天龙八部、背屏等既具宗教内涵又具装饰意趣的各式纹样，也蕴藏着地域特色和中国传统文化底蕴。

① ［北魏］郦道元：《水经注·沔水》引来敏《本蜀论》，陈桥驿：《水经注校证》，中华书局，2007年，第645页。

（一）千佛崖石窟

千佛崖位于金牛道上的最险峻段，其北为龙门阁，“石壁陡立，架木其上，较他处尤险”[①]，南端则是蜀道上另一古栈道险阁——石柜阁。千佛崖（图 3–2–4）坐落其中，其上密如蜂巢的 13 层龛窟临嘉陵江而立。据统计，400 米长的佛崖上现存 7000 多尊造像，以及从唐至清的各代题刻 118 条[②]（图 3–2–5）。

1902 年，日本学者伊东忠太考察千佛崖之后认为，此处造像带有后魏遗风，佛像的眉眼之间皆透着印度神韵。北魏晚期佛教石窟艺术已随政治势力的动迁传播至广元，千佛崖第 726 龛即展示了日本学者所言的后魏遗风。第 726 龛又称大佛窟（图 3–2–6），得名于窟中心高大的立佛，立佛头部已毁，但其端庄的姿态和流畅的衣纹皆可溯源。佛两侧各立一身胁侍菩萨（图 3–2–7），窟壁上亦雕有大小不等的佛、菩萨等造像，多有残损。千佛崖第 138 窟又称北大窟，窟中弥勒大佛结跏趺坐（图 3–2–8），二胁侍弟子沿弧形的窟壁侧身而立（图 3–2–9、图 3–2–10）。全窟雕凿洗练，毫无烦琐累赘，仅用简单的线条塑造人物，更接近北朝（北魏）晚期的风格，但又与其秀美俊逸不同，造像变得丰满起来，刚健和雄浑隐藏在身躯之中，体现出过渡时期的特点。

唐代为千佛崖营造的全盛时期，这一时期开凿的龛窟约占全崖的五分之四，大云古洞（图 3–2–11）为其中翘楚。从千佛崖的整体布局看，大云古洞占据了千佛崖石窟群的绝对核心位置；从大云古洞本身看，此窟的开凿有规划地展开，以大立佛为中心，南北两壁雕凿菩萨群像，在后期的不断改造中形成了现在的面貌。天授元年（690），沙门十人注疏前译《大云经》，[③]据此中部分内容上表武则天言神皇受命之事。随后女皇将此经颁布于天下，并令诸州各置大云寺，因有传言武则天出生于利州，“大云古洞”之名也应与此经相关。该窟进深 10 米有余，以通顶大立佛为中心，洞中有南北二龛。立佛（图 3–2–12）高大、健美，立在高约 1 米的仰覆莲圆形台座之上，面部彩绘氧化成黑色，嘴角微微上扬，

① ［清］黄廷桂等修，张晋生纂：《（雍正）四川通志》卷四下。
② 马彦、丁明夷：《广元千佛崖石窟调查记》，《文物》，1990 年第 6 期，第 1 页。
③ 武则天《华严经》序曾言“大云之偈、宝雨之文”：史书记载为两经，其《宝雨经》为新译，而此《大云经》赖敦煌本《大云经疏》的出现与诸多学者考证知实为《疏》，使这一史事细节得以明确。林世田：《〈大云经疏〉初步研究》，《文献》，2002 年第 4 期，第 47—59 页。

图 3-2-4　四川广元千佛崖

千佛崖崖面临江而立，与远山、城镇对望，层层叠叠、密密匝匝如蜂巢般的洞窟和大小龛窟错落布置其上，而崖下金牛道一如千年前，人流往来不绝。

图 3-2-5　四川广元千佛崖山景

千佛崖是一部层累的历史，既能窥见北朝残缺的艺术语言，也有盛唐精湛的美学成就。

图 3-2-6　大佛窟正壁，北魏，石雕，窟高 5.52 米，宽 5.73 米，深 4.9 米

千佛崖石窟第 726 龛

正壁中心为立佛，虽头部和双手损毁，但4余米的高度和平厚的身躯，给人以高大魁梧和顶天立地的浑雄之感。两侧胁侍弟子并未对称布局，可能与后世的改造有关。大像之外满壁大小不等的龛窟有单尊佛像、菩萨像，也有三尊像、五尊像龛等，历代信众并无规律的发愿造像，在此窟中俨然成为一种独特的装饰图案，别具一格。

图 3-2-7　左胁侍菩萨，北魏，石雕，高 4.4 米

千佛崖石窟第 726 龛

菩萨头束丫形髻，耳饰圆形耳珰；肩覆披帛呈“X”形交于胸际，再从两肩滑落向外伸展，双手分别持一桃形物（有称环锁或香囊者）和莲花于胸前；下着长裙，裙裾宽大，也如披帛般外扬。这种身披“X”形披巾，发辫覆搭肩上或与披巾一同向外翻卷的菩萨造像受到甘肃炳灵寺以及山西云冈等北朝石窟的影响，该样式几经周折传入广元。菩萨像在保留北朝风格的同时，显得更为端直、宽厚。

图 3-2-8 佛二弟子像，隋，石雕，窟高 4.87 米
千佛崖石窟第 138 窟

窟中一铺三尊，主尊为弥勒。整铺造像雕凿线条简约凌厉，躯干魁伟凝重，窟壁还雕有小的立佛龛。弥勒佛端庄倚坐于窟正中，像高 4.31 米，磨光肉髻，面相丰圆，五官饱满，内着僧祇支，外着双领下垂袈裟，胸前结带；左手抚膝，右手残。佛与弟子身无装饰，阴刻的简单线条示意头光与身光。造像头部占比较大，身体宽厚壮硕。佛像眼珠仍带墨色，凝视前方。两位弟子贴壁侧身面向主佛，不仅表达弟子的虔诚，像与弧形窟壁结合，也充分利用了空间。造像厚重的量感和巨大的气势营造出的崇高美感，令造像庄严殊胜。

图 3-2-9 左侧弟子，隋，石雕，高 3.27 米
千佛崖石窟第 138 窟

左侧弟子面部残损，与窟中主尊和右侧弟子像面部表情不同，而是双眼微合，心有思虑的模样；双手合十，相对右侧弟子略显窄肩瘦削。

左页：图 3–2–10　右侧弟子，隋，石雕，高 3.27 米

千佛崖石窟第 138 窟

右侧弟子手捧经匣，身着双领下垂袈裟，衣纹刻画规整，虽失之自然飘逸，但单纯、朴素的线条，则给人以简净、劲爽之美。

图 3–2–11　大云古洞内景，唐，石雕，窟高 3.72 米，宽 5.61 米，深 10.6 米

千佛崖石窟第 512 窟

主尊立于窟正中，身材丰满，由于颜料的脱落，原本简单的衣纹线条更加呈现薄衣贴体之感。立佛着通肩袈裟，右手施无畏印，左手施与愿印，面相方圆，目光慈和，轻薄的袈裟下，显现出健硕的身材，其风格直承北周。全窟造像数量丰富，或精致或简括，呈现出不同时期、不同阶层信众的审美和诉求。

笑容依稀可见。其背后即形成一道隔墙，与窟后壁相连，隔墙上凿有多个小龛和造像。窟后壁左右各开一方形平顶龛，龛中设一佛二菩萨，龛外凿二力士二天王二供养菩萨，龛口四位力士（图 3–2–13），高大魁梧，捍卫着佛国之门。窟中数位天王和菩萨（图 3–2–14、图 3–2–15）虽题材相同，但造型各异。窟室南、北壁及立佛后各凿有小佛龛及数排菩萨立像，南壁上大小龛像密布（图 3–2–16）；北壁则整齐划一，全为立姿，菩萨或手持净瓶或手执帛带（图 3–2–17）。根据造像风格和考古学判断，此窟开凿时间应在武则天之后，为开元三年（715）至开元十年（722），[①] 历经众人虔诚的许愿终于形成如此规模。

以大云古洞为中心，更多唐代精品龛窟沿其南北展开。韦抗窟与大云古洞比邻，开凿时间大致相同。史载韦抗于开元三年（715）出任益州长史，至开元四年（716）入为黄门侍郎。[②] 根据大云古洞即第 512 窟窟口南侧的题记，他与第 512 窟和第 513 窟的设计和建造都有关系，两窟大致开凿于开元三年至开元十年，由韦抗发起和主持，在山南道和剑南道部分州刺史赞助下统一完成。两窟力士动作姿势相似，但可能是出于不同工匠的制作，神态略有不同，如第 512 窟中的力士肌肉夸张，张弛有力；第 513 窟中的力士（图 3–2–18、图 3–2–19）则更具写实性，更加自然生动。苏颋窟窟内雕凿一佛二菩萨，皆体态端严，保存完好，是千佛崖盛唐造像的标准龛窟。窟南侧留有题记“都督府长史、持节剑南道节度按察使、上柱国许国公武功苏颋敬造”[③]，武周至玄宗这一时期苏颋（670—727）正当壮年，在政坛及文坛都曾独领风骚。开元八年（720）时任益州大都督府长史，按察节度剑南各州的苏颋参与了千佛崖的营造，留下的千佛崖第 211 窟（图 3–2–20），再次表明长安与广元之间人员、文化和艺术的互通。

莲花洞堪称千佛崖唐代顶峰之作，窟呈三壁三龛式。三壁三龛在石窟中多表现三世佛题材，北魏太武帝灭佛，使北方佛教遭受沉重打击，故文成帝恢复佛教时，宣扬三世佛经典，意在昭示佛教源远流长，以释迦牟尼为中心的三世佛组合迅速风靡一时。如云冈石窟 17、18、19、20 诸窟皆为在洞窟正壁雕中尊佛像，两侧各自雕造形体略次于中尊的佛像。北魏之后，时局动荡，释教坎坷，三佛题材亦为佛教徒倡导，历久不衰。天授元年（690），僧人薛怀义、法明等人撰《大云经疏》四卷，“言太后乃弥勒佛下生，当代唐为阎浮提主”[④]，于是原本居中的释迦佛

---

① 雷玉华、王剑平：《四川广元千佛崖大云古洞（512 号窟）的考古学观察——兼及与韦抗窟（513 号窟）之关系》，《成都考古研究》，2016 年，第 374—388 页。
② ［后晋］刘昫等：《旧唐书》卷九二《韦安石传附从父兄子抗传》，中华书局，1975 年，第 2963 页。
③ 胡文和、胡文成：《巴蜀佛教雕刻艺术史》，巴蜀书社，2015 年，第 56 页。
④ ［宋］司马光：《资治通鉴》卷二百零四，中华书局，1956 年，第 6466 页。参见前《大云经疏》注释。

图 3-2-12　立佛局部，唐，石雕，高 2.38 米

千佛崖石窟第 512 窟

佛像头上光素无纹，肉髻扁平，宽额重颐，着通肩大衣，衣褶线条简洁流畅；左手抬起施与愿印，右手现已残损。上有头光，身后有素面身光。头光分为两层，外层为火焰形，内饰有焰形纹饰及红色、白色彩绘，里层为圆形，周饰一圈忍冬纹，并有六朵莲瓣置于头侧，显然这是头光中的一朵莲花，饰有粉彩、绿彩和蓝彩。头光和窟顶树叶相连，立佛头部颜料氧化，唇角慈爱的微笑更加突出。广元、巴中龛窟中常见的双树在此缩减成头光的一部分，与莲瓣、连枝纹、火焰纹层层叠叠地伸展开，如花般绽放在全窟的中心。

图 3-2-13　力士像，唐，石雕

千佛崖石窟第 512 窟北侧大龛龛外

北侧龛龛口力士，头束高髻，瞪圆的双眼传达出脾气暴躁、神情狞厉的形象特征，而饱满的脸颊却增添了一丝憨厚；上身赤裸，左手高举，右手发力抬起握天衣一角；下着长裙，裙腰外翻，裙摆层叠散开，露出坚实的小腿肌肉。力士们壮实的肌肉似乎让人感到使发巾和天衣腾起的风不是来自自然，而是来自其身内爆发的力量。

图 3-2-14　天王及供养菩萨，唐，石雕

千佛崖石窟第 512 窟南侧大龛龛口

大云古洞窟内菩萨形象众多，两侧大龛龛外，菩萨与天王并立于佛侧，体量稍大于其他形象，细节表现尤为出彩。天王胄顶高高地竖有缨饰，延续了从东汉到魏晋时期传统武士的形象，戎服和铠甲则更具隋唐特点。天王双手握剑，笔直站立。其身侧供养菩萨双手举起一瓶，左腿稍曲，在端正、威严的武士映衬下更显婀娜。

图 3-2-15　天王及供养菩萨，唐，石雕

千佛崖石窟第 512 窟北侧大龛龛口

北侧大龛龛口的天王及菩萨与南侧稍有不同。天王居右，凝眉怒目，双目圆睁，束发但没有缨饰，顶盔披甲，右手叉腰，左手握长枪。菩萨在其左，上身璎珞蔽体，下身长帛缠绕，裙裾曳地，双手持瓶。两尊造像皆笔直站立，无论天王还是菩萨与南侧造像相比都略显纤瘦。

图 3-2-16　512 窟南壁，唐，石雕

千佛崖石窟第 512 窟

大云古洞南壁屡经后世改凿，不同于北壁的整齐划一，而是各式大小不等的菩萨、胁侍鳞次栉比。有的一龛三尊，有的则七位尊神并立于并头的莲台上，还有的单尊独立，形式丰富多样，与对面的北壁形成鲜明对比。

图 3-2-17　北壁莲台菩萨，唐代，石雕

千佛崖石窟第 512 窟

大云古洞北壁为整齐划一的 5 排 73 尊菩萨立像。菩萨面部多残损，少数经过简单修补；躯干多平直，少数菩萨腰肢略微扭动。众多立姿菩萨虽都周身璎珞、天衣交错，但每尊都略有区别，持物和姿态不尽相同。尽管造像头部损毁严重，但身体部分相对完好，天衣垂肩，璎珞环绕，天衣的褶皱和身上的配饰随身流动，唐代造像的自然灵动之美一览无余。

图 3-2-18　韦抗窟力士，唐，石雕

千佛崖石窟第 513 窟

大云洞前南侧韦抗窟龛口力士面部扭成一团，脸含愤怒之相，身体则在用简单的线条和写实的筋骨传达出力量之美的同时，更多了一分清爽流畅。

图 3-2-19　力士残像，唐，石雕

千佛崖石窟第 513 窟

力士头部损毁，颈戴项圈，肩宽胸厚，臂膀坚实，腹肌发达，身体结构精准。此尊力士是第 531 窟中最具写实之美的一例，虽没有过分夸张的肌肉、筋骨刻画，但无碍其威慑一切邪祟妖魔的威武气势的传达。

让位给未来弥勒佛，成为武周时期特有的现象。广元千佛崖第535窟——莲花洞（图3-2-21）即开凿于武周时期，符合这一时期的独有特征。窟顶上莲花是"莲花洞"得名之来源，莲花以彩绘形式呈现，莲心处有八卦图案，明显为后世改造，流云、牡丹围绕圆形莲花，意境清新（图3-2-22）。窟内正壁雕一佛（图3-2-23）二菩萨。左壁与右壁主龛尺寸与正壁尺寸相同，主尊皆为坐姿。右壁主佛结跏趺坐于方形座上，佛身装饰和手印表明此尊造像应为菩提瑞像（图3-2-24）。菩提瑞像是高宗时期由印度传入的释迦牟尼菩提树下降魔成道像，莲花洞中弥勒、阿弥陀佛和菩提瑞像的布局及样式虽不同于北朝以来的三世佛形象，但神佛尊格并未改变。

千佛崖唐代龛窟中有一类窟形制比较特别，这些石窟窟形一般为方形平顶式，内造中央佛坛，坛上雕凿主尊及胁侍，群像后有通顶背屏，高度多在3米左右，一人绕坛绰绰有余。第366窟菩提瑞像窟（图3-2-25）即为敞口方形平顶，中央设方坛。坛上雕凿一佛二弟子二菩萨二力士，主尊头戴高宝冠，颈饰七道璎珞垂珠，身着袒右袈裟，臂有花钏，腕佩镯饰，身后雕镂空背屏。坛基正面雕两身跪姿供养人，窟内各壁都造像密布（图3-2-26），力士、菩萨、弟子层层递进，前后掩映分布在主尊两侧，侧后壁有十二弟子和伎乐一部。菩提瑞像在前文所述的莲花洞中已有范例，而此窟专为瑞像开窟，更具装饰意趣。窟内有碑记明述，造像原系唐睿宗景云至延和年间（710—712）利州刺史毕公镌刻的菩提瑞像，据研究，毕公应为太原毕氏后裔毕重华。五代前蜀乾德六年（924）时，重刻了装彩，又题窟中主尊为毗卢遮那佛，则反映出这一时期密教流行的时代背景。①

第365窟弥勒窟（图3-2-27）窟形与其北侧紧邻的菩提瑞像窟相同，中心设两层坛，四周可供环绕礼拜，坛上设一佛二弟子二菩萨二力士，坛下层中部刻一博山炉，两侧刻蹲狮。主佛弥勒垂足端坐于束腰方座上；头部已残，身着双领下垂袈裟，内着僧祇支；右手施无畏印，左手托宝珠；双足落在束腰仰覆莲圆座上。身侧二弟子、二菩萨保存完好，力士仅残留一位。牟尼阁（图3-2-28、图3-2-29）也是拥有与顶壁相连的菩提树大背屏的精美龛窟，背屏前安置七尊式佛像群。不同于上述菩提瑞像窟、弥勒窟等，此窟正中长方形坛较低，给坛上造像留下更多空间，故而造像皆尺寸较大，雕凿更为细致华丽，坛上一佛二弟子二菩萨二力士，连力士脚侧的蹲狮都刻画得精细、生动。更为奇巧之

① 罗世平：《广元千佛崖菩提瑞像考》，《美术研究》，1991年第1期，第51—57页。

图 3-2-20　第 211 窟，唐，石雕，窟高 2.8 米，宽 1.64 米，深 0.85 米

千佛崖石窟

结跏趺坐、身着佛装、足踏莲台的弥勒像是唐代弥勒造像的典型样式。窟中弥勒佛倚坐于束腰方形台座上，两足踏莲。两菩萨均立于仰莲莲台，头戴高冠，身饰项圈、璎珞、臂钏和手镯，装扮华丽。三尊像皆面相饱满，体态丰腴，表现出典型的唐代风韵。坐像头部相对于整个身躯略显偏大，但窟龛的位置较高，故而仰视之下则不会令人觉得比例失衡。弥勒佛身后圆形彩绘头光是全窟背景的中心，云气和火焰的线条由此蔓延开来。

图 3-2-21　莲花洞，唐，石雕，窟高 3.6 米，宽 5.3 米，深 4 米

千佛崖石窟第 535 窟 A

莲花洞大小与大云古洞相差不大，洞内部大小龛数量很多，除三壁主龛和三面主龛下小龛之外，多为后代补凿或重妆。题材包括释迦、弥勒、观音等。各式造像琳琅满目，佛陀庄重肃穆、观音婀娜秀丽、弟子虔诚恭谨，彰显佛国的庄严和繁荣。

图 3-2-22　莲花洞顶部，唐，彩绘石雕

千佛崖石窟第 535 窟

莲花洞得名于窟顶精美的莲花浮雕，中为圆莲心，外浮雕两层莲花，莲瓣和色彩以莲心为中心有秩序地展开，流云、牡丹和绿叶填充了窟顶的其他空间，远观犹如一盏豪华的大吊灯，光华璀璨。

图 3-2-23　弥勒佛，唐，石雕

千佛崖石窟第 535 窟

窟正壁主龛内弥勒佛磨光肉髻，面相方圆，略带肉感，圆形头光内雕凿一周莲瓣，背光呈桃形，内圈浮雕七佛，外圈饰“卐”字纹，赤色和青色的背景形成冷暖对比。弥勒佛身着通肩袈裟，两手置于膝上结印，倚坐于方形台座之上，赤足踏两朵覆莲。两侧胁侍菩萨立于覆莲圆座上。弥勒造像体态挺拔，线条流畅，别具一种沉静、深邃之感。

图 3-2-24 右壁主尊菩提瑞像，唐，石雕

千佛崖石窟第 535 窟

北（右）壁大龛中雕一结跏趺坐佛及二胁侍菩萨。主佛的头光分两层，内为椭圆形，外为桃形（补绘），头顶有肉髻，髻前有髻珠，面相方圆，身饰繁丽的七宝项圈，戴手镯，披袒右袈裟，袈裟以阶梯圆转之势覆于座上。左手反置膝上结禅定印，右手抚膝施降魔印。菩提瑞像身躯比中心龛弥勒佛更加饱满，不仅体态上带有盛唐特点，在风格上也与长安七宝台石刻和长安实际寺遗址出土的未戴冠施触地印的装饰佛非常相似。

图 3-2-25 菩提瑞像窟，唐，石雕，窟高 3.25 米，宽约 4 米，深 3.3 米

千佛崖石窟第 366 窟

主尊结跏趺坐于束腰方座上，二地神于束腰处托持佛座，头戴高宝冠，为迎合高耸的宝冠，圆形头光拉长，面相依旧饱满；身着袒右肩袈裟，颈饰缀珠项圈，佩臂钏及手镯，右手触地，左手放在膝上结禅定印。坛后两端浮雕两株通顶菩提树，是千佛崖最具特色的造型。两株大树镂空雕凿，使光线得以透入窟内深处，不似早期北方中心柱窟内部幽深、昏暗，这样通透、澄澈的宗教空间表示佛法并非密不可测。

图 3-2-26 菩提瑞像窟中央佛坛，唐，石雕

千佛崖石窟第 366 窟

窟内三壁窄坛上雕诸位弟子和供养人像，大都面朝主尊，恭敬、整齐地站立。唯有南壁几身伎乐，分两排错身，姿势各异。最外一位身着俗装，手持筚篥，面朝龛外，眼神落定在崖下大江，心绪似随江水飘向远方。

图 3-2-27　弥勒窟，唐，石雕，窟高 2.31 米，宽 3.15 米，高 3.07 米

千佛崖石窟第 365 窟

窟中两棵大树直通窟顶，树干镂空雕凿，枝叶用彩绘的方式呈现，枝繁叶茂，密不透风，树下弥勒表现的是弥勒菩萨在龙华树下三度为众生说法的图景。相较于菩提瑞像窟，此窟略显空旷，一因窟内造像数量较少，二因中心坛上六尊造像之间的大片镂空增加了通透感。潘天寿先生说“虚实之关联，即空白显实有也”[1]，在此窟中，观者得以聚精会神于中心坛上的艺术杰作，领悟佛法。

① 潘天寿：《听天阁画谈随笔》，《潘天寿美术文集》，人民美术出版社，1983 年，第 29 页。

图 3-2-28　牟尼阁局部，唐，石雕，窟高 2.3 米，宽约 4.5 米，深 3.66 米
千佛崖石窟第 5 窟

在佛顶光之上是高浮雕式珠宝华盖，两侧背屏上则镂空雕刻出枝繁叶茂的菩提双树和护持佛法的天龙八部，它们下接主尊，上连窟顶，是川地唐窟独有的雕凿样式。此窟主佛头部损毁，圆形头光上紧接着浮雕华盖，将尊像与窟顶紧密连接，更显气势之高大雄浑。佛身躯浑圆饱满，所披袈裟有贴体之感，坐于多层仰莲莲座上，莲瓣肥厚而圆润。

处在于，佛座之下又别出心裁地雕凿一个六边形基座，饰以连珠纹、回形纹，正面可见基座之四角雕出半圆雕形二龙首和六象首。群像后镂空双树直达窟顶，其间浮雕天龙八部之龙部、阿修罗及供养天人，侧壁窄坛上还半圆雕一圈立像，纵览全窟，多有残毁，但众多体态雍容华丽的造像融于一窟，唐代的恣意豪迈、不凡气度扑面而来。

释迦、多宝窟（图 3-2-30）即 806 窟，虽中心设坛，但与上述龛窟的镂空背屏又有不同。窟中释迦、多宝二佛结跏趺坐于窟中三层长方形叠涩座上，二弟子、二菩萨胁侍两侧，群像身后通顶大背屏无镂空和装饰，天龙八部像（图 3-2-31、图 3-2-32）密不透风地浮雕其上，窟内三壁还有后世补凿的许多小龛。佛坛前两侧各有一尊菩萨，高 1 米余的菩萨像神态逼真，比例完美，尤其引人注目。右侧胁侍菩萨（图 3-2-33）头部损毁，左侧完整的菩萨形象则为观者复原出美丽慈悲、普度众生的仙姿。

图 3-2-29 牟尼阁局部，唐代，石雕

千佛崖石窟第 5 窟

该窟的形制，以及主佛、菩萨、弟子的造型和服饰都与弥勒窟非常相似，二窟凿造时代相近。遗憾的是，造像头部因为各种原因尽数损毁，今人只能通过或饱满、或瘦削、或婉转、或端直的身躯想象造像原本的神情各异、风情万种。

"大云梵景殿岩多，法法盘空鸟道过。百尺金身堆拥壁，千龛宝像列森罗。叠叠山峰朝彩阁，迢迢江水远清波。雕剜剐斫工奇巧，望像如生世不磨。"[①] 明正统七年（1442）会稽人何宗毅全家还乡，途经千佛崖时舍财重装龛像并留下此诗。千佛崖景色如诗，从南北朝到清代，跨越千年的艺术精品齐聚崖上，精彩纷呈。早期造像与麦积山的北朝造像风格相似。历北周、隋而盛于唐，延续至清，题材显密兼具，其中如菩提瑞像窟、弥勒窟、睡佛窟等 8 窟镂空雕刻尤其别具一格，是中国佛教艺术中特别的个例。

① 四川省广元市政协文史委员会主编：《蜀道神韵：广元名胜诗词选注》上册，王振会、雍思政编注，生活·读书·新知三联书店，2015 年，第 211 页。

图 3-2-30　释迦、多宝窟，唐，石雕，窟高 2.2 米，宽 3 米，深 3.6 米

千佛崖石窟第 806 窟

相较于同一窟形的其余龛窟，释迦、多宝窟稍显朴素。右侧释迦，身着双领垂肩袈裟，内着僧祇支，左手抚膝，右手上举施无畏印；左侧多宝佛着通肩袈裟，左手上举施无畏印，右手反置膝上托宝珠，以稍平直的曲线表现了两尊造像的气宇轩昂。两佛身下高台几乎为素面，身后头光与天龙八部直接浮雕在石壁上。

图 3-2-31　天龙八部局部，唐，石雕

千佛崖石窟第 806 窟

营建释迦、多宝窟的工匠，在人物面部塑造上别有心得，使人物形象个性鲜明。两佛身后通顶大背屏因面积有限，八部众皆未现全身，甚至有的仅以半脸示人。如图左侧为摩睺罗伽，他方面大耳、剑眉星目，颈缠一蛇，面色刚毅；中间为人形鸟喙的迦楼罗，匠师似乎还不擅长想象人之外的形象，迦楼罗似乎也不适应凭空多出的鸟喙，面容略显呆滞，似在与人置气，颇觉有几分可爱；右侧形象发髻已残，未见可以表明身份的元素。

图 3-2-32　天龙八部局部，唐，石雕

千佛崖石窟第 806 窟

摩睺罗伽头戴虎头帽，虎爪搭于肩头，面相老成持重，身材粗壮，伏在他身上的老虎却变得如小猫一般温顺可爱。其左侧为夜叉像，面作兽形，焰发獠牙，左臂中似怀抱一童子。与盛唐五代敦煌壁画、绢画中所见的旷野鬼夜叉形象一致，此夜叉原本啖食童子，被佛降伏后皈依佛教成为护法，再后发展出护佑童子的功用，与诃梨帝母（鬼子母）的故事颇有几分相似。[1]

① 王芳：《敦煌唐五代旷野鬼夜叉图像小议》，《敦煌研究》，2006 年第 6 期，第 58 页。

图 3-2-33　胁侍菩萨，唐，石雕

千佛崖石窟第 806 窟

菩萨眉眼细长，鼻子小巧玲珑，嘴角微微上翘，面露神秘的微笑，不逊色于西方“文艺复兴三杰”中意大利艺术家达·芬奇创作的《蒙娜丽莎》。达·芬奇用精心布局的色块引发人们对蒙娜丽莎微笑的无限遐想，广元工匠则通过精湛的石雕技艺辅之自然的光影，塑造了菩萨略带娇俏，又闪烁着慈爱的神情。作为宗教神祇，她散发出人性的光辉；虽示现为世俗人的形象，但又多了几分隽永与庄严。

（二）皇泽寺石窟

有唐皇室，尊老子为祖先，奉道教为国教，高祖、太宗、高宗三朝都崇奉道教，乃至规定“道大佛小，先老后释”[①]。武则天却独爱佛教，大概是因为儒、道都不能解释女人可以当皇帝，佛教却配合炮制出武后登基是“弥勒转世”的造神运动。广元皇泽寺保存有后蜀广政二十二年（959）《大蜀利州都督府皇泽寺唐则天皇后武氏新庙记》碑，碑文记述，与长安、洛阳之间崇山峻岭相隔的嘉陵江畔的广元皇泽寺（图3-2-34）曾留下有关一代女皇的传说。庙记称“寺内之庙，不知所创之因，古老莫传，图经罕记”[②]，它久远到古人也无法追溯源头。依山傍水、风景秀丽的皇泽寺在历经风云流转、阅尽王朝的盛衰兴亡之后，其屹立不倒的水光山色、石刻艺术仍是赋予后人的瑰宝。

皇泽寺与武则天的故事众说纷纭。明代《皇泽寺书事碑记》载“皇泽寺相传为武后创”[③]；当地传说武氏出生在广元并在这里度过童年，称帝后，为了纪念她，将原来寺院改名为皇泽寺；又或因当地人用武氏赏金改进寺院，僧侣不忘女皇恩泽，改寺名为“皇泽”。事实究竟如何？这大概是乾陵无字碑之后，另一个有很多解释却又无解的难题。寺内古树成林，枝繁叶茂，透过林木的缝隙，可以瞥见峭壁上琳琅满目的石刻、碑文，57个窟龛及大小造像1200余尊造像藏在其中。沿着山道拾级而上，可一一瞻仰佛迹，远眺江景（图3-2-35）。

皇泽寺石窟始凿于北魏晚期，第45窟为北朝遗存，中心柱式窟形体现出早期特征。中心柱窟源自印度支提窟，传至中国形制发生许多改变，第45窟中心柱（图3-2-36）呈楼阁式塔形，柱塔三层，直达窟顶。北魏晚期中心柱窟建成，中心塔柱、窟内千佛、龛楣装饰等留存至今。中心塔柱（图3-2-37）是石窟与佛塔的结合，三层四面的空间，使众多佛、菩萨得以安置其中，帐幔、围栏、动物等装饰元素使窟内佛塔更加丰盈多彩（图3-2-38）。窟内三壁上大龛造像以及数个小龛分别是在唐高宗前期及武周时期被改造而成[④]，龛楣飞天以及壁上千佛等北朝遗迹装点其中。飞天皆束高髻，上着短衫，两臂和肩上天衣飘洒在身后，腰束带，后屈的双腿包裹在曳空长裙内。但因龛窟不同、飞天位置不同，又各有千秋。第45窟中的飞天（图3-2-39），宽衣广袖，一手上扬，一手自然下垂，天衣绕肩迎风上扬，折身之后裙摆也如流云散落，简单的线条呈现出流畅、俊逸之美。同始凿于北魏的第38窟，其中飞天体态宽厚，线条陡然起伏，稍显古拙、朴素。她们或伸展双臂，或持排箫，或系腰鼓，为静穆的佛教空间增添一丝灵动（图3-2-40、图3-2-41）。

---

① 周绍良主编：《全唐文新编》第1册《问慧乘诏》，吉林文史出版社，2000年，第23页。
② 吴钢主编，陕西省古籍整理办公室编：《全唐文补遗》第1辑，王京阳等点校，三秦出版社，1994年，第459页。
③ 胡素馨主编：《佛教物质文化寺院财富与世俗供养国际学术研讨会论文集》，上海书画出版社，2003年，第214页。
④ 梁咏涛、罗宗勇、王剑平：《广元皇泽寺石窟调查报告》，《四川文物》，2004年第1期，第13页。

图 3-2-34 郭沫若书皇泽寺匾额

图 3-2-35 皇泽寺前的江景

登临皇泽寺石窟远眺，眼前便是浩浩荡荡的嘉陵江。佛国净土与烟火人间，一江之隔。

左页：图 3-2-36　中心柱窟局部，北朝，石雕，高 2.5 米

皇泽寺石窟第 45 窟

中心柱作为大型洞窟的力学支撑，亦不乏佛教意义和美学作用。数部佛经讲述绕塔之无量功德。从观赏角度出发，柱中层凿兽头（“荣耀之面”），以两边三条横纹作为上层龛座和下层龛楣的分界。兽面下为帷帐的帐檐装饰，檐口上为被后世称为“山花蕉叶”的装饰，檐口下为翠羽纹饰及垂额。[①]帷帐在北朝晚期对当时的佛龛样式影响比较大，诸如皇泽寺 45 窟中心柱饰以帷帐装饰的，早在云冈二期已经出现。

图 3-2-37　中心柱第一层局部，北朝，石雕

皇泽寺石窟第 45 窟

龛中雕凿一博山炉坐落莲台之上，再上围栏环绕，正中开辟踏道。一佛二菩萨或坐或立于龛中，造像头部均有损毁。佛着“褒衣博带”式袈裟，雕刻手法十分简洁明快，与下垂的悬裳衣纹繁简对比鲜明。围栏和踏道不仅在石刻中复原了木构建筑景观，而且栏杆也成为一道界限，分割了世俗与神圣的空间。

① 扬之水：《曾有西风半点香——敦煌艺术名物丛考》，生活·读书·新知三联书店，2012 年，第 16—22 页。

图 3-2-38　中心柱第一层龛座局部，北朝，石雕

皇泽寺石窟第 45 窟

中心柱最下层底座四角各卧一象，探出头及前腿，后半身隐于柱内。工匠用粗简的凿刻手法将小象的俏皮可爱、围栏和博山炉的雅致、尊像的庄严肃穆一一呈现。

图 3-2-39　局部之飞天，北朝，浮雕

皇泽寺石窟第 45 窟

窟内造像皆遵循宗教仪轨，佛与菩萨皆庄严肃穆，而飞天则迎风飞舞，右手上举，左手自然下垂，身体与迎风衣裙融为一体，似乎完全投入轻歌曼舞的欢愉之中。动态的飞天图像，具自然灵动之美，反衬烘托出窟内造像沉静的威仪。

图 3-2-40　局部之飞天，北朝，浮雕

皇泽寺石窟第 38 窟

众天女环绕佛光周侧，或奏乐，或撒花供奉，渲染出天乐齐鸣、天花如雨的壮丽场面。

图 3-2-41　局部之飞天，北朝，浮雕

皇泽寺石窟第 38 窟

用流动的线条刻画飞天舒展的双臂、修长的双腿和曼妙的身材，从而使得飞天有着舞蹈般的潇洒姿态，“飞”的无限意味暗含其中。

千佛的造像题材在同时期中原北方石窟中也屡见不鲜，第45窟中三壁大龛龛楣二龙交尾，龙身细长，龛侧龙首反顾，其内八身飞天环绕龛外凿刻千佛，佛像头部圆润饱满，“褒衣博带”简单明了，从造型上看又似有几分南朝神韵（图3–2–42）。

北朝造像于皇泽寺石窟的一角，唐代风华才是构成石窟的核心精华所在。在第45窟与北朝遗存同处一室的唐代所造佛、菩萨与弟子像，主要分布在绕中心柱窟室后壁及左右壁的圆拱形大龛中，三个大龛俱为一佛二弟子二菩萨五尊，但尊像刻画不尽相同。更为有趣的是，窟中唐代造像用曲线塑造了圆润的面庞、飘拂的发丝和丰腴的身姿，但是工匠没有在任何一尊造像上用曲线刻画微笑上扬的唇角，所有造像都面带悲悯和严肃，并且除了简单的发冠和基本的衣物之外，不加任何其他的珠宝装饰，似乎是想与前朝遗留的古朴简约的造像融为一体（图3–2–43、图3–2–44）。

大佛窟是皇泽寺石窟中开凿规模最大、内容最丰富的唐代龛窟。（图3–2–45）窟内造像也以一佛二弟子二菩萨为主。主尊阿弥陀佛（图3–2–46），高近5米，立于仰覆莲圆座之上，内着僧袛支，外披双领下垂袈裟，衣袂外翻，颇具北朝遗风。周身装饰较多，如耳珰、腹前花形束带等。两侧弟子与菩萨用凸线塑造衣纹，菩萨身披瓔珞，尤为别致华美（图3–2–47）。除窟内五尊造像外，还有窟口力士及主像身后作为龛窟背景的天龙八部像。天龙八部是四川佛教龛窟中常见的题材，因佛向诸菩萨、比丘等说法时，常有天龙八部参与，故在石窟中时有塑造，大佛窟即第28窟中有六部完好地保存下来，以浮雕的形式装点在佛与二弟子身后的壁上。八部中以天部、龙部为上首，最为殊胜，窟中以一头戴三珠冠头盔的武士呈现天部；龙部形象也头戴三珠冠，瞋目裂眦尽显威严，武士头顶蟠龙彰显身份（图3–2–48、图3–2–49）。阿修罗（图3–2–50）曾译作无端，容貌丑陋之义，窟中阿修罗正面与凡人无异，面容清秀俊美。迦楼罗（图3–2–51）则着长裙立于阿难、观音之间。这种拟人化的天龙八部形象出现在石窟中，在当时尚属空前。

左页：图 3-2-42　龛楣龙及龛外千佛，唐，石雕

皇泽寺石窟第 45 窟

千佛结跏趺坐，结禅定印，单独一尊看来简单粗糙，但数尊小佛以一定秩序、一定规律结合为一个有机的统一体之后，所谓重复产生力量，带给人一种秩序的美感。

图 3-2-43　左壁大龛之菩萨与阿难，唐，石雕

皇泽寺石窟第 45 窟

菩萨发髻残损，面容典雅，宝缯及长发垂肩，天衣自双肩下垂交绕于腹前，菩萨右手牵下落的天衣，左手上举。除了素面的手镯之外，菩萨身上并无任何其他装饰，洗尽铅华，更具脱俗气质。年轻的阿难双手合十，望向菩萨，似亦为菩萨的美丽而赞叹。

图 3-2-44　右壁大龛胁侍菩萨，唐，石雕

皇泽寺石窟第 45 窟

右壁胁侍菩萨头戴素面冠，高耸的发髻上发丝缕缕清晰刻画，工匠用婉转柔和的曲线刻画五官，使其面庞更加圆润、清秀，菩萨表情严肃，静默地注视着众生。

图 3-2-45 第 28 窟，初唐，石雕，龛高 6.86 米，宽 5.55 米，深 3.6 米

皇泽寺石窟

一佛二弟子二菩萨二力士，与窟内其他的天龙八部浮雕、壁画一同营造了一个气势恢宏的宗教空间。主尊身头比过大，但肩宽身直、手足宽厚，反倒呈现出头与手足的微微前伸，因近大远小的视觉效果，并无不和谐之感。全窟一佛七尊及后壁天龙八部对称分布，其体量在皇泽寺石窟群中皆首屈一指，佛教造像中佛陀居中而产生的庄重、稳定在此窟中尤为突出。

图 3-2-46　主尊头部，初唐，石雕

皇泽寺石窟第 28 窟

大佛面相方圆，面貌威严，眉心为佛“三十二相”之一的白毫相光，此尊佛像最特别之处在于耳朵上戴有圆形花朵纹样的耳珰。据佛典，佛像本不应戴有耳饰，这当是川地的造像特色。

图 3-2-47　主佛左侧胁侍菩萨局部，初唐，石雕

皇泽寺石窟第 28 窟

菩萨长发结辫搭于双肩，耳戴与主佛款式一样的耳珰。周身饰物尤其精致繁复。双肩上饰圆条状连珠纹帛带，顺臂而下至腰间。颈佩项圈，项圈中间刻兽面，从口中吐出铃铛下悬。璎珞交织于腹际，相交处的圆形装饰亦为一兽面。这类兽面图像为佛教艺术中常见的“荣耀之面”，工匠用高超的技艺，点顽石成珠玉。

图 3-2-48 天龙八部之龙，初唐，石雕

皇泽寺石窟第 28 窟

武士方面阔口，怒目拧眉。龙从其头部的右侧升起，龙的后半段身体从其头后部绕过，龙尾几乎与龙的胸部相接，但又未接，它就像武士的“头光”一般，巧妙地被设计安排在武士的头后，构图虽满，但气韵流畅。

图 3-2-49 天龙八部之龙部局部，初唐，石雕

皇泽寺石窟第 28 窟

头顶蟠龙暗示了武士身份。龙做回首状，猎毛迎风摆动，丝丝分明，动感极强。龙颈细长，其上方有一火焰宝珠，这种形式在唐代颇为多见。两只龙爪在龙颈两侧铺开，左爪大而锋利，张开似要握住龙珠。龙身粗壮，至颈部变得纤细，显得十分灵活。螭龙张牙舞爪，跃然于墙壁之上，好似随时可以降临人间行云布雨。

图 3–2–50　天龙八部之阿修罗，初唐，石雕

皇泽寺石窟第 28 窟

阿修罗三头六臂，正面宝相庄严；左侧面做愤怒相，龇牙咧嘴，惊悚可怖；右侧面则慈眉善目，略带笑意。上二手高举分别托日、月，中二手一手举尺，一手持物不明，下二手合掌。

图 3–2–51　天龙八部之迦楼罗，初唐，石雕

皇泽寺石窟第 28 窟

迦楼罗束发戴三珠冠，怒目圆睁，面目威严。额纹深重，鸟喙历经千年依然尖利，下颌布满虬髯，着长裙立于阿难、观音之间。

第51窟又名五佛窟，窟中主尊身后天龙八部的刻画更是惟妙惟肖，如最右侧一卷发红身的人物（图3-2-52）以高浮雕的形式呈现，凶相毕露；最左侧上方则有一人（图3-2-53）长耳引人注目；其下方者（图3-2-54）身披铠甲却安静伫立，这些造像因身份的不同而各有差异，但整体和谐统一，相对写实之中显露出工匠的无穷创造力。除天龙八部外，此窟还加入了广元和巴中唐代佛窟中常见的装饰题材——双树。在佛像诞生之前，古印度佛教艺术中已有用圣树代表佛陀的传统，因释迦牟尼诞生、思惟、成道、说法、涅槃等生平重要事件多发生在树木之下。佛像出现后，在佛或菩萨身后刻一株树的做法在古印度和中亚都有流行，但双树除出现在涅槃图之中，其他并不多见。传入中国之后双树组合却流行起来，以北凉时期敦煌莫高窟第275窟为滥觞，双树逐渐成为造像常依附的外部环境，其与各种佛教艺术题材结合，创造出独特的中国佛教艺术形式。五佛窟内尊像头部皆损毁严重，彩绘也惨淡斑驳（图3-2-55、图3-2-56）。残迹斑斑的群像，使得其中的双树背景尤为醒目（图3-2-57）。龛中双树，是从印度及西域传来的芒果系圣树，每片树叶上部表现花蕊，下部呈现以花蕊为中心聚集的狭长树叶，在四川石窟中非常流行。

石窟之美不仅体现在上述规模宏大、装饰华丽的龛窟中，也保存在精致可爱的小型群像里。如位于51窟上方的第48窟（图3-2-58），龛像体量虽小，但形制完备，龛形外方内圆，龛内雕凿一佛二弟子二菩萨。主尊结跏趺坐于方形座上，面容饱满，气宇轩昂。佛座前有两身跪姿天女，群像前方还设有一鼎状香炉，香炉两侧卧二狮，精雕细琢之中皆体现着无穷的美学意蕴。

写《心经》洞是皇泽寺唐代造像相对集中的一区，其中大小龛窟共14个。相传唐代宗初年，颜真卿为利州刺史，曾于此处写《心经》一卷，故俗称写《心经》洞。第12、13窟为贞观二年（628）由女皇父母武士彟、杨氏捐造，相传是为武则天的出生祈福而开。武则天于神龙元年（705）十一月薨逝，但《旧唐书》《新唐书》和《资治通鉴》对她逝去时的年龄却记载为80岁、81岁不等，无论哪种推断，武氏都出生于高祖武德年间而非贞观，故而此窟与武氏出生有关这一说法尚存疑问。但武士彟确在贞观元年（627）十二月被授利州都督，广元在其辖内，其妻笃信佛教[①]，在其任职广元期间在皇泽寺捐造第12窟。窟中正壁造像全数残毁，窟口两壁夫妇礼佛图浮雕一组（图3-2-59）极具写实特征。巩义石窟和龙门石窟中皆有帝后礼佛图，皇泽寺这组礼佛图人物数量远逊于前者，一般被称为武氏夫妇礼佛图，表现的是开窟者在僧人的引导下，带领子女、随从瞻佛观礼的场面，也弥足珍贵。左壁礼佛群像下方浮雕石碑（图3-2-60）一块，以一圆拱形浅佛龛取代碑额上的题字（题额），其形制可由长安怀仁圣教序碑及道因法师碑碑额龛像，追至云南武周时期的王仁求墓碑。皇泽寺的此碑可能成为传播中的一环。

① 陈寅恪：《武曌与佛教》，《金明馆丛稿二编》，上海古籍出版社，1980年，第137—155页。

图 3-2-52　天龙八部之夜叉，初唐，石雕
皇泽寺石窟第 51 窟

夜叉黑色卷发及肩，口生獠牙，赤裸的身躯被涂以朱色，身上肌肉发达，右手上举握住一物。“夜叉”在佛教艺术中是天龙八部之一，有时也作为毗沙门天王的眷属出现，通常表现为手握小孩、似欲啖食的凶恶形象。工匠刻画卷发赤身、肌体强健的独特形象，生动地展现了夜叉的特点。

图 3-2-53　天龙八部之乾达婆，初唐，石雕
皇泽寺石窟第 51 窟

乾达婆又称为香神，是一种不吃酒肉、只寻香气作为滋养的神，为服侍帝释天的专管奏乐演唱的乐神之一。龛中乾达婆头戴三珠冠，长耳及胸，造型独特。长圆丰满的面型、宽厚的身材，颇具几分儒雅之气。

右页：图 3-2-54　天龙八部之天，初唐，石雕
皇泽寺石窟第 51 窟

天众是生活在各层天的众神，也包括天王、帝释天主、大梵天王等，故而用身披铠甲的武士形象来表现天众。武士头戴兜盔，身覆披巾，穿铠甲战裙，足蹬长靴，俨然世间武士的装扮，但这位武士却少了几分威风，多了几分随和。

图 3-2-55　第 51 窟，初唐，石雕，窟高 2.36 米，宽 1.8 米，深 1.05 米

皇泽寺石窟

窟内造像为一佛二弟子二菩萨，像身后浮雕双树及天龙八部。窟内尊像头部皆损毁严重，主佛内着僧祇支，外着双领下垂袈裟，右肩覆偏衫，衣纹可见龛像雕刻塑造之精细，龛内虽色彩斑驳，但仍可遥想当年之华美。

图 3-2-56　主佛袈裟细部，初唐，石雕

皇泽寺石窟第 51 窟

阶梯形的衣纹随尊像身躯层层而下，腕部则用阴刻线条表现袈裟的纹理。阴雕阳刻相互结合，衣纹舒展流畅，真实自然。褶皱虽多，但排布自然，疏密有序，随身体结构及动态变化而聚散转折，繁而不乱，彰显匠师对人体结构精熟的把握。

图 3-2-57　佛窟背景局部，初唐，石雕

皇泽寺石窟第 51 窟

赤红背景的衬托使树木愈显葱郁，花蕊朝向佛，细叶以佛为中心向两侧动摇，它们或许也在听佛说法，获得真知而如沐春风，欢喜得摇曳生姿。

图 3-2-58　第 48 窟，初唐，石雕，高 1.12 米，宽 1.07 米，深 0.49 米

皇泽寺石窟

此龛除龛口力士受风化之外，其余造像都保存完好。力士尽管风化，但孔武有力的英姿仍在。座前两位天女相对，一位吹箫，一位双手捧物，恭敬虔诚。龛内造像面部尤其丰润，右手上举施无畏印，左手抚膝，衣纹细腻婉转，犹如溪水潺湲。加之天女声乐，龛内一派欢愉景象。

图 3-2-59　写《心经》洞礼佛图，唐代，浮雕

皇泽寺石窟第 12 龛右壁

第 12、13 窟据传为武氏夫妇为刚出生的女儿武则天祈福所开，虽不能确定此说，但龛口两壁上方保存的礼佛图男女老幼俱全，画面清晰别致。盛唐以丰腴为美的取向为世人共知，图中礼佛众人却都纤细修长，可能以现世人物为基准雕刻。

图 3-2-60　唐碑，唐，浮雕，高 1.2 米

皇泽寺石窟第 12 龛左壁

窟室左壁立碑，高大的碑身和精美的碑额结合在一起，俨然成为一件独立的石刻艺术杰作。此碑在唐碑中也因额中开龛而显独特，龛中为一坐佛，龛楣用联珠纹和火焰纹装饰，雕工细腻、精美。

写《心经》洞区的第1龛至第7龛，除第2龛为坐佛外，其余皆是浮雕于壁上的幢龛。经幢是唐代盛行的一种佛教石刻形式，一般由幢座、幢身和幢顶组成，绝大多数为八角形，个别为四方形和六角形，极少数为圆柱体。唐人广造经幢，因“破地狱”功能，佛顶尊胜陀罗尼经幢尤为流行。皇泽寺中体量较小、形制俱全的经幢数量众多，分布密集。如第6龛，长方形双重浅龛内雕陀罗尼经幢一座，经幢左右分六栏浮雕地藏与六道形象（图3-2-61），这与7世纪以降流行的地狱观念有密切的关系，陀罗尼经幢和六道轮回、地狱等联结在一起，逐渐浸透中国社会的各个阶层。其他还有如第2龛、第7龛等，专开一龛供奉经幢（图3-2-62、图3-2-63），体量、造型和第6龛类似，但保存欠佳，仅余轮廓。这些随摩崖造像而来的浮雕小经幢，同样具备礼佛祈福的功用。

皇泽寺造像虽多无纪年，但不同的内容、风格皆昭示不同的时代背景和审美特征。石窟始凿于北魏晚期，历经北周、隋代和唐代，因崖壁面有限，至玄宗朝渐趋衰落。早期石窟改造颇多，但从洞窟形制和装饰纹样可见北朝影响。初唐皇泽寺造像规模宏大，气派非凡，如第28窟一佛七尊及人形化的天龙八部像，在石窟艺术中尚属空前，布局设计和雕凿技艺堪称绝后。高宗及武后时期，涌现出不少一佛二弟子二菩萨的造像组合，既可见两京造像艺术的影响，又有本地特色。除了佛与菩萨外，写《心经》洞区还有石碑、礼佛图以及集中分布的尊胜经幢等。总而言之，皇泽寺石窟题材、内容丰富，在窟形建构、造像布局和装饰艺术等层面都堪称当时艺术的杰作，其匠心独运和皇家风范在四川地区可谓无双。

图3-2-61　佛顶尊胜陀罗尼经幢，唐，石雕，龛高1.04米、宽0.76米
皇泽寺石窟第6龛

六角形经幢身上所刻经文早已漫漶不清，幢顶由仰莲座、相轮、宝珠等组成，也风化严重。幢顶两侧二飞天，幢身两侧各分三栏雕六道：左侧上层雕一大树，树下有野兽（畜生道）；中层雕二像（天道）；下层雕半敞开的大门，一鬼持棒而立（地狱道）。右侧上层雕三像（阿修罗道）；中层雕一人驾二牛犁地，一人送饭（人道）；下层一僧人持锡杖立于祥云上（地藏），左侧一像跪于地上，拱手做乞求状，面前放一篮（饿鬼道）。石幢造型玲珑，雕刻细致生动。

图 3-2-62　佛顶尊胜陀罗尼经幢，唐，石雕，龛高 1.12 米，宽 0.78 米

皇泽寺石窟第 2 龛

此龛中经幢及两侧浮雕都风化严重，但经幢的高大底座、八角幢身和幢顶依稀可辨。尺寸和形制与第 6 龛大致相同。

图 3-2-63　佛顶尊胜陀罗尼经幢，唐，石雕，龛高 1.11 米，宽 0.74 米

皇泽寺石窟第 7 龛

每一座小龛，都代表了一位或者一群功德主的祈愿，或许是他们财力和精力不足以支撑捐造实体佛塔或经幢，因此借用龛中经幢实现礼佛和祈福的愿望。

（三）观音岩石窟

天宝九载（750），南诏王阁罗凤发兵攻陷姚州，杀唐朝云南太守，翌年剑南节度使鲜于仲通领兵讨伐南诏大败，士卒死者六万。天宝十三载（754）剑南留后李宓再次进讨南诏，全军覆没，数十万将士阵亡。唐朝政权与吐蕃和南诏半个世纪的纠葛在广元观音岩（图 3-2-64）留下痕迹。广元位于古代川陕要道金牛道上，为由中原入川的必经之地，根据题记，观音岩造像约始于开元元年（713），最盛在天宝十载（751）南诏战事兴起后，至于大和七年（833）进入尾声，第 19 龛、第 47 龛等保留的题记和数量众多的天宝、大和纪年的造像表明参与吐蕃、南诏作战的将士在观音岩营建中发挥了重要的作用。

观音岩得名于此处数量丰富的观音造像，并以单尊立姿观音最为常见。如第 76 龛观音像（图 3-2-65）立于仰莲圆座上，头戴高宝冠，宝缯垂肩，颈部三道蚕节纹，面相丰圆，戴项圈，璎珞交叉于腹际，天衣横绕过膝部，顺手臂垂于体侧，左手上举肩侧持杨柳枝，右手自然下垂，鼓腹，右腿微曲。此龛的位置较高，只能从下方仰视。第 6 龛（图 3-2-66）是观音龛中较大并且保存完好的一座，也因此备受信徒崇敬而屡遭妆涂，掩去了一些岁月赋予的独特风韵。此尊观音左、右持物与第 76 龛镜像对称，两龛中的两尊头饰及衣纹、璎珞布局十分接近，通过第 76 龛，可以想象其彩妆之前的原貌。另外，龛外右侧有题记作“山郡司马周铣敬造观音像，至德二年九月四日”[1]，这则题记也为第 76 龛和第 6 龛提供

图 3-2-64　广元观音岩崖壁局部

大小龛窟横平竖直，整齐排列。崖壁上原应有木构建筑，供人瞻仰佛迹，现今可见残痕遗落在石壁上。

① 罗宗勇主编，雷玉华、王剑平执笔，广元皇泽寺博物馆、成都市文物考古研究所编：《广元石窟》，巴蜀书社，2002 年，第 162 页。

了断代线索。除上述两龛外，一手持杨柳枝，一手提净瓶的观音形象在观音岩还有数例，如第4龛、第6龛、第22龛、第26龛（图3-2-67）、第60龛（图3-2-68）、第65龛、第114龛、第115龛、第121龛（图3-2-69）、第127龛（图3-2-70）等。众龛中观音造型类似，但身形和装饰各不相同，有的壮实，有的纤柔，有的端严，有的婀娜，多样而又统一的造像在山壁上组成一幅自然有致的画卷。

图 3-2-65　第 76 龛观音像，唐，石雕，外龛高 0.93 米，宽 0.51 米，深 0.37 米

观音岩石窟

外方内圆拱龛，龛中雕立菩萨一身，外龛右壁尖拱龛内雕一供养人。菩萨发髻较高，面庞丰满，面貌和蔼可亲，天衣环身，左手上举，右手下垂。稍稍扭动的腰部表现出曲线美的同时，也赋予造像动感。

图 3-2-66　第 6 龛观音像，唐，石雕，外龛高 1.98 米，宽 1.22 米，深 0.5 米

观音岩石窟

龛内观音造像明显经过现代人彩绘，妆彩技术和颜色搭配都差强人意。但造像作为神祇的象征，修复造像、妆彩造像以恢复形象的完整性，意味着观音生命力的延续，也意味着从古至今，人们从未停歇对其神圣性的期待。

图 3-2-67　第 26 龛观音像，唐，石雕

观音岩石窟

此尊造像整体与第 6 龛观音十分相似。因位置较高未经妆銮，菩萨右手举杨柳枝，左手下垂，天衣绕体，璎珞严身，面部圆润，清秀端丽。在树影掩映之下，婀娜丰腴的身姿中散发出青春的气息。

图 3-2-68　第 60 龛观音像，唐，石雕

观音岩石窟

观音头部残损，身材颀长，立于仰莲台座上，宝缯垂肩，衣服上装饰密布，有璎珞交叉于腹际，天衣绕体下垂，左手上举肩侧持杨柳枝，右手下放体侧。不知何时曾对此尊造像进行了重妆，上举持杨柳枝的手臂和莲座的花瓣，都因颜料的脱落反而增添了立体感和层次感。

图 3-2-69　第 121 龛观音像，唐，石雕，龛高 1.97 米，宽 1.33 米，深 1.44 米

观音岩石窟

方形龛内雕观音立像，高 1.6 米，两侧对称浮雕 6 身供养菩萨。龛中观音，头饰高宝冠，宝冠缯带及发辫披肩，面相丰圆，眉目细长，双眼微睁，小嘴，重颐，颈部较细，有三道蚕节纹，戴项圈、手镯，胸、腹部饰复杂的璎珞，上身斜披络腋，下着贴体长裙，裙摆覆盖双足，左手下放提天衣，右手上举执杨柳枝。

观音身侧两排 6 身供养菩萨皆面向主尊，上部二身相向跪于云端，双手当胸捧供物。中二身左菩萨双手当胸捧供物，右菩萨双手合十。下二身左菩萨双手合十，右菩萨双手捧供物。此龛观音像相较观音岩其他观音像，身体相对扁平，服饰和璎珞没有采取圆雕，而是用线刻的方式呈现，精细程度却毫不逊色。

图 3-2-70　第 127 龛观音像，唐，石雕

观音岩石窟

外方内圆双重龛，内龛凿一观音立像，外龛左右不规则开小龛，刻供养人若干。观音头戴高宝冠，面相方圆，五官小巧，双耳垂肩。身披璎珞、天衣，右手上举杨柳枝，左手下垂提净瓶。造像凿刻从面部到身躯再到璎珞、披帛都相对扁平、简练，造像朴素。

双观音、观音与地藏、观音与大势至等多种组合，使观音岩造像题材更加丰富。如图（图 3-2-71）中可见两龛未标龛号，龛中皆有两尊对称的观音造像。双观音造像北朝和南朝都有发现，唐代四川石窟中也多有发现，如巴中南龛第 72、110 龛，广元千佛崖第 37 龛等。双观音呈镜像对称，共立一龛之中，皆头戴宝冠，身披璎珞、络腋、天衣，一手持杨柳枝，一手自然下垂提衣角，体态自如。观音与僧人立于一龛，一般是观音与地藏的组合，观音岩第 105 龛却打破常例，龛中观音居左，立于龛内，头戴高冠，身着长裙，双手当胸合十。僧人居右，直立无座，头戴风帽，身着交领袈裟，锡杖斜倚右肩，杖端挂剪刀、直尺及袋状物。根据图像学特征，此尊造像并非地藏而应为志公和尚（图 3-2-72）。除观音造像以外，观音岩也不乏以佛为主尊的龛窟，如第 20 龛（图 3-2-73）和第 47 龛（图 3-2-74），俱为二重龛，龛内设一佛二弟子二菩萨二力士共七尊像，这是唐代石窟中非常常见的组合。还有不少布局奇特、尊神配置因风化严重难以辨识真面目的龛窟，即便仅余轮廓也令人惊奇不已，思虑万千（图 3-2-75、图 3-2-76）。

图 3-2-71 双观音像，唐，石雕

观音岩石窟

双观音给观者带来对称所产生的稳定与和谐之美。观音慈悲无量，似乎在双观音那里，人们获得的护佑也是双倍的。

图 3-2-72 观音、圣僧像，唐，石雕，外龛宽 1.38 米，深 0.28 米

观音岩石窟第 105 龛

僧人头戴风帽，持锡杖，乍看此龛似为观音与地藏的组合，但实际杖端还挂剪刀、直尺及袋状物，表明僧人身份为志公和尚。建于唐代的此龛，为目前可知最早的一例志公像。小小的龛窟毫不起眼，但仔细辨别总有惊喜的发现，整龛造像形象质朴、可亲，带有几分童趣，令观者心生欢喜。

图 3-2-73　佛七尊像，中唐，石雕，外龛高 1.6 米，宽 1.63 米，深 0.56 米

观音岩石窟第 20 龛

主尊头部已残，结跏趺坐于长方形座上，着双领下垂袈裟及僧祇支，大衣下摆披覆座前，左手托珠置腹侧，右手上举施无畏印，头部比例偏大。弟子、菩萨皆立仰莲座上，左侧弟子额出皱纹，颈部有三道竖筋，眼球圆突，面容虽老但笔挺地立于佛侧，依然精神矍铄，此像当为迦叶。二力士袒上身，姿态扭动幅度较大，露出夸张的肌肉，头部比例偏大，使得他们肌肉强劲但并不可畏，反倒滑稽可爱，令人忍俊不禁。

图 3-2-74　释迦七尊像，唐代，石雕，外龛高 1.6 米，宽 1.42 米，深 0.85 米

观音岩石窟第 47 龛

此龛与第 20 龛人物布局及形象均比较近似。主尊头部偏大，肩宽胸厚，略显矮胖。龛口力士相对而立，显得短小精悍，特别是其夸张的姿态，腰部横向弯曲几近 90 度，给平静的龛像平添了强烈的动感。龛内造像不知保留了何时的彩绘，以赤色打底，点缀鲜绿，年代久远蒙尘，强烈对比的色彩也不显艳俗。

图 3–2–75　菩萨群像，唐，石雕

观音岩石窟第 64 龛

龛内雕凿 9 尊菩萨像，其中两位体量较大的菩萨分别立于左右两端，中间 7 尊菩萨全跏趺坐于莲台上。雕凿工艺并不精致，加之年久剥落，更显粗糙。但菩萨皆头戴宝冠，嘴角含笑，憨厚质朴，令人感觉无比亲切。

图 3–2–76　二佛并立像，唐代，石雕

观音岩石窟第 57 龛

二佛并立龛正中，两侧有胁侍菩萨及力士。药师佛居左，磨光肉髻，面相丰圆，眉目清秀，双手托锡杖，着双领下垂袈裟；右侧主尊也肉髻磨光，面相丰圆，但双手持物或手印均不可见，身份不能辨识。两尊胁侍菩萨侍立左右，内龛外侧塑二力士，体量虽小但神完气足。龛窟整体也体现出观音岩普遍崇尚丰腴、装饰简练的特点。

据《广元观音岩调查记》，观音岩造像组合仍以单龛观音最多，约占全崖造像龛窟的三分之一，其次一佛二菩萨三尊像组合的有 18 龛，五尊像组合的有 3 龛，一铺七尊像组合的有 13 龛，一铺九尊像组合的有 6 龛。[①] 全岩随山势南北绵延于嘉陵江畔，长约 300 米，现仅存 129 龛窟，380 多尊佛像，论及规模、体量远不及千佛崖、皇泽寺。龛窟除造像外不饰其他，也反映出造像组合及石窟装饰趋于简化，却更加集中展现了广元地区唐代佛教石窟的风貌。

① 罗宗勇、王剑平、盛涛：《广元观音岩石窟调查记》，《四川文物》，2002 年第 3 期，第 3—12 页。

三、巴中石窟群

巴中古称巴州，和广元同位于川东北，且与广元毗邻。南北朝时此地仍是一片尚待开发、文化落后的地区。《巴州志》载“抢壤于齐梁魏周之间，朝南暮北，用困征输，元气颓靡”[①]，当地原住民甚至被称“夷獠”。隋唐统一南北之后，这种情况发生了变化，长安为首都，巴中属山南西道兴元府，与汉中划在一个行政区内，自汉以来军事行动中依循的所谓米仓间，逐渐成了除金牛道以外入蜀的又一通道——米仓道，使巴中与长安的沟通逐渐频繁。重视巴中的开发和管理是唐代一贯的政策，派至巴州的官员，基本皆为朝廷重臣被贬抑或擢迁任命，皆身份显赫、修养极佳。如贞观中李桐客任巴州刺史，清平流誉，百姓呼其为慈父；严武（726—765）出身名门，才思敏捷，在至德初被贬至巴州，为治理和镇守西南边疆立下功劳；苏世长，出身于武功苏氏，在调任巴州刺史期间病逝，其人机辩博学，太宗年间，与杜如晦、房玄龄等齐名。除了中央官员在长安与巴中之间频繁地往来外，唐代巴州还是皇朝流放皇族的地方，纪王李慎、吴王李恪、章怀太子李贤等均先后贬至巴州为庶民，有的甚至客死巴州。持续不断的人员流动，将长安的艺术与文化带至巴州，加之地处唐代入川的两条重要陆道交通线之一的米仓道南端，盛世的气息沿古道蔓延，从而使巴中成为继广元之后佛教艺术的又一勃发之地。

据2000—2001年的调查，巴中市境内有石窟59处，500余窟，8000多身造像，缘于隋唐时期与长安的频繁交通，这一时期佛教造像最多，共计19处，450余窟，7000多身，主要分布于巴中市区周围的南龛、北龛、西龛、东龛，水宁镇的水宁寺、千佛崖，兴文镇的沙溪，三江镇的龙门村、佛爷湾，恩阳镇的千佛崖、佛尔岩，化成镇的石门寺，麻石镇的佛尔岩，三汇镇的奥基寺，来龙乡的佛爷湾，玉井乡的佛尔岩，曾口镇的佛洞湾，甘泉乡的佛框湾、佛尔岩等地。[②] 这些龛像绝大多数为唐代作品，少数开凿于隋代，以佛教造像为主，有少数佛道合龛造像和明清至民国时期儒教、道教和民俗造像。众多龛窟散落在巴中城间乡野，其分布之广、数量之丰，见证从古至今巴中佛事之繁盛。

---

① ［清］朱锡谷、陈一津：《道光巴州志》，第七卷，1833年，影印本。

② 四川省文物管理局：《巴中石窟内容总录》，巴蜀书社，2006年，第4页。

（一）巴中北龛

石窟原是印度的一种佛教建筑形式，最初为僧人遁世修行而开，因在幽僻处开凿洞室故称为“窟”。而巴中石窟多是凿于崖壁上的浅龛，为摩崖石刻龛像，多以“龛”称之。北龛摩崖石刻造像地处巴中市城北 1 千米处的苏山之麓，现存造像 34 龛、348 尊，内容包括七佛、释迦、弥勒佛、菩提瑞像、二佛并坐、三佛、释迦老君并坐、药师观音地藏并立、观音立像和清代的碑刻、墓塔等。

其中规模最为宏大者当属第 7 龛（图 3-2-77）。龛分三层，外龛呈方形，中层为单檐佛帐形龛，内龛呈圆拱形。内龛中原有一佛二弟子四菩萨二天王像，龛壁浮雕天龙八部，现多损毁，即便如此，仍有许多可圈可点的艺术珍迹。如龛顶八尊坐佛（图 3-2-78），一尊只有残痕，其余七尊保存相对完好。“八佛”在佛教艺术中是极其特殊的情况，莫高窟第 285 窟北壁上部也出现八尊坐佛横列，此壁画绘制于西魏，题记表明“八佛”题材可能与《大方等陀罗尼经》的流行有关。[①] 八尊坐佛身后皆为桃形头光，身披袈裟，或为通肩式，或为敷搭双肩式，全跏趺坐。佛座下有方格团花、联珠纹以及帐幔，皆在巴中唐窟中屡见不鲜。深浅不一的刻痕和流畅的曲线表现飘动的帐幔，珠玉装饰其中，似迎风即可叮当作响。龛外两尊力士只存躯干，虽然头部缺失，但其强健的肌肉则彰显着无边的力量。同样第 12（图 3-2-79）、13、14 龛（图 3-2-80），龛口力士都立于山座，山石凌厉厚重，来自自然的力量之美，虽历经千年亦毫无撼动。

北龛造像多是如此，龛内或遭损毁或经重塑，后世的修补使得龛像面目全非，幸而精致的龛楣和一些尺寸较小的龛窟，因被忽视得以留存至今，亦能反映古代巴中匠人的高超工艺。第 14 龛（图 3-2-81）内龛檐面饰卷草忍冬，

① 敦煌研究院编，贺世哲：《敦煌图像研究：十六国北朝卷》，甘肃教育出版社，2006 年，第 347 页。

图 3-2-77　第 7 龛，唐，石雕，外龛高 3.38 米，宽 3.1 米，深 0.93 米，内龛高 2.14 米，宽 1.9 米，深 0.93 米
巴中北龛

巴中石窟中不乏屡经整修、重妆的造像，翻刻一通，虽精美齐整，但失却其原有韵味。龛中造像经历了人为损坏和自然的侵蚀，而其历经岁月积淀的魅力无法替代。

图 3-2-78　龛楣局部，唐，石雕

巴中北龛第 7 龛

坐佛体量不大，但身躯健硕，衣纹厚重，其中着蓝色圆领通肩袈裟的坐佛，保存状况最好。其下方雕刻的帐檐、幔帐及装饰写实、生动。

图 3-2-79　力士，唐，石雕

巴中北龛第 12 龛

力士头部残损，躯干及山座保存较好，左手高举，右手下垂，与龛口另一侧力士姿势相对。力士身躯刚劲强健，脚下所踏山岩及神兽也极具力量感。

图 3-2-80　力士，唐，石雕

巴中北龛第 14 龛

较之南北朝时期，隋唐造像不仅雕刻技艺日臻完善，人体结构的塑造也更加精准。龛口力士人体结构比例精准，肌肉饱满，骨骼劲健，体量虽不大，但勇猛威武，令一切邪魅望而却步。

图 3-2-81　第 14 龛，唐，石雕，外龛高 1.96 米，宽 1.74 米，深 0.4 米，内龛高 1.6 米，宽 1.57 米，深 0.94 米
巴中北龛

北龛的数个大龛中少有造像保存，第 14 龛虽残损严重，但仍是其中保存相对完整的一例。龛内主佛全跏趺坐于全龛的中心点上，胁侍弟子和菩萨身材娇小，隐于龛内。将小巧的尊像置入开阔的空间内，是否是原初龛窟的设计已不可知。如今呈现给观者的是剥离到仅剩必要元素的造像艺术，不满亦不乱，单独审视一些造像仍具较高的审美价值。

檐下雕饰飞天并有镂空忍冬、华绳、华铃（图 3-2-82），两侧八棱形缠龙与第 7 龛类似，残存的龙身饱满壮硕，气势磅礴。龛内壁装饰也相得益彰，两身飞天于顶部绕龛飞翔，中部悬圆形华盖，盖顶一朵仰莲承托覆钵，璎珞宝珠点缀其下，华盖下设主尊如来佛像及弟子像，龛内左壁已无存，右壁胁侍菩萨呈舒相坐。第 13 龛及其相邻的第 12 龛皆为两重龛，龛内胁侍菩萨、弟子及力士造像大致相同。第 13 龛（图 3-2-83）保存较好，龛中主尊为倚坐弥勒像，两侧胁侍弟子、菩萨等，内龛桃形龛楣（图 3-2-84）上雕饰缠枝卷草和七尊小佛，外周饰火焰纹。第 12 龛龛内主尊不存，早期照片显示龛中主尊施触地印，着袒右袈裟，身上似有项圈、头冠之类的装饰，然今皆不存无法确认；二重龛龛楣装饰不逊于前两龛，力士形象更是如出一辙。位于寺外东壁岩面上的第 30 龛（图 3-2-85），龛中雕一坐佛二弟子二菩萨二天王像，像间散布天龙八部，二力士守卫于龛柱外侧壁，立柱上方各有一伎乐，龛楣的缠枝、镂空与两侧蟠龙柱共同营造了最为庄严殊胜的佛国入口（图 3-2-86）。此龛造像保存相对完好，带观者走进想象的空间，一睹唐代佛教艺术的精巧奇绝。

图 3-2-82　龛楣局部，唐，石质浮雕
巴中北龛第 14 龛

繁复之美在古典建筑中屡见不见，如宫殿庙宇中的藻井、屋顶的飞檐悬鱼等。此龛龛楣装饰也呈现出繁复的美感，远看如一团乱麻，近看则不由得赞叹它的精致有序。檐上忍冬曲线柔和如波浪翻卷，檐下华绳、华铃和珠串前后相叠，工匠在此极尽精巧和富丽之能事。

图 3-2-83　第 13 龛，唐，石雕，外龛高 1.69 米，宽 1.41 米，深 0.18 米，内龛高 1.47 米，宽 1.12 米，0.57 米
巴中北龛

重龛内造一坐佛二弟子。主尊佛像内着僧祇支，外披袈裟，左手扶膝，右手举起，善跏趺坐于方形台上，赤足，双脚各踩一个仰莲莲台，两侧弟子胁侍，左右壁各立一菩萨、二力士于龛外，造像皆经清代妆彩。龛楣七佛与卷草缠枝交错布局。此龛位置较高，自下方仰视倚坐佛颇显高大威严，内聚的气势和张力几乎与乐山大佛相同。

图 3-2-84　龛楣，唐，石质浮雕

巴中北龛第 13 龛

龛楣上，七尊小佛全跏趺坐于拱形龛龛楣，以缠枝纹和火焰纹为衔接。七佛以龛楣正中小龛中披通肩袈裟的坐佛为中心，其左侧第一龛中小佛披双领下垂式袈裟，第二龛中小佛披通肩袈裟，双手藏于袈裟内，第三龛中小佛披双领下垂式袈裟。右侧三佛与左侧三佛一一对应。这是一个二方连续图案中套有对称图式的设计形式，佛像、纹样别致，匠师之用心可见一斑。

图 3-2-85　第 30 龛全景，唐，石雕，外龛高 2.3 米，宽 1.7 米，深 0.68 米，内龛高 1.6 米，宽 1.48 米，深 0.9 米

巴中北龛

龛为重檐帐形龛，龛额及两侧盘龙龛柱以透雕手法雕刻，更显奢华。主尊头部残损，身着双领下垂袈裟，袈裟衣褶流动在周身，无须触碰也能感觉到它的细腻和柔软。胁侍两侧的弟子性格迥异，阿难面部饱满，目光上扬，是一位稚气未脱的年轻僧人形象；迦叶则皱眉鼓目，岁月在脸上留下深深浅浅的刻痕，相对于阿难略显羸瘦，但双手合十目视前方，老者独有的坚定与从容被淋漓尽致地表现出来。保卫佛龛的两位力士一样筋肉饱满，但左侧力士开口，似在大声怒斥；右侧力士则喜怒不形于色，尽显威严。

图 3-2-86　第 30 龛龛右局部，唐，石雕
巴中北龛

龛窟位置较高，透过重重绿影，窥见面带微笑的阿难、菩萨、天王、力士等。注视远方的迦叶在绿叶的衬托下退去年轻人的浮躁，宁静致远。菩萨也端直而立目视前方，好像面对的不是狭隘的龛窟，而是大千世界。天王和力士在此背景下原本的狰狞摇身一变，而成为机警活泼。这说明对于立体的佛教造像，不同角度、不同光线、不同环境均会带给人不同的美学感受，这正是石刻艺术不同于壁画艺术的特性所在。

（二）巴中南龛

南龛原有古寺，唐时名为“光福”，后又称“南龛寺”。现立于山前、云屏石上的《严武奏表碑》（图 3–2–87），讲述严武“见（巴州）南二里有前件（代）古佛龛一所，旧石壁镌刻五百余铺”[①]，于是整饬旧寺，扩凿龛像，在唐肃宗乾元三年（760）上书请名，于是有“光福寺”之称。严武本人也写下“临谿插石盘老根，苔色青苍山雨痕”[②]这样的词句，再现寺院之幽静、深沉。明末张献忠起义，寺院遭兵毁荡尽，清康熙年间重建，嘉庆时又遇兵燹，再未重建。巴中几处石刻，均曾盛极一时，但如前文所述，北龛多数龛像仅余龛楣和残壁。南龛古寺虽早已不存，佛教造像却是巴中石窟中规模最大、保存最优者。它位于巴中城南 1 千米处的南龛坡山腹，龛窟镌刻于岩壁之上，高达十余丈，宽逾数百尺，多数窟形方正，远观近玩皆十分壮观（图 3–2–88）。州、县志书中模棱两可地将南龛始凿时间上溯至南朝，但现存题记最早者为开元十八年（730），龛像也未有明显的南朝风格，现有的 179 窟龛，2553 身造像多开自唐朝，具有宋代题记的龛窟不足 10 个。

南龛造像题材以广元、巴中唐代龛窟常见的造像组合为主，即一佛二菩萨的一铺三尊式及一佛二弟子二菩萨的一铺五尊式，造像以“多见贵而美者，故以丰厚为体”[③]的华美丰腴体态为主要特色，带有浓重的大唐痕迹。佛像面部圆润饱满，头顶高髻，双耳垂肩，身着袒右或通肩式袈裟，多施无畏印、触地印或禅定印，结跏趺坐于覆莲莲台之上。菩萨像则头戴高花冠，饰以尖桃形头光，细眉弯目，扭腰鼓腹。力士横眉怒目，赤裸上身，做振臂怒吼状。第 21 龛可视为巴中南龛同类题材的标准样式，一佛全跏趺坐于莲台上，头后为内层莲花外层桃形的头光，两侧立姿胁侍弟子、菩萨与坐佛高度略等。龛外两尊力士镇守，力士脚边还有数位尺寸较小供养人伫立。第 22 龛（图 3–2–89、图 3–2–90、图 3–2–91）与第 21 龛（图 3–2–92）如出一辙。蜀地唐窟中常见的天龙八部、双树也常见于群像后侧。第 70 龛（图 3–2–93）中人头攒动，天龙八部填充了主尊身后的每一寸空间。第 118 龛（图 3–2–94）与第 70 龛相类，亦是以布局繁密见长的一铺七尊像。

这些龛窟除了精美的龛楣之外，还在外壁刻画供养人和飞天，更尽奢华。飞天是佛国天宫中最活跃的精灵。巴中南龛一佛二弟子二菩萨龛的外侧壁皆刻画飞天（图 3–2–95、图 3–2–96），飞天之美在于其凌空飞舞之势，表现出人物在飞动

---

① 郑炳林、雷玉华、罗春晓、王剑平：《敦煌与丝绸之路石窟艺术丛书·川北佛教石窟和摩崖造像研究》，甘肃教育出版社，2016 年，第 184 页。
② 彭定求等编：《全唐诗》卷五，延边人民出版社，2004 年，第 1583 页。
③ 岳仁译注：《宣和画谱》卷六，湖南美术出版社，2010 年，第 126 页。

图 3-2-87 《严武奏表碑》，唐乾元三年（760），石刻，高 1.5 米，宽 1.55 米

巴中南龛

严武是唐代玄宗、肃宗朝官员，曾两次镇蜀，因与一代诗圣杜甫的特别关系而为人熟知。据《旧唐书·杜甫传》，"（严）武与（杜）甫世旧，待遇甚隆"[①]。广德二年（764），杜甫欲出蜀往荆楚时，也因严武再次调任蜀地，返回成为其幕僚。

碑文记录了严武将南龛古寺修葺之后，请求皇上赐名之事。明代史籍中也收入了《唐严武乞赐山南寺表》《唐古佛龛石刻》等南龛碑文，现都不存。虽所述之事与《严武奏表碑》相同，但内容却不一致。故推断今存字迹如新的《严武奏表碑》可能为明清翻刻。[②]

---

① ［后晋］刘昫：《旧唐书》，中华书局，1975 年，第 5054 页。

② 雷玉华著，郑炳林、樊锦诗主编：《巴中石窟研究》，民族出版社，2011 年，第 5 页。

南龛形制特点多为双层龛，也称为重龛、套龛。外有敞口平顶方形龛，方形的组合遍布崖面，龛楣样式较统一，使整个南龛布局简单有序。外龛里面再开一圆形龛或重檐帐形龛，装饰华丽。佛龛布满图案纹饰，不同于乍看的极简主义。石窟艺术的精致与细腻自龛楣始，向内展开，龛龛别有洞天。

图 3-2-88　巴中南龛神仙坡全景

图 3-2-89　第 22 龛全景，唐，石雕，龛高 1.2 米，宽 1.1.3 米，深 0.38 米

巴中南龛

一佛二弟子二菩萨二力士的造像组合在巴中南龛最为常见，主尊全跏趺坐于莲座上，双手施印，阿难、迦叶以及二菩萨胁侍左右，窟口力士肌肉凸显，筋骨健硕而面目狰狞。狭小的空间被几尊特点鲜明、姿态各异的造像填满。

图 3-2-90　力士，唐，石雕

巴中南龛第 22 龛

力士赤裸上身，横眉怒目。在妆彩时，匠师特意将力士肌肤以红褐色呈现，在中国五行观念中，红色对应火，代表怒，与力士形象结合，更加彰显其性格的暴躁与愤怒之相，如此方对邪魅产生有效的威慑力。

图 3-2-91　供养人，唐，石雕

巴中南龛第 22 龛

南龛多个龛窟大致类似，但不少细节则别具匠心。第 22 龛龛口右侧，三位供养人虔诚而立，此三人或微胖，或略瘦，体态和比例比窟内造像更加写实，可辨认出刻画的皆是亭亭玉立的女子形象。通过她们的体态似能感受到她们不同的个性，但此时表现的却都是虔诚、恭谨。

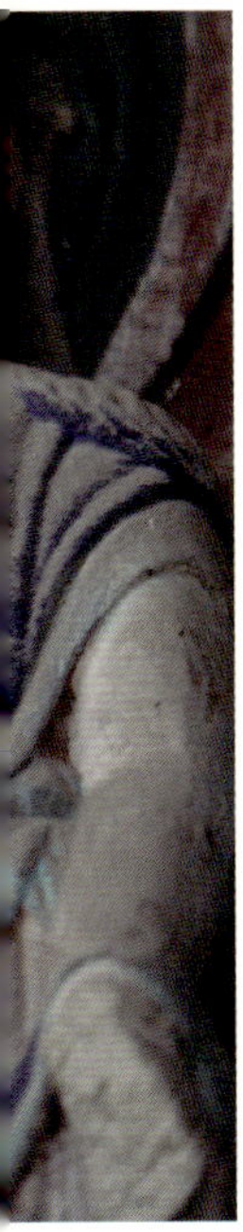

图 3-2-92　第 21 龛，唐，石雕，龛高 1.26 米，宽 1.2 米，深 0.45 米

巴中南龛

龛像以红、蓝、绿三色为主，虽对比强烈，但给人以稳重超脱的视觉感。类似的还有第 17 龛、39 龛、68 龛等，造像的头光、莲座和组合形式都雷同，反映了一时一地的信仰状况及审美风尚。

图 3-2-93　第 70 龛，唐，石雕

巴中南龛

龛内雕一佛二弟子四菩萨七尊像，除最外侧两位胁侍菩萨外，还有两位头戴宝冠、颈饰瓔珞的尺寸较小的菩萨，在佛与弟子之间的缝隙中。主尊身后满壁浮雕人形化天龙八部护法像，较其他龛窟还多两位天王镇守在龛楣立柱。全龛虽人物众多，但布局合理，错落有致，颇有绘画中“密不透风”之感。

图 3-2-94　第 118 龛，唐，石雕

巴中南龛

拱形龛内正壁中央雕刻一佛二弟子二菩萨五尊像，龛外两侧雕二力士，共七尊像。拱龛内造像皆面部丰圆，双耳垂肩。龛楣装饰被破坏之后，佛与菩萨身后硕大精美的桃形镂空头光颇为引人注目。佛像头顶雕有华盖，其与菩萨头后的桃形头光雕刻得十分精致、细密，头光的繁与佛菩萨造像的简形成对比，更衬托了佛菩萨的宝相庄严。

中的潇洒和韵律，不同于一般的佛教造型艺术，她们在造型的塑造上集中了最美、最灵动的姿态，举止优雅温婉，神态祥和，宛如仙女下凡。不同样式的飞天使相似的一佛七尊龛像产生不同的观赏视知觉，同时也和龛内佛像的庄严肃穆形成鲜明对比，动静结合，使洞窟原本单一、严肃的格局和气氛得到缓解。龛窟之外有飞天盈门，龛窟之间也地尽其利，不乏小而精致的造像装点其中（3-2-97）。

远眺巴中南龛，不难注意到规模宏大、最为醒目的菩提瑞像龛（图 3-2-98）。菩提瑞像是 7 世纪印度流行的造像题材，也是当时中土信徒推崇的礼拜对象，在武氏当权前后尤其被重视，在唐代四川佛窟中也时常出现，前文已述广元较早的一例。南龛第 103 龛龛楣精美的纹饰层层叠加，内龛重檐，上饰花叶宝珠，下饰方格团花、忍冬纹，再悬华帐、华绳等。方形帐柱侧还饰莲花。近观菩提瑞像，龛像装饰也延续了龛檐极尽奢华的风格，一佛紧贴后壁坐于台上，台前左右各浅浮雕一尊供养人小像，二力士立于帐柱外侧，外龛右壁上部有浮雕飞天一身。瑞像后头光、身光都有双层，以缠枝纹、莲花、坐佛填充。高耸的宝冠上端装饰缠枝纹，下端祥云纹饰贴金（图 3-2-99）。此外，南龛中还有如第 37、103 等龛供奉菩提瑞像（图 3-2-100），第 103 龛有题记表明开凿于乾符四年（877），是四川地区同题材造像中有纪年最晚者。

阿弥陀佛与五十菩萨是西方净土变的一种形式，又是早于较标准的西方净土变之题材，从初唐起在四川与敦煌地区流行。如南龛第 116 龛正壁及左右壁圆雕阿弥陀佛和观音、大势至西方三圣主像，四周再镌众多菩萨（图 3-2-101）。此题材在唐代巴中的流行，除第 116 龛外，还有第 33、62、78、111、123 龛等多例可见，这些净土变龛窟题材相同，刻画繁简各异。第 62 龛虽不如第 116 龛造像布局丰满，但在莲花的设计上，以莲茎为线索，层层展开，无限深远（图 3-2-102）。龛顶双树枝繁叶茂（图 3-2-103），中心华盖之下弥陀静坐，五十位菩萨分布在画面两侧，分布基本对称，但又因为莲茎生长并无规律而稍有差别，菩萨表情和姿势也各有不同，尊尊灵动自在（图 3-2-104）。各龛龛楣装饰也极尽华美，将广元石窟中的镂空背屏应用于龛楣装饰，飞天和网缦样样俱全。菩萨之柔与力士之刚、对称之简与细节之精、画面之美与意境之深一一对应，呈现出西方净土之美。

在以佛为主尊的龛窟中，菩萨多胁侍侧壁隐而不显，然而南龛中不乏峨冠博带、珠围翠绕的独立开龛的菩萨像，彰显了唐代丰腴端方之美。如第 6 龛、第 4 龛，两个双层方龛内各立一观音（图 3-2-105），头戴宝冠，方脸短颈，身材宽厚，从肩至脚璎珞环绕。第 6 龛中观音腰肢稍微左扭，右手举杨柳枝，左

图 3-2-95　龛壁飞天，唐，石质浮雕

巴中南龛第 62 龛

飘洒的衣裙像一对翅膀在飞天身后漫开，这种似人似神的形象，不禁让人想起苏轼的诗句："飘飘乎如遗世独立，羽化而登仙。"

图 3-2-96　龛壁飞天，唐，石质浮雕

巴中南龛第 126 龛

飞天自上而下飞行，衣裙如水，从龛顶流动而下，给人以一种奇姿异态、行云流水般的飞动之美。

图 3-2-97 千佛小龛，石雕

巴中南龛第 77 龛外右壁

两个龛窟之间的平面被充分利用，刻画千佛及二佛并坐像于其中，龛像经历成年累月风雨的侵蚀，以一种不完整的形态示人。是何人，何年何月，又是因何而开凿？沧桑世变，一切的未知，使其颇具几分神秘色彩。

图 3-2-98　菩提瑞像龛远景，唐，石雕，外龛高 5.15 米，宽 5.1 米，深 4.9 米

巴中南龛第 103 龛

瑞像经清人妆彩描出黛眉和红唇，色彩过于饱满和艳丽，很难再感受到唐代造像应有的典雅高贵，只能通过造像的形体感受当年的壮丽。

图 3-2-99　菩提瑞像龛细部，唐，石雕

巴中南龛第 103 龛

主尊菩提瑞像，有头光、背光和身光，头戴宝冠，面部丰腴，胸前佩做工精美，样式华丽的瓔珞，上身着袒右肩袈裟。因清代妆彩和修缮的缘故，瑞像面容与南龛清塑藏传佛像有些相似。

图 3-2-100　菩提瑞像，唐，石雕，龛高 1.57 米，宽 1.54 米，深 0.66 米

巴中南龛第 37 龛

此龛规模远不如第 103 龛菩提瑞像，却更多地保存了唐代原貌。主尊头上方悬宝盖，结跏趺坐于束腰须弥座上，头戴高宝冠，着袒右肩袈裟，右臂戴臂钏、手镯，左手仰掌置腹前，手中托一物，右手抚膝。佛衣垂落覆盖部分佛座。身后饰背光及菩提双树，左右上雕童子骑兽、大鹏等六拏具。另有弟子、菩萨等胁侍左右。瑞像的世界一派繁华锦绣。

图 3-2-101　阿弥陀净土变，盛唐，石雕，龛高 3.5 米，宽 3.8 米，深 1.97 米

巴中南龛第 116 龛

此龛塑造最为精美，主尊有双层头光，内层圆形，周饰三圈联珠纹，外层桃形，周饰火焰纹。螺髻，着通肩袈裟，双手胸前结印，结跏趺坐于束腰仰覆莲圆座上。莲台莲瓣四层，下有圆鼓形底座，且装饰华丽，整体大小堪与主尊尺寸比肩。图中可见，主尊左侧观世音菩萨左手抚膝，右手施无畏印，结跏趺坐于仰莲座上。莲花茎歧出旁逸，许多枝蔓由此伸展，如网蔓如树枝般托起许多小莲花，一佛五十菩萨分坐于莲花之上，各式菩萨均有圆形头光，双手或抚膝，或持物，或托腮，姿态各异，颇有生气。龛口立力士及天王像，高大威猛。莲花近大远小，画面虽是在同一平面上，但在视觉中却无限延伸。

图 3-2-102　阿弥陀净土变，唐，石雕，外龛高 3.65 米，宽 3.54 米，深 1.3 米

巴中南龛第 62 龛

外龛简单方形，内龛为重檐佛帐龛。龛中心主尊与第 116 龛相同，但两侧菩萨分布略有不同。菩萨尺寸较小，横向和纵向皆较为平直地排布，画面整体疏朗、简净。

图 3-2-103 阿弥陀净土变顶部，盛唐，石雕

巴中南龛第 62 龛

龛内后壁雕双树，树冠达于龛顶，顶上悬八角形莲花华盖。双树枝蔓悬在龛顶，如莲茎般自由生长，极富韵律感。

图 3-2-104 阿弥陀五十菩萨变右侧，盛唐，石雕

巴中南龛第 62 龛

正壁及左右壁圆雕阿弥陀佛和观音、大势至西方三圣坐像。不同于第 116 龛致力营造的深远空间感，第 62 龛内的莲茎和莲台规律生长，一众佛菩萨构图严整。

图 3-2-105　观音立像，唐，石雕，龛高 2.5 米，宽 1.62 米
巴中南龛第 6 龛、第 4 龛

两龛龛中观音仪态端方，装束和持物类似，因为双手的姿态不同，一位显得身材修长庄重，有仙人之姿；一位丰腴婀娜，更似俗世贵妇。

手下垂提净瓶。第 4 龛中观音与第 6 中观音装束完全一样，但右手上举置胸前，左手也稍抬置腹部提净瓶。第 87 龛由严武为其父祈福所开，双层方龛内立一观音（图 3-2-106），头戴宝冠，方脸短颈最为突出，身材宽厚，从肩至脚璎珞环绕，胯骨左扭，左手举杨柳枝，右手下垂提净瓶，龛外左壁阴刻“乾元二年”造像题记。从造型上看，第 87 龛中观音像与前述第 4、第 6 龛观音造像如出一辙，或源于同一粉本，或出自同一工匠，凿刻时代应接近。第 95 龛观音（图 3-2-107）开凿于会昌六年（846），在南龛众多菩萨造像中时代稍晚，观音身后有桃形头光，头戴三叶冠，冠中有化佛；两肩有垂缨，可知原发髻或者头冠受损之前十分华丽厚重。

七佛（图 3-2-108）、诃利帝母像、地藏与六道、如意轮观音以及毗沙门天王等，则是南龛的独特题材，这些造像皆造型精美，保存清晰完整。地藏与六道组合的造像，见于洛阳龙门宾阳北洞上方的地藏像，此外，在杭州、敦煌等地也有少量遗存。南龛第 25 龛为地藏与六道轮回组合造像（图 3-2-109），地藏菩萨作声闻装，左右两侧的祥云上分别为代表着六道的阿修

图 3-2-106　救苦观音，唐乾元二年（759），石雕，外龛高 2.66 米，宽 1.69 米，深 0.34 米，内龛高 2.38 米，宽 1.2 米，深 0.3 米

巴中南龛第 87 龛 A

图 3-2-107　观音立像，唐会昌六年，石雕，龛高 2.51 米，宽 1.44 米，深 1.06 米

巴中南龛第 95 龛

造像记“兹救苦观世音菩萨像者，巴州刺史严武奏报烈考，中书侍郎远日之所凿也”[①]云云，说明此窟为严武为其父所凿。龛中观音周身厚重、端庄，但微微扭动的腰肢所流露出的体态美，中和了粗壮身躯带来的量感，从而别具风韵。

此尊观音立像面部及身躯更为修长，四肢比例更加符合人体规律。莲座在诸多观音独立开龛的造像中最为突出，凿刻出恣意绚烂、栩栩如生的仰莲。未经妆彩（或已洗尽铅华）的观音相较于盛唐的贵气逼人，别有一番“清水出芙蓉”的清雅秀丽。

① 郑炳林、雷玉华、罗春晓、王剑平：《敦煌与丝绸之路石窟艺术丛书·川北佛教石窟和摩崖造像研究》，甘肃教育出版社，2016 年，第 186 页。

图 3-2-108　七佛龛，唐，石雕，龛高 0.78 米，宽 0.6 米，深 0.28 米

巴中南龛第 176 龛

两位童子随意落座在香炉旁，从炉中升起袅袅青烟，于龛窟中部散开，全跏趺坐的七佛便现身于氤氲的香烟中，似青烟中化出，又似坐于祥云之上。七佛作为魏晋以来长期流行的佛教艺术主题，现存实物多以石塔以及石窟壁画、画卷等多种表现形式出现，巴中北龛中也曾作为装饰出现在龛楣。以七佛为主尊，独立开龛并不常见。此龛以一佛为中心，其余六尊佛两两相对，衣着形式和手印皆对称排布。

图 3-2-109　地藏与六道像龛，唐，石雕，龛高 1.64 米，残宽 1.72 米，残深 0.8 米

巴中南龛第 25 龛

龛内雕地藏菩萨，左手向上张开握珠置左脚上，右手上举，结跏趺坐。地藏上悬华盖，华盖装饰连珠纹、莲花等。身后左右两侧分别浮雕四组人物，示六道，但有变化表现。其最上方两边各有云头上的两小佛，或着交领或服通肩袈裟，坐莲座，以佛像示佛道或天道。右上阿修罗三头六臂立像，手举日、月、曲尺、秤及合掌，对称一侧为战士形，戴雉冠，手持兵器与盾牌，符合阿修罗的战斗神身份。雉冠战士形象之下，有两个上下排列的人物立于云朵之上，上女下男，合掌应为人道，但男子形象已多半残损。对称右边两小图，上已被挖，畜生或地狱不明，下部云端一裸身奔号者，应表现的是饿鬼道。值得注意的是，龛右侧、多臂阿修罗的右面、下部紧邻狱畜道之处还镌有七佛小像，底奉香火。地藏菩萨不离众生，故以信众最常见、最熟悉的僧人形象出现，让世人得以亲近。其坚毅的表情，深刻展现了地藏菩萨“地狱未空，誓不成佛”的宏愿。

图 3-2-110　阿修罗像，唐，石雕
巴中南龛第 25 龛

阿修罗在石窟中常作为佛前听法的天龙八部之一部出现。阿修罗身份比较复杂，早期经论阿修罗遍布于“五趣”之中，后独立出来成为阿修罗道，成为“六道”之一。此龛中阿修罗像位于地藏右肩上方，三头六臂，上身赤裸，下身着裙，手中托举日、月及诸般兵器，显示其骁勇善战的特性。此阿修罗像虽小，但各形象特征一应俱全，并未简省。

罗（图 3-2-110）、坐佛（图 3-2-111）、女供养人（图 3-2-112）等。龛下方的火焰及图案均已脱落，上方乘祥云的形象，或结跏趺坐或双手合十，都是得地藏度脱后，感激而虔诚的信众。

诃利谛母（图 3-2-113）又称鬼子母，原是一外道鬼女，专事食人子女。后来受佛陀的教化，皈依佛教，转变成为守护幼儿的慈悲女神。鬼子母信仰进入中国之后，与中国民间宗教中的九子母像融合，在艺术中以多样的形象呈现。第 68 龛中的母亲与九子形象正是佛教与中国传统融合的见证。正中女性头梳圆形发髻，身着长裙，盘腿而坐，怀中抱一小孩，左右两侧各坐四个小孩。作为儿童保护神的鬼子母，在石窟中转化为多子多福的世俗慈母形象，丝毫不见鬼神的影子，已被完全世俗化。

第 16 龛中如意轮观音（图 3-2-114）头光呈桃形，身光是不规则的圆弧。头

图 3-2-111　二尊佛像，唐，石雕

巴中南龛第 25 龛

此二小佛像位于地藏菩萨头部的左上方。二佛高肉髻，后有圆形头光，身着圆领通肩大衣，全跏趺坐于覆莲莲台上，两朵流云承起两座莲台，呈向上飞升姿态，形象比较简率，表示天道或更上之佛道。

图 3-2-112　地藏六道图局部，唐，石雕

巴中南龛第 25 龛

此图中主要的两个人物，上方一人立于云端，左手执盾，右手握剑，身穿铠甲，顶戴雉冠，双腿弯曲似正在与人搏击，弯曲的双腿，姿态格外生动。人物身份应属于类似阿修罗的战斗神，或表示天道。其下方一妇女脚踩祥云拱手端立，她头绾高髻，身着广袖长衫，表情恭谨严肃。此女子与下方已残损的男子像共同表示人道。

戴宝冠，冠中有化佛，右上手支腮；饰项圈、臂钏、手镯，上身赤裸，仅横斜挂一条络腋；六臂姿势各异，左上手高举如意轮、中手直伸施印、左下手下伸触抚莲座，右上手撑于面部、中手伸在胸前握如意、下手持珠串。观音游戏坐于多层仰莲莲座上。龛口左壁有唐咸通年间（860—874）的妆彩记，表明此窟开凿的下限，现存的龛像色彩来自清人的加工。据宝思惟译《观世音菩萨如意摩尼轮陀罗尼念诵法》载："其菩萨形相造思维之形。有六臂。其左上作金轮之手。中手执莲

图 3-2-113　诃利帝母像，唐，石雕，龛高 0.61 米，宽 0.52 米，深 0.18 米

巴中南龛第 81 龛

外方内圆拱形龛，内龛似一帷帐从中拉开，露出一名端坐其中、怀中坐一孩童、两侧各有四个孩子簇拥的妇人形象。妇人为诃梨帝母，即鬼子母，《杂宝藏经》中有《鬼子母失子缘》，载其原本凶妖暴虐，专杀人儿子以自啖食。世尊将其幼子盛于钵底，使其感悟到失子之痛，从而弃恶从善，归于佛道。[①] 此龛隐匿在众多大龛的缝隙之中，龛中鬼子母更像一名世俗母亲，被自己的孩子簇拥其中，面貌和蔼、慈祥。

图 3-2-114　如意轮观音像，唐，石雕，龛高 1.28 米，宽 1.25 米，高 0.35 米

巴中南龛第 16 龛

此尊是标准的六臂如意轮观音像。头上结宝顶髻，戴庄严冠，以示庄严，冠上有化佛阿弥陀佛，观音呈自在坐姿于莲座之上。观音面露慈容，意态闲适。六只手臂姿态各不相同，除一手臂托腮外，余者各持不同法器，如宝珠、法轮、念珠等，每只手臂与肩部的衔接都很自然，排除任何五条手臂，都会觉得剩下的一条手臂是符合解剖学、结构合理的，而这也正是匠师的高妙之处。

① ［北魏］吉迦夜、昙曜译：《杂宝藏经》，载《大正藏》第 4 册，第 492 页。

花。下手按山。右手作思惟相。中手执如意珠。下手执念珠。”[1] 龛中主尊即经典所载之“如意轮观音”，具有使世间一切有情之物满足种种愿望、对一切有情物类有无限好处之神力。另有两位天王头顶华盖，怒目圆睁，立在主尊两侧。根据经典，如意轮观音右侧应为马头明王愤怒像，但龛中并未如此设置，而是左侧立毗沙门天王像（图 3–2–115）。

毗沙门天即北方多闻天王，为佛教护法四天王之一，毗沙门天不仅在佛教中享有尊崇地位，也被尊为军中守护神和战神。慧琳注《一切经音义》记言：“于彼城中有毗沙门天神庙，七层木楼，神居楼上，甚有灵验。其国界有牛头山，天神时来栖宅此山。”[2] 因《北方毗沙门天王随军护法仪轨》中记述天宝元载（742）毗沙门天王率数百金甲神兵火速驰援解安西城之围的故事，唐室也尊奉毗沙门天，玄宗曾敕令诸道节度、所在州府于城西北隅各置天王形象供养，佛寺亦敕别院安置。西安和敦煌收藏诸多各种材质的毗沙门像，唐代蜀地作为对吐蕃、南诏作战的必经之地，也常供奉毗沙门天。如第 16 龛中毗沙门天王取代马头明王，还有两龛专为毗沙门天王开设。第 65 龛题为唐乾符四年，天王形象与如意轮观音龛侧胁侍毗沙门一样，头戴高冠，身着过膝的长铠甲，下露战裙，左手托塔，右手杵剑，立于仰莲台座上。双脚踏神兽，两腿间雕一身地鬼（图 3–2–116）。第 94 龛时代较早，龛内人物较多，与其他天王形象差别较大（图 3–2–117）。三尊毗沙门天王像可相互参照，以做比对。

双头瑞像更是佛教造像史上罕见的造型，它源于古印度佛教故事。《大唐西域记》卷二载：“大窣堵波石陛南面有画佛像，高一丈六尺，自胸已上，分现两身，从胸已下，合为一体。”[3] 此双头佛画像来自两位穷人的发愿。在中国，这样的造像也有几例。敦煌莫高窟第 237、72 窟内中唐时彩绘双头佛像，历经千年，依然色彩斑斓，形象逼真；西夏黑水城出土双头瑞佛造像，双头神情各异，但都神情生动，优雅柔和，富有感染力。巴中南龛双头瑞像造像同样珍奇，龛内主尊为双头瑞像，双头自部颈以下合用一个身躯，两侧还有着通肩袈裟的立佛（图 3–2–118、图 3–2–119）。敦煌及黑水城的双头瑞像皆遵循玄奘和敦煌文书中的记载，胸上分身，胸下合体，故而有四臂。但广元的双头瑞像却是自颈分身，双头两臂，更符合经典记载。《佛说菩萨本行经》中世尊言“前世宿行所作，结于誓愿今皆得之。今我以此正真之教，除去一切众生灾祸”时，佛便“自化身作两头，一头

① ［唐］宝思惟译：《观世音菩萨如意摩尼轮陀罗尼念诵法》，载《大正藏》第 20 册，第 203 页。
② ［唐］慧琳：《一切经音义》，载《大正藏》第 54 册，第 375 页。
③ ［唐］玄奘：《大唐西域记》，载《大正藏》第 51 册，第 880 页。

图 3-2-115 毗沙门天王像，唐，石雕

巴中南龛第 16 龛

如意轮观音像左侧立一毗沙门天王像，头戴高冠，身着过膝长铠甲，腰间悬一宝剑，下露百褶战裙。左手托塔过肩，右手持长戟，立于仰莲座内。双脚踏神兽，两腿间雕一身地鬼。此毗沙门形象为唐代新式样的毗沙门像。

图 3-2-116 毗沙门天王像，唐乾符四年（877），石雕，外龛高 1.92 米，宽 1.2 米，深 0.48 米

巴中南龛第 65 龛

内龛方形素面，方形立柱，立柱上面饰有忍冬纹。现存龛像经清代彩绘。经过妆彩之后，天王面部表情更加生动，皱起眉头，瘪起嘴角，尤其是圆睁的双眼，更显威严。双腿间地鬼探出头，面带微笑，颇有几分圆润可爱。

图 3-2-117　毗沙门天王，唐会昌六年（846），石雕，外龛高 2.46 米，宽 2.05 米，深 0.74 米

巴中南龛第 94 龛

此龛为重檐帐形龛，龛内毗沙门天王脚踏地天，左右各配尼蓝婆和毗蓝婆，双手有现代补接的痕迹，两侧有多位俗装胁侍，为巴中仅有。此龛雕饰极为华丽，双层檐顶上均有山花蕉叶，上层檐面饰团花，下层檐面中部饰衔有卷草的“荣耀之面”，卷草蔓延于龛檐。龛楣为连弧状帐檐形，龛楣上悬帐，雕风铃、珠链。方形盘龙帐柱，盘龙四足三爪，龛柱正面饰团花、变形花叶。龛内为方形平顶，顶中部悬圆形华盖，华盖周饰珠链，下部雕饰花绘。如此华贵的装饰，标示出毗沙门天王的不凡地位。龛侧《巴郡太守荥阳郑公新建天王记》表明此尊毗沙门天像建于灭佛风暴刚歇、百废待兴的会昌六年。

图 3-2-118　双头瑞像龛，盛唐，石雕，窟高 1.66 米，宽 1.2 米，深 0.44 米

巴中南龛第 83 龛

龛内主尊结跏趺坐，两侧立佛皆着通肩袈裟，袈裟下摆呈尖三角状，长及膝部，膝以下露长裙，立于仰莲圆台上。此龛是双头瑞像中最特别的一例，以经典为据，双头的视线方向、手势和姿势与他处的双头瑞像均不同，分明是在眺望远方，以视线为光，普照人世。瑞像两侧有二立佛，使画面更加对称和谐。造像形体清秀，形象精致。此外，二立佛的视线以及立佛与瑞像的视线形成交叉，从而将单纯的画面内容丰富于无形之中。

图 3–2–119　双头瑞像龛局部，盛唐，石雕，窟高 1.66 米，宽 1.2 米，深 0.44 米

巴中南龛第 83 龛

双头瑞像有内圆外桃形双层头光，头光内雕饰变形莲瓣，外缘饰火焰纹，其身光为圆形，外缘亦为火焰纹。瑞像双头均为螺发、高肉髻，颈有三道蚕节纹，颈以下合为一个身躯，披圆领云肩，云肩领部饰宝珠纹，着袒左肩袈裟，袈裟下摆分两层悬于座前，左手抚左膝，右手五指并拢横置左脚掌上，手心向上，结跏趺坐于须弥座上，束腰处饰卷草纹。佛像袈裟除通肩袈裟外一般为袒右式，袒左样式极为罕见，不知是有意为之，还是匠师错用反转粉本所致。

看毘舍离国，一头看摩羯国，疫鬼尽去，还于大海；人民众病，皆悉除瘥。五谷丰熟，人民安乐，以法广化，并使意中诸欲之病，悉得清净。立之于道，一切人民皆大欢喜”①。

专为经幢开龛，在唐代的四川蔚然成风。巴中南龛第 89 龛是其中有纪年者较早的一例，与广元石窟中经幢石刻不同，五层宝幢（图 3–2–120）由基座、幢身、幢顶构成，造型与佛塔更为接近。此幢从下至上第一层为双层座基，正面左右各浮雕一力士像；第二层为六棱形幢身，正面刻铭文；第三层方形，刻六棱形窗格，正壁二天王伫立，右侧天王右下方浅浮雕一供养人，身体前躬面朝天王，似在舞蹈，左右侧壁再各雕出天王像一尊；第四层正面立二尊菩萨像，两侧雕莲花立柱，二侧壁又各雕出菩萨像一身；第五层正面一扇对开门，四周有斗拱门柱，两侧力士刻于龛后壁上。塔顶相轮下有叠涩的须弥座，相轮两侧各浅浮雕一身飞天。幢身各层除力士、天王、菩萨像外，还有几何形纹、卷草纹、莲花、团花等纹案装饰。后壁两侧还各凿 16 排小坐佛，共计 94 尊，坐佛头有圆光，外披袈裟，右臂多藏于袈裟内，结跏趺坐于仰莲、覆莲莲台之上（图 3–2–121）。

巴中地区以南龛摩崖规模最大，其中丰满雄健的佛像、雍容华贵的菩萨、神态各异的天龙八部都可在两京及广元石刻艺术中寻到踪迹。除常见的三世佛、弥勒、菩提瑞像外，还出现了许多新的造像题材，双头瑞像、如意轮观音、鬼子母尤其少见，而如西方净土变这样流行的题材，这里留存数龛且保存完好，也引人瞩目。南龛龛窟多数尺寸不大，但尤其侧重对胁侍、护法及龛沿装饰，独具地方特色，也使得石窟艺术内容更加丰满。

① ［东晋］失译：《佛说菩萨本行经》，载《大正藏》第 3 册，第 119 页。

90

左页：图 3–2–120　佛顶尊胜陀罗尼经幢龛，唐天宝十载（751），石质浮雕，内龛高 2.86 米，宽 1.07 米，深 0.23 米

巴中南龛第 89 龛 A

长方形龛内高浮雕六棱形五层经幢，幢侧竖刻“佛顶尊胜陀罗尼”。经幢显示出时人对世俗图像、宗教功利主义的热衷，幢身刻画天女、力士、螭龙纹等，雕凿细腻，精美绝伦。经幢造型修长优美，虽是高浮雕形式的塔幢半身缩影，却比立体浮屠内容更加丰富。天王、飞天和千佛环绕周边，表现出佛国世界之繁盛热闹。有趣的是，幢体本身空白无刻经，似乎漠视了经幢本身应有的功能，这或许是因文字过多幢体容纳不下，抑或是出于经幢整体审美因素的考虑，幢体的空白对应的是上部繁密的雕刻与构图，若幢体亦刻满文字，则会使整个经幢显得烦冗而滞闷，故不为之。

图 3–2–121　佛顶尊胜陀罗尼经幢龛局部，唐天宝十载（751），石质浮雕

巴中南龛第 89 龛

在一个体量不大的经幢上，从六棱到四棱，从交宝饰到垂额幔帐，匠师的雕刻穷极变化。经幢的最上层俨然就是一座内地屋宇式佛塔，屋顶刹座上安塔刹相轮。方形塔身大门紧闭，上面还精致地雕刻着一把锁，这不禁令人想起法门寺地宫的石门上也曾有着一把相同的锁，只是那锁并非雕刻，而是一把真锁。这个经幢上人物众多，但个个形神兼备，栩栩如生，其整体造型是唐代佛塔与经幢相结合的典型实例。

（三）巴中西龛

西龛摩崖石刻造像位于巴中市城西 1 千米处的凤谷山西龛村，现存造像 92 龛，分布在山下西龛寺（又名佛爷湾）、山腰流杯池和山顶龙日寺三处。流杯池岩前有一块狭长的平地，其前原来可能有寺庙。据《巴中县志》载："流杯池，此刻在西龛山右半岩，时代姓名无考，疑即唐元封所题，字大二尺许，亦渐泯灭矣。又载古珍岩，此刻在流杯池上佛龛右岩，亦无时代姓名，字迹漫糊，似亦唐宋笔也。"① 以上二题铭尚存遗迹，只是石碑皆凿平，第 10 窟中有开元三年题记，与南龛所见最早题记时代相近，两处造像风格接近。

第 21 龛（图 3-2-122）可能属西龛开凿年代最早者。龛形为重檐帐形龛，有蟠龙双柱和华帐门额，内刻一铺九尊像，浮雕人形化的天龙八部。窟内有五代"永平三年院主僧傅芝检得大隋大业五年造前件古像"题记，值得注意的是，"检得隋代古像"并非指此窟开凿于隋，此窟特征仍为唐窟。龛楣（图 3-2-123、图 3-2-124）装饰精美；两边方形缠龙帐柱，柱上也装饰联珠纹和其他几何图形，覆莲柱础下有莲茎（图 3-2-125）。龛内部造像损毁较为严重，断裂和剥落的

图 3-2-122　第 21 龛外景，唐，石雕，外龛高 3.06 米，宽 3.26 米，深 0.61 米

巴中西龛

内龛造像损毁严重，左壁永平三年（913）题记中载"检得大隋大业五年造前件古像"，故初判此窟或为隋代遗存，但龛式及造像皆具唐风；外龛左右两壁雕天王像两尊，左壁有题记表明镌于"乾符五年"。

① 郑炳林、雷玉华、罗春晓、王剑平：《敦煌与丝绸之路石窟艺术丛书·川北佛教石窟和摩崖造像研究》，甘肃教育出版社，2016 年，第 205 页。

图 3–2–123　中龛龛楣，唐，石雕

巴中西龛第 21 龛

龛额由连珠纹分为六格，格内装饰卷草、异兽；檐下有三角形垂额及帷幔。巴中石窟中精致的龛楣屡见不鲜，但此处与常见的帐幔式垂帐纹不同，时代又较早，或为开先河之作。

图 3–2–124　内龛龛楣，唐，石雕

巴中西龛第 21 龛

龛楣装饰多有残损，画面中依稀可辨佛陀、胁侍菩萨、飞天、方形单层小塔以及云气等，可想见全盛时期龛窟的精致。其中的单层方形小塔有三个塔刹，此种佛塔形制流行于北朝晚期，犹以东魏、北齐为最。

痕迹显示龛内原有各式造像密布（图 3-2-126、图 3-2-127）。龛口天王（图 3-2-128）亦造型别致，右侧呈舒相坐，天王身着铠甲，腰间佩剑，脚蹬长靴，足踏地鬼。地鬼作人形，如火焰般的头发和怒睁的双眼衬托出他的毫不畏惧和倾力承托，也更加衬托出天王的盖世神力。

菩提瑞像在四川石窟中屡见不鲜。西龛第 87 和第 44 两龛皆为菩提瑞像龛，但与一般头戴宝冠、颈戴项圈、右臂饰臂钏、左手仰掌置于腹前、右手抚膝、结跏趺坐的菩提瑞像略有差异。第 87 龛（图 3-2-129）经历过砍砸和妆彩的双重破坏，主尊螺发肉髻，并未戴头冠，但巧妙之处在于圆形头光两侧两身飞天相对，共托起一顶宝冠在佛头上方，似正在加冕一般（图 3-2-130）。此龛龛内造像保存不尽如人意，但龛外两尊力士（图 3-2-131）依然强健有力。第 44 龛（图 3-2-132）剥落较为严重，未经过多地妆彩，原像的典雅大气也显露无遗。佛尊宝冠落定在头上，面容饱满慈爱，身后巨大的镂空头光延续了巴中唐窟的特色（图 3-2-133）。

第 10 龛、第 5 龛主尊皆为倚坐像，主尊皆身躯饱满，身着凉州式偏袒右肩袈裟，这种"半披式"融入"敷搭双肩下垂式"的佛衣样式，在 6 世纪末以后的实物资料主要见于龙门、天龙山、莫高窟及四川地区隋唐时期的石窟寺。唐代四川石窟中如广元千佛崖第 11 号神龙窟主尊弥勒坐佛、盛唐第 32 号苏颋窟主尊、绵阳圣水寺、安岳盛唐卧佛院第 3 号窟释迦坐佛、安岳千佛寨盛唐第 96 号药师经变窟主尊、成都万佛寺出土的唐代释迦坐像等皆着此类佛衣，但仍属

图 3-2-125　唐永平三年（913）题记，石雕
巴中西龛第 21 龛

"永平三年院主僧傅芝记，检得大隋大业五年造前件古像"题记刻于龛内左壁上。题记显示此窟开凿或参据隋像，题记侧还可见柱上蟠龙，龙身浑厚，龙鳞呈六角形细密排列，栩栩如生。

图 3-2-126　第 21 龛局部，石雕

巴中西龛

龛内原有一佛二弟子二菩萨二天王二力士，群像后浮雕天龙八部及听法众，龛顶浮雕四身伎乐；中龛左右壁下方各一力士，力士上方开小龛，龛中设坐佛。龛内造像丰富，人物众多，布局严谨，错落有致，塑、绘、雕等技法各尽其妙。毁坏严重，尤为可惜。

图 3-2-127　左壁局部，石雕

巴中西龛第 21 龛

龛内左壁有天龙八部、供养人的残痕，除主尊外，造像用高浮雕塑造。画面下方有一人物小像，双手抱拳，卑躬屈膝，憨态可掬，生动有趣。

图 3-2-128　外龛天王，石雕

巴中西龛第 21 龛

天王裙边处理方式与第 18 龛中主尊之衣摆同，为呈横向勾连的“S”形边缘，其形体比例准确，雕刻精良，有北朝造像遗风。

图 3-2-129　菩提瑞像龛，唐，石雕，外龛高 3.95 米，宽 2.72 米，深 1.05 米，内龛高 2.75 米，宽 2.72 米，深 1.83 米

巴中西龛第 87 龛

此龛为重檐帐形龛，主尊菩提瑞像全跏趺坐于方形须弥座上。两侧弟子只残留残痕，但菩萨、力士保存尚好，侧立左右。重檐帐龛上，帐檐装饰层叠，有山花蕉叶、筒瓦、忍冬、莲瓣、垂额帷幔等，帐龛外左右两壁上部各浮雕一身飞天，左侧壁中设小龛，下凿一排供养人像，右侧镌刻题记。

图 3-2-130　菩提瑞像龛主尊头部，唐，石雕

巴中西龛第 87 龛

主尊头部经后世彩绘保存完好，但两侧飞天潇洒飘逸，风采不减当年，两身飞天共同托举佛之宝冠，画面意趣盎然。龛顶双树生长，枝繁叶茂，相互交错。

左页：图 3-2-131　右侧力士，唐，石雕

巴中西龛第 87 龛

力士侧身立于龛口侧面，转头望向龛外，双目圆睁，似乎密切关注着到访的每一个人。力士上身赤裸，下身着裙，天衣鼓风飞扬，飘洒在身后，肌肉劲健，身体壮硕。整尊力士像人体结构、比例造型准确，特别是肌肉的刻画，准确性堪比艺用人体解剖。如，颈部肌肉群因头部扭动而产生的变化，刻画得格外写实。只是右手经后世修补改造，变得臃肿，水准尽失。

图 3-2-133　菩提瑞像龛局部，盛唐，石雕

巴中西龛第 44 龛

主尊的头冠和身后背光都用镂空雕凿，镂空使单纯的“独立美”走向“依附美”，与色彩、光影结合，产生不同的效果。造像更加立体，画面层次更加丰富。

图 3-2-132　菩提瑞像龛，盛唐，石雕，外龛高 1.9 米，宽 1.5 米，深 0.45 米

巴中西龛第 44 龛 B

龛内雕一佛二弟子二菩萨像，主尊头戴宝冠，端坐于残损的台座上，神情平和但不失威严，身上妆彩和衣纹剥落，原本饱满的身躯不加掩饰地显露出来。身后壁上浮雕天龙八部，全龛造像风化严重。佛像头后的透雕头光精致华美，成功地将观者的目光聚焦在佛的面部。

少数。第 5 龛中倚坐弥勒面部残损，但身躯保存完好，据此也可推测第 10 龛中主尊的样式。第 5 龛龛楣布满忍冬纹，主尊两侧有二弟子二菩萨二力士像，天龙八部浮雕在主尊身后壁上，弟子和菩萨之间有一小供养人像（图 3-2-134、图 3-2-135）。众多龛窟中，唯有第 42 龛中菩萨（图 3-2-136）未经过多彩画，与巴中南龛造像相比，显示出相同的唐代风貌。

西龛摩崖现存 92 龛、2118 身，规模虽不小，但分布较为分散。每龛似一独立的场域，精致的龛楣将空间与外界隔绝，神坛之上的造像也不尽相同，坐佛、倚坐佛、装饰佛像各具内涵，胁侍及装饰元素的刻画亦多元、精致且细腻。仔细追索，可窥见唐代不同时期审美取向和美学元素的细微变化。

左页上：图 3-2-134　弥勒说法，唐，石雕，龛高 2.7 米，宽 1.8 米，深 0.7 米

巴中西龛第 5 龛

主尊弥勒佛，身后为内圆外桃形的火焰形头光，装饰缠枝纹，头部有残损，颈部三道蚕节纹，着半披式袈裟，左手抚膝，右手上举，双腿略张，倚坐于方形台座之上。弥勒所着袈裟衣纹疏密相间，用立体、平滑、收敛的线条表现衣褶，与肌体自然结合，壮硕、健美的身躯任凭厚重袈裟也无法掩盖。

左页下：图 3-2-135　龛左侧局部，唐，石雕

巴中西龛第 5 龛

弥勒右侧胁侍菩萨戴三珠冠，宝缯垂肩，面相方圆，颈部有三道蚕节纹，披云肩，戴项圈，巾带于腹前作结下垂，立于仰覆莲束腰台座上。菩萨右侧为供养人，与众神相比十分矮小，身着俗装，双手举于胸前；左侧为力士，依于龛柱，风化严重，只有腿部强健的肌肉依稀可辨。此龛造像人物形象均显得修长、俊逸。

图 3-2-136　观音立像，唐，石雕，龛高 1.7 米，宽 1.4 米，深 0.3 米

巴中西龛第 42 龛

观音立像头后的桃形头光，因风化呈素面；菩萨束发戴高宝冠，冠中有化佛；颈略粗，有三道蚕节纹；耳垂至肩，宝缯散落，饰璎珞，披天衣、系长裙。整尊造像清新淡雅，线条如水般流畅，惜脚下台座已损毁。菩萨左侧力士已不存，右侧力士裸露上身，肌肉强劲突出，下着长裙。力士饱满身躯之刚健和菩萨衣裙流畅线条之柔美相互映衬，各自特性愈加彰显。此尊观音与南龛第 95 龛观音相近，皆笔挺、修长，可能时代接近。

三、绵阳石窟群

绵阳与广元相距不远，同位于金牛道上，同为川陕政治、经济、文化交流的重镇，在佛教史和艺术史上有其独特的地位。绵阳石窟造像虽不如川内其他地区蔚为壮观，但其佛教艺术发展的历史悠远绵长。绵阳汉墓出土的摇钱树树干上出现的佛像，是迄今佛祖在中原最早的形象之一；汉平阳府君阙的阙身上，有保存完好的梁大通三年（529）所凿的 29 龛佛像。但唐代以前，绵阳佛教造像一直未能形成规模。

有唐一代，伴随着四川石窟整体的蓬勃发展，绵阳境内也有陆续开凿，造像多分布在境内城镇和交通要道附近，凿刻于浅丘地带的崖壁上，共计 16 处。论及规模，绵阳龛窟分布较为分散，佛窟数量和体量远不及广元、巴中。但如北山院造像题材丰富，造像写实；圣水寺水月观音像不仅有纪年，且与画史记载吻合；碧水寺佛、菩萨皆丰润饱满，尽显华贵雍容。总而言之，绵阳龛窟的研究价值及艺术水准毫不逊于其他地区，是唐代蜀地造像兴起之后的又一杰作。

（一）北山院摩崖造像

北山院所在地名为魏城，西魏废帝二年（553）分涪县地置魏城县，唐代隶属绵州，至元初裁撤，历史悠久，是金牛古道上著名的商业和军事重镇。摩崖造像处原有一古刹，因曾有雕凿于乾符四年的弥勒大佛一身，故又名大佛寺，大佛现已不存，旁边小龛造像也损毁严重。除此之外，北山院留有多处带有纪年的题记（图 3–2–137），包括乾符二年（875）、乾符六年（879）、中和元年（881）、大观二年（1108）等，[①]《宝刻类编》还收录有“北山院再建堂字功德并放生池祀王助撰乾符六年五月一日”[②]碑目一则。尚存题记和史籍著录表明，此处摩崖造像开凿至少始于唐乾符二年，寺院建设时代可能更早。乾符年间势正隆盛，不仅扩建寺宇，许多大龛也开凿于此时。因地处金牛道主道之上，其后仍不断地经历增刻和改凿（图 3–2–138）。

① 于春、王婷：《绵阳龛窟：四川绵阳古代造像调查研究报告集》，文物出版社，2010 年，第 113 页。
② 据载此碑由文晏书，保存在绵州，详见王云五主编：《丛书集成初编 · 宝刻类编》，商务印书馆，1936 年，第 209 页。文氏一族在北山院留名颇多，还有第 10 龛题记“郡人文鼎”，第 15 龛“文□书”。

图 3-2-137 菩萨立像及弥勒造像题记，唐，石雕

北山院摩崖造像第 2 龛、第 3 龛

“敬造弥勒大像一身。窃闻大像出现，与日月之同明生在普愿即坚，千身万化，灵力无边，□验获目前，愚迷不辩，有苦千□□□白刃到孟津，始拟造船，人□□□□田。三业有报，伏种何缘，急□□□□勒佛前，僧人寡劣，偏小冒莫□□□□尽归泉。略标一记，永镇此□。乾符四年十月二日，造佛舍俗。……马……黄显…等五……梓潼……”

第 5 龛和第 6 龛之间，也有一则乾符六年题记，这则题记在清代金石著作中已有注录，与现存题记内容可互补。根据题记，乾符六年十二月十四日僧圆照主持修造“阿弥陀”一龛。[①]第 5 龛原为一宽近 4 米的大龛，可能就是唐代阿弥陀龛，但龛内造像不幸全部磨灭，仅顶部华盖和周围供养天人像（图 3-2-139）留下残痕。其右侧第 6 龛内摩利支天像因其独特的形象在北山院造像群中尤其引人注目。摩利支天本有多种法相，在敦煌壁画和遗书中，摩利支天一般为握扇的贵妇形象，但也有如法藏敦煌文献 P.3999、甘肃文殊山古佛洞壁画那样，将摩利支天以三头八臂的英武之姿呈现的（图 3-2-140）。北山院摩利支天立如“舞踏”之姿（图 3-2-141），下方左右两边各雕一顶戴猪头的人物小像，为其眷属（图 3-2-142），虽有残损，且后世水泥涂抹

① 据金石录及考古著作整理题记内容为“舍建置北山院，僧圆照生不感□报 ...... 故趣托于何道，今世当来无凭□阿弥陀经镌凿一石龛，造西方弥陀佛……心同□力十念往生，僧人圆照，发心便……成就所有布施文齐至凿佛所愿不……乾符六年十二月十四日，僧圆照记”，《绵阳龛窟》一书中录为“乾符七年”，乾符为唐代僖宗年号，共计 6 年，故以金石著录为准。详见周绍良主编：《全唐文新编第 5 部》第 1 册，吉林文史出版社，2000 年，第 12585 页；于春、王婷：《绵阳龛窟：四川绵阳古代造像调查研究报告集》，文物出版社，2010 年，第 113 页。

图 3-2-138　北山院摩崖山景

“荒村带返照，落叶乱纷纷。”昔日佛教圣地，如今鲜有人迹，龛前积满了厚厚的落叶。

图 3-2-139　供养人像，石雕

北山院摩崖造像第 5 龛

龛内主尊不存，但左侧有一飞翔状供养天人像，虽刻画简单但灵动可爱，圆形头光，高髻大耳，似面带笑容，面向主尊，双手合于面前。其前方凿刻人像若干，他们或有高发髻，或有冠，面部风化，身披大衣。这些供养人体态浑圆，衣纹简单，层叠凝视的姿态令人联想到遥远的北京房山万佛堂浮雕群像。第 5 龛右壁有“乾符七年”题记，但龛内有改造痕迹，改造的未完成和漫漶不清使其造像时代更加难以判断。

图 3-2-140 摩利支天像，敦煌莫高窟藏经洞出土，长 49.5 厘米，宽 29.5 厘米，纸本设色

法国国家博物馆藏 P.3999

摩利支天原为婆罗门教神祇，是“梵天七子”之一。佛教吸收印度其他宗教神祇，这位婆罗门教天神也转变成佛教护法。出土于敦煌的摩利支天像，三面八臂踏在七猪所驾战车上，两侧还有野猪眷属，其形象与北山院造像可做比对。

图 3-2-141　摩利支天像龛，石雕，高 1.05 米

北山院摩崖造像第 6 龛

此龛基本呈正方形。摩利支天头顶还有一球状物，上面有压印的圆圈纹，实为现代水泥修补而成，原先应有面部。尽管造像总体来说面貌可怖，高鼻、环眼，且眼窝较深，阔口裂腮，但嘴角却有一丝笑意。造像与 P.3999 摩利支天像以及印度波罗王朝 10 世纪的摩利支天像十分相似，摩利支天下肢的“舞踏”姿势体现出明显的外来“血统”。

图 3-2-142　摩利支天像龛局部人物，石雕

北山院摩崖造像第 6 龛

龛右下角刻有侍者或眷属。此人物为跪坐敬拜姿态，但手臂已残。人物头部比较大，面部很胖，显得憨憨可爱，但表情虔诚，注视龛内主尊。技艺精湛的匠师将其面部肌肉松坠的质感表现得惟妙惟肖。其头顶顶着一个野猪头，这是摩利支天眷属身份的表征。在其对面有相似的形象，头上兽头不似野猪，更接近一个象头。

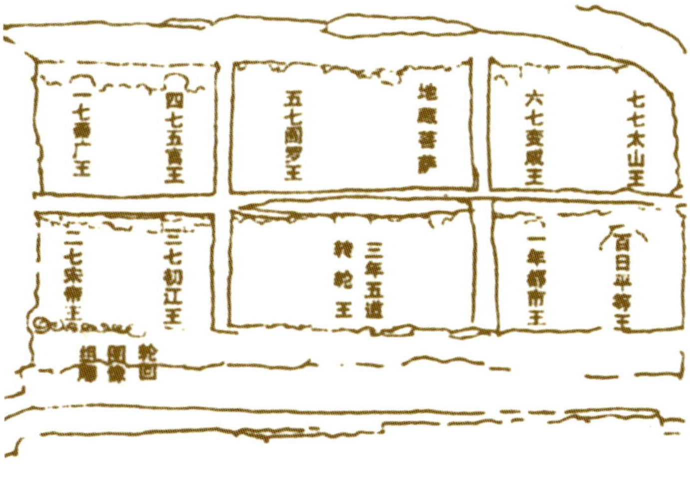

图 3-2-143　地藏与十王龛及诸王位置示意图，唐广明元年至中和元年（880—881），石雕，龛高 1.45 米，宽 2.4 米，深约 0.2 米

北山院摩崖造像第 9 龛（张总 供图）

龛内十王及地藏菩萨，为中阴冥判群像。画面由北端上方“一七秦广王”为始，其下为“二七宋帝王”，再南移到“三七初江王”，上为“四七五官王”；再平移至正中上方的“五七阎罗王”与地藏菩萨并坐；续移动到南边龛格“六七变成王”，其右为“七七太山王”；再转下移至下方龛格，为“百日平等王”，其旁坐“一年都市王”。正中下方为第十位“三年五道转轮王”，续向下方北端展开是具有五趣轮回意蕴的组雕，龛侧壁为供养施主。此龛中第二宋帝王与第三初江王的次序与常见的藏川图赞本不同，属更早的无图赞本《阎罗王经》系统，透露出在藏川述赞之前，此经图系的发展演进已有相当的基础。

的痕迹明显，但造像的图像学特征与敦煌遗存相符。像为三面八臂，面目狰狞，除正面两手交于胸前外，其余六臂手中均有绳索、轮、剑、金刚杵、斧钺等持物法器（右下第三臂修补草率，持物已不见），且其手臂及颈部均有蛇缠绕。画面略向右倾斜，动感较强。自唐代不空译《佛说摩利支天经》后，奉持摩利支天像在民间已有流行。但这一类三头八臂摩利支天像可能受印度波罗王朝同类造像影响，与宋译的《佛说大摩里支菩萨经》相关，经中对三头八臂或六臂的摩利支天形象有详细的说明。此龛反映了摩利支天信仰和图像在中印之间的传播交流。

地藏十王龛（图 3–2–143 至图 3–2–143–8）是北山院造像保存相对完整的一龛，也是相关题材中存世最早、内容和构图都极具特点的一龛。[①] 四川地区地藏十王信仰特别之处有二：

图 3–2–143–1　地藏与阎罗王并坐像，唐广明元年至中和元年（880—881），石雕

北山院摩崖造像第 9 龛

此幅场景内有阎罗王、地藏菩萨及侍从大小人物，共 12 人。地藏与阎罗并坐一龛中，为求平衡，阎罗王稍偏离画面中心，双手合掌，转头与侧坐的地藏相对视，显示出对地藏菩萨的恭敬。地藏菩萨光头露顶，大圆头光半隐于身后，垂两足倚坐于莲台，右手护在胸前，左手放膝上压着内衣垂带。两侧为胁侍菩萨，戴宝冠，佩项圈。内侧胁侍菩萨双手抱持花枝，上有一朵绽开的小花。外侧胁侍菩萨右手置胸前，伸出食指和中指，左手则托一莲花苞于腹前。从地藏菩萨周身平整的衣褶和两侧胁侍菩萨所持美丽的花朵中，流露出善意。阎罗王的仪仗部从十分排场，不仅有武士、仆从、持奉善恶簿的童女，还有打着日月龙凤扇的仪卫。阎罗与地藏菩萨的头顶均有华盖，以显示其尊贵的身份。画面中虽人物众多，但安排得宜，无呆板、松散之弊。

① 此龛断代有唐、宋两种，雷玉华等学者根据造像形象及衣饰等，判断此龛为宋代作品，见雷玉华：《巴中石窟研究》，民族出版社，2011 年，第 257 页；张总根据十王及地藏的排布，及对相关经典、同题材造像进行对比，认为此龛为唐龛，见张总：《四川绵阳北山院地藏十王龛像》，《敦煌学辑刊》，2008 年第 4 期，第 84—92 页。此处援引张总观点。

图 3-2-143-4 童女像（秦广王部从局部），唐广明元年至中和元年（880—881），石雕

北山院摩崖造像第9龛

童女单手抱善恶卷宗，头与身体都很端正，甚至感觉头都不敢微侧一点，唯有眼睛斜向右边，似是在偷瞄龛边的书吏，在谨守职责之时好似还有一点点分心，意态妙趣横生。

图 3-2-143-6 地藏十王龛局部，唐广明元年至中和元年（880—881），石雕

北山院摩崖造像第9龛

地狱图景中有两位鬼卒，其头发呈放射状，如焰如刺。因为此龛雕刻中并无牛头马面之类，所以此二鬼卒形貌格外显眼。黄面右上部两人突破云层而立，其中戴枷者躬身向前右手接钵，左手托住沉重的长枷，而身着华服的施予者则两手前伸，以左手递出。此景正应是饿鬼道，颇似目连救母——饷母食物于饿鬼中之场景。此幅画面虽不大，但各类人物的情态表现却十分丰富，耐人寻味。

图 3-2-143-7　地藏十王龛局部，唐广明元年至中和元年（880—881），石雕
北山院摩崖造像第 9 龛

“四七五官王”桌案前两位狱卒各持一器压向被插在立柱或刬锥上之罪人，罪人身体反向弯曲，几乎头足相就，手脚上捆绑着粗大的绳索，罪人受刑中痛苦面貌扭曲，令人不忍直视。雕刻艺术以其强大的视觉冲击力在警醒世人，诸恶莫做，众善奉行。

图 3-2-143-8　五道转轮王，唐广明元年至中和元年（880—881），石雕
北山院摩崖造像第 9 龛

“五道转轮王”位于整个龛中部的下方，此龛人物或多或少都有些损毁。转轮王居中而坐，一身铠甲，武将装扮。前有桌案，身后为各色侍从。较前景的位置除桌案旁的书吏外，两侧主要是等待轮回的罪人，特别是画面右侧一个戴枷罪人，探着头，神情专注地看着转轮王，一种期盼而焦急的神态，似等待着对自己命运的宣判。尽管画面中人物面部多数都有残损，但其中传递出的紧张氛围却丝毫未减。龛沿下方应有导向轮回的云气线索等，但已残损不得见。

图 3-2-143-2　阎罗王众，唐广明元年至中和元年（880—881），石雕

北山院摩崖造像第 9 龛

阎罗王方面虬须，表情严厉，其侍从人数众多，但并不全是将注意力集中在阎罗王或地藏王菩萨身上。阎罗王右侧持扇的侍者，显然有些倦怠，头扭向一侧。而阎罗王左肩后的一个侍者，眼睛斜向右上方，明显是思想开了小差，体现了一派生动的人间景象。

图 3-2-143-3　秦广王与五官王像，唐广明元年至中和元年（880—881），石雕

北山院摩崖造像第 9 龛

案前有受刑的罪魂，也有奉像持经的善男信女。作恶者在十王面前受尽折磨，行善信佛者则端直站立毫无惧色，一组形象将经典转化成简单直白的图像，劝人弃恶行善，礼拜三宝。

一为敦煌本《佛说十王经》——图文和赞词兼具本，均署“成都府大圣慈寺沙门藏川述”之名；二为丰富的地藏十王龛窟遗存。绵阳北山院地藏十王龛十王自左至右呈“S”形布局，四七五官王上升与第一秦广王并坐，案前两位狱卒各持一器压向被插在柱上受刑之罪人。初江王、宋帝王案前并下方雕造出的一大组群像，实为五道转轮王冥判后的图像回旋至此。几个明显的戴枷受罪者与发如芒刺的鬼卒，一望而知是表达恶道等的场景。仔细观之，以横亘的云头为界，上下内容鲜明有区别，所表达者仍应属五道六趣之轮回意蕴，其饿鬼道处颇似目连饷母情形。此龛造像的早期特征之一，即是地藏菩萨与阎罗王对坐在同一龛中，并无尊卑主次之分，《地藏菩萨经》中说地藏菩萨以天眼观地狱，以慈悲心恐阎罗王审案不公、太忙出错等四个理由，所以前来与阎罗王并坐审案。[①]

北山院摩崖造像第 4 龛内设高浮雕造像六尊，三尊菩萨坐像，两尊菩萨立像（图 3-2-144），此外龛右内侧站立一残像，或为供养人。六尊造像其中五尊造像为对称分

① 佚名：《地藏菩萨经》，载《大正藏》第 85 册，第 1455 页。

图 3-2-143-5　地藏十王龛局部，唐广明元年至中和元年（880—881），石雕

北山院摩崖造像第 9 龛

初江王和宋帝王案下雕刻一组实为转轮之后的轮回图景，戴枷受罪者与发如芒刺的鬼卒，一望而知是表达恶道等场景，但仔细看来，其实以横亘的云头为界，将上下分为两个区域。云气朵朵从画面左下角腾起，上有四人，两位结跏趺坐为天道，旁边着幞头二人为人道。一人侧身跪姿，双手挡胸前，另一人略似胡跪而回首，两人好像在交谈着什么。云下一愁眉长须者被鬼卒压住其颈上的枷锁，中间两个戴枷者，一短髭怒目，一苦苦哀求，又一鬼卒则双手持一粗大长枪做前刺状，其面前一戴圆形长枷者面容年轻但满脸恐惧，其身旁伸出一物，颇不像其手臂反而很像是一条蛇，或为表达地狱道。虽然未见畜生道，但轮回意蕴已俱足。

图 3-2-144　菩萨群像，北宋，石雕，龛残高 0.9 米，宽 1.95 米，深 0.4 米

北山院摩崖造像第 4 龛

正壁三像为主尊，端坐于莲瓣重重的莲台上，支撑莲台的基座似卷曲的蔓草，又似层层波涛，为画面增添了几许动感。三像结跏趺坐，未见背光和头光，戴高冠，巾发垂肩，面容饱满，体态丰腴，颈饰项圈，披通肩袈裟，腰带垂出莲台。中像持瓶状物，左手托底，右手握颈；右像最为完好，右手扶膝；左像结禅定印。三像两侧有二尊立像，右像稍完好。

此龛菩萨像，不论是坐是立，整体而言造像圆润丰满，五官、衣饰等均雕琢细腻，做工精良，展示出宋代雕刻技艺已臻化境。

图 3-2-145　左侧菩萨坐像，北宋，石雕，高 0.72 米

北山院摩崖造像第 4 龛

菩萨面部饱满，五官略有风化，仍可看出仰面而望，若有所思，宁静淡远之姿。从局部细节上观赏，菩萨雕刻十分简练，但每一笔都十分到位，精炼、准确。

图 3-2-146　右侧菩萨立像，北宋，石雕，高 0.82 米

北山院摩崖造像第 4 龛

龛内右侧菩萨立像保存相对完好。头顶有圆形高发髻，戴饰有卷云纹和圆珠的宝冠，宝冠顶浅浮雕一尊佛坐像。菩萨五官是龛中最为清晰的，眉骨较高，双眼下垂，眼角上翘，嘴唇丰满，嘴角上翘。颈部阴刻三道蚕节纹。残见项圈垂珠，外披天衣，下着及踝长裙，赤足立于座上。一般所见的佛与菩萨大都颔首，用关怀的目光注视众生。此尊菩萨双眼微眯，下颌微抬，似体态端庄、雍容华贵的妇人。

布，三尊菩萨全跏趺坐于中心，身下有高大的仰莲座（图 3-2-145）。两侧立姿菩萨左右相对，一向右扭腰，一向左提胯，姿态妩媚（图 3-2-146）。龛左右两壁皆有损毁，最右侧只余残痕的供养人像，不知是另外开凿，还是与其相对的石壁损毁而使其形单影只。

唐宋以降，佛教信仰进一步世俗化，不仅原有的神祇、神格发生了变化，为了现世的需要，一些世俗僧人，如济公、僧伽、志公、万回、布袋和尚等均被神圣化，成为一般信众崇拜的偶像。北山院第 11 龛，内容、风格与夹江千佛岩第 91 窟、大足北山第 177 龛的宋代圣僧窟可做比较，[①] 龛顶平，龛壁呈弧形。龛内设台基。龛内高浮雕主尊坐像、二胁侍、二坐像，浮雕二供养人共计七尊（图 3-2-147 至图 3-2-147-3）。主尊坐像头部残失，肩部残留有类似云肩或宝缯类物；内着右衽内衣，外披大衣，结跏趺坐；双手自然下垂，合于腹部置腿上。左手在下，右手在上。大衣覆素面方形台座上。主尊应为泗州大圣僧伽和尚，与宝志、万回合成三圣僧的别致题材。

上述龛窟向北 50 余米之处，山坡上有散落的刻有佛像的岩石，还有两处上下紧邻的石刻造像，俗称“经柜子”。其中第 18 至 20 龛位于下方，三龛造像尺寸及雕凿内容类似，龛内主尊皆损坏严重，身上雕琢也十分粗简，似是没有完全竣工，从身形可判断皆为坐佛像。坐佛身后保留有厚重的圆形头光和身光，以及千佛、菩萨像等（图 3-2-148）。三龛造像的上方是一块长方体的巨石，正面正中是一铺一佛二菩萨造像，旁边布满千佛。千佛身后有圆形头光，皆着通肩袈裟，结禅定印，结跏趺坐于莲台上，莲台之下枝蔓相通（图 3-2-149、图 3-2-149-1）。每尊禅定千佛身侧有榜题，多数风化，可辨识者如“郎君三歧八月三日生造千佛一躯永为供养”“第十杨环施钱二百文造千佛两身”等，这些题记共同记载了佛龛营建的历史，也展现了当时底层百姓佛教信仰的面貌。

北山院摩崖造像原本还有石刻大佛、送子观音、千手观音、十八罗汉等，但几经变迁之后随佛寺殿宇一起湮灭。现存造像分布在全长 32 米的崖壁上，在自然和人为的摧折之后，多数造像只留残迹，但仍有摩利支天像、地藏十王龛、菩萨像、僧伽三圣僧像等保存相对完好。尚可辨别的造像主要开凿于唐末至宋，是研究四川特色佛教造像形成原因和风格源流的重要遗迹。原本规模宏大的寺院和石壁上琳琅满目的造像隐匿在岁月的云烟之后，中国古代绘画中多取景物之一角以示全貌，正所谓“无画处皆呈妙境”，此处残余的造像不仅在佛教历史和艺术中占据重要地位，也让后人得以想象当年信徒的虔诚和佛教的繁盛。

---

① 于春认为此龛开凿于北宋，见于春、王婷:《绵阳龛窟：四川绵阳古代造像调查研究报告集》，文物出版社，2010 年，第 96 页；肥田路美认为此龛晚于夹江千佛岩第 91 龛（800—850），早于大足北山第 177 窟（1126），见肥田路美、臧卫军:《夹江千佛岩 091 号三圣僧龛研究》，《四川文物》，2014 年第 4 期，第 79 页。北山院第 11 龛造像的内容、风格与夹江千佛岩更为接近，又因北山院始于唐代乾符年间，故初判此为唐龛。

图 3-2-147　圣僧龛，唐，石雕，龛宽 1.8 米，高 1.64 米

北山院摩崖造像第 11 龛

龛中七位尊像，其中泗州大圣和宝志、万回三位圣僧都有残损，高度大致相当，体量较大，中尊结跏趺坐于三层方形台座上，左、右两尊则半跏趺坐，彰显出中尊略高一等的地位。身虽为“圣”，但三尊造像线条简净，造型准确。姿态洒脱随意，毫无高高在上的疏离之感。

图 3-2-147-1　左侧宝志坐像，唐，石雕，残高 0.74 米

北山院摩崖造像第 11 龛

坐像头顶残破，眼大而突出，眼袋、颧骨明显，唇上有须，似是一位长者。左手弯肘举于左肩上，手握长棍，一端悬垂有锯子、剪刀等物，刻画于右肩上部；右手下垂置右膝上，手心朝下。内着圆领内衣，中衣为右衽，系腰带，外披大衣，大衣一角搭于左肩上。衣纹刻画复杂、明显。游戏坐于方形台座，衣摆散落座上，呈连续的横“S”形。此尊造像意态逼真生动，高明的匠师将生命赋予顽石。

图 3-2-147-2 剪刀和锯，唐，石雕

北山院摩崖造像第 11 龛

剪刀和锯子一类的法器工具雕刻十分逼真，在我国宋代墓葬的出土文物中有剪刀的实物，对比之下可见匠师的写实功底。

图 3-2-147-3 主尊右侧胁侍，唐，石雕，残高 0.78 米，肩宽 0.21 米

北山院摩崖造像第 11 龛

胁侍立像头顶漫漶，可见双耳上部有双发髻，面部丰满，五官匀称。双手捧一瓶，左手护瓶底，右手握瓶颈。身着圆领长袍，长衣袖不宽且在手臂层叠，动作自然但略显拘谨，神情严肃，显示出侍者的恭谨虔敬。

图 3-2-148　坐佛及千佛残刻，唐，石雕，残高 1.4 米，宽 1.4 米

北山院摩崖造像第 20 龛

造像原未雕完且损毁风化严重，仅留大体轮廓，一手抬起施无畏印或说法印。圆形的头光与背光相交叠，呈葫芦形。佛身侧雕千佛，千佛外尚存留 4 身端坐于莲台上的菩萨像，雕刻非常精致细腻。荒草离离，残破的佛像更令人慨叹世事无常。此处仍存造像题记，为家族祭祀先亡亲人的内容，有为亡父母造观音像与千佛像之记，刘十一娘、廿五娘等女性姓名多唐代习见的大排行之名，可证其亦唐刻。

图 3-2-149　一佛三尊及千佛残刻，唐，石刻，龛宽 3.77 米，高 1.12 米

北山院摩崖造像

此方巨石长 3.2 米，高 1.5 米，宽 1.7 米。石面正中雕一佛二菩萨，但均残损，三尊造像之下是卷曲花叶构成的台子，基座为鼓形，雕刻精巧。三尊造像两侧刻千佛，均为端坐于莲台上的禅定佛形象，像旁多有施主题记，如“三娘造”等字样，每个莲台有莲茎枝蔓相通。石刻前开满了纯白的野花，似是天地对佛像最虔诚的供养。

图 3-2-149-1　千佛局部，唐，石雕

北山院经柜子

佛像头部残损，着通肩袈裟，结禅定印。身后有交叠在一起的头光和身光，身下有一枝莲花承托。此处的莲花，不似以往常见的被规范化处理过的莲台，而是一朵非常写实的莲花，沐浴在阳光下，花开正酣，浪漫恣肆。

（二）圣水寺摩崖造像

绵阳圣水寺有两处：一为涪城区，该寺始建于唐，近代重兴，规模宏大，为西南名刹；另一寺一般称为魏城圣水寺，位于城西涪江右岸的塔子山南麓，背靠山崖，前临高坎，因丰富的碑刻和造像遗存令人心生向往。魏城圣水寺的历史可上溯至唐永徽年间（650—655），距今已历1300余年。据《绵阳县志》载，寺内古有摩崖题刻《圣水龙湫记》，称“西岩壁下有龙湫焉，祷雨即应。唐永徽中，名甘泉，元曰阜民泉，明曰圣水”[①]。圣水古寺在近代修葺一新，摩崖造像保存在今大雄宝殿后壁。

水月观音龛是圣水寺最具特色的一龛，龛上方有题记：“敬造水月观音菩萨一身并及须菩提。弟子王宗建敬造。中和五年二月廿三日设斋表庆了。”[②]题记表明主尊为水月观音，尽管观音头部并无化佛，因后代重妆流水和竹林装饰或许被掩盖，但此尊已然呈现出水月观音的图像学特征，当是现存最早的有明确纪年的水月观音像（图3-2-150、图3-2-151），意义重大。前此所知的水月观音像是敦煌莫高窟藏经洞所出两幅，一法藏断为晚唐，一英藏判为五代（图3-2-152）。其姿态都是双手抱膝舒相坐，即右腿在上的半跏趺坐。法藏水月观音像年代更早，但圆形背光却只画头光般大小，与水月观音背光圆轮（出自密宗轮观）并不吻合。绵阳圣水寺的观音雕像，年代属晚唐，有准确纪年，姿态与敦煌画作一致，且立体雕塑更加合乎人体规律，背光属举身圆光而

右页：图3-2-150　水月观音像，唐，石雕，龛高0.66米，宽0.7米，深0.34米
圣水寺摩崖造像第3龛

水月观音头戴卷云纹装饰的三叶高宝冠，冠带翻飞，发辫披肩，菩萨神情静敛，凝眉垂目，若有所思。双手抱左膝，半跏趺坐于岩石之上；身后为大月轮背光，背光晕染成浅蓝绿色，似月亮散发出的幽深微芒。造像面部有一定程度的风化，原本的静谧安详剥落后露出内心的忧愁。盛唐的丰腴体态在此像中消退，观音厚重的肩臂和纤长的手指展现出另一种强健之美。

水月观音最令人关注的是其身后如月轮般的举身大背光。圣水寺水月观音的背光涵盖菩萨的整个上半身，与五代一些金铜观音像、地藏像的背光大小相近。同时，在晚唐、五代，水月观音绘画中也能见到月轮只有头光大小的水月观音，以及月轮几乎包含菩萨全身的背光。可见，晚唐五代的水月观音背光大小并非完全统一，但应是以半身大小的月轮背光为主流。

① 蒲殿钦修：《绵阳县志》卷一，1932年。
② 于春、王婷：《绵阳窟龛：四川绵阳古代造像调查研究报告集》，文物出版社，2010年，第85页。

图 3-2-151　水月观音像局部，唐代，石雕

圣水寺摩崖造像第 3 龛

观音跷脚，两手相扣抱膝，手臂修长，纤纤素手在膝前相扣，刻画生动，仿佛那并非石头雕刻，而是蕴含着生命的血肉之躯。菩萨幽蓝的背光微泛冷意，似是映射着竹林的幽翠。此观音的姿态可与敦煌绢本或纸本画相较，特别是双手抱膝的细节。

左、右：图 3-2-152　吉美博物馆藏《水月观音图》与大英博物馆藏《水月观音图》，晚唐、五代，纸本设色

敦煌藏经洞出土

二水月观音像皆为半跏趺舒相坐，英藏像双手持莲与杨柳枝；法藏像双手抱膝，却未画大圆光而只画头光，其姿势与绵阳圣水寺水月观音相似，只不过其角度是侧面示人，而绵阳圣水寺水月观音则是正面示人。法藏水月观音像曾是年代最早之水月观音作品，观音造像及图中山岩、竹等元素皆与一般水月观音像相符，但又与“周昉画水月观自在菩萨掩障，菩萨圆光及竹”[①]略有出入，绵阳水月观音雕刻，恰好弥补了图像资料的缺环，对应地解决了这一问题。

近年，重庆江津石佛寺遗址考古的重大发现，[②]亦对水月观音问题提供了进一步的资料。寺址外诸造像中的水月观音像与圣水寺像相近，为双手抱膝之姿，像为10世纪之作，年代仅晚圣水寺数十或百年。[③]此像更可证明双手抱膝姿态为水月观音本来形态，而膝腿上升之姿本属自在观音，后成水月观音标准。惜此像仅圆光绕项而月轮不清，然其两侧飞天十分精彩。

---

① ［唐］张彦远：《历代名画记》卷三，文渊阁四库全书，上海古籍出版社，1987年，第308页。

② 重庆文化遗产研究院自2016—2019年在江津石佛寺遗址进行考古工作。

③ 据报道，遗迹处巧妙利用巨石营造造像和碑刻，并出土了大量的圆雕造像、石构件等，采用高浮雕、镂空、圆雕、线刻等多种技法，技艺精湛，艺术水平高超，特别是水月观音造像，线条流畅，细腻传神，是我国10世纪保存最好、雕刻最精美的水月观音造像之一。碑刻上还记载了宋徽宗朝宰相张商英、明代工部尚书江渊以及明夏割据政权的史料，是这些历史人物和历史事件的重要见证。

非头光，虽较英藏水月观音像包含身座的大月光轮来说稍小，但因其材质、空间等的限制，也可理解。总之，此尊晚唐造像证实水月观音像的图像学特征，落实画史中周昉画样之真貌，具有不可替代之意义。

圣水寺摩崖造像群中第 2 龛佛道二教合龛时代最早，题记表明此龛开凿于唐高宗永徽元年（650），时造天尊老君和阿弥陀佛像 118 尊，佛道二教造像共处一龛。（图 3–2–153）唐玄宗开元十七年（729），杨文德对造像进行了妆彩，题记指出龛内有天尊老君及阿弥陀佛 118 躯灵像，为佛道造像同龛。两尊主像居中，右为天尊老君，双手当于胸前，有残损；左为阿弥陀佛，左手施无畏印，右手似持物，两像头后有圆形头光，分别结跏趺坐于束腰莲台上，群领众神。其余小雕像均无头光，身下莲座或仰或覆，或束腰，全部由同根莲茎关联。众像头部多风化不清，但衣饰、坐姿和手印尚清楚，各尊手势不同蔚为可观。此外，在第 4 龛龛外的右侧边缘，还雕有一个小的化生童子（图 3–2–154），形象可爱。

第 3 至第 5 龛分布在一长方形石壁上，为大龛之内连套三龛，皆为一主尊二弟子像。中龛略高，龛边外缘均有火焰造型，龛内均为一主尊二胁侍，主像穿通肩敞胸大衣，后有桃形头光，坐莲台。从像侍立，双手或拱手或合掌，三龛无论主从，头部均被损坏后重塑。龛内主尊及弟子，除手印外大体相同，其精巧处在于佛龛前香炉狻猊各不相同，妙趣横生（图 3–2–155、图 3–2–156）。因第 2 龛西壁题记“敬造大、小石龛二面，天尊老君及阿弥陀佛一百十八躯灵像”，推测第 3 至 5 龛即题记中“小石龛”，为祭奠当年薨逝的大唐皇帝李世民而造，龛中亦是佛道造像并存。①

圣水寺摩崖仅存 7 个龛窟，水月观音为同一题材中纪年较早者，故而为世人熟知，在佛教艺术史中具有重要地位。其余龛窟皆为佛道合龛，有唐一代，佛道并重，此处的佛道同龛反映了这一时期两教相争、合流的趋势。但对于普通百姓而言，不论天尊老君还是阿弥陀佛，他们同为神祇，一样法力无边，护佑苍生。

---

① 耿纪朋：《绵阳魏城圣水寺摩崖造像第 2—5 龛浅考》，《知识文库》，2019 年第 22 期，第 14 页。

图 3-2-153　佛道二教造像龛，唐永徽元年（650），石雕，外龛 1.62 米，高 1.49 米，深 0.7 米，内龛高 1.23 米，宽 1.4 米，深 0.33 米

圣水寺摩崖造像第 2 龛

龛沿内壁左右各有题记，左有供养人像，内雕小像 118 尊，像大者高 0.28 米，普通者 0.15 米，小者约 0.1 米。像下题记为“永徽元年太岁庚戌十二月乙丑朔十八日壬（午）”，右侧题记为“开元十七年太岁己巳六月八日”①。

图中并坐二像，右侧为天尊老君，双手当胸；左侧为阿弥陀佛。在这幅画面中，沟通各个人物的有两种植物，均以浅浮雕形式表现，隐于高浮雕人物之下。这两种植物一是枝蔓相连的莲花，一是二主尊背后的双树。双树枝丫相通，上面亦有双跏趺坐的小神像。两种植物完美地结合在一起，显示出高妙的意匠。老君和阿弥陀佛的莲座下，莲茎蔓延的中心，一童子从莲瓣中浮现。在西方净土中，上至佛陀，下至童子，均由莲花中化生。唐宋之际，化生像也以童子身形最多，此龛中的化生童子虽然辨识不清，但身形敦实可爱，在整幅庄严的宗教绘画中闪烁着一点世俗的微芒。

主尊左侧造像以佛像为主，可以看到头部肉髻，结跏趺坐。主尊右侧造像以长发披肩和衣饰相对复杂的小尊像为主。落座在盛开的莲花上，身侧穿插着含苞欲放的莲蕾。尽管这些小像乍一看去大致相同，但细观之则个个不同，变化微妙，或袈裟样式不同，有通肩圆领式与覆搭双肩式以及袒右式的差别；或双手持不同手印；等等。

① 耿纪朋：《绵阳魏城圣水寺摩崖造像第 2—5 龛浅考》，《知识文库》，2019 年第 22 期，第 15 页。

图 3-2-154 化生童子像，唐永徽元年（650），石雕

石雕绵阳圣水寺摩崖造像第 2 龛

佛道二教造像龛龛外右侧，雕有一尊化生童子像。童子蹲坐于覆莲莲台上，双手合十，形象柔软可爱，活灵活现，犹如刚刚满月的婴儿。化生童子位于拱形龛内，龛外有线刻火焰纹。如此小像孤零零于龛外，或许是有人希望来世化生佛国，故将自己的化生形象刻于龛侧，以表达对往生净土的希冀。

图 3-2-155 第 3、4、5 龛，唐，石雕，高 0.44 米，宽 1 米

圣水寺摩崖造像

佛龛前各有狻猊。中龛佛主半跏趺坐于覆莲莲台，像前二狻猊内向丹珠提后臂俯前身仰头站立，右龛主像禅定于仰莲莲台，有狻猊竖向蹲踞于莲台之下，左龛狻猊内向香炉蹲坐，生动地刻画了异兽好烟的特质。

图 3-2-156 第 4 龛，唐，石雕

圣水寺摩崖造像

拱形龛内雕凿一主尊二胁侍，一铺三尊式造像。三尊像头部均有后世修复的痕迹，身体及下部的莲台狮子保存完好。主尊座下三层仰莲，阴刻线条代表植物的筋脉，装饰着花开正酣的莲瓣，莲座下卷曲的莲茎连接着两侧胁侍的两层莲座。

（三）卧龙山千佛崖摩崖造像

千佛崖造像位于绵阳梓潼县城西卧龙山的一块巨石上。清代县志记载，诸葛亮北征曾置营此山，故山中有葛山寺、八卦井，在寺右经石穴转折入内可见佛龛。[1] 根据庙内碑记，肇始自东晋的寺院因张献忠起义兵乱而遭焚毁，原寺与井现已不存，清末民初重修庙宇将前代遗留的龛像被保护起来，现存 1138 躯造像密布在东西长 5.5 米、西南宽 5.2 米、高 3.2 米的长方体石墩四周，造像数量虽多，但仅有东、西、北三面凿三大龛，南面零星分布一些小龛。

第 1 龛位于巨石西面，又称西龛。龛内雕阿弥陀佛并 52 尊菩萨（图 3-2-157），高浮雕坐佛像位于龛的中心位置，周边姿态各异的 52 尊菩萨呈众星捧月之势（图 3-2-158、图 3-2-159）。一佛五十二菩萨或五十菩萨是表达西方弥陀净土的重要题材，菩萨均坐莲枝，围绕阿弥陀佛。龛左侧有题为“造四面龛僧道密”的石碑，碑文是邓元觉于贞观八年（634）所书的《阿弥陀佛五十二菩萨传》，[2] 麟德元年（664）道宣著《集神州三宝感通录》也载“阿弥陀佛五十菩萨像者，西域天竺之瑞像也”[3] 及圣像流传事迹，二者内容相差不大。千佛崖碑早于道宣著作 30 年，不仅是记述此类图像的渊源和流布过程最早者，也表明此龛造像是同类题材中年代较早者，并证实了西龛造像粉本应从长安传入。北面与东面分别以释迦牟尼（图 3-2-160）和药师佛（图 3-2-161、3-2-162）为主尊，佛侧均有胁侍菩萨、弟子、供养人和力士像，浮雕天龙八部，三大龛组合成“三世佛”，主管东方净琉璃、中央娑婆、西方极乐三个不同的世界，一般认为此两龛与西龛是在贞观年间统一设计、同时雕凿的。

卧龙山千佛崖造像与绵阳众多龛窟一样，数量不多却异常华丽庄严，且三座大龛保存完好，不仅有完整的题记可以溯源，造像内容和样式又融汇了西域艺术和长安风格以及当地特点，更显意义非凡。

① ［清］张香海等修，杨曦等纂：《重修梓潼县志》卷一，清咸丰八年（1858）刊本。
② 仇昌仲：《梓潼卧龙山千佛崖摩崖造像》，《四川文物》，1998 年，第 42 页。
③ ［唐］道宣：《集神州三宝感通录》，载《大正藏》第 52 册，第 421 页。

图 3-2-157　西方三圣龛，唐，石雕，内龛残高 1.96 米，宽 2.01 米，深 1.45 米

卧龙山千佛崖摩崖造像第 1 龛

此龛圆拱形龛楣，龛内雕 1 尊坐佛、52 尊菩萨、2 尊力士，共计 55 尊造像。造像残存妆彩，其中部分造像早年经过修补。高浮雕坐佛像位于龛的中心位置，呈众星捧月之势，周身 52 尊菩萨无论是侧身、仰首还是正坐，目光都聚焦在主佛身上。主佛头顶高肉髻，有白灰、金粉残痕。面相方圆匀称，眼眉低垂，向下俯视，鼻子与嘴唇都比较肥厚。相对于脸部，主佛身体则略显纤细，全跏趺坐于莲台上，仰莲莲瓣如池塘莲花层层绽放，叶片肥厚，坚定地承托起佛的宽容和智慧。

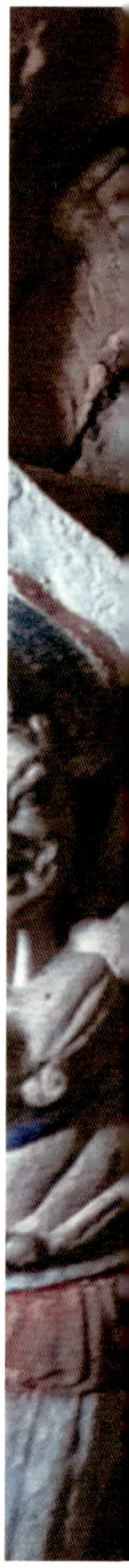

图 3-2-158 西方三圣龛局部，唐，石雕，龛残高 1.96 米，宽 2.01 米，深 1.45 米

卧龙山千佛崖摩崖造像第 1 龛

高浮雕菩萨交脚坐像，位于龛右壁中部。菩萨头梳高发髻，戴三叶宝冠。面部虽然圆润，但仍有娇俏的下巴，容貌温柔沉静，闭目静思，双手合于胸前，转头左视，似在询问。其左侧人物神情专注，单指托腮，若有所思。一幅极具人间情味的“问答图”惟妙惟肖地展现在世人面前。

图 3-2-159 西方三圣龛局部，唐，石雕，龛残高 1.96 米，宽 2.01 米，深 1.45 米

卧龙山千佛崖摩崖造像第 1 龛

位于龛内左壁上部的另一位交脚而坐菩萨是灵动可爱的姿态，菩萨鼻梁高挺，长发垂肩，右手曲躬举在胸前，左手置于腹间，一位聪慧而美丽的少女跃然于壁上。她静静思考自己心中的疑惑，似在期待佛将如何解答。

图 3-2-160 “释迦三尊”造像，唐，石雕，外龛残高 2.05 米，宽 2.1 米，深 1.52 米

卧龙山千佛崖摩崖造像第 2 龛

龛内以结跏趺坐的释迦牟尼佛为主尊，坐佛头顶磨光肉髻，双耳饰有圆形耳珰，具有川地特色，身着覆搭右肩袈裟，身下为多重仰莲座和八角须弥座，仅佛座高近 1 米，显示出佛尊的庄严和权威。佛侧胁侍弟子、菩萨各两身。弟子像浮雕在佛与菩萨之间的缝隙，一弟子手持念珠，一弟子双手合十。两位菩萨皆头戴高冠，缯带垂肩，周身瓔珞、巾带环绕，体态丰满，胯部向佛一侧轻摆，又显婀娜。此外还有天王像、力士像、天龙八部浮雕、供养人像等，全龛造像共计19尊。外龛中和四年（884）重妆此“释迦牟尼佛变”龛的题记，[1]证实了此龛开凿较早，可能为贞观年间。

---

① 于春、王婷：《绵阳窟龛：四川绵阳古代造像调查研究报告集》，文物出版社，2010 年，第 143 页。

图 3-2-161 “药师三尊”造像，唐，石雕，龛高 2.25 米，宽 2.5 米，深 2.2 米

卧龙山千佛崖摩崖造像第 3 龛

龛内刻有佛、弟子、菩萨等造像 13 尊。龛中造像为“药师三尊”，龛中造像装饰和服装尤其精美，人物的面部表情因身份不同而异，尊尊别开生面。例如，药师佛一侧的弟子笑逐颜开，甚至因为笑得过于开怀，眼角、唇角扬起，下巴皱成一团，脖子青筋突起。这些姿态神情各异的尊像，使得狭小的洞窟热闹非凡。

图 3-2-162 “药师三尊”造像局部，唐，石雕

卧龙山千佛崖摩崖造像第 3 龛

药师佛身侧的日光菩萨柳眉星目，慈眼低垂，鼻梁平缓，嘴唇丰厚。面部圆润丰腴，身材却纤细修长，衣纹随菩萨身体扭转而流动，细致的面部轮廓和曼妙的身姿展现出令人动容的美丽，流畅的曲线勾勒出菩萨的亲切与慈悲。

（四）碧水寺摩崖造像

碧水寺造像分布在涪江东岸碧水崖崖面上，规模不大，在东西长约10米、南北宽约8米的巨石上，开凿18龛佛教造像，其中包括石刻《金刚经》一部。据文献记载，碧水寺是由令狐元轨于唐开元初年施造，留存至今的造像也多开凿于此时，[①]崖壁上细腻又极具初唐长安风格的造像证实了这一记载。

唐代为佛教鼎盛的时代，战乱结束、中原统一之后，佛教净土宗日渐兴盛，“阿弥陀净土变”在中原各地都有流行，如巴中南龛数量众多的净土变龛窟尤其令人印象深刻。碧水寺第19龛龛内造一佛二胁侍菩萨像及46尊菩萨坐像，最为特别（图3-2-163）。日本美术史学者肥田路美认为，此龛与日本法隆寺金堂第6号壁画非常相似。对比二者，在构图和人物细节处确有诸多相似。一般认为，日本法隆寺金堂壁画采用的铁线描和阴影法的绘画技法或源于西域于阗尉迟氏画风。隋唐时代，尉迟父子在长安颇具画名，绘画以“用笔紧劲，如屈铁盘丝”为特点，表现在石窟中，则如碧水寺第19龛中佛像衣纹比平面作品线条更加深刻、遒劲有力（图3-2-164）。以弥勒和其座下的莲茎为中心，46尊菩萨对称展开（图3-2-165），造像还可以看到妆彩、贴金的痕迹，但多数菩萨风化严重。净土变布局与源自长安的日本寺院壁画关系匪浅，也和同处绵阳的千佛崖“西方净土变”构图相似，除莲座的莲瓣构造更为扁平外，塑于壁上的菩萨与千佛崖的菩萨，样貌和姿态如出一辙（图3-2-166）。

碧水寺中的造像皆展现出与长安风格千丝万缕的联系。第7龛（图3-2-167）为一佛二弟子二胁侍菩萨像，龛顶再浅浮雕天龙八部。主尊佛像背光素净，面貌圆润饱满，右手施无畏印，左手抚膝，着双领下垂式袈裟，结跏趺坐（图3-2-168），不露双足，为初唐风格，底座为八角形须弥座（图3-2-169）。二胁侍菩萨束发高冠，轻扭腰身，腹部微凸，三折式姿态，极具动感。皆袒上身，斜披络腋，下着羊肠裙，腹部系带，垂挂帔帛飘落体侧。两位胁侍菩萨的造型，表现出唐代宫廷贵族的时尚样貌。第20龛（图3-2-170）和第7龛题材相同，佛、菩萨和弟子的样貌一致（图3-2-171、图3-2-172），与第19龛阿弥陀净土变一样，这两龛应也是依照来自长安的粉本雕凿而成。[②]此外，碧水寺还有许多风化严重的小龛（图3-2-173、图3-2-174），龛中佛像饱满的身形表明造像出自盛唐，与初唐长安地区造像碑上的小龛、七宝台造像等如出一辙，皆显示出高超的造像技艺。

---

① 于春、王婷：《四川绵阳市碧水寺摩崖造像的相关问题》，《四川文物》，2009年第3期，第73—79页。
② 同上。

图 3-2-163　阿弥陀净土变，唐，石雕，龛高 1.7 米，宽 1.45 米，深 0.61 米

碧水寺摩崖造像第 19 龛

西方三圣旁边一众菩萨尺寸较小，似是画面的背景。画面构图匀称，技巧娴熟，遒劲有力的铁线勾勒出佛与菩萨丰满隆起的身体，佛衣薄如蝉翼，佛衣下身体姿态的微妙弯曲表现得非常写实。大小造像层层分布，有条不紊，构筑了一个重重无尽、依正庄严的净土世界。

图 3-2-164　阿弥陀净土变局部，唐，石雕

碧水寺摩崖造像第 19 龛

主尊佛端坐于莲花座上，左右分列着观音和大势至菩萨。阿弥陀佛身着圆领袈裟，衣纹一丝一缕用凸起的线条细致刻画；手结转法轮印，全跏趺坐。菩萨身材丰腴，衣纹线条纤细流畅。坐佛比立姿菩萨还要略高一些，凸显了阿弥陀佛作为主尊的崇高地位及更高级别的神格。

图 3-2-165　阿弥陀净土变局部，唐，石雕

碧水寺摩崖造像第 19 龛

佛座下众位菩萨于莲座中化现，可以看到，以佛座为中心，莲茎看似自由地伸展，实则对称有序地分布；菩萨坐于莲台上，姿态神情略有不同，在佛国净土的庄严之下，也不乏轻盈的跃动与活泼。

图 3-2-166　阿弥陀净土变局部，唐，石雕

碧水寺摩崖造像第 19 龛

菩萨大小不等，姿态和着装似与千佛崖净土变系出同源，但此处菩萨更为珠圆玉润。菩萨身下绽放的莲花也更为多样，不仅有覆莲座，还增加了仰覆莲的造型。

图 3-2-167　第 7 龛，唐，石雕，高 0.94 米，宽 0.7 米，深 0.21 米

碧水寺摩崖造像

比起人物众多的西方净土变龛，第 7 龛规模较小，但气势和精美程度毫不逊色。一佛全跏趺坐于高大的台座上，身侧弟子、菩萨和天龙八部拱卫，无论人物衣纹、菩萨璎珞、须弥座或莲茎装饰无一不精。在此龛人物形象上依然能看到北周余韵，如佛像左侧的菩萨像，形象丰满圆润，头与身体的比例较小，显得雍容典雅，但又有几分可爱。身上衣纹璎珞斑驳，但依旧可见其雕琢细腻。其形象与西安草滩出土的北周汉白玉菩萨像十分相似。

图 3-2-168　佛像局部，唐，石雕

碧水寺摩崖造像第 7 龛

坐佛身后有桃形头光，螺发肉髻，面部方正饱满，嘴唇丰厚，耳垂丰满，还带有桃形耳环，独具川地特色。内着僧祇支，外着袈裟，袈裟一角搭在右肩。左手置于膝上，右手上举，手印已残。两侧弟子、菩萨也面相丰满，尺寸稍小于坐佛。人物形象继承北周风格。龛后壁可见天龙八部浮雕，整龛造像画面不留一丝缝隙，构图布局可谓“密不透风”。

图 3-2-169　佛座局部，唐，石雕

碧水寺摩崖造像第 7 龛

此龛佛座尤为高大、精美，座分两层：上层为仰莲座，三层莲瓣层层绽开；下层为雕饰华美的八角须弥座，尽管一些细节已变得模糊，但不影响对整个佛座的观赏。佛座上细小的连珠纹尚依稀可见，束腰正面刻有一朵硕大的团花，须弥座座基边缘还雕有精美的卷草纹。

图 3-2-170　第 20 龛，唐，石雕，高 0.97 米，宽 0.7 米，深 0.22 米

碧水寺摩崖造像

龛内造一佛二弟子二胁侍菩萨像，龛顶浅浮雕八部众，与第 7 龛一致。此龛龛楣保存尚好，可见装饰其上的卷草纹和坐佛，坐佛仅余 6 尊，刻在圆形小龛内原应有 7 尊，以正中结跏趺坐于莲座上的小佛为中心，对称展开。

图 3-2-171　佛与胁侍菩萨局部，唐，石雕

碧水寺摩崖造像第 20 龛

第 20 龛中坐佛像与第 7 龛几乎完全一样，也戴有耳环，身材丰壮、圆润，其胁侍弟子和菩萨像亦是如此。此龛造像人物形象虽丰润，但衣饰纹路刻画更注重线的运用。

图 3-2-172　莲座局部，唐，石雕

碧水寺摩崖造像第 20 龛

佛与菩萨台座都异常精美。佛座上为束腰仰覆莲莲台，下设须弥座，依稀可见连珠纹、卷草纹和异兽装点其中。佛侧菩萨也立于台座上，座下有狮子、莲茎和卷草勾叠，造型设计极富巧思。

图 3-2-173　第 22 龛全景，唐，石雕

碧水寺摩崖造像

菩萨坐像风化严重，仅见戴耳环，颈部刻三道蚕节纹，长发披肩，胸前戴项圈。左手弯肘护右胸，右手弯肘护左胸，交脚游戏坐于覆莲座上。莲座下浅浮雕莲茎，下部风化。菩萨体态丰腴，与碧水寺其他龛窟风格一致。

图 3-2-174　第 4 龛，唐，石雕，外龛高 0.24 米，宽 0.53 米，深 0.09 米

碧水寺摩崖造像

第 4 龛是一个佛殿式的屋宇形龛，屋脊上弯如新月的脊饰依稀可见，龛内雕四佛二胁侍菩萨像。四佛并排端坐于长须弥座上，皆为全跏趺坐，似也戴有耳珰，双手持禅定印。二菩萨立于佛左右，造像整体风化较严重。在唐代，这种四佛并坐殿宇内的龛像组合十分罕见。

第三节

染乎世情：宋元时期

隋唐史迹以长安和洛阳为中心向四面八方辐射，这一时期南方地区佛教石窟的宏大叙事和超然审美令人印象深刻。进入宋代之后，市民文化的兴起加速了佛教世俗化的进程；禅宗“反传统”的倾向改变了传统佛教雕像的庄严神圣性；学术上儒佛合流、援佛入理在石窟艺术中的三教合一窟中得到突出地反映。与此同时，佛教美学的面貌也发生改变。

宋元较之前代，在承袭唐代艺术的技艺和水准的基础上渐入佳境，显露出更加理性缜密、典雅细腻的审美取向，造像题材也更具地方和时代特色，如罗汉逐渐发展成独立的造像题材，多以 16 尊、18 尊乃至 500 尊为组群，人物刻绘精准，不仅长幼有别，人物面貌、性格不同，而且姿态、形神也各异，出色地体现了宋代艺术世俗化、人性化的特点。再如观音造像，百姓根据信仰的需求创作出各式观音形象，水月观音、千手观音、数珠手观音等，这些观音以亲和、自然的女性形象呈现，这与宋代艺术中女性形象及生活题材的丰富有关。唐宋以降，一些世俗僧人，如济公、僧伽、志公、万回、布袋和尚等被神化，塑像供奉于寺院和石窟之中。唐末五代，密教已适应社会而向通俗变化，入川之后在安岳、大足地区产生具有显密相涉、佛儒道交融的本土特色的造像群。杭州石窟既有一些唐宋造像，又有元朝的藏传系窟像，作品特点十分鲜明。

刘勰在《文心雕龙·时序》中探讨文学与时代的关系时云“文变染乎世情”，艺术作品处人世间，亦随时代变化而有不同的面貌。宋元已降的佛教艺术受中土人情世态浸染尤久，在审美、造型、装饰等方面，已与唐代佛教雕像的雍容磅礴之美渐远，反而更加契合社会与民众之通俗化的要求，洋溢着一种兼容开放、天真自如的情绪。这一时期，中国石窟造像的重心完全移入南方，从六朝至于宋元，又翻开了佛教艺术发展的新篇章。这些极富现实意义、令人感到亲切的宗教造像，集合了前代雕塑的卓越工艺和信仰，凭借鲜明的时代特征和地方特色，带观者进入一个无限美好的美学世界。

一、杭州西湖造像群

“东南形胜，三吴都会，钱塘自古繁华。”柳永一首《望海潮》道出了杭城的山水风景和富庶繁华。“西湖十景”也留在历代文人骚客的诗中、画中、梦中。苏堤春晓、曲院风荷、雷峰夕照、南屏晚钟等人文和自然融合而成的景观，成就了西湖之美，甚至成为杭城魂之所在。佛教文化与艺术也已渗入西湖自然与人文景观的肌理，形成了独特的美学面貌。

杭州佛教，始于东晋，代有所兴，至吴越王钱镠立国城，以“信佛顺天”为宗旨，寺塔之建倍于九国。《咸淳临安志》所载杭州城内外寺院创建于吴越时期的就达213所。[①]如位于南屏山北麓、西湖南岸的净慈寺就创建于此时，寺为吴越国王钱弘俶为供养南山佛教开山祖师永明禅师而建，初建时就设钟楼一座，钟声振荡与山上参差怪石形成悠远的回响，渐成“南屏晚钟”盛景。与净慈寺相隔约7.5千米，位于西湖西侧的是杭城另一座著名的寺院——灵隐寺，宋代如璧禅师有《次韵灵隐小轩》诗曰“他日幽人问佳致，茂林修竹似山阴”[②]；义果禅师也有诗描绘灵隐寺“翠筱阴森开石壁，冷泉声泻濯溪藤”[③]，南禅的意境尽在其中。

以净慈寺为中心的西湖南麓，是史籍所载杭城佛教石窟艺术发源之地。开平四年（910），钱镠在紧邻吴越王宫的凤凰山笤帚湾傍山建圣果寺，凿石佛像，阿弥陀、观世音、大势至三尊大像岿然屹立。[④]圣果寺遗址可见的吴越残痕仅有西方三圣身躯轮廓及山麓的一组罗汉造像，但吴越国王及钱氏家族尊崇佛教，礼遇僧人，广建寺院，刻经造像。在其带动之下，一时间“杭之俗，佛于钱氏结庐遍人境”[⑤]，“东南佛国”之名远播华夏。围绕西湖的崇山秀岭，间或有造像活动展开，以五代造像为主的慈云岭造像、烟霞洞造像、天龙寺造像统称为西湖南山造像，它们都是杭州最有代表性的摩崖石刻艺术作品。随着

① 杜文玉：《吴越国杭州佛寺考》，载《唐史论丛》第26辑，三秦出版社，2018年，第253页。
② 赵福莲：《千年灵隐》，浙江人民出版社，2004年1月，第151页。
③ 任晓红：《禅与中国园林》，商务印书馆，1994年，第96页。
④ ［宋］潜说友：《咸淳临安志》卷七六《寺观二》，第490册，商务印书馆，1986年，第834页。
⑤ 浙江省地方志编纂委员会编著：《宋元浙江方志集成》第3册，杭州出版社，2009年，第1280页。

1276 年蒙古军队在南宋都城临安的最后胜利，藏传佛教远播江南，前朝故都成为中原藏传佛教据点，成就了杭州佛教石窟艺术的又一次高峰和奇观。恰位于灵隐寺前的飞来峰，则成为中国佛教石窟中唯一融合汉藏艺术风格、规模宏大的石刻造像群。

（一）慈云岭造像

慈云岭共存 4 龛造像（图 3–3–1）。据《咸淳临安志》载："上石龙永寿寺，在慈云岭下，天福七年，吴越王建，旧名资延，大中祥符元年改今额。"[①] 主龛的左外侧刻有"新建镇国资延遐龄石像之记"12 字的题额，下侧是北宋绍圣元年（1094）惟性和尚刊刻的《佛牙赞》一首（图 3–3–2）。《佛牙赞》是宋仁宗对释迦佛牙的颂偈赞，与题额毫不相干，应是惟性和尚凿平原有题记改造而成。

五代后晋天福七年（942）吴越第三代国王钱弘佐创建资贤寺，随寺造像，现寺为近代重修，但岩壁造像尚在。其中第 1 龛和规模最大的第 3 龛即开凿于此时。第 3 龛坐东朝西，龛内造像 7 尊，阿弥陀佛居中，头顶螺发，面部有损毁，身披袒右袈裟，胸部刻画饱满坚实，双手相叠于腹部作禅定印，两足心向上，刻八辐法轮，是佛三十二相之一。其左侧为观世音，头戴宝冠，上有化佛，两侧宝缯垂肩，右手执杨柳枝，左手置于腹前。右侧为大势至，也是宝冠高髻，双手在胸前（图 3–3–3）。阿弥陀佛与其胁侍观音、大势至菩萨合称西方三圣，三尊坐像两侧还有立姿胁侍菩萨和天王各两尊（图 3–3–4、图 3–3–5）。此大龛的开凿与吴越以来江南净土结社的盛行有关。西方三圣大龛侧壁还开一龛，坐北朝南内雕地藏菩萨坐像，菩萨现声闻比丘相，容貌端严（图 3–3–6）。两侧侍立供养人，龛楣浮雕"六趣轮回"，刻画了天、人、阿修罗、饿鬼、畜生与地狱等不同的形象，示意六道轮回（图 3–3–7）。

慈云岭造像在西湖诸石窟造像中属于最古老、规模最大、保存较好的遗迹之一。造像局部有损坏和改造，从石窟整体的气势和其他未受破坏的部位看，造像遵循晚唐以来丰满端庄的仪态，而时代赋予的圆融饱满气度却难以再现，如立姿菩萨的天衣璎珞虽依然奢华繁复，但无自然流动的质感，群像整体布局规整，但每个个体身躯略显僵直，面容缺乏生气。尽管如此，在慈云岭造像中仍可看到唐代造像的雄健浑厚而又细腻典雅的余韵，如史岩先生所说，"它足以称为杭州地区五代石刻中最具代表性的作品"[②]，是江南地区罕见地保留有唐风的五代佛教艺术。

① 浙江省地方志编纂委员会编著：《宋元浙江方志集成》第 3 册，杭州出版社，2009 年，第 1335 页。
② 史岩：《杭州南山区的雕刻史迹初步调查》，《文物参考资料》，1956 年第 1 期，第 14 页。

图 3-3-1 慈云岭造像全景

慈云岭造像保存在风光秀丽的西湖南山，现存 4 龛造像，其中第 1 龛地藏龛和第 3 龛西方三圣龛为五代原作，其余两龛则为后世补刻。造像依山而凿，整体规模不大，但保存较好，融合圆雕和线刻技法，堪称五代佛教雕刻艺术的杰作之一。

图 3-3-2 《佛牙赞》局部，北宋绍圣元年（1094），惟性和尚刻

碑碣上字迹斑驳，后世对原碑修改的痕迹仍存。图中可见“仁宗神文圣武明孝皇帝”，其后为《佛牙赞》的内容。宋代太宗、真宗、仁宗皆有《佛牙赞》流传，除慈云岭外，还见于大足、安岳等地，对于赞文的真伪尚存争议，但赞文的确反映了北宋前期皇朝礼遇佛教、舍利崇拜盛行的实况。

图 3-3-3　西方三圣龛局部，五代，石雕，龛高 4.54 米，宽 9.63 米
慈云岭造像第 3 龛

西方三圣三尊造像均结全跏趺坐，两侧胁侍菩萨和天王呈立姿，从体态和体量都显示出坐像和立像之间存在等级次第关系。造像体量较大，面部和身体肌肤质感表现生动，整体造型和衣物都趋于写实。龛中七尊像中，曾经修复的造像与未经修复的造像呈现出较大的差别，更加凸显原有造像之特征。

左：图 3-3-4　左立姿菩萨，五代，石雕，高 2.8 米
慈云岭造像第 3 龛

大势至旁侧有一立姿菩萨，头部损毁，腹部略鼓，身躯敦实。菩萨脚踏覆莲座，上饰连珠纹一圈，莲瓣用层叠的线条刻画。菩萨虽身稍侧，但已无唐代菩萨之婉转华贵风韵。此时的造像唐风渐退，新的艺术风貌正在酝酿中。

右：图 3-3-5　右侧天王像，五代，石雕，高 3 米
慈云岭造像第 3 龛

天王身材魁梧，顶盔掼甲，腰系革带，左手损毁，右手执长杆宝钺，与同时期王处直墓中石刻所绘身着铠甲、手持宝剑的武士造型非常接近。武士像既有着唐人丰满形象的影响，但又开始发生新的变化，体现着承上启下的艺术风格。

图 3-3-6　地藏龛，宋代，石雕，龛高 2.6 米，宽 2.33 米

慈云岭造像第 1 龛

龛正中为高浮雕地藏菩萨，像高 1.96 米。菩萨呈僧人样貌，面相圆润，深沉恬静，外披袈裟，内着僧祇支，左腿自然下垂，脚踏莲花，以游戏坐姿端坐于方形台座上。地藏两侧侍立供养人高矮不一，皆盘发于顶，发髻插花穿交领衫，着宽袖长衫，下系长裙，神态恭敬、虔诚。

图 3-3-7　地藏龛上方六道轮回线图，宋代，线雕

慈云岭造像第 1 龛

引自常青：《杭州慈云岭资贤寺摩崖龛像》，《文物》，1995 年第 10 期，第 73 页

龛楣线刻出天人、合掌人像、多臂阿修罗、牛头搅镬汤、焰发裸身像和动物像，分别代表天、人、阿修罗、地狱、饿鬼和畜生六道，横排依次分布在自龛沿生起展于龛楣的一团云气上。这种构图沿袭唐代以地藏为中心六道分置其两侧云上的构图范式，又将其群像浓缩在一团云气之上，不仅使画面变得简洁，六道之高低次第也更加清晰。

（二）天龙寺造像

天龙寺位于杭州玉皇山南麓，相传为唐代真觉禅师所建。北宋乾德三年（965），吴越王钱弘俶为供镜清禅师住锡，复建寺宇。南宋时期寺院毁于兵火，[①]元延祐年间（1314—1320），僧善平于旧址东南百步之地扩建，又复天龙寺额。明清时期，古寺再度倾圮，如今所见寺院建筑则是20世纪80年代复建。五代时期寺院的兴隆伴随着造像的开展，千年沿革中寺院几经重建，而刻在山石上的造像成为永久的风景留存下来。

寺中现存3龛，大小佛像共11尊，其中第1龛、第2龛造像应属原吴越王出资修建寺院的一部分。第1龛（图3-3-8）位于天龙寺造像中心位置，又称中龛，龛坐北朝南，其中雕造一铺七尊像，主尊为弥勒佛（图3-3-9），着敞胸通肩袈裟，端坐于方形须弥座上，双足下垂踏莲。主尊两侧的弟子像，分别高1.42米、1.41米，细微的高度差别由其所立莲座高度不同而产生，两弟子皆身着交领僧衣，举双手于胸前，一合掌，一握拳，恭立于佛侧。[②]再两侧为两尊胁侍菩萨（图3-3-10），菩萨均有火焰纹头光，立于覆莲座上，金刚智译《吽迦陀野仪轨》中明确了两位胁侍菩萨的称谓，即“左方法音轮菩萨”和右方大妙相菩萨”，[③]与弥勒共成“弥勒三尊”。密教仪轨中，“弥勒三尊”四方还应有四大天王，在此处简化为最外两侧两尊天王像（图3-3-11）。弥勒头光两侧还有浮雕飞天两身，天女手拖花盘，向主尊方向飞去（图3-3-12）。第1龛中，弥勒造像风格与唐代以来盛行的倚坐弥勒像无异，菩萨和力士像则与慈云岭造像美学特征较为一致，表现了五代吴越地区独有的艺术风格。第2龛即西龛，龛中仅一阿弥陀佛像（图3-3-13），弥勒像和阿弥陀佛像皆体魄雄浑健壮，其风格和姿态均能从龙门石窟、驼山石窟等处寻见，可见唐代遗风。

① 浙江省地方志编纂委员会编著：《宋元浙江方志集成》第3册，杭州出版社，2009年，第1246页。
② 佛侧两弟子身份尚存争议：一说为阿难与迦叶，一说为世亲和无着。详见陈滋彩：《杭州天龙寺摩崖造像主龛两弟子身份考》，《大众考古》，2019年第2期，第226页。
③ 金刚智译：《吽迦陀野仪轨》，载《大正藏》第21册，第245页。

图 3-3-8　第 1 龛，北宋乾德三年（965），石雕，龛高 2.71 米，宽 6.2 米，深 1.35 米

天龙寺造像

在狭长的龛内，群像以弥勒佛为中心展开。龛内造像弟子、菩萨以及力士两两相对，但因不断重修并不完全对称。头光相对尊像尺幅巨大，浅浮雕出繁复精美的花纹。

图 3-3-9　主尊弥勒佛，北宋乾德三年（965），石雕，高 1.76 米

天龙寺造像第 1 龛

弥勒佛面部有残痕，面方饱满，长目微闭，目光下视，神态慈和。天龙寺造像中的背光尤为清新别致，主尊身后有超大头光、身光，外圈为火焰纹，内圈饰有宝相花。整尊造像雕刻手法简净，比例匀称，气度深沉。

图 3-3-10　大妙相菩萨，北宋乾德三年（965），石雕，高 1.44 米

天龙寺造像第 1 龛

菩萨头光与主尊弥勒佛一致，用巨大的火焰纹和宝相花装饰，头部因自然风化有损毁，身着长裙，脚部上方的裙摆似是因行走而陡然翻起。

图 3-3-11　左侧天王，北宋乾德三年（965），石雕，高 1.29 米

天龙寺造像第 1 龛

龛两侧天王造型一致，皆顶盔掼甲，左手上举至腹部，右手执斧钺，立于覆莲座上。杭州南山五代至宋的天王造像，天王形象不再是铠甲严整、脚下镇踏鬼怪的异国神祇，而转为本土武将的化身。龛左侧天王头光似未完成，下肢也有损毁，虽身材敦厚，但其作为神祇的特质已不见，更似一位凡间的武士。

图 3-3-12　飞天，北宋乾德三年（965），石雕

天龙寺造像第 1 龛

飞天体型修长，上身昂起，下身平舒，向主尊弥勒佛飞来；左手托盘，右手做散花状，姿态优雅飘逸。天衣凌空飞舞，如波似浪。

图 3-3-13　阿弥陀佛龛，北宋，石雕，高 2.05 米，宽 1.7 米

天龙寺造像第 2 龛

阿弥陀佛结跏趺坐于莲花式须弥座上，双目紧闭，身后有宽大、繁复的头光及身光，外圈为火焰纹，内圈为细密的花卉图案。佛的螺发和面部表情经过修复不见原貌，身材健壮，肩宽，胸部饱满，结禅定印。佛的整体造型与第 1 龛主尊非常类似。两龛中的弥勒佛和阿弥陀佛都被信众寄予厚重的期望——往生未来的弥勒佛国，抑或西方极乐净土。

图 3-3-14　水月观音龛，北宋，石雕，龛高 1.2 米，宽 1 米

天龙寺造像第 3 龛

龛中观音精雕细琢的面容和衣纹都被岁月磨平，圆肩和细腰凸现身材的窈窕，身后磨平的圆形背光、身下自然的岩石台座，显示出水月观音的特征。有趣的是，其与石屋洞水月观音有颇多的相似性，虽然姿态呈镜像反转，但仍颇有玩味。

第 3 龛为水月观音（图 3-3-14），观音一腿盘坐，一腿支撑手臂，呈轮王坐，此龛修造时代较晚，表现了 10 世纪以后流行的水月观音样式。杭州西湖早期造像较少见水月观音的题材，与天龙寺相去不远的石屋洞曾有水月观音像一尊（图 3-3-15），此尊造像由朱知家于五代后汉乾祐二年（949）雕造，虽较绵阳圣水寺雕刻作品晚，但仍是较早作品之一。中国美术史界前辈、中国美术学院的史岩先生 1955 年调查时就发现了此像，且对其做了正确的判析。[①] 除石屋洞五代水月观音像外，飞来峰几个元代龛窟中也刻画了水月观音。因飞来峰元代雕凿的第 22 龛龛中观音亦为轮王坐，像身后有大月轮，与天龙寺水月观音身后的磨光龛面异曲同工，故有学者认为此龛也开

① 史岩：《杭州南山区的雕刻史迹初步调查》，《文物参考资料》，1956 年第 1 期，第 14 页。

图 3-3-15　杭州西湖石屋洞旧照

美国人西德尼·甘博（1890—1968）1908—1932 年在中国拍摄了 5000 多张照片，在走访杭州期间曾至石屋洞，留下了珍贵的五代吴越石刻观音像的旧照，现存于杜克大学图书馆。观音龛位于洞中主龛左上角，龛中观音游戏坐于岩壁之上，毫不起眼，但为目前所知杭州时代最早的水月观音像，意义重大。

凿于此时。[①] 飞来峰元代菩萨造像种类繁多，最引人瞩目的是各式菩萨均着高大华美的宝冠，造像虽身材饱满，但并不追求柔美的曲线。天龙寺水月观音并无显著的高冠，肩宽腰细，身材妩媚，体现出与飞来峰元代造像风格的不同，其造型和体态更接近石屋洞五代造像的特征。

天龙寺造像作为西湖南山造像的一部分，开凿于中原北方营造石窟趋于停顿之时，承袭了唐代饱满圆润的造型特征，又融摄了水乡细腻温润的审美，作为五代石窟的重要遗存，具有独特的价值。

① 常青：《杭州玉皇山天龙寺佛教摩崖造像》，《文博》，2016 年第 1 期，第 36 页。

（三）飞来峰造像

“湖上诸峰，当以飞来峰为第一，峰石逾数十丈，而苍翠玉立。渴虎奔猊，不足为其怒也；神呼鬼立，不足为其怪也；秋水暮烟，不足为其色也；颠书吴画，不足为其变幻诘曲也。”[①] 明代公安派才子袁宏道道尽了杭州城外飞来峰的性灵神韵。飞来峰奇石嵯峨，钟灵毓秀，在这座苍翠玉立的第一神峰之中，隐藏着有着380余身造像的东南沿海地区最大的石刻造像群，这些岩壁上雕刻的历代佛教造像，是弥足珍贵的艺术瑰宝。除了世人瞩目的元代藏传佛教造像之外，这里在北宋时期已经成为佛教圣地，保存了众多汉传佛教龛窟。

北宋时，浙江一带已有净禅合一式的“结社型佛教”流行；南宋时，禅林中心转入浙江，并受当地净土思想的影响。在一片融合性思想的笼罩下，禅宗教义和民间性较强的净土思想逐渐结合。[②] 禅宗与净土宗的流行，以及禅净合一的趋势在飞来峰石刻中亦有体现。青林洞是飞来峰最早开凿佛像的洞窟，共有大小造像170余尊。入口处悬在壁面上的“卢舍那佛会”图浮雕引人注目，壶门形龛内外浮雕卢舍那佛、菩萨、飞天、天王等17身造像（图3–3–16），题记则表明功德主“来往观瞻，同生净土”的祈愿。青林洞洞内造像陆续完成，有西方三圣（图3–3–17）、阿弥陀佛像、罗汉像等（图3–3–18、图3–3–19）题材，其中数量最丰者为罗汉像，共计有第7、8、9、13、14、17、18、20、21龛等共9龛130余尊造像零散地分布于洞中。玉乳洞与青林洞相邻，由于洞顶岩石滴下的水珠含有乳白色的石灰石溶液，故名“玉乳”。洞中造像也以各式僧装造像为主，和青林洞罗汉相比，玉乳洞内的造像身躯更加高大，细节处保存更加完整。洞中罗汉皆光头净发，方圆脸，大耳朵，表情严肃，袈裟穿着略有差异，坐相和手势也互不相同（图3–3–20）。除19尊罗汉造像外，还有僧伽像、禅宗六祖像（图3–3–21）、雷公、凤凰等浮雕。青林洞和玉乳洞中丰富的西方三圣、僧侣、罗汉形象，皆表明禅宗与净土宗在宋代杭州的兴盛。

飞来峰共有两尊布袋弥勒像，第25龛位于龙泓洞外，龛中设一尊弥勒坐像，第68龛为弥勒佛像和罗汉群像，大肚弥勒居中，两侧各有16位罗汉。魏晋南北朝以来，弥勒佛是最受中国人崇拜的神祇之一。不同于中国唐代以前从异域传入的神圣端严的弥勒形象，宋代开始出现了弥勒佛的化身——体胖心宽

① ［明］张岱：《西湖梦寻》，浙江古籍出版社，2013年，第21页。
② 司开国：《从佛国到人间——杭州飞来峰第68号龛造像浅析》，《世界宗教文化》，2009年第2期，第43—45页。

图 3-3-16　卢舍那佛会图，北宋乾兴元年（1022），浮雕

飞来峰造像青林洞第 6 龛

壸门形龛内有浮雕佛、菩萨等 15 尊造像，龛顶两侧线刻 2 身飞天。卢舍那佛头戴宝冠，身着通肩袈裟，屈肘施印，结跏趺坐于束腰莲座上。两侧是分别骑青狮和白象的文殊菩萨、普贤菩萨。龛右侧题记，明确指出此图为“卢舍那佛会”图，龛中卢舍那佛的形象承袭敦煌卢舍那法界图之造型和神韵，在宋代广为流传。[①] 文殊、普贤菩萨分别乘坐在狮、象驮负的莲台上，身后浮雕的素面背光富有立体感。狮、象屈腿向前，前足下各有一身合掌童子。此外还有天王和菩萨各 4 尊环绕佛侧，8 身造像姿势各不相同，并未完全呈对称分布在主尊两侧，卢舍那佛周围的人物近大远小，半环状拱卫在其身边，增加了层次感，使得佛会的布局从容自然。整块浮雕主次分明，构图于对称中又略有变化，引人进入佛国胜境。

① 陈清香：《杭州西湖飞来峰青林洞卢舍那佛会浮雕初探》，载杭州市社会科学院、浙江大学历史系编《第三届海峡两岸“宋代社会文化”学术研讨会论文集》，浙江大学出版社，2013 年，第 152 页；赖天兵：《汉藏瑰宝：杭州飞来峰造像研究》，文物出版社，2015 年，第 70 页。

图 3-3-17　西方三圣，后周广顺元年（951），石雕，龛高 0.5 米，残宽 0.9 米

飞来峰造像青林洞第 10 龛

西方三圣是青林洞早期造像流行的题材，第 10 龛是飞来峰有题记可辨的造像中年代最早的一龛，为后周时期修造。拱形龛顶内佛、菩萨三尊造像头部皆被凿平，结跏趺坐于莲台上。其身后浮雕的桃形火焰纹头光、身光形状饱满，凸雕感强烈，似在升腾。身下莲座也保存完好，仰覆莲台莲瓣之间束腰处开壸门，内刻花卉，简单又不失精巧。

图 3-3-18　罗汉像，宋，石雕

飞来峰造像青林洞

众多僧装造像无规律地凿刻在青林洞内外石壁上，随岩就势，有的整齐一排，有的则随岩体高低错落。此图中仅有一身造像身后有单线刻画的舟形背光，或许其身份与其他造像不同。这些造像头部皆被凿毁，尺寸较小，相较端严的佛与菩萨像，一众罗汉虽在石上，但因衣纹各异、姿态各异而显灵动鲜活，显示出工匠的创造精神。

图 3–3–19 阿弥陀佛及罗汉像，宋，石雕

飞来峰造像青林洞

阿弥陀佛造像与众罗汉造像高低错落地分布于自然形成的岩壁之上。阿弥陀佛造像身下莲台和身后背光显示其与众不同的身份，罗汉或结禅定印，或双手合十，或支腮沉思……姿态各异，沿石壁并不规整地分布，好似山间自然形成的道场，天工与人工完美地结合在一起。

图 3-3-20　罗汉组像，北宋，石雕

飞来峰造像玉乳洞第 28 龛

此图中为第24-15、24-16、24-17号罗汉，三尊罗汉合为一龛，最右侧罗汉屈左手举钵，仰首望向龛楣中部俯冲而下的巨龙，应为降龙罗汉；中间罗汉双手合十结跏趺坐，神态安宁；最左侧罗汉左手抚膝，右手食指和拇指相捻，身体稍侧。三尊罗汉身形健硕，体量与真人相若，虽然雕刻朴拙，但不乏生趣。

图 3-3-21　禅宗六祖像局部，北宋，石雕

飞来峰造像玉乳洞第 97 龛

因龛窟中保存了“六祖像”的题铭，一般认为玉乳洞北口的通道两侧六尊造像为禅宗六祖，每尊造像的具体归属尚存争议。[①] 从造型上看，六祖像与洞内其他罗汉像大致类似，像多呈中年或老年样貌，体态端庄匀称。从面容特点上看，六祖像较玉乳洞其他罗汉像脸部扁平、柔和，更具中土样貌特征。

① 常青：《杭州飞来峰第28号龛祖师像考述》，《艺术史研究》第8辑，2006年，第487页。

的布袋和尚，其原型为五代吴越国明州奉化人契此，这位持念珠、荷布袋，笑口常开、随遇而安的和尚，给人欢喜快活、逍遥自在的深刻印象，自出现后即成为中国佛教艺术中最受欢迎的题材之一。第 25 龛中弥勒像（图 3-3-22）便复原了史籍所载的契此和尚形象。布袋和尚虽产生于中国本土，但其作为弥勒造像的本质仍有其净土思想内涵，第 68 龛弥勒与禅宗勃兴后的罗汉同在一龛，更加反映了佛教禅净融合的和谐景象（图 3-3-23）。

元代造像主要分布在龙泓洞内外及飞来峰北侧山岩上，数量虽不及五代、宋遗存，但遍布山岩，全为大龛。飞来峰造像闻名于世，更多有赖于这些精美宏大的元代龛窟。龙泓洞洞内幽深，内外皆布满造像和历代题刻。洞内正壁有一大龛雕刻水月观音（图 3-3-24），洞口西侧有高僧取经组雕，自西向东共有七身造像、三匹马和八处榜题（图 3-2-25、图 3-2-26）。水月观音和取经图的组合在陕北宋金石窟和榆林、瓜洲西夏石窟中已有范例，飞来峰龙泓洞内外两组造像也应结合看待。段文杰先生指出，“玄奘取经图看来不是独立画面，而是穿插在观音变或普贤变中的插曲”[①]，这种图式与观音信仰有着内在联系。西夏石窟中取经图加入猴形人物，与西游故事的广泛流传不无关系。根据题记，龙泓洞取经图中所刻为梵僧而非玄奘师徒，但设计和刻画也极具故事性，造像位于崖壁下侧，紧邻山涧溪水，好似取经的微缩景观。胡僧东来，汉僧西去，历经千难万险、千山万水，携经传法，此时正在经历险道，向上悬崖峭壁无路可走，下是江河翻滚，汹涌澎湃。

洞外还有元代西方三圣龛（图 3-3-27），与前代造像观感差别巨大。主尊阿弥陀佛身着通肩袈裟，身后有素面圆形的头光和背光，下有仰莲台座，莲瓣修长，衣袂覆盖莲瓣（图 3-3-28），左右两侧观音、大势至菩萨宝冠和耳珰尤其华丽（图 3-3-29、图 3-3-30），三尊造像由同一支莲茎伸展出的三座莲台承托。这些造像虽题材不脱汉传佛教，但表现出与五代、宋杭州造像不同的力量和丰圆之感，这种对肌体、装饰的注重，应是受藏传佛教影响。同时，飞来峰元代造像也与四川龛窟有着千丝万缕的联系，从样式上看，尤重菩萨宝冠装饰在四川宋代石窟中已见端倪；从题材上看，飞来峰造像菩萨数量众多、造型多变，包括数珠手观音（图 3-3-31）、杨柳枝观音（图 3-3-32）、莲花手观音（图 3-3-33）、水月观音（图 3-3-34）等，还有不少胁侍佛侧的菩萨造像，这些菩萨形象在题材和体态方面都可在四川大足、安岳石窟中找到呼应。

---

① 段文杰主编：《敦煌学国际研讨会论文集》，辽宁美术出版社，1995 年，第 14 页。

图 3-3-22　布袋弥勒，元，石雕

飞来峰造像第 25 龛

龛内弥勒坐像为中年男相，光头净发，开怀大笑；身躯肥胖，袈裟敞开，裸露出便便大腹，腰间系着的丝绦纹路被精心刻出；右腿上屈左腿横盘，右手抚膝，左手拿着一串念珠，其酣畅的笑容感染着每一个观者。造像刻画遵循《高僧传》中对布袋和尚的描写“形裁腲脮，蹙额皤腹。言语无恒，寝卧随处”[①]，形象刻画非常写实。

右页：图 3-3-23　布袋弥勒与十六罗汉，南宋，石雕，龛高 3.3 米，宽 9.9 米

飞来峰造像第 68 龛

这组龛像在飞来峰规模最大。弥勒佛以最为洒脱自在的姿势斜倚在布袋旁，腰部绳带似至今仍常见的编织麻绳质地。其左侧最上方立一位托塔罗汉，手中小塔也刻画精致，为吴越王钱弘俶所造的金涂塔样式。此龛造像以弥勒为中心，两侧排布十六罗汉，如此众多的人物群像，构图并未像传统造像那样选择规整的轴对称布局形式，而是以轴对称为基础，采用均衡的构图原则，弥勒两侧的罗汉像，或坐或立，或回首或侧身，错落有致，丰富生动，繁而不乱。此龛弥勒与十六罗汉像，意境洒脱，情态自然。

① ［宋］赞宁等：《宋高僧传》，载《大正藏》第 50 册，第 848 页。

历代佛教美学风格之兴衰更迭，在飞来峰造像有着鲜明的反映。五代至宋，江南一带禅宗和净土宗的流行，反映在石窟中则是数量丰富的罗汉像、西方三圣像等。这些造像多安静地端坐于洞窟之中，或清秀，或灵动，或端庄，与天然形成的洞窟石壁结合，给人以空灵、静谧的感觉，有时甚至有些许神秘之感。元代造像以各式佛、菩萨像为主，直接开凿于山壁之上，多体量较大，其体态特征及装饰元素多见梵式造像的影响。扑面而来的巨大造像，显示出丰满、健美的特征，华丽、饱满的气度。整体观之，飞来峰造像题材宽泛，内容丰富，从五代至于宋元无不体现出造像世俗化的特征。同时，江南佛教艺术顺从自然的取向贯彻始终，无论洞中造像还是岩壁巨龛，皆随山体走势精心设计，体现出宗教与现实、艺术与自然紧密契合的独特风格。

左页：图3-3-24 水月观音像，元，石雕

飞来峰造像第50龛

水月观音像头部宝冠高耸，面庞饱满，双眼微闭，神态沉静。游戏坐于山石之上，脚踩莲花。整尊像造型端庄，面形与厚实的肌肉感同元代飞来峰其他造像一致，洞中山体溶液长期浸润，使得造像材质如玉石般温润通透。山外葱绿环绕，洞内泉水滴答，令人慨叹。

图3-3-25 竺法兰与摄摩腾像，元，石雕

飞来峰造像第21龛

以两尊人物立像为间隔，共有三方题记，从右至左分别是“天竺□□□”“竺法兰三藏”“摄摩腾”。两位僧人像依山而造，手法是以高浮雕几近圆雕的形式。人物头部皆损，留有轮廓，头后饰素面圆形头光。身着袒右袈裟，身材壮硕，形体结构准确，与飞来峰常见的汉僧式罗汉大有不同。造像衣纹翻折自然流畅，疏密随身体结构、动态变化而变化，衣料柔软的质感被生动地表现出来，使人几乎忘记其为坚硬的岩石。

图3-3-26 白马驮经组像，元，石雕

飞来峰造像第21龛

组像三人二马，跨步往前，衣裙翻转。其后两人各牵一马，前者头部已佚，项挂念珠，袒露胸腹，双臂残缺，左臂似伸出牵马，马背驮经书，右手似提有棍棒，大步迈开，做前行状。后者上身半边被毁，左肩部残存，左手伸出牵马，腰间束带佩有短刀，身旁马匹外形与前面的马相似，略矮小，前腿残损不全，背上负莲座，马颈上方有榜题。骏马驮经，人马交错，繁乱的马蹄、匆忙的脚步、坚定不移的信念，生动地刻画出在崇山峻岭间一队人马艰难行进的场面，画面极富动感。

图 3-3-27　西方三圣，元，石雕

飞来峰造像第 34 龛

佛与菩萨面部略方，圆润饱满，双目低垂，面相平和；衣纹用简洁的线条刻画，给人衣质柔软之感，尤其是悬裳的表现。三尊像形体浑厚，肌肤质感柔软，古雅端严，体态自然，具有元代造像特征。而下方的莲花主茎支撑主尊莲座，二侧伸出的侧枝分别托住观音和大势至二菩萨的莲座，莲座被佛、菩萨衣裙遮掩了一半，悬裳下莲花绽放正酣，莲瓣线条恣肆烂漫，硕大的莲台稳稳地托住西方三圣的圣像。整龛造像以轴对称式构图，画面稳定庄重。

图 3-3-28　佛座，元，石雕

飞来峰造像第 34 龛

莲茎及莲台雕刻十分精工细致，结构为对称式图形，莲花座周正大方，莲瓣宽肥饱满。卷曲的花叶、柔韧的莲茎，充满着生命的力量。此莲叶并非平时习见的圆形莲叶，而是类似图案化的卷草式牡丹花叶，显示出藏传佛教艺术的特色。

图 3-3-29　大势至菩萨局部，元，石雕

飞来峰造像第 34 龛

菩萨面含微笑，端庄慈祥，所戴极尽华美的高冠让人联想到安岳茗山寺的镂空宝冠。不同的是，茗山寺菩萨耳垂及肩，但不饰耳珰。此处菩萨的圆形耳珰虽别致，但在藏传佛教造像和黑水城唐卡中却屡见不鲜，再次体现出飞来峰元代造像汉藏合一的特点。

左页：图 3-3-30　观音菩萨局部，元，石雕

飞来峰造像第 34 龛

观音与大势至并坐在佛的两侧，一举右手，一举左手，面容和身姿几乎完全一致。唯有头冠示以身份的区别，观音头冠中有化佛。观音菩萨头部微微向右倾侧，略有几分动态，缓和了画面中的"紧张"氛围，宝冠高耸，细密的花纹从菩萨额前展开再贴在石壁上。菩萨宝冠华美，雕饰繁缛，面庞慈和、温婉、娴静，更显雍容。

图 3-3-31　数珠手观音，元，石雕

飞来峰造像第 24 龛

数珠手观音的本体形象由一般的观音而来，其主要特点就是手掐数珠印。数珠手观音形象出现在四川、云南和浙江杭州，是宋代之后观音信仰越来越世俗化后出现的新形象。龛中观音头戴高宝冠，面容沉静美好，居高临下，俯瞰芸芸众生。

图 3-3-32　杨柳枝观音，元，石雕

飞来峰造像第 13 龛

观音面庞圆润丰满、端庄妙丽，左手托一小小的净瓶，右手持杨枝，意为观音以杨柳渡水，播洒甘露于人间。此尊观音头大身小，比例相较其他造像不太协调，显示出稚嫩、温柔的孩童观感，不由得让人倍感亲切。

左页：图 3-3-33　莲花手观音，元，石雕

飞来峰造像第 63 龛

观音头戴华丽宝冠，两耳下垂戴大耳珰。面如皎月，眉如远山，双目低垂，鼻直适中，双唇微启，面容仿佛柔美的江南女子，静坐龛中，裙裳衣纹堆叠，自然下垂，铺满石座，虽经周密设计排布，却不着人工痕迹。观音右手牵一茎莲花，又平添几分不同于凡俗的庄严与寂静。

图 3-3-34　水月观音，元，石雕

飞来峰造像第 28 龛

观音呈右腿支起、左腿平盘的轮王坐式。左手置于左脚踝上，舒食指、大拇指和中指相捻，无名指、小拇指竖起，这种手印尤为特别。常见的水月观音造像多自然下垂，这种手印还见于约 13 世纪的黑水城 X2436 号水月观音。[①] 手印印证了飞来峰元代造像与西夏佛教艺术之间的联系。此尊观音的更为特别之处，在于面宽甚至呈方形，双肩平直，而不是如飞来峰其他菩萨造像平滑地下垂，以男相呈现。水月观音举目远望，神情微显凝重，略带几分慵懒意态。

---

① 赖天兵：《汉藏瑰宝：杭州飞来峰造像研究》，文物出版社，2015 年，第 210 页。

（四）烟霞洞造像

烟霞洞在杭州南山区，是天然溶洞。巴金在其《随想录·病中集·又到西湖》描写了此处风景之美："30年代，每年春天我和朋友们游西湖，住湖滨小旅馆，常常披着雨衣登山，过烟霞洞，上烟雨楼，站在窗前望湖上，烟雨迷茫，有一种说不出的美。"[①]洞外树木烟雨美不胜收，洞内顶部密布大小玉乳，阳光映入，宛如烟霞。《两浙金石志》卷四有"吴越吴延爽造石罗汉记"，记载时为"都指挥使银青光禄大右仆射海县开国男食吴延爽舍三十千"[②]造洞内罗汉之事。表明龛像主要为后晋天福、开运年间（941—947），由吴越皇族主持捐造。洞中原有三世佛及胁侍菩萨四身、孔雀明王像以及数尊罗汉像等。但因近世人为的破坏，仅有洞口两尊观音和洞内十余尊罗汉尚存。

两尊观音分立于洞口两侧，一位是头戴宝冠、手持杨柳枝的杨柳观音（图3-3-35），容颜端庄慈爱，神态和悦自然，十分精美，高耸的宝冠和平直的身躯具宋代特征。另一尊为白衣观音（图3-3-36）。自晚唐五代时起，越来越多的观音灵验故事与白衣相联系，如《杭州上天竺讲寺志》载吴越国王钱镠夜梦白衣人，上天竺寺道翊法师梦见白衣

图 3-3-35 观世音菩萨，宋，石雕

烟霞洞造像

杨柳观音头戴高耸宝冠，冠中有化佛，眉眼下垂，表情安详。观音头身比接近1∶8，肩部宽厚，虽然面部偏女性，但身材甚至可用魁梧来形容。身后头光和背光用阴刻出精巧的花纹。烟霞洞中造像在20世纪70年代多有修复，此尊造像下半部也有修复痕迹，但整体依然透露出古朴与雅致。

---

① 薛家柱：《巴金与西湖》，杭州出版社，2008年，第24页。

② ［清］阮元：《两浙金石志》，2012年，浙江古籍出版社，第92页。

图 3-3-36 观世音菩萨，宋，石雕
烟霞洞造像（杨洁 供图）

两尊观音在烟霞洞相对而立。白衣观音是最深入人心的一种观音形象。此尊观音披头巾，着长袍，发髻中心有化佛。眼睛半睁，嘴角微微翘起。双手交叉于腹部，持念珠，“S”形的身躯若柔若无骨。袍袖衣纹纤细流畅，宛若弱柳扶风。裙摆的处理十分特别，不似寻常衣裙边缘覆于脚面，双足一前一后，脚下踏两朵绽放的莲花，脚面的裙摆向上翻起，好似表现行走时卷起的裙边。菩萨身姿柔美、身材纤长，气韵呼之欲出。

人，又如《咸淳临安志》所载杭州观音法济院建院的传说。这些灵验故事的铺垫，使烟霞洞中这尊白衣观音更具神性。相较唐代观音造像，此尊观音面容的女性特征更加明显，已呈贵妇人面容，但婉转的身躯仍具唐代遗风。与唐代造像区别最大的是，观音宝冠之上覆盖软巾，而这正是定型后的白衣观音的基本特征。故而造像应属于白衣观音从初创向定型过渡的阶段，[①] 在观音的造像史中具有重要意义。

烟霞洞内造像以十六罗汉为主体，据《咸淳临安志》载：“晋开运元年，有僧弥洪结庵洞口，遇一神人指此山后有圣迹，何不显之？洪寻至山后，见一洞，内有石刻罗汉六尊。”[②]《两浙金石志》也有“吴越吴延爽造石罗汉记”，故而烟霞洞罗汉造像应来自五代时期吴越国，约在 936—946 年间雕成。洞内现存罗汉 15 尊，其中 11 尊为五代原像，还有 4 尊为 20 世纪 70 年代新造。

罗汉利用岩壁的自然布局雕造，一龛一尊造像，相对均匀地排列在洞内。（图 3-3-37）罗汉造像因身份的不同，而设计出丰富的面部表情、动作形态。衣纹简洁流畅，用光滑细腻的线条呈现出真实衣物般的层次感和飘逸感，充满自然、人性的表达（图 3-3-38 至图 3-3-40）。禅定罗汉（图 3-3-41）位于洞口处，其身侧有躬身戎装之供养人（图 3-3-42），一般认为是造像功德主吴越王妻弟吴延爽。烟霞洞作为天然溶洞，缺乏人工开凿洞窟的那种有序形制，造像依洞势分布雕凿，罗汉像在其中星罗棋布、浑然天成，钟乳石天然形成的花纹和图案，成为造像龛楣装饰，赋予了洞窟自然的情趣和深山幽谷的禅意。

---

① 姚崇新：《白衣观音与送子观音——观音信仰本土化演进的个案观察》，《唐研究》第十八卷，2012 年，第 245—276 页。
② 浙江省地方志编纂委员会编：《宋元浙江方志集成》第 1 册，杭州出版社，2009 年，第 150 页。

左页：图 3-3-37　烟霞洞内景

绘画和雕塑中的罗汉造像多以丛竹、顽石、流水等装点，以人工创造出理想化的禅修意境。烟霞洞利用天然幽深的溶洞作为罗汉像所处的环境，营造出罗汉幽居仙洞的真实场景。

图 3-3-38　开心罗汉，五代，石雕，高 0.98 米

烟霞洞造像

戍博迦尊者又称“开心罗汉”，相传尊者为劝其弟向善，拉开胸膛展示内心有佛，故称“开心罗汉”。龛中尊者面容喜悦慈祥，身披袈裟，盘腿而坐，右手拉开胸膛，心中显现佛面。

图 3-3-39　以手指佛罗汉，五代，石雕，高 1.13 米

烟霞洞造像第 6 龛

罗汉面部略显年轻，身着长袍僧衣，席地自在而坐，左手撑地，右手指向空间，洞外射入的光线恰好集中在罗汉手所指处，可见指尖所指一团云气中化现的坐佛。

图 3-3-40 执如意罗汉，五代，石雕，高 1.1 米

烟霞洞造像第 15 龛

尊者光头净发，双目下垂，着袒右肩袈裟，结跏趺坐，手执如意，似在把玩，表情安详慈悲。贯休的画作中也有相貌奇古的罗汉右手高举如意到左肩的形象。宋代罗汉图的宗教意味较淡，石窟造像则更重宗教之庄严神圣，尊者虽有常人自然之态，但气定神闲、仪态端重，不同于常人。匠师高妙的雕刻技法，骨骼肌肉表现准确，在光影的作用下，石雕的罗汉犹如真人。

图 3-3-41 禅定罗汉，五代，石雕，高 1.1 米

烟霞洞造像

禅定是修习佛法的基本方法。尊者双目睁开，双手相叠，静置腹部结禅定印，全跏趺坐于山岩之上。其头部微微向左倾侧，若有所思，似是欲修禅定前，或刚刚出定后的左顾右盼，颇为生动。

图 3-3-42 武士供养人，五代，石雕，高 0.84 米

烟霞洞造像

供养人侧身站立在禅定罗汉左上方石壁处，以一朵祥云承托。身着铠甲的武士本应英姿勃发、盛气凌人，然而在佛法面前甘心卑躬屈膝、一心礼佛，好不虔诚。

二、重庆大足石刻群

大足石窟是重庆大足境内74处、计5万余尊宗教石刻艺术的总称，以宝顶山、北山、南山、石门山、石篆山为代表，北山和宝顶山窟造像最为集中，规模宏大，艺术精湛且内容最为丰富。北山石刻时代较早，最初开凿于晚唐景福元年（892），历经后梁、后唐、后晋、后汉、后周五代至南宋（1162）完成，历时250多年。在长300多米的山崖上，现存雕刻造像4600多尊，是中国晚期石窟艺术中的代表。宝顶山石刻包括以圣寿寺为中心的大佛湾、小佛湾造像，始凿于南宋年间，四周2.5千米内的山岩上遍刻佛像，巨型雕刻尤多。

大足石刻在四川石窟中异军突起，也是中国石窟艺术重心由北向南移的重要例证。虽有唐高宗永徽、乾封年间开凿的尖山子摩崖造像，将大足造像之始上推至初唐，但仅属个别现象，大足仍是晚唐五代至宋代佛教造像内容数量最丰者，这与安史之乱后唐朝皇帝入川避乱引起的文化南移和四川社会经济的发展颇有关系。总而言之，四川石窟中五代造像及宋代精品多、密宗造像多、三教合一窟多，以及整体规划的大道场的特点都在大足石刻中得到反映。此处龛窟密集，地方特色浓郁，自成一体，堪为唐宋佛教美学的旷世之作。

（一）北山石刻

北山古名龙岗山，在县城北半千米处。造像始于晚唐景福元年，由昌州刺史韦君靖所创建，历经晚唐、五代而至两宋。题记表明此处造像主要由民众为祈福而出资雕刻，供养的尊像主要包括佛、菩萨、罗汉，其中五代造像较多，占总数的二分之一，密宗题材占三分之二。晚唐龛较小，题材涉及密宗兼三阶教和净土宗。观音与有观音的组合造像尤多，还有三世佛、日月光菩萨、如意轮菩萨和毗沙门天王等题材。宋代造像是北山佛湾造像之精华，题材以密宗为主，形制中出现了窟室。更多独特的造像题材开始出现，各式观音形象也十分流行。

第5龛毗沙门天王像（图3-3-43）是北山开凿较早的一龛。天王头戴平顶方冠，双肩后发出火焰，身着金刚甲，腰带中部平挂一腰刀，右手平伸，左手上举，双足蹬靴，下有二夜叉半身从地底探出（图3-3-44），双手用力捧靴，胯下两足之间地天露头。主像左侧有四侍者，分两排而立（图3-3-45）。后排外侧及前排原应有几名侍者，因壁坍塌现已无存。毗沙门天王像在广元、巴中

图 3-3-43　毗沙门天王像，晚唐，石雕，龛高 2.95 米，宽 2.74 米，深 1.45 米

北山石刻第 5 龛

在巴中石刻中也常见毗沙门天王像，此龛造像一改巴中同类造像的稚嫩气质，天王及其身侧侍者仿佛脱胎自唐代人物名画，通过对衣饰和器物的勾勒，用畅而不滑、顿而不滞的线条勾勒出尊像的神韵。龛中原有的色彩已经消解，背景和装饰隐而不见之后，人物的个性和通过形体大小表明的等级及空间秩序则更加突出。

图 3–3–44　地天及毗蓝婆，晚唐，石雕

北山石刻第 5 龛

关于毗沙门天脚下的地天在《摩诃吠室啰末那野提婆喝啰阇陀罗尼仪轨》《北方毗沙门天王随军护法仪轨》《北方毗沙门天王随军护法真言》《吽迦陀野仪轨》等经典中均有记载。中央地天又称欢喜天，左右各配尼蓝婆和毗蓝婆。地天是"兜跋毗沙门天"（唐代的新式样昆沙门）的重要特征。此龛地天龇嘴咧目，面部狰狞，天王右脚下的毗蓝婆肥头大耳，赤裸上身，憨态可掬，刻画生动有趣。

图 3–3–45　侍女像，晚唐，石雕

北山石刻第 5 龛

毗沙门天王右侧前排内侧有一妇人，头梳盛唐时期最为流行的倭坠髻，即将头发从两鬓梳向脑后，然后向上掠起，在头顶上挽成一个向额前方低下来的发髻。胸饰璎珞，右手自然垂，左手托一大钵，内盛花果。妇人颈部三道蚕节纹显示出她的丰腴，与盛唐时期出土的女性俑像和周昉画中的贵妇形象可做比较。

等地的唐代石刻中颇为常见，独此龛中内容最为丰富，刻画最为细致写实。第245龛观无量寿经变也是唐龛，以中部西方三圣为中心，其佛座下方再以一组西方三圣小像为中心，分别刻“上品上生”“中品上生”及“中品下生”图（图3-3-46、图3-3-47）。观无量寿经变虽在敦煌壁画和川地石刻中也有遗存，此龛以立体的石雕精细地呈现唐代建筑风貌，并完好保存，意义非凡。

北山菩萨造像又以观音题材为主，155个龛窟中涉及观音的约有84个，这可能与唐宋时期吐蕃、云南的频繁动荡有关。大足北山、宝顶山石刻中的千手观音、数珠手观音、水月观音等尊尊都堪称经典。北山第9号千手观音龛开凿于唐末，尊像头戴宝冠，中有化佛，菩萨面带微笑，身披天衣，善跏趺坐（倚坐）于素面方形宝座上，双足踏莲（图3-3-48、图3-3-49）。进入宋代之后，北山石刻中的观音造像形式更为多样。如第125龛数珠手观音（图3-3-50），立身斜依石壁，赤足立于莲台之上，头戴花冠，目光下视，嘴角上翘，双唇微收，右手持珠，左手轻轻地握住右手腕，双手自然下垂交叉于腹前；肘悬天衣，腰系长裙，裙带纱衣在风中飘扬。

受密宗月轮观影响形成的水月观音造像，[①]北山第113龛（图3-3-51）和第133龛（图3-3-52）展示了略有不同的两尊。两尊观音均头戴花冠，发垂于肩，璎络蔽体，飘带环绕；左脚垂踏于莲朵上，做戏水状；右腿翘于座上，左手撑于左面腮部，右手肘靠膝轻拈天衣一角，呈游戏坐坐于金刚台上。两尊像相同之中也有不同：第113龛中观音面部虽略有残损，观之仍感清丽，造型整体饱满轻盈；相比之下，第133龛观音形象刻画更为精致，面部瘦长，眼睛狭长上扬，唇角略带微笑，龛有金刚力士（图3-3-53、图3-3-54）驻守，更显威严。

第180龛（图3-3-55）中主尊像亦为游戏坐水月观音，观音面似男性形象，头冠尤其高耸，上身璎珞、披巾蔽体，下身着裙。身体虽瘦但筋肉均匀饱满，不似前两龛观音衣带随身撒落，更显干净利落。主尊游戏坐于金刚座上，座前两朵莲台静待观音起身落足。其两侧各有六尊菩萨造像，各持法器立于莲台上，窟口两侧各有一尊菩萨损毁仅余半身。全窟整体布局与圆觉洞类似，故也有学者认为这是《圆觉经》变的一种形式，[②]沿窟壁分布的十二尊菩萨应为十二圆觉。

---

① 张总：《说不尽的观世音》，上海辞书出版社，2002年，第99页。
② 阮荣春、罗二虎主编：《古代巴蜀文化探秘》，辽宁美术出版社，2014年，第299页。

图 3-3-46　观无量寿经变龛，晚唐，石雕，龛高 4.7 米，宽 2.58 米，深 1.18 米

北山石刻第 245 龛

主像阿弥陀佛全跏趺坐于莲台上，头布螺发，身着圆领袈裟，身后圆形背光，背光两侧有浮雕双树。再侧观音和大势至菩萨皆头戴高花冠，身披天衣，周身饰满璎珞。身后的背光，内为莲瓣，外为火焰。龛上部为净土盛景，下部雕刻“三品九生”及“未生怨故”。龛中造像数量庞大而密集，其中的建筑更是不可或缺的元素，每处细节均可圈可点。

图 3-3-47 观无量寿经变龛局部，晚唐，石雕，龛高 4.7 米，宽 2.58 米，深 1.18 米

北山石刻第 245 龛

画面正中有一坐佛，佛两侧分站观音、大势至及诸侍者，为“上品上生”图。画面两侧造像风蚀较为严重，根据残痕和经文内容可辨，左、右城台角上，各坐阿弥陀佛，两旁立观音、大势至，分别为“中品上生”及“下品上生”图。整体布置精巧，将故事性与艺术性结合，为世人呈现精彩纷呈的佛国世界。

图 3-3-48　千手观音像，晚唐，石雕，龛高 2.9 米，宽 2.7 米，深 1.42 米

北山石刻第 9 龛

千手观音垂足坐于宝座之上，头戴花冠，从肩上伸出两手捧坐佛在冠顶，冠顶之上又射出两道毫光，光尾散作祥云，云中两身飞天。观音身披天衣，胸前有璎珞装饰，有两手于胸前合十，稍下两手置腹前，身侧又伸出数只手持物，背光中再有一圈手环绕以示千手，故而千手的表现是以虚实结合的手法，外圈阴刻火焰。观音座下两侧各有一小人捧钵做祈求状，龛中左右壁还各浮雕八组图像。观音体态略显丰腴，可见晚唐风韵。技法上多用浅浮雕和阴线刻处理，给人整体浑融之感。

图 3-3-49　莲台，晚唐，石雕

北山石刻第 9 龛

千手观音跣足踏在一双绽放的莲花之上，莲花下有半圆形侧面示人的荷叶，正中还有一朵待放的莲蕾及两侧新生的尖尖的荷叶，层层朵朵，俨然一幅荷塘小景，生意盎然。

图 3-3-50 数珠手观音，北宋，石雕，龛高 0.92 米，宽 0.22 米，深 0.12 米

北山石刻第 125 龛

数珠手观音在北山有一个专属的昵称——媚态观音，她似一含颦欲笑的少女，从椭圆形的光辉中，带着微笑，轻轻摆动着曼妙的身姿，衣带翻飞，袅袅婷婷，朝人间徐徐而来。

图 3-3-51 水月观音，北宋，石雕，龛高 1.3 米，宽 0.83 米，深 0.95 米

北山石刻第 113 龛

龛内造像皆漫漶不清，但月色本就会带给万物朦胧的美感，岁月磨平的棱角反倒成全了情境与造像的合一。观音头戴宝冠，冠左右各射出毫光，光尾散出祥云。观音面部漫漶不清，目光似凝视水波中的皓月，露出安宁闲适的神情，周身饰满璎珞。像身后有大月轮背光，观音右脚高踞，左脚下垂，右手肘搁在右膝，散漫地坐于高台上，手指轻提天衣末端，几分慵懒的意态，颇为引人入胜。

图 3-3-52　水月观音，宋，石雕，龛高 3.18 米，宽 2.25 米，深 3.11 米

北山石刻第 133 龛

观音头戴花冠，身披天衣，周身严饰瓔珞，襟带飘拂，有的衣带长垂于地。其左手握数珠置于膝上，右手很自然地垂搭于竖起的右膝上。观音项后有圆形火焰头光，背后壁上刻有“普陀洛迦山”，净瓶置于山上。观音左右两侧立善财和龙女，龛内两壁各凿两身金刚，威严凌厉。此龛无大月轮，但其他元素完备，应为水月观音。全龛凿刻精美细致，观音衣带、山石和两侧善财、龙女营造出严整对称的布局，再加之两侧武士的狰狞与威势，反而更衬托出水月观音的闲适与洒脱气质。

图 3-3-53　左壁金刚像，宋，石雕

北山石刻第 133 龛

此龛造像两侧金刚体量与主尊水月观音相差不大，表情和姿态更加生动，富有张力。内侧金刚一头四臂，铠甲上甲片呈“人”字形，左上手持斧，下手当胸持物已失；右上手握鞭，下手提剑。外侧金刚三头六臂，铠甲甲片呈“井”字形，上双手捧宝轮，轮中有一立佛，此轮虽依附墙壁，但手法几近透雕，显得更加逼真；其胸前双手握矛，左下手提带，右下手捧宝铎于胸前，面貌凶恶，令人畏惧。

图 3-3-54　右壁金刚像，宋，石雕

北山石刻第 133 龛

内侧金刚一头四臂，铠甲甲片呈菊花形，左上手举龙钵，钵中探出一龙，左下手执钺；右上手挥刀，右下手捏索置胸前。外侧金刚三头六臂，铠甲甲片呈“田”字形，左上手握宝镜，左下手握弱索；右上手举锏，右下手拄剑于地，胸前双手握长戟。此尊金刚更具刚正不阿、大义凛然的气质。金刚像均是武将装束，但匠师格外注意寻求这类造像的同中之异，其中一个细节便是金刚铠甲的甲片样式，竟无一雷同，大匠精神可见一斑。

图 3-3-55　第 180 龛，北宋，石雕，龛高 3.75 米，宽 3.78 米，深 3.17 米

北山石刻

此龛凿于北宋政和六年（1116），梁思成曾描述道："中镌观音半跏坐像，丰神丽容，大足北山若少妇。其左右立像各五尊，皆靓装冶容，如暮春花发，夏柳枝低，极逸宕之美，佛像至此，可谓已入魔道矣。"①所谓"已入魔道"即作为宗教造像脱离庄严肃穆，而用贴近生活的艺术样貌呈现，这是大足北山菩萨造像的普遍特征。第180 龛中十二位菩萨相携而立，皆花冠高髻，宽衣广袖，而面容、持物、动态又不尽相同，共性之中又颇具个性。在这里对于佛教的想象，没有高深的义理，也没有高大佛像悲悯的注视，而是用充满温柔的光辉包裹着众生的心。

① 梁思成：《佛像的历史》，中国青年出版社，2010 年，第 158 页。

北山佛湾中部以宋代造像为主，题材尤其丰富。第122龛中诃利谛母像（图3–3–56）凤冠霞帔，身着华服，双足着云头靴，踏于凳上，有飘带垂地。其左手抱一小儿放膝上，右手抚右膝，两侧立宫装侍女，俨然成为供人们求子祈福的亲民神祇。开凿于靖康元年（1126）的孔雀明王像（图3–3–57）龛中，明王坐在高近2米的孔雀背上，立于石窟正中，窟后两侧开两小龛，其余壁面凿刻千佛，全龛气势恢宏。

第130龛摩利支天则是依《佛说大摩里支菩萨经》所造，经言："摩里支菩萨，深黄色亦如赤金色，身光如日顶戴宝塔。体着青衣，偏袒青天衣种种庄严。身有六臂三面三眼乘猪。左手执弓、无忧树枝及线，右手执金刚杵、针、箭。"[①] 像龛内容比经典更为繁复，摩利支天赤足立于双层莲台上，三头八臂，启唇欲笑，头戴花冠，身饰璎珞，襟带上下飘拂，项后有圆形头光；数只手散开各持法器；身侧两壁八位金刚力士上下错落分置壁上。这种配置不见于佛经，唐安史之乱后，摩利支天因其消灾解难避兵祸的法力成为皇室成员的护身神，推测正是因此，工匠为强化摩利支天的"战神"形象，设计了此龛中八位威风凛凛、各持法器的多头多臂金刚力士（图3–3–58、图3–3–59）。

第176窟（图3–3–60）依《佛说弥勒下生经》所刻，正壁主像即弥勒佛，弥勒头顶上方悬七宝盖、大宝阁楼，楼两侧流光、飞天、孔雀环绕。弥勒佛佛头肉髻尤为特别，呈高尖状似冠。佛座高达1.18米，尤其奢华繁复，佛衣下摆遮住部分多层仰莲座，莲座下方还有一圆台，台下有三只蹲狮力举莲座，狮子间开龛，龛内还有坐佛，圆台下再设单层莲座，座下又设八角基座。弥勒左右各刻身着袈裟、双手合十的迦叶和阿难，在他们身后，又有数十名供养人，皆双手合十。左右窟壁造像更加密集、繁复，表现以文殊和普贤菩萨领衔万众，男女老少、文臣武士皆听佛说法的盛大场景。相邻第177窟主尊为"泗洲大圣"，因敦煌遗书中伪经《僧伽和尚欲入涅槃说六度经》中指出泗洲大圣为弥勒下生，"从西方胡国来""愿住泗洲"，第176、177两龛并立可能是依此中土撰述经典而造。

北山石刻营造时间较长，且未经过统一的规划和构建，从而形成了阶段性特点鲜明、充满了世俗意趣的美学特征。唐代石窟以佛、菩萨和天王像为主，题材较为单一，造像皆端正丰满，气质浑厚，富有底蕴。宋代则以精雕细刻和大刀阔斧相结合著称，诃利谛母、摩利支天等新题材的龛窟棱角分明，体积感强，富有装饰韵味，各式菩萨造像面容清秀似凡人，龛窟布局更加灵活多样，皆显示出宋代佛教世俗化的特征。

① ［北宋］天息灾译：《佛说大摩里支菩萨经》，第21册，第267页。

图 3-3-56 诃利谛母，宋，石雕，龛高 2.2 米，宽 0.83 米，深 0.95 米

北山石刻第 122 龛

诃利谛母又称“鬼子母”“九子母”，为佛教护法神二十诸天之一。大足北山的这尊诃利谛母像，被刻画成一位端庄慈爱的贵妇人。她凤冠霞帔，足穿云头鞋，坐于有屏风背衬的中国式龙头靠椅上，左手抱一小孩放于膝间，体态端庄，衣着华贵，塑造格外精致。

图 3-3-57　孔雀明王，北宋，石雕，窟高 3.47 米，宽 2.9 米，深 6.03 米

北山石刻第 155 窟

据佛典记载，孔雀明王一头四臂，为菩萨驾孔雀，故名佛母大金曜孔雀明王。窟中孔雀昂首挺胸，两腿直立，展翅开屏。孔雀上翘的尾羽既是窟顶支柱，又是明王背光，构思十分巧妙。明王趺坐于孔雀所负的莲台之上，头戴宝冠，面相庄严肃穆，四手各持法器。明王及所乘孔雀构成中心柱，四周凿空，能供人绕行参观礼拜。窟正壁和左右壁上遍刻千佛，镌刻工整细致，排列整齐有序，极具视觉冲击力，整个窟像给人一种神秘、玄幻之感。

图 3-3-58　摩利支天像龛，宋，石雕，龛高 2.5 米，宽 1.12 米，深 1.42 米

北山石刻第 130 龛

主像摩利支天赤足立于双层莲台上，头上方雕凿一座宝塔，塔三层，每层中间开龛，龛内设坐佛。宝塔左右装饰花叶，从塔中射出四道毫光缠绕左右，似点亮整个龛室。摩利支天两侧龛壁上，侍立八大金刚力士，皆着武士装，面貌凶恶，赤裸上身，下身系裙，形神各异。

图 3-3-59　摩利支天像，宋，石雕，像高 1.32 米

北山石刻第 130 龛

摩利支天的数只手臂和天衣，看似纷杂，但都系出有源，其左上手举宝轮，中手持弓，下手持盾，胸前左手举于胸间，右上手握剑，中手捏羽箭，下手持戟，胸前右手置腹前。摩利支天具消灾解难、避兵祸的法力，其多头多臂、执兵器盾牌昂然临空而立的形象，不禁令人联想到雅典卫城守护神、智慧之神，同时兼具战神性质的女神雅典娜，二者在精神、气质上颇有相似之处。

整个龛室造像从整体布局到摩利支天造像均追求对称与均衡，故繁而不乱。

图 3-3-60　弥勒下生经变窟，北宋，石雕，窟高 2.72 米，宽 1.95 米，深 2.4 米

北山石刻第 176 窟

弥勒下生经变相图体现弥勒在人间净土宣说妙法的景象。佛居于窟中高台上，体量最大，夸大主尊不仅凸显其地位，也方便了信徒礼拜。随着弥勒佛顶所悬宝盖之瑞气，画面延伸至两壁，壁上人头攒动，不仅有驾云而来的他方佛与仙女前来听闻佛法，依据经典还有转轮王蠰佉王率八万四千众学法，王臣修梵摩领八万四千梵志求做沙门，王女梵摩越将八万四千婇女往至佛所求习梵行。[1]

王维作“九天阊阖开宫殿，万国衣冠拜冕旒。日色才临仙掌动，香烟欲傍衮龙浮”，记录宫廷活动的伟丽堂皇，而大足工匠在岩石之上，描绘了佛国盛会时庄严热闹的气氛与弥勒的高贵威严，比诗词中的人间盛事更为具象。

① ［西晋］竺法护译：《佛说弥勒下生经》，载《大正藏》第 14 册，第 421 页。

（二）宝顶山石刻

宝顶山在重庆大足区东北 17.5 千米处，造像集中在大佛湾和小佛湾。大、小佛湾是由密宗传人赵智凤经营主持并统一规划的密宗道场。据明洪熙元年（1425）《重修宝顶山圣寿院记》，自南宋淳熙六年至淳祐年间（1179—1252），前后历时 70 余年，依凭山之前岩后洞，琢诸佛像，方有如今所见之煌煌巨作。

大佛湾是深幽的马蹄形山湾，沿长约 500 米的山崖，雕凿有摩崖石刻 31 幅、石窟 2 座。摩崖石刻多场面宏大，内容连续并配以经文说明，均为国内石窟罕见。造像刻于东、南、北三面崖壁上，通编为 31 号。这些造像以密宗为主，又糅合了禅宗、净土、华严及儒家孝道等思想。造像图文并茂，无一龛重复。释迦牟尼涅槃像，是其中最壮观的一组像，在大佛湾内占据了最显赫的位置。主尊释迦牟尼呈现慈悲安详之态，横卧于佛湾东岩，长达 31 米。卧佛身前，躬身肃立着声闻、菩萨、帝释和护法等群像 14 尊，仅露出上半身。他们即闻佛涅槃时先后来到佛身旁的弟子，除迦叶、阿难、舍利子、须菩提等外，还有柳本尊和赵智凤参与其中。在佛经里绝未记载有柳本尊、赵智凤两位四川密宗人士，他们穿插其中，极具川地特色（图 3-3-61）。

大方便佛报恩经变和观无量寿经变两龛，以经典为依据刻画，声势浩大。大方便佛报恩经变龛（图 3-3-62）中间上部为释迦像，下为“三圣御制佛牙赞”碑刻，两侧生动地刻画了睒子行孝图、舍身饲虎、释迦抬棺（图 3-3-63）、佛诣父王所看疾（图 3-3-64）等情景。而观无量寿经变龛与北山造像不同，依崖面凸凹错落布局，灵活自然。在七重栏楯的上方端坐着西方三圣主像（图 3-3-65、图 3-3-66），在栏楯之下刻着图文并茂的“三品九生”图。“三品九生”是佛教根据众生行善积德的多少，把往生极乐净土的众生划分为上、中、下三品，每品又分为上、中、下三生，刻画如其铭文，“上品皆菩萨，中品阿罗汉，下品全凶恶”。全龛图文并茂，将佛经转化成情节丰富的图像，使人一目了然。

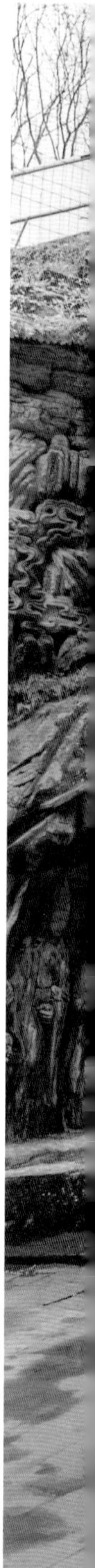

图 3-3-61　释迦牟尼涅槃像，南宋，石雕，长 31 米

宝顶山石刻大佛湾第 11 龛（罗国家 供图）

涅槃变相历来具有较为严格的造像仪轨，此处的卧佛头北脚南，背东面西，右手支颐而卧，身位与佛经基本吻合。释迦牟尼的双脚隐于岩壁，右肩隐于龛下，此种设计缓解了石壁空间的不足。释迦牟尼安详入眠，其弟子从平地涌出，躬身肃立，真人大小一般。此组群像兼具宏大的场面和细致入微的细节，众多形象交错，从佛顶的螺发到罗睺罗手中的如意，无一不精雕细琢。

图 3-3-62　大方便佛报恩经变，南宋，石雕，佛高 3.7 米，肩宽 1.4 米

宝顶山石刻大佛湾第 17 龛（罗国家 供图）

大方便佛报恩经变主要表现佛祖释迦牟尼前世和今生修行、行孝、报恩之事。这龛造像的正中为释迦佛半身像，佛发为螺发，头顶冒出一道毫光，光中化现“忉利天宫”；佛陀身着袈裟，左手托钵，右手平举于胸前结印。在释迦牟尼像左右壁，分上中下三层，共刻有释迦佛故事 12 组。此龛规模宏大，构成复杂，显示出精妙的设计。其色彩冷暖对比强烈，颇具视觉冲击力。

图 3-3-63 释迦佛亲抬父王棺，宋，石雕

宝顶山石刻大佛湾第 17 龛

净饭王逝世后，释迦佛为劝众生行孝，所以亲自为父王抬棺，并以香木火焚之，收骨建塔供养，以尽人子之道。图中刻棺辇一角，释迦佛面带悲色，负抬于前，双手扶杠，头顶有毫光二道，光中部刻“大孝释迦佛亲担父王棺”十字。另两位抬棺者面向里，躬身而行。造像仅裁出一角，这是大佛湾石刻设计惯用的手法，以取得以局部代全景的效果。在人物形象的刻画上，匠师把送葬者的悲戚之情生动地刻画出来，俨然一幅人间送葬图。

图 3-3-64 释迦佛诣父看疾，南宋，石雕

宝顶山石刻大佛湾第 17 龛

释迦佛听闻父病，迅速赶到，并以佛光照父王身，使父王病痛减轻，吉祥入灭。一团光芒从佛螺髻中生出，笼罩卧于病榻的净饭王身上。图中释迦佛的关切之情刻画生动，身后的弟子也带出几分焦虑。造像中圣与俗之间的界限完全模糊。

图 3-3-65　观无量寿经变，南宋，石雕，高 8.1 米，宽 20.2 米，深 3 米

宝顶山石刻大佛湾第 18 龛（罗国家 供图）

在七重栏楯的上方端坐着西方三圣主像。中间为阿弥陀佛，其左右为胁侍观音和大势至菩萨，三圣像皆仅现半身，佛头直抵龛定，面容悲悯慈祥，默默地俯视着众生。观无量寿经变内容本来繁复，但西方三圣作为龛中主尊，其体量较其他形象大小差别巨大，虽有失平衡、舒缓的美感，但强烈的对比使画面颇富张力，让人不由得心生敬畏。

图 3-3-66　观无量寿经变局部，南宋，石雕

宝顶山石刻大佛湾第 18 龛

佛的左侧胁侍为观音菩萨，观音头戴镂空和钩花装饰繁复的高宝冠，冠中一立佛；面部饱满，长眉细目，嘴角带笑；左手上举托钵，右手上举，手指纤长，原似拈杨枝，但已残。精巧的围栏和楼阁将不同的叙述主体分割，精心设计的同时，画面中佛、菩萨及其他人物形象千人一面，有程式化的趋势。尽管对于艺术而言，程式化意味着创造性和多样性的缺失，但或许大足宝顶造像也正因如此，一整套特点鲜明、风格强烈的图像符号在巨大的崖壁上才能得以协调统一。

大佛湾第20龛变相是保存最完整的大幅群像，初看其雕刻分为上下两大层。上层正中有地藏菩萨像，菩萨左右分刻秦广王、初江王、阎罗王等十王之像，下层则刻有刀山、镬汤、寒冰、黑暗、饿鬼、粪秽等地狱的情形。细究此巨龛，实际具两种十斋日，顶层十个圆龛内坐佛对应下方十地狱，为一种十斋日。铭文说，某日念某佛，可不堕某地狱，这正是遵守八戒的信佛居士，于每个月内须要守戒的十个日子，其铭文可与敦煌遗书中《十斋日》对应。而十殿阎王可对应于亡人中阴守孝三年期间的七七、百日、一年、三年之斋。这种斋日为亲人所修，也可以为自己预修。底层地狱据《大方广华严十恶品经》等，昭示十恶与醉酒食肉等恶事均会有种种报应之惩戒。宝顶此铭镌的珍贵之处在其图文并茂，其铭文还可以查到经典原文，其中虽有真经等与中土撰编之真伪差别，但更反映了中外文化的交涉。从细节处看，第20龛众多受难者形象生动，刀船地狱中的养鸡女（图3-3-67）已成为古代农村妇女生动的写照，一幅醉酒后的凌乱场景也刻画得活灵活现（图3-3-68）。阴森恐怖的地狱图景（图3-3-69、图3-3-70），牛头马面狰狞强悍，受罪人呼天号地，诸般酷刑惨不忍睹，令人心惊胆战。

柳本尊十炼图，亦称柳本尊行化图，描绘了宝顶山石刻开凿主持者赵智凤之师柳本尊苦行修炼的十则故事（开窟造像仅见于大足宝顶山和安岳毗卢洞）。柳本尊其人，在中国古代佛教典籍中几乎没有记载，胡昭曦以《宇文屺诗》碑和《重修宝顶山圣寿寺院记》碑等金石材料为主要依据，对柳本尊生平进行了复原和考证。[①]柳本尊名直，嘉州（今四川乐山）人，信佛法，为居士，持大轮五部咒，即密宗瑜伽部经。蜀主王建曾用柳氏驱鬼，所以其人在成都颇具声望，而后到新都县（今成都新都区）弥牟镇等地宣教。唐昭宣帝天祐四年（907）柳氏殁，时年64岁，其教法仍广为流传。宝顶山石刻为其教法继承者赵智凤主持修建。赵智凤生于绍兴二十九年（1159），幼时出家，16岁时到弥牟镇修习柳本尊教法；19岁完成学习重新回到大足，开启圣寿本尊殿和小佛湾石刻的建设。之后赵智凤教法的影响力越来越大，以更多人力、物力参与到赵氏的石刻开凿计划中，于是圣寿本尊殿等逐步扩建为规模宏大的大佛湾石刻群。

大足宝顶山大佛湾的柳本尊十炼图（图3-3-71），分五排三层，以柳本尊居中，不同于别处。最上层为圆龛内的五佛四菩萨，中层表现的是柳本尊苦行修炼的十则故事，第四排刻十大明王，第五排两龛五尊，人物为文臣武将，疑

① 胡昭曦：《胡昭曦宋史论集》，西南师范大学出版社，1998年，第212页。

图 3-3-67　养鸡女，南宋，石雕

宝顶山石刻大佛湾第 20 龛

刀船地狱上方，养鸡女异常秀美的形象常常成为被关注的焦点。晨曦微露，少妇俯身提鸡笼，神情安详柔和。竹笼前两只鸡正争夺蚯蚓，笼底的小鸡也正夺笼而出，全然一幅恬静祥和的田园图景。石刻把养鸡女的性格特征刻画得非常成功。她面庞丰满秀丽，体格健壮敦实，表情稳重温和，面含微笑，爱抚小生命的目光，充满着对生活的无限憧憬。在佛教中，养鸡本是十分罪过的事，死后会下地狱遭报应，因而造像下方所刻“吾道苦中求乐，众生乐中求苦”更显意味深长。

图 3-3-68　酒醉昏乱变相图局部，南宋，石雕

宝顶山石刻大佛湾第 20 龛

一组酒后失态的景象被刻画得栩栩如生，男子喝得酩酊大醉，瘫坐在地，其妻前去搀扶，使劲摇晃，他却用手揪住妻子的头发，张嘴怒喝；醉酒后的父亲袒胸斜坐于榻上，对躬身请安的儿子置之不理，似不相识……这组图像告诫世人：酒本无性，而酒后性乱，当戒之。

图 3-3-69　变相图局部，南宋，石雕

宝顶山石刻大佛湾第 20 龛

马面持长棍刺穿一罪人身体，此罪人虽面部无甚表情，但从此人颈部暴起的青筋，臂上、腰侧凸显的肌肉，则不难看出其痛苦挣扎的凄惨。由此也显现出匠师对人体扭动变化规律的细微观察和把握。

图 3-3-70　铁轮地狱，南宋，石雕

宝顶山石刻大佛湾第 20 龛

此铁轮地狱即刀轮地狱，其中“四面刀山，于众山间积刀如抟，虚空中有八百万亿极大刀轮，随次而下犹如雨渧”[1]。壁上刀轮锯齿锋利，轮下一具破碎的尸体，罪人表情痛苦万状，警醒世人弃恶从善。

① ［东晋］佛陀跋陀罗译：《佛说观佛三昧海经》，载《大正藏》第 15 册，第 670 页。

为供养人（图 3–3–72）。柳本尊坐身高 5.2 米，头戴四方平顶巾，身着对襟长衫；有三绺长须，眇右目，缺左耳，断左臂，左袖软搭于膝上，右手举胸前做说法状；方巾中现小毗卢佛一尊，以示柳为在世之毗卢佛。这种本尊像取代毗卢佛为核心、众菩萨胁侍左右的设计，不同于安岳、大足小佛湾，彰显所谓“川密”传承中祖师的至高无上地位。十炼图看似随意地布局在众多宏大龛窟之中，实则对于道场营造、教法传承都具有重要意义。

《父母恩重经》是一部重要而又流传广泛的佛教疑伪经典，敦煌写经、绢绘与壁画、石刻本、雕版印本等形式皆有流传。但以如此大的规模将经变开凿于山岩上仅大足一例（图 3–3–73）。该经主要讲述父母养育子女之艰辛，子女通过书写诵读经典，可以回报父母深恩，使他们脱离地狱之苦。从生育子女开始，到将父母养育子女的十种恩德一一展示，分别为：第一怀胎守护恩、第二临产受苦恩、第三生子忘忧恩、第四咽苦吐甘恩、第五回干就湿恩、第六哺乳养育恩、第七洗濯不净恩、第八远行忆念恩、第九深加体恤恩、第十究竟怜悯恩。

宝顶山父母恩重经变相即以此十种恩德为基础，表达孝道思想。此经在敦煌写经以及其他刻经题记中，往往表明子女祈求过世的父母得以身归净土的愿望，但此处除了感恩父母之外，还有祈求子嗣的功能。画面正中一对年轻夫妇相对而立，毫不畏惧养育的艰辛，仍然满怀期待地向佛祈求子嗣（图 3–3–74）。此处经变与报恩、地狱等为主题的变相一样规模宏大，任人瞻仰，显示出宝顶山石刻营建中强烈的教化目的（图 3–3–75）。

不同于上述龛窟以宏大的场面表现如连环画般的生动情节，大佛湾也有很多造像以精巧的构建和深刻的内涵取胜。华严三圣龛中，主尊毗卢遮那佛头为螺发，头上伸出两道白色毫光，在崖顶黑色的背景下尤为醒目；佛身着双领下垂袈裟，衣褶从肩至膝下如瀑倾泻而下，流畅自然（图 3–3–76）。两侧文殊、普贤菩萨的高度与主佛等同（图 3–3–77）。三尊像皆头顶崖檐，跣足立于双层仰莲莲座上，最为庞然。主像身后均匀分布着 81 个圆形小龛，龛中皆有坐佛，他们的姿态、衣纹刻画各不相同，与华严三圣像结合，从而使全龛不至单调，与大佛湾整体宏大又不失细节的风格保持一致。

六趣轮回图在一众神圣图像或世俗场景的雕刻中显得与众不同，无常大鬼口衔轮盘，盘分四层，中心圆龛中坐着一修行者，从其心际飞出六道佛光，再将四层轮盘划分为六个部分；因众生生前的业因差别，在轮回中分为天道、阿修罗道、人道、饿鬼道、地狱道、畜生道，这六道均体现在轮盘的第二圈内；

第三圈形象表现了佛教十二因缘，从无明至老死一一展现；最外一圈分十八小龛，龛内皮囊之下裹挟着人或者各类动物形象，表现生命之轮回不停。左下方有一官一卒，右下一猴一少女，皆手扶轮盘，象征贪爱导致业力，助长轮盘流转不息[①]（图3-3-78）。九龙浴太子像距释迦涅槃像不远，一生一死，意味深长，此像设计更为巧夺天工，设计者巧妙地将山顶清泉引至龙头，由龙嘴吐泉水洗浴太子（图3-3-79），将山石与水流结合，释迦诞生的画面因水的加入而更显生动鲜活，犹似当年场景的再现。

毗卢道场和圆觉洞是大佛湾内开凿较深的洞窟。毗卢道场（图3-3-80）窟壁正中以近乎圆雕的形式刻一亭阁式塔，中间端坐着毗卢遮那佛，前壁及左右壁刻有毗卢佛的化身像8尊，旁有文殊、普贤、观音、弥勒、金刚等菩萨听法。在他们的座下，刻着许多造型活泼的异兽，它们形态各异，可爱灵动。圆觉洞，是大佛湾内最大的洞窟造像，窟正中壁上三身佛结跏趺坐，中间是法身佛（毗卢遮那佛），左边是报身佛（卢舍那佛），右边是应身佛（释迦牟尼佛）。在三身佛前长跪着一位合掌菩萨问法（图3-3-81）。在洞壁的两侧整齐地排列着文殊、普贤、普眼等12位觉行圆满的菩萨（图3-3-82）。整窟造像雕刻技法纯熟洗练，人物形态俊美端庄，衣着服饰富丽堂皇，充分显示出艺术语言的精炼和装饰造型的优美。洞内光线暗淡，但洞口上方开一扇天窗，晴朗时会由天窗射入一道光线，照亮此处的“别有洞天”。

“六代祖师传密印”的南宋僧人赵智凤，相传继承四川晚唐和前、后蜀时期“唐瑜伽部总持王”柳本尊的教法传统，实际则是民俗佛教所需要的种种法门，水陆道场所行的种种法事。小佛湾传为赵智凤所创建的圣寿寺，现仅残存部分石体建筑、碑刻、佛塔等。原大殿保存在以条石砌成的宽约16米的平台上，中心宽大者为正殿，两端还有以石墙隔成的数个小室，这些人工造就的“岩面”浅龛、造像，密如繁星。现覆盖殿堂之上的房宇，系后人所造，以起保护作用。正殿内左前侧其中一间小室额题“毗卢庵”（图3-3-83），室内正壁刻毗卢佛（图3-3-84），两侧高浮雕柳本尊的十炼图及八大明王像。室外两侧壁上部皆开数个圆龛，内设坐佛，下部则刻有出自《华严经》十地品第三地的十恶报应浮雕（图3-3-85）[②]。大殿外侧壁上还有力士、天王驻守（图3-3-86）。

---

① 张建宇：《大足宝顶“六趣轮回图”之猿猴图像考》，《装饰》，2006年第10期，第24页。
② 张总：《大足石刻地狱轮回图像丛考》，载重庆大足石刻艺术博物馆编《2005年重庆大足石刻国际学术研讨会论文集》，2007年，文物出版社，第235—251页。

图 3-3-71　柳本尊十炼图，南宋，石雕，龛高 12.5 米，宽 25.4 米
宝顶山石刻大佛湾第 21 龛

巨大的山壁上从上至下表达了不同的主题。但不同于安岳毗卢洞十炼图只以毗卢佛为造像中心，十炼图在主像两侧展开，人物主次按塑像大小区别，雕刻不仅精致，而且重点明确突出。在人物形象的处理上，此“十炼图”不论佛、菩萨、祖师或是供养人，面貌均比较相似，略显程序化，但个别造像亦不乏生动之处。

第六煉心
第八捨臂
大穢跡金剛本師

图 3-3-72　柳本尊十炼图局部，南宋，石雕

宝顶山石刻大佛湾第 21 龛

龛中菩萨、祖师、侍从、供养人均以相同尺寸雕凿，人物情态各异，服饰、持物等表现细致，展现出匠师的写实功底，是研究当时风俗、衣冠的珍贵资料。

图 3-3-73　父母恩重经变相，南宋，石雕，龛高 7 米，宽 14.5 米，深 2.5 米

宝顶山石刻大佛湾第 15 龛（罗国家 供图）

全龛共刻像 44 尊，上部刻贤劫七佛半身像，下方表现《父母恩重经》中“十恩德”的内容。“七佛”形象在克孜尔、云冈等早期石窟中颇为常见，不仅见于背光、龛楣等，也有独立开龛供奉七尊的情况。壁上“七佛”并列，皆仅露半身，面容和服饰刻画都比较相似，通过不同的手印以示区别，成为全龛最引人注目的存在，法相庄严。如此规模宏大的“七佛”造像，稍早于大足者有始建于辽开泰九年（1020）的奉国寺彩塑“七佛”，稍晚者有故宫博物院藏元仁宗延祐七年（1320）的兴化寺七佛壁画，虽材质不同，但都造型圆润，形象生动。

图 3-3-74　投佛祈求嗣息，南宋，石雕

宝顶山石刻大佛湾第 15 龛

“七佛”下方正中的一男一女，似是一对年轻夫妇。男子手持长柄香炉，女子双手合十，皆向前微躬身躯。下方题记表明两人正虔诚恭敬地向佛祈求子嗣。

图 3-3-75　父母恩重经变相局部，南宋，石雕

宝顶山石刻大佛湾第 15 龛

画面表现为“十恩德”之“第二临产受苦恩”。宋代医术《十产论》称“儿将欲生，其母疲倦，久坐椅褥，抵其生路”，故而孕妇需要采取站立姿势，“产户舒张，儿即生下”。这种完全不同于现代的生产方式本难以想象，石刻却细致地将画面呈现，产妇背后站立一妇人，支撑她的身躯，前面半蹲着的接生婆熟练地卷起袖子准备接生，接生婆身后一男子持书而立，面带喜色，抬起手好像要推门而入。左侧两位母亲，一位怀抱咿呀学语的孩童，逗他嬉戏；一位正在哺乳，小孩右手搂抱母亲，左手攀乳。所谓艺术的本色就是生活的本色，石壁上父母伴随孩子成长的一言一笑、一举一动，均是生活的真实写照。

图 3-3-76　华严三圣像，南宋，石雕，龛高 8.2 米，宽 15.5 米，深 2.05 米

宝顶山石刻大佛湾第 5 龛

造像肃穆沉静之感得益于工匠的匠心独运，相对于三尊造像的身躯，莲台显得比较低矮，使造像有脚踏实地的坚实稳重感。在雕凿“三圣”形象时，又特意将头部比例加大，胸部缩短，下身部位伸长，身体微微前倾，使观者在礼敬“三圣”时不会因造像形体过大而产生比例不和谐之感，同时又无碍整体的壮阔气势。

右页：图 3-3-77　华严三圣之文殊菩萨像，南宋，石雕，高 7 米

宝顶山石刻大佛湾第 5 龛

文殊菩萨头戴宝冠镂刻细致，双手凭空伸出 1.2 米，并托 1.8 米高的石塔，重近千斤，经久不坠。审视其奥秘，菩萨的宽袖袈裟、披肩，与身躯相连，把重力引向地面，其作用如木建筑中的撑弓、斗拱。这样的处理既合乎力学原理，菩萨宽袍大袖也使得造像更加庄严，是古代匠师成功地运用建筑力学于摩崖造像的范例之一。

图 3-3-78　六趣轮回图，南宋，石雕，高 7.8 米，宽 4.8 米，深 2.6 米
宝顶山石刻大佛湾第 3 龛

六趣轮回图描绘众生流转轮回、沉陷生死的情景。龛中无常鬼怒目圆睁，锯齿獠牙死咬轮盘，轮盘中描绘众生因贪嗔痴爱等欲望而流浪生死。轮的形象象征前无起点、后无终结、往复不已之轮回。恶鬼长舒两臂紧钳轮盘，象征业力不可逆转。此处造像之别致，既在于布局构思奇巧，刻画生动，更在于直击心灵，引人深思。生死轮在藏传佛寺门口极为常见，但汉传佛教只有新疆壁画与此处可见。汉传佛教流行者，多为云气状的六道轮回，附于中土撰述《十王经》之后，或附雕于龛像之周旁，安岳三仙洞就有典型案例。

图 3-3-79　九龙浴太子，南宋，石雕，高 6.4 米，宽 4.5 米
宝顶山石刻大佛湾第 12 龛

崖壁正中高浮雕一硕大的龙头，周边还有八个龙头伸出，龙头之间云气环绕。此龛设计极为精巧，正中龙口大张，中有清泉流出，灌浴龙口下一孩童，即悉达多太子，泉水常年浸润太子全身。太子头顶上现毫光两道，双手合十，端坐于金刚台上。由于有真正的泉水喷洒在太子像上，年深日久，岩石上已生出斑驳的青苔，更显历史的沧桑与久远。

图 3-3-80 毗卢道场，南宋，石雕，高 6.6 米，宽 11.6 米，深 4.2 米

宝顶山石刻大佛湾第 14 窟

此龛为大足安岳少见的中心塔柱式洞窟，因窟外门楣上刻“毗卢道场”四字而得名，意为毗卢遮那佛设坛说法之地。窟内造像展现出毗卢遮那为诸菩萨、僧众说法的场景。中心塔柱为一仿中心柱式六角攒尖飞檐双层塔，塔身与后壁相连。正中毗卢遮那佛结跏趺坐坐于莲台上，两道毫光由主尊嘴角放出，表示度化众生的佛法无处不在，以放光的形式来沟通圣凡，救度众生。大足宝顶山石刻以世俗化著称，但由于光线和设计，整体仍充斥着庄严、沉重的宗教氛围。

图 3-3-81 圆觉洞，南宋，石雕，深 12 米，宽 9 米，高 7 米
宝顶山石刻大佛湾第 29 窟（罗国家 供图）

圆觉洞为一个外宽内窄的收缩式洞窟，使人们的视线在向窟内看时，有一种纵向拉伸感，洞窟显得深邃，周边的菩萨造型也更加立体。身临其境时，往往光线暗淡，和毗卢道场一样带给人沉重甚至神秘的感觉。佛前跪坐菩萨向佛问法，而常人到此，在众多佛菩萨的注视之下，不禁反思自己内心的善恶，这或许也是宝顶道场教化世人的手段之一。

图 3-3-82 圆觉洞西壁局部，南宋，石雕

宝顶山石刻大佛湾第 29 窟（罗国家 供图）

诸菩萨头戴的镂空雕刻花冠精巧玲珑，几乎与面部高度相等，身挂的璎珞细珠，800 多年后仍粒粒可数。他们身上的天衣舒展柔和，极富质感，身后山石云雾、亭台楼阁铺展。从面容到姿态，从神韵到意境都被表达得细腻而准确。柔和的目光、浅浅的微笑，向人们传达着内心的觉悟与圆满。

图 3-3-83 毗卢庵，宋，石雕，窟高 2.16 米，宽 1.7 米，深 2.88 米

宝顶山石刻小佛湾第 9 龛

毗卢庵内正壁浮雕毗卢佛结跏趺坐，头戴宝冠，头顶光内坐着俗装的柳本尊居士像。佛身着双领下垂大衣，内着僧祇支，双手于胸前结印，佛顶上左右刻颂词“本者根本”“尊者至尊”，佛左右刻“各发无上菩提心，愿入毗卢法性海”楹联。左右壁上部雕柳本尊苦行十炼图及其证明像，下部雕八大明王。窟室很小，窟内布局紧密，人物众多，乍看密不透风甚至有些凌乱，但通过对图像的辨析归类，这些图像实则经过周密规划，整齐有序。

图 3-3-84 毗卢庵正壁毗卢佛，宋，石雕

宝顶山石刻小佛湾第 9 龛

此尊隐藏在毗卢庵中的毗卢佛像与安岳毗卢洞柳本尊十炼图中的毗卢大佛，不论发冠、面容、形态还是衣褶都如出一辙。尊像鼻宽面厚，头冠比头略小，闭目思索。衣褶以对称的形式悬垂于座前。佛双手屈指相抱于胸前，右拳入左拳内，与最上菩提印两手食指指尖相依的特征并不相符。[1] 这种特别的毗卢佛手印还见于大佛湾和安岳，在宋时蜀东石窟中流行，具有鲜明的时代和地域特征。

① 赖天兵：《两种毗卢遮那佛造型：智拳印与最上菩提印毗卢佛造像探讨》，《中国藏学》，2009 年第 3 期，第 177—186 页。

左页：图 3-3-85　十恶罪报局部，宋，浮雕

宝顶山石刻小佛湾第 9 龛毗卢庵左外壁

毗卢庵外壁上部开诸多圆龛，内设坐佛，佛像皆着双领下垂袈裟，但身姿各有不同，有的结跏趺坐，有的呈轮王坐，有的似伸头探望，有的手拿乐器；下部的狭小空间着重刻画十组鬼卒和受刑者的形象，对应十恶罪报。为了渲染地狱的恐怖气氛，匠师在写实的基础上运用了艺术夸张的手法，将鬼卒的凶恶和罪魂的痛苦万状表现得淋漓尽致。外壁挑梁有铭文，主要为十恶罪报相关内容，出自《华严经》十地品之离垢地，是十不善业道品，与戒律亦有关，证实此平台可能为受戒坛。

左页：图 3-3-86　护法神像，宋，石雕

宝顶山石刻小佛湾圣寿寺大殿外右壁

圣寿寺大殿遗址全用条石筑成，石上再刻密密匝匝的各式造像，外壁还有天王、力士驻守，天王、力士姿势远不如四川唐代龛窟夸张，但极具写实意味。造像魁梧高大，甚至高于窟门，气宇不凡。造像身后可见石块堆叠，可想当年工程之艰巨、烦琐。

大殿外有一座三级四方石质经目塔（图 3-3-87），亦为原圣寿寺的一部分。塔上雕有 510 部佛经之名和祖师像（图 3-3-88）等。塔身经目以当今学者方广锠整理的《开元录》（复原拟目）为底本，塔身第一级刻 1—826 号、第二级刻 829—933 号经目，第三层尚不清楚，其中还包含一些古已佚译的佛经。大足经目塔第一层北面有“佛说十二部大藏经”，第二层北面刻有“普为四恩”“看转大藏”，意为“啨念大藏”。[①] 经目塔旁还有一道石壁，上面保存了几尊佛像和古代题刻（图 3-3-89）。从佛塔形制和塔身雕刻的造像、文字来看，此塔的修造一是为众生提供做功德的方便法门，其二又含有让大藏经流传久远的良苦用心，其三更为弘扬柳、赵教法。

大佛湾的鸿篇巨制，令到访的人都深深感受到心灵的震撼，在此“密教”不密，而是以一种开放的、普世的态度对世人谆谆教诲。小佛湾集中且又精炼地展示了宝顶山造像之精华。佛教艺术自异域而来，在中国落地生根的过程，也是与中国文化、民俗、审美融合的过程。宝顶山石刻在唐代石窟艺术渐衰之后兴起。纵观宝顶山造像，虽有密教题材内容，但总体布局、艺术形式、图像、题刻等皆与民众日常、川地特色紧密结合，具有浓郁的生活气息和教化意义，可视作中国佛教世俗化的代表。

① 宋朗秋：《试论大足宝顶山小佛湾南宋法身经目塔》，载重庆大足石刻研究会编《大足石刻研究文选：四川石窟艺术研讨会暨重庆大足石刻研究会第三届年会专集》，1995 年，第 103 页。

图 3-3-87　本尊大藏塔，南宋，石雕，高 7 米

宝顶山石刻小佛湾第 1 龛

20 世纪 40 年代，大足石刻考察团见塔上刻有佛经名，遂定名为“经目塔”。经考证，此塔或为大足宝顶山策划者赵智凤舍利塔，经目摘自《开元录·入藏录》，意指大藏，故名大藏塔。塔全用石砌成，为三层亭阁式塔，每层都有飞檐隔开，四周开龛，横梁再开小龛，空处刻经名。此塔造型独特，保存完好。

图 3-3-88　大藏塔局部祖师像，南宋，石雕

宝顶山石刻圣寿寺第1龛

此尊造像比安岳、大足其他任何一处柳本尊或赵智凤造像更具写实特点和个性化特征，人物的卷发、虬髯和眉眼刻画栩栩如生，宽大的额头正中有一凸起，目光斜视，八字胡卷曲上扬，似带微笑。肩背佝偻，不见脖子，略显老态，俨然一幅人物肖像。祖师身侧刻颂曰："六代祖师传密印，十方诸佛露家风。大愿弘持如铁石，虚名委弃若埃尘。"

图 3-3-89　石壁造像局部，南宋，石雕

宝顶山石刻圣寿寺第1龛旁石壁

本尊大藏塔旁边石壁上，保留了众多小龛残痕和古今游人题记，如图大圆龛和小圆龛结合，龛中坐佛面部圆润，耳垂肥厚如水滴落下，衣纹流畅细腻。佛像面部圆润清秀，身姿挺拔，结双跏趺坐，结禅定印，厚重的衣摆垂于座前，但两尊相似佛像的衣摆纹路又不尽相同，在统一中又有细节的变化，使造像单纯却不枯燥。

三、资阳安岳石窟群

《舆地纪胜》载“普之秀以石，故俗称石秀”[①]，“普”即“普州”，自北周建置，治所在今安岳县境内。普州之“石秀”，其一在于特殊的地质构造，使当地砂岩和泥岩广布，山势坦迤而山石秀美；其二则在于其遗存丰富的石刻艺术。安岳石刻艺术可追溯至资阳市境内数百座带有石刻画像的东汉崖墓，发端自隋唐，并在唐、宋两代臻于鼎盛的石窟造像则真正展现了雕刻技艺的传承和发展。[②]1987年安岳县文物普查全境有石窟寺石刻编号143处，其中摩崖造像达135处之多，有造像18 500余尊。[③]随着近年的调查和研究的不断深入，现已统计佛道石窟近300处，并持续有着新发现。

俯瞰安岳石窟群，从南至北大约分为三个部分：唐代石窟大多集中在安岳县城北部和西北部的八庙、自治、朝阳等乡镇；部分唐代、五代及宋代的石窟主要分布在安岳县城中部的岳阳、林凤、白水等乡镇；宋代石窟则集中在安岳县城东南部的石羊等靠近大足的乡镇，由此隐约呈现出一条从南到北、由唐至宋的石窟开凿线路。千余年来，信徒和匠人的心血散落在安岳各处，除卧佛院、毗卢洞、茗山寺等较为集中外，更多的是零落在乡野间的大小不一的龛像，如：西禅寺僧伽和尚三十二化变相（图3–3–90）源于唐代，历时已久，风化磨损较为严重，但对于僧伽信仰史意义重大；灵游院《观无量寿佛经》变龛（图3–3–91）宽逾3米，龛内雕像密布，极尽精美；菩萨湾西方净土变龛（图3–3–92）中也凿一佛二菩萨，塔、幢、楼阁、天人集中于一壁；塔坡造像华严三圣像（图3–3–93）与茗山寺风格一致，保存状况更佳。

美学家王朝闻曾评价“安岳石窟艺术之古、多、精、美，完全出人意料”[④]。“古、多、精、美”四字准确而完整地概括了安岳石窟的特点，同时也暗示了其复杂性。佛教图像自身有其独特的文化内涵，初凿时的一刻一划，加之后世陆续的妆彩、修补、改凿、破坏，乃至四季轮转、雨雪风霜的磨损，共同塑造了现在的安岳石窟。它不限于精巧细腻或威严庄重，又集合了巧夺天工和天人合一，总之，安岳石窟之美不可执一而论，它应是美学的集大成者，用千年来累积的上万处遗迹展现了美的各个侧面。

---

① ［宋］王象之：《舆地纪胜》第258卷，清影印宋抄本。

② 安岳石窟造像艺术的开创时间尚无定论，有三说：南梁普通二年（521）说；隋说；唐说，详见刘长久：《安岳石窟艺术概论》，载《中国西南石窟艺术》，四川人民出版社，1998年，第20页。

③ 安岳县文物保管所提供资料。

④ 王朝闻：《给中共四川省委宣传部副部长李致同志的一封信》，引自《安岳县集资保护文物开发旅游纪念册》，1990年，第21页。

图 3-3-90　僧伽和尚三十二化变相，唐元和十三年（818），石雕

安岳西禅寺第 1 龛（傅盛供图）

主尊结跏趺坐于龛内下方中部的方台上，两侧各有一尊体量稍小的坐像，龛门外左右两侧下方各设一尊立像。此外龛内正壁、左右两壁及龛门顶部、两侧被分栏划分出数组图像。全龛布局较为别致，幸而留有题记表明此龛为唐代开凿的“三十二化僧伽和尚龛”。正壁下方三尊分别为僧伽、宝志和万回像，分栏中的图像表现的是僧伽应化显灵的种种事迹。[①] 石壁上的故事漫漶不清，内容已不可一一辨别，由残痕可知，龛中圆雕及浮雕是经过统一规划、精心布局而成，展现了早期僧伽信仰的样貌。

① 刘青莉、姚崇新：《四川安岳西禅寺石窟僧伽三十二化变相及相关问题》，《艺术史研究》第 13 辑，2008 年，第 252—253 页。

图 3-3-91　观无量寿佛经变，五代，石雕，外龛高 2.8 米，宽 3.2 米，深 0.25 米，内龛高 2.37 米，宽 2.52 米，深 1.7 米

安岳灵游院第 7 龛

自唐代开始，观无量寿佛经变在安岳各地续有开凿，灵游院此龛为其中规模较大、保存完好者。龛内正壁高坛中心佛尊结跏趺坐于莲台上，其两侧各设一尊菩萨倚坐像，另有二弟子与二胁侍菩萨分别立于三尊大像的身光之后，最左侧菩萨甚至有半身隐而不现。正壁造像之间及龛内左、右两壁由众多人物和塔、幢、楼阁填满，表现十六观的内容。龛顶不留白，各式绕以飘带的乐器漂浮其中，这种“不鼓自鸣”的画面在唐宋石窟、壁画中时常出现，龛顶飞舞的乐器作为装饰元素丰满了龛窟内容，作为宗教内容又具象了净土世界妙音自生的法理。

图 3-3-92　西方净土变，唐至宋，石雕，外龛高 1.9 米，残宽 1.93 米，残深 1.05 米，内龛宽 1.8 米，高 1.76 米，深 0.73 米

安岳菩萨湾第 4 龛（傅盛 供图）

相邻第 5 龛题记表明两龛同为白氏发愿开凿，龛内凿刻为“西方极乐世界阿弥陀佛并二菩萨”[①]，西方三圣及大部分圣众眷属位于龛中栏楯之中。正中阿弥陀佛头顶肉髻，面部磨损，身着通肩袈裟，结禅定印，身后有圆形身光；两侧菩萨体量较坐佛略小，头戴高冠，右侧菩萨中莲蕾依稀可辨，此尊应为观音，菩萨头光、背光外缘饰火焰纹。三像皆跏趺坐于莲台上，三像间有二弟子立像，莲座之间还有两尊坐像，皆合掌于胸前。坐佛上方悬有华盖，华盖之上浮雕一五开间的殿堂，由华盖伸出的飘带向两侧伸展，各盘旋出三个小龛，皆设一佛三尊像。此外，双树、经幢、佛塔、诸圣众、乐伎舞伎、奇妙杂色之鸟等大致呈对称分布，虽将壁面填充得密不透风，但画面却井然有序。

① 王丽君、张亮、张媛媛等：《四川安岳岳阳镇菩萨湾摩崖造像调查简报》，《敦煌研究》，2016 年第 3 期，第 41 页。

图 3-3-93 华严三圣像，北宋，石雕

安岳塔坡大佛寺（傅盛 供图）

华严三圣像依山而凿，中尊毗卢遮那头戴高冠，中有坐像，头冠与龛顶相接，身着双领下垂袈裟，双手于胸前结印，所结手印与常见的智拳印和最上菩提印均不同，但在宋时蜀东毗卢佛像中常见。[①] 两侧文殊、普贤菩萨亦头戴华丽高冠，着宽袍大袖，结跏趺坐。三尊大像身后均匀地开凿了五排小圆龛，龛内均设坐像。塔坡华严三圣像与茗山寺造像技法、布局一致，应是同一时期由同一批工匠雕凿。塔坡像除右侧普贤菩萨上身有残损修复的痕迹，双肩高耸，略微僵直外，其他保存得相当完好。毗卢佛与文殊菩萨上部几乎未有风化，造像头冠及螺发精巧细密，面部圆润，双目轻合，五官精致细腻，衣纹简洁流畅，悲悯和慈爱之情不仅展现于面容，更随身姿及圆润的线条自然流露。

---

① 赖天兵：《两种毗卢遮那佛造型：智拳印与最上菩提印毗卢佛造像探讨》，《中国藏学》，2009 年第 3 期，第 177—186 页。

（一）卧佛院石窟

卧佛院因保存着我国南方规模最大的石刻佛经而著称，院内 22 部佛教经典，涉及刻经窟 15 个，共计 38 万余字，数量庞大且书迹精美。（图 3–3–94）题记表明，卧佛院内的刻经从盛唐跨越 400 余年至南宋逐渐衰落。唐开元年间，除了刻经之外，另一项浩大的工程也同时展开，即长达 23 米的巨型卧佛和卧佛上侧佛说法群像（图 3–3–95、图 3–3–95–1、图 3–3–95–2）。《大般涅槃经》云："尔时世尊。与诸比丘。入娑罗林。至双树下。右胁着床。累足而卧。如师子眠。端心正念。"[①]《杂阿含经》记载："尔时世尊诣双树间。于绳床上北首右胁而卧。足足相累。"[②]数部经典皆表明：卧佛形制应为右胁、右手曲枕头下，如法的卧佛造像最为常见，自然而然地呈现舒适之感。安岳此尊卧佛却为左胁，双手直伸，更像一尊横置的佛立像。佛上身上方辟为佛说法群像，主尊为一坐佛，两侧分两排雕凿菩萨、弟子、力士、天龙八部众群像。左胁卧佛像在佛教美术史中仍属特例，但在安岳还见于大佛寺等处。佛身下方有后世补凿的数个小龛，内容包括圆觉经变、善财童子五十三参等内容，这些题材在两宋安岳、大足各地都有流行。

众多造像围绕着唐代刻经窟展开。第 36 龛为刻经窟，窟外左壁有历代雕凿的各种题材龛窟数个，分别为第 43、44 和 45 龛，这些小龛从唐至宋，陆续完成。第 43 龛为一尊观音，第 44 龛为螭首方碑，碑前还有一女像，两龛周围有数个未完工的桃形小龛（图 3–3–96）。第 49 龛立佛（图 3–3–97）位于刻经窟外廊道，大佛立在千佛中央，身材饱满修长。第 52 龛则为一陀罗尼经幢（图 3–3–98），是信徒为其父母度亡而捐造，此经幢是卧佛院内少数有明确纪年的五代遗迹。第 71 窟、72 窟则比肩而立（图 3–3–99、图 3–3–100），龛窟大小、形制均类似，但两窟的空间并不规整，应是顺山势开凿，正壁皆凿倚坐大佛，身着圆领通肩袈裟，结跏趺坐于方形台座之上；而第 71 窟左壁刻《心经》，虽未完成，但残迹显示出开窟刻经造像的流程。

往事越千年，卧佛院建寺之初的佛院建筑已无痕迹，至今仍有遗存者，便是当初依托寺院而修的刻经、造像。遗迹因时间的洗礼，文字漫漶不清，造像风化严重，这种由岁月塑造的古意恰是中国古典美学的基本思想。而纵观卧佛院刻经与造像，并不限于意境之美，其因地制宜的布局安排、书法艺术的遒劲健美以及造像仪态气度的精准把握、岁月冲刷也难以掩盖的精湛技艺，更为观者赞叹与折服。

---

① ［东晋］法显译：《大般涅槃经》，载《大正藏》第 1 册，第 199 页。
② ［南朝宋］求那跋陀罗译：《杂阿含经》，载《大正藏》第 2 册，第 253 页。

图 3-3-94　安岳卧佛院刻经

卧佛院的雕凿活动肇始于唐开元年间前后，刻经与造像几乎同步展开。与大众熟悉的北京房山石经刻于石板上不同，卧佛院在洞窟壁上抄刻经典，除刻满经文的洞窟之外，也有平整壁面但未完成刻经、壁面凿痕残留但壁面并未平整等情况出现，这些遗存展现了卧佛院刻经的程序和原本计划中更宏大的刻经规模。

最早的刻经洞第 46 窟内刊刻《大唐东京爱敬寺一切经目论序》，以宣告此处刻经的正统性。刻经文字的书写风格也向两京靠拢，颇具《雁塔圣教序碑》笔意，看似纤瘦，实则劲秀。清人王澍有言“雁塔本笔力瘦劲，如百岁枯藤，而空明飞动，渣滓尽而清虚来”，借用此句赏析卧佛院窟中刻经亦不为过。

图 3-3-95　卧佛龛，唐，石雕，龛高约 11 米，宽 21.3 米

卧佛院石窟第 3 龛

卧佛龛是卧佛院内规模最大的一龛。佛左胁而卧，双手平置体侧。美学家常把艺术中的美分为优美和壮美两大类，此卧佛虽不符合佛教经典规定的形制，但规模宏大的造像占据整个山壁，山壁之前一马平川。不论远眺还是近观，都有气势恢宏的壮美之感。在此，佛像以一种开放的、包容、不拘一格的姿态，给人以震撼和洗礼。

图 3-3-95-1　卧佛头部，唐，石雕

卧佛院石窟第 3 龛

卧佛为螺髻，眉间有白毫凸起，双目微敛，鼻直口阔，嘴角微翘，面部五官轮廓棱角鲜明；颈部三道蚕节纹，双肩平直，胸部平坦；着双领下垂袈裟，衣纹呈阶梯状，疏密相宜。佛双耳佩有璎珞式耳珰，用连珠纹装饰。佛佩耳珰在唐代川地石窟中屡见不鲜，如广元皇泽寺第 28 窟、绵阳梓潼卧龙山第 2 龛等。佛卧枕饰莲花、连珠纹和回形纹，也不同于别处。

图 3-3-95-2　力士像，唐，石雕

卧佛院石窟第 3 龛

卧佛脚踝处雕一力士，力士束高发髻，额上青筋暴露，面部怒相毕现；右手高举握拳，左手下垂五指展开；胸、腰和手臂肌肉突出；下系短裙，裙摆被风吹动，向左侧扬起。上身凹凸有致的肌肉是力量与健美的表达。卧佛脚部相对单薄，但加上一小尊孔武有力的力士，使整幅画面的量感、力度得以均衡。

图3-3-96　第43、44、45龛，唐至宋，石雕

卧佛院石窟

千手观音和一饿鬼、一乞讨者像立于第45龛中，定为盛唐作品。[①]观音十一面均残，后有双层圆形头光；千手以阴线刻的形式展现在观音身后；下身着长裙，裙褶层层撒落，落在仰莲莲台上。观音身材丰腴而纤长，体态呈微微的“S”形，显得优美而洒脱。观音右侧为一饿鬼，发似焰火，向后飘起，走向观音；右侧为贫儿，双手举布袋，想要接住从观音手中撒落的宝物。二者形体比观音像要小很多，突出了观音形象的高大。这两个人物在千手观音经典中无迹可寻，但敦煌莫高窟绘画题记中解作“甘露施饿鬼”“七宝施贫儿”或“饿鬼乞甘露时”“贫人乞钱时”等。除敦煌外，还在四川大足、内江等地石刻中时有出现。

① 《中国美术全集·雕塑编》第14卷，人民美术出版社，1988年，图100。

图 3-3-97　立佛，唐，石雕，高 1.85 米

卧佛院石窟第 49 龛

立佛头后有内圆外桃形的头光，头光内为莲瓣，这种头光样式在川地唐代造像中颇为常见。佛头已毁，身披袒右袈裟，袈裟右下摆绕左肩覆搭右肩，衣襟在右腋下打结，立于多层仰莲莲座上。立佛右侧为千佛，身着圆领通肩袈裟，结跏趺坐，整齐排列。尽管佛像有所残损，但其饱满挺拔的身躯、自然流畅的衣纹，依旧显示出唐代之风韵。

图 3-3-98　经幢，后蜀广政二十四年（961），浮雕，高 1.48 米，宽 0.47 米，深 0.02 米

卧佛院石窟第 52 龛

四川石窟中大大小小的佛塔、经幢数不胜数，以浮雕展示者却为少数。此处为雕凿经幢专门开辟的一个平面，经幢左上方题记表明此经幢开刻于广政二十四年夏末。经幢束腰圆座，底有四尊力士半身浮出地面承托，幢底一周莲瓣，再上是两壶门，门内有异兽；束腰处云卷龙腾；再上为四位倚坐天王；其上再饰一圈莲花、莲瓣。幢身呈方形，简单留白。幢顶极尽繁复，风铃、宝珠、山花焦叶、金刚杵等层层叠叠，两朵祥云沿幢顶漂浮。在幢座处，匠师注意到平面与立体的差别，用平缓的曲线营造经幢的空间感。幢身不饰文字、不缀纹案，留给画面足够的空间，令布局不显急促和拥挤，充满节奏感。

图 3-3-99　第 71 龛，晚唐，石雕

卧佛院石窟

佛像身后桃形头光中心一圈莲瓣，随山岩走势而变。像呈倚坐姿，身着圆领通肩袈裟，双手托钵于腹前，上身几乎凹进山体。唐代弥勒倚坐几成定式，而托钵佛像一般为药师佛。此尊造像神格难辨，显示出四川地区佛教艺术的特殊性和复杂性。

图 3-3-100　倚坐佛，晚唐，石雕

卧佛院石窟第 72 龛

倚坐佛尊的头部、衣着、佛座与邻近第 71 窟完全一致，唯一不同的是双手于胸前结印。佛侧两壁未另外开龛，可以看到为刻经，曾有意地平整石壁的痕迹。

（二）圆觉洞石窟

安岳县东南有云居山，旧称灵居山。《舆地纪胜》载："灵居山，《寰宇》记在安岳县南一里。《图经》云与静居山对峙，其上为真相寺，有千佛龛、葛仙洞，草水润秀，向背皆苍崖，为近城游览佳处，每岁郡太守讲人曰故事于此。"又说："千佛院在城东灵居山，寺上有圆觉洞、葛仙洞、翼然亭。今名真相寺，皆镌石为佛像，形容奇古。"[①] 寺最早名为千佛院，后改为真相寺。宋时，山间寺中已有众多"奇古"佛教石刻，现存的造像题记"大唐开元廿四年岁次丙子……平安敬造天尊像一龛永为供养，栖严寺上座释沙门玄应书"[②]，将此处造像的开凿历史追溯至唐。龛窟题记由佛教沙门玄应书，龛中所塑却为道教造像。一方面，说明圆觉洞初创时可能为道教场所；另一方面，也体现当时当地佛道相容、和谐共处之情境。

云居山山峰平面略呈三角形，长边呈东西走向，造像主要分布在山顶南面、东北面的山崖上。现存龛像共编为 82 号，开凿自唐，保存至今的佛教造像以五代和宋为主。[③] 唐及五代龛像主要保存在南崖，造像题材除常见的一佛三尊外，还有千手观音、地藏与十王、十六罗汉等。千手观音共有 3 龛，其中第 29 龛整体保存较好，龛内正壁高浮雕千手观音像一尊，观音两侧雕跪像四身、立像两身，分别为贫儿、恶鬼、婆薮仙、功德天女和供养人等（图 3-3-101）。相邻第 30 龛有前蜀天汉元年（917）的题记，其修造打破 29 龛外龛，故千手观音龛开凿时代应更早。第 42 龛为一佛二菩萨十六罗汉龛，正中高坛上雕凿一佛五尊像，坛两侧分上、下两层造十六罗汉像，尊者上方均刻有榜题，表明尊者身份和捐造者姓名（图 3-3-102）。第 66 龛与此龛布局类似，造像记中有"成二年""成三年"的内容，推测为前蜀武成年间，[④] 两龛时代相距不远。地藏十王龛（图 3-3-103、图 3-3-103-1）和毗沙门天王龛（图 3-3-104）虽无题记，但龛窟位置、尺度、雕凿风格等表明其也应为唐五代时期造像。这些早期龛窟多篇幅不大，一窟或龛之内又形象众多，主次分明，虽因年代久远，或已被破坏残缺不全，或因风化侵蚀漫漶不清，但这丝毫无损其艺术魅力，反而留给后人以不尽的想象。

---

① ［宋］王象之：《舆地纪胜》，卷第一百五十八，清影印宋抄本。
② 李崇峰：《佛教考古·从印度到中国》，上海古籍出版社，2015 年，第 626 页。
③ 本文以《安岳圆觉洞》对安岳圆觉洞的最新编号为准，参见于春、王婷：《安岳圆觉洞》，文物出版社，2018 年，第 6 页。
④ 于春、王婷：《安岳圆觉洞》，文物出版社，2018 年，第 183 页。

图 3-3-101　千手观音，唐至五代，石雕，外龛残高 1.63 米，宽 1.85 米，深 0.06 米，内龛高 1.28 米，宽 1.69 米，深 0.92 米

圆觉洞石窟第 29 龛（傅盛 供图）

观音头戴高宝冠，面部风化，千手也变得模糊。饰项圈、璎珞、腕钏，披帛自双肩下垂，经双膝之间环绕双臂下垂座上。所着长裙尤为细致，用丝丝分明的线条表现流苏般的裙摆，垂至足背上。观音手臂及持物风化严重，仅可见正面四对手臂，其中最上两手向上伸举，托扶头顶化佛，身后还有数支手臂，如背光般在观音身后展开。观音倚坐于束腰仰覆莲台座上，双足各踏一小莲台，两侧各有一小人，表现“甘露施饿鬼，七宝施贫儿”的情景。再外两侧各两身损毁严重的跪像和立像，通过与敦煌藏经洞出土的天福八年（943）绢画对比推测，可能为日藏菩萨、月藏菩萨、婆薮仙和功德天女。

东北面山崖以宋代龛像为主，包括三龛大像和圆觉洞等，造像体量较大，相对唐及五代造像保存状况更好。第7龛、第10龛和第14龛并立，第10龛中设一立佛，左右壁上部各浮雕一身飞天，右壁下部高浮雕弟子像一尊，左壁下部高浮雕两身供养人，正壁主佛两侧各浮雕数朵鲜花飘于空中，佛左手抬至腹部，也托花一朵，俗称“拈花微笑佛”（图3-3-105）。第7龛和第14龛胁侍立佛两侧，此前有研究称此三尊合为西方三圣，但根据造像的图像学特征，两侧龛中造像皆为观音，其中一尊观音手提净瓶，捻杨柳枝，亭亭玉立，左右壁还各浮雕三组像，从上至下分别有飞天、供养菩萨、供养人（图3-3-106、图3-3-106-1）；另一尊则双手交叉置腹前，右手持长茎莲蕾，左手抚右手背上，菩萨侧身而立，赤双足，足下各踏一朵莲台，菩萨面容写实，表情温和柔美，富于生活气息（图3-3-107）。三尊大像都侧身站立，目光下视，视线落定处皆有一人物和他们产生互动。圆觉洞（图3-3-108）位于立佛龛和净瓶观音龛之间，洞中正壁和两侧分别雕凿三身坐佛像和十二圆觉菩萨坐像。十二圆觉菩萨造像在安岳华严洞和大足宝顶山都有雕凿，圆觉洞菩萨的布局和壁面的内容与上述两窟皆不相同。洞口有“普州真相寺新建圆觉洞记”，恰在纪年处碑文漫漶；又因洞内造像在20世纪遭到较为严重的破坏，经历了补塑和重妆，所以该窟断代有“庆历四年”和“庆元四年”的疑虑。[①]总而言之，作为佛教雕塑，经典、仪轨依然是造像的基本法则，圆觉洞宋代造像在遵循基本法则的基础上，审美取向趋于世俗化、生活化、写实化，佛与菩萨体态更加自然灵动，注重窟中造像与观者的互动，美学气质较前代更为亲切、抒情。

---

① 《巴蜀佛教碑文集成》据《道光安岳县志》录为北宋庆历四年（1044），参见龙显昭：《巴蜀佛教碑文集成》，巴蜀书社，2004年，第103页。李崇峰及《四川安岳圆觉洞造像的初步研究》等则认为县志笔误，并根据第7、9、10龛的打破关系，认为圆觉洞应开凿于南宋庆元四年（1198），参见李崇峰：《佛教考古·从印度到中国》，上海古籍出版社，2015年，第637页；王剑平、雷玉华、傅成金：《四川安岳圆觉洞造像的初步研究》，《成都考古研究》，2013年，第354页。

图 3-3-102　一佛二菩萨十六罗汉龛，五代，石雕，龛高 2.14 米，宽 3.59 米，深 0.96 米
阆觉洞石窟第 42 龛（傅盛 供图）

龛内正壁造一佛二弟子二菩萨五尊像，佛菩萨像头后的桃形火焰纹头光格外显眼。佛像头部残，左手置膝上，右手上举施无畏印，结跏趺坐于仰覆莲座上，袈裟下摆垂覆在仰莲瓣上。两侧弟子头残，风化严重，着袈裟，双手合十。两侧菩萨皆头戴宝冠，戴臂钏，披帛环绕臂上、膝上，最后散落于地，倚坐于圆形束腰仰覆莲座上，身躯微微侧向主尊，似细细聆听佛的教法。十六罗汉像位于主尊左右两侧，分上下两层雕刻，两侧上下各四尊，每层最外侧一尊各位于侧壁上，其余三尊位于正壁，头全部被凿毁。残痕可见罗汉身躯饱满，姿势各异。此龛造像雕凿简略，没有繁复华丽的装饰和细腻的雕刻处理手法，但佛陀宣法的庄严场面和凝重的氛围表达足够充分。

图 3-3-103 地藏十王龛，唐至五代，石雕，龛高 1.62 米，宽 2.72 米，深 1.11 米

圆觉洞石窟第 73 龛（傅盛 供图）

龛内地藏菩萨居中，两侧本以上四下一的方式排列十王，但龛左侧石壁有损毁，现仅存八王。主尊为半跏趺坐、手持锡杖的风帽地藏，这种地藏形象在安岳地藏十王龛及地藏龛中最为常见。主尊座下雕有业镜、地狱门等。两侧残存的八位阎君皆踞案后，其形象多为头戴冠、身着交领长衫，仅地藏座下左侧案后的阎君为一戴头盔、着铠甲的武将形象，应为“第五转轮王”，转轮王左侧两身尺度较小的倚坐像身后有题记，可知为判官。此地藏十王龛像的构图，在地狱罪魂部分突出了业镜的地位，其位于正中地藏的法座之下，格外显眼，龛像整个构图与唐代以来的长卷式构图明显不同。

图 3-3-103-1 地藏十王龛局部，唐至五代，石雕

圆觉洞石窟第 73 龛（傅盛 供图）

地藏座下一组图像别有意趣。画面正中为业镜，镜中一人挥棒，另一人手缚动物头部，表现前世杀生之罪。镜左侧双髻童子手持善恶簿，右侧则有戴幞头者手提蹲坐裸身者的头发。镜柄底部呈卷云状落地，右侧还有鬼卒、铁蛇、铁狗等形象，左侧似牛头阿旁正推地狱之门。这组图像尺幅不大，内容丰富简洁明了。高妙之处还在于以业镜为媒介，将不同时空的场景融合在一起，这种蒙太奇式的处理手法，增强了画面的感染力。

图 3-3-104　毗沙门天王龛，唐至五代，石雕，外龛高 1.91 米，宽 2.6 米，深 0.29 米，内龛高 1.53 米，宽 2.13 米，深 1.19 米

圆觉洞石窟第 79 龛（傅盛 供图）

毗沙门天王倚坐于龛正中，天王头戴高冠，身着圆领长袍，穿护心甲，右手上举，持物已毁，左手下垂置于膝上，双足着靴，分别由两侧的地鬼托举，两足之间原也有一地鬼，现已风化。天王两侧还有数位胁侍、供养人，其中最靠近天王的两位武士皆眼如铜铃，颈部筋骨凸起，一肩扛长剑，一持戟而立，面部刻画与唐龛力士近似，衣式造型颇具新意，如天王左侧武士头部系带，额前打结，身着翻领窄袖大衣。这种特别的衣着与古代吐蕃服饰较为相似，或与唐蕃战争有关。

右页：图 3-3-105　拈花微笑佛，南宋，石雕，外龛高 6.84 米，宽 4.15 米，深 0.1 米，内龛高 5.9 米，宽 3.91 米，深 2.94 米

圆觉洞石窟第 10 龛（傅盛 供图）

《大梵天王问佛决疑经》载梵王至灵山，以金色波罗花献佛之事，[1]拈花微笑佛形象或出于此经。该经被公认为是中土撰述的伪经，由“世尊付法”因缘衍生而来。这种一佛一弟子相视的造像形式还见于四川资中、内江、荣昌、大足等 12 处。[2]安岳此龛是同类造像尺度最大者。佛像魁梧健硕，形体比例准确，袈裟衣纹舒朗，下摆飞扬，层次鲜明；世尊身体微向右侧，双目俯视，恰与窟右壁下方的弟子目光对接，微笑的面庞给人以慈若父母、祥似师长的亲切感；弟子上方还有以高浮雕呈现的飞天像，身躯丰满柔软，双手托盘，飞翔于云朵之中。龛中有题记，虽为宋作，却仍见恢宏大气的唐代遗风。

---

① 佚名：《大梵天王问佛决疑经》，载《续藏经》，第 1 册，第 419 页。

② 米德昉：《宋代巴蜀石窟艺术中的“世尊付法”像考察》，《敦煌学辑刊》，2022 年第 2 期，第 18 页。

左页：图 3-3-106　净瓶观音，南宋绍兴二十三年（1153），石雕，龛高 6.93 米，宽 4.81 米，深 2.68 米

圆觉洞石窟第 7 龛（傅盛 供图）

图 3-3-106-1　右侧壁局部，南宋绍兴二十三年（1153），石雕

圆觉洞石窟第 7 龛（傅盛 供图）

观音立像高 6.65 米，头戴高宝冠，中有立佛一尊，眉目低垂，容貌丰满，悲悯地俯视着大千众生。左手提净瓶，右手执杨柳枝，跣足立于莲台之上，身后有大椭圆火焰头光及身光。菩萨头部、胸前、裙摆处及头光身光外缘雕凿尤其精细，头冠以缠枝纹镂空雕凿，两侧发辫和缯带垂肩，胸前和裙摆处以卷云、团花、连珠、垂珠交织出细腻花纹，胸前璎珞尾处还有一兽面（“荣耀之面”），衣物和净瓶等则进一步通过浅浮雕和彩绘展现其精细。龛左右两侧皆有造像，自上而下分三层，右侧壁保存较好。

观音右壁各浮雕三组像，从上至下分别为飞天、供养菩萨、供养人。底部四身供养人像，第一身尺度较大，为僧人像，雕刻精细，大衣皱褶深而密集，表现出衣服厚重的质地。该身供养人像面向上方，似想承接观音瓶中的甘露。其后还有两身俗装男性像和一身妇人像。根据供养人像上方题记，此龛由职满后出家的孙姓孔目官及其妻儿施造，于南宋绍兴二十三年九月二十二日完工。①

① 王剑平、雷玉华、傅成金、卢引科：《四川安岳圆觉洞造像的初步研究》，《成都考古研究》，2003 年第 00 期，第 326 页。

图 3-3-107　观音立像，北宋大观元年（1107），石雕，龛高 6.75 米，宽 3.9 米，深 3.56 米

圆觉洞石窟第 14 龛（傅盛 供图）

此窟正壁左侧原有《普州真相寺石观音记》。根据题记，观音像于北宋大观丁亥告毕。[1]窟中菩萨跣足立于莲座上，头戴贴金花冠，冠内镌刻一尊小坐佛，慈眉善目，面带浅笑；胸前杂饰璎珞，双手相交于腹部，右手横持一茎莲蕾。莲朵刻画栩栩如生，其妙处在于莲茎并非笔直，而是自然弯曲，犹如池中新采，赋有浓浓的世俗生活情趣。也正因这枝莲苞，此菩萨亦俗称为“莲花手观音”。观音面容沉静，体态优雅，似度化众生于寂寂慈爱之中。

① ［清］朱纫兰纂修：《安岳县志》八卷，卷三，清乾隆五十一年（1786）刻本。

图 3-3-108 圆觉洞内景，宋代，石雕，窟高 4.34 米，宽 5.35 米，深 7.85 米

圆觉洞石窟第 9 窟（傅盛 供图）

圆觉洞三面设坛，正壁佛坛上三身佛结跏趺坐，十二圆觉菩萨对称分布在左右两壁，洞窟右壁上方镌有“圆觉洞”三字。三身坐佛和菩萨头部及肢干多经过后世修补，难以再现古人的审美和技艺。从洞窟整体观赏，圆觉洞纵深的空间将观者或者礼拜者一步步地引向朝圣的终点——洞窟深处的三尊佛像前，在圆觉菩萨的注视之下，仿佛经历了一场佛法的洗礼。十二圆觉菩萨虽均是跏趺坐姿，除双手的姿态之外，冠式、衣装均大致相似。但仔细甄别会发现，圆觉菩萨佩戴的璎珞样式、衣裙的纹路均不相同，各具特色。重复的形象、变化多端的细节，营造了洞窟整齐庄严却不单调的审美趣味。

（三）千佛寨石窟

千佛寨石窟开凿于东西长约700米的一圈狭长绝壁上，是安岳石刻中较早的一处。清光绪年间《安岳县志》中收录的《培修栖岩寺记》详细记载了此处造像的肇始及变迁轨迹。千佛寨山水环绕，胜甲一方，唐开元年间僧人元应便住锡于此，建栖岩寺。五代宋元屡经兵毁，至清已寺古佛老碣断碑残，故有僧智能增修下寺，欲重振佛法于此。[①]因岩壁间有旧时遗留的石像千余尊，改称千佛寺。至今残存龛窟105个、造像3061尊、碑刻题记29处、佛塔7座。造像内容以佛教为主，造像随寺院的荒废而破败，但凭残痕，也足以成为安岳唐宋龛窟的扛鼎之作。

川地唐代药师信仰十分流行，较早的药师三尊像见于巴中水宁寺，资中北岩、大足北山等处，千佛寨有两龛涉及这一题材。千佛寨第96龛保存相对完整，内容更为复杂（图3-3-109），药师佛结全跏趺坐于龛正中，旁列八大菩萨（图3-3-109-1），下有十二药叉大将，左右有九横死（图3-3-109-2）和十二大愿。这是依药师佛成佛前所发十二宏愿，以及敬重药师佛能免九横死而刻。这种根据药师佛经典刻画出的经变图像，在四川地区绝无仅有。第24龛现为西方三圣龛，龛右壁下方曾发现有“天宝四载造”“药师琉璃光佛”的残刻。[②]这表明原龛也是唐人为供养药师佛而造，后于宋代改凿。唐代四川佛教石窟中不乏以阿弥陀佛为主尊的龛窟，但千佛寨第24龛宋代西方三圣龛尺幅远超前代，主尊阿弥陀佛居中，头部微微下垂，挺身直立，面容端严，身形伟岸。观音菩萨、大势至菩萨分立佛左右两侧，均跣足立于莲花台上，同样面相饱满、身材丰圆、姿态典雅（图3-3-110）。三圣像的造型和体态与安岳其他石刻中的宋代造像接近。侧壁外岩自上而下分为四层，最上层为说法龛，原为一铺七尊的布局，群像的艺术风格明显留有唐代特征（图3-3-111）。除西方三圣龛的侧壁外，千佛寨中还保存了数个以坐佛为主尊的小龛（图3-3-112），虽保存状况各有不同，但这些龛窟大小形状相同，内容一致。正中设一坐佛，两侧二弟子、二菩萨、二力士（图3-3-113）有序排列，群像身后还有天龙八部浮雕，坐佛端庄，弟子虔诚，菩萨优雅，力士强劲。

千佛寨的得名不仅与石刻造像数量众多有关，也因所刻的千佛龛特别多（图3-3-114、图3-3-115）而著称。现存刻有千佛的就有8处，2000身左右，各壁千佛以不同的方式刻画：有从莲座花瓣到头光中火焰一一细致刻画者，也有横平竖直排布仅刻佛陀身形者。这些图像简单质朴，以单一示无穷无限及无处不在，与千佛寨石窟中其他的佛与菩萨，共同营造了佛国净土，传达着佛教的无量教化。

① 龙显昭主编：《巴蜀佛教碑文集成》，巴蜀书社，2004年，第834页。
② 胡文和、胡文成：《巴蜀佛教雕刻艺术史》下，巴蜀书社，2015年，第56页。

图 3-3-109 药师如来本愿经变相，唐，石雕，龛高 4 米，宽 5.2 米，深 2.2 米

千佛寨石窟第 96 龛（傅盛 供图）

药师佛端坐于束腰圆形莲花宝座之上，头部上端刻有华盖，身侧有双树，树枝延伸处有两身飞天，左右分刻八大菩萨，佛与菩萨像下方刻诸位神将。以药师佛为中心，各类形象对称布局。沿山壁展开的长方形龛犹似经卷，从内容和形式两方面展现了经变的叙事美学特征。

图 3-3-109-1　药师如来本愿经变相局部，唐，石雕

千佛寨石窟第 96 龛（傅成 供图）

佛左侧菩萨头面均被损毁，右侧完好的菩萨均戴宝冠，脸型丰满；发带垂肩，身着半臂式天衣，披帛从肩垂下，在腹部、大腿处交绕；裙裾做飘洒状，但也不过长，恰与脚平。《药师如来本愿经》中说，若闻药师佛之名，命终欲往西方极乐世界，即有八大菩萨来迎接，可知此八位菩萨即来引领众生前往极乐净土者。菩萨造型身材修长，尤其是下身比例拉长，更显意态潇洒，风姿绰约，颇与现代审美契合。

图 3-3-109-2 药师如来本愿经变相局部，唐，浮雕

千佛寨石窟第 96 龛（傅盛 供图）

药师佛右侧四位菩萨的右壁，几幅浮雕零星分布，描绘经典中“九横死”的场面。根据《药师如来本愿经》，“九横死”的内容是：得病无医、王法诛戮、非人夺精气、火焚、水溺、恶兽咬、坠崖、毒药诅咒等。西藏寺院护法殿常绘尸陀林，将死亡的场景用直白的画面呈现，以黑色为背景，描绘各种令人感到怖畏的画面，用来使众生正视死亡，审视短暂的人生。“九横死”在新疆和敦煌壁画中也有表现，与藏区尸陀林异曲同工，教人修佛道、行善事。

图 3-3-110　西方三圣立像局部，南宋绍熙三年（1192），石雕，龛高 6.2 米，宽 5.2 米，深 3.2 米

千佛寨石窟第 24 龛（傅燕 供图）

龛中三位主尊为西方三圣，佛、菩萨背面崖壁均刻有素面桃形头光。阿弥陀佛高大魁梧，立于中心，头部因曾失火而发黑，身着双领下垂袈裟，静立似对世人说法。两侧为观音菩萨和大势至菩萨，二菩萨形象相似，均头戴宝冠，眼睑低垂，直鼻丰颐；身着宽袍广袖，胸前佩璎珞。窟口右壁所保存的题记《绍熙三年重修中尊并长寿王如来□记》，表明造窟中大佛是由 13 人历经 20 天完成。① “长寿王如来”这一称谓在汉传佛教中并不常见，而长寿佛是藏传佛教常见的一位本尊，与阿弥陀佛关系密切，题记中“长寿王如来”应是指龛中主尊阿弥陀佛。像下供养的花束和一旁的红巾，表明信徒礼拜西方三圣的热忱至今未减。

① 胡文和、胡文成：《巴蜀佛教雕刻艺术史》下，巴蜀书社，2015 年，第 56 页。

图 3-3-111　西方三圣龛右壁局部，唐，石雕

千佛寨石窟第 8 龛（傅蕊 供图）

龛内原应为一佛、二弟子、二菩萨、二力士共七尊，是四川唐代石刻最常见的组合，因壁面破损仅余四尊。此残龛中造像的造型和风格带有明显的唐代特征，因宋代对此龛的改造未涉及此处而保存下来。龛中坐佛高 1.1 米，弟子像高 0.9 米，菩萨立像与坐佛高度约等。这几尊造像，衣纹有铁线描的特征，方直挺劲，线条凝重，浑厚立体，应是受到长安此方面的影响。

图 3-3-112　坐佛龛，唐，石雕，龛高 2 米，宽 2 米，深 1.8 米

千佛寨石窟第 50、51 龛（侍盛 供图）

相邻两龛俱为一佛七尊像，第 50 龛（左侧）主尊为倚坐弥勒佛像，第 51 龛（右侧）主尊则为结跏趺坐的释迦像，主尊两侧弟子、菩萨沿龛壁侍立，佛顶悬宝盖及身后两侧浮雕双树，群像身后还有高浮雕的天龙八部。同一题材在唐代四川石窟中已属常见，看到此龛不禁让人联想到川北的广元、巴中石刻，但相比之下，安岳石窟淡化了装饰效果，拱形龛楣造型简练，仅装点几朵宝相花。人物造型写实性更强，佛与菩萨、弟子皆面相丰圆，体态合乎比例，造型生动自然。天龙八部已完全拟人化，乍看之下与俗人无异。相同时间内，不同地域亦各有自己鲜明的特色。

图 3-3-113　力士像，唐，石雕，高 0.9 米

千佛寨石窟第 51 龛（傅盛 供图）

千佛寨保存至今，唐代龛窟多为说法龛，一佛结跏趺坐于正中，两侧胁侍菩萨、弟子、天龙八部、力士对称分布，龛内人数众多，排布紧锣密鼓，龛口则是力士专属的空间，任由工匠尽情发挥。图中力士上身赤裸，天衣在身后呈环形展开，下身所着短裙紧贴躯干，随风后扬，立于山形座上。从面部表情到身体肌肉，再到随身衣物，力士剑拔弩张的凌厉气势被精准地表现出来。

图 3-3-114　千佛，唐至宋，石雕，龛高 2.45 米，宽 3 米，深 2 米

千佛寨石窟第 78 龛（傅益供图）

龛内共雕凿 72 尊坐佛，均为全跏趺坐于有茎仰莲台之上，上下交错布局，最底层一排佛座下似有根茎与地面相连，这种莲台的设置方式在川地十分常见。佛头被破坏之后，可见头光之中的圆形孔洞，说明起初佛头是独立雕凿，而后嵌入石壁。除千佛外，龛内两壁还刻有若干坐像、立像。

图 3-3-115 千佛，唐至宋，石雕，龛高 2.6 米，宽 3.8 米，深 1.7 米

千佛寨石窟第 16 龛（傅盛 供图）

方形平顶龛内环壁雕凿数尊坐佛像，像共分 5 层，最下层风化较为严重，其上 4 层共计有 115 尊。佛身后有桃形头光，各尊姿势微有差异，线条优美，衣饰富丽，结跏趺坐于仰莲台上，莲台下有根茎。头光与莲台上下交错，布局巧妙，严谨有序，观之壮阔，颇具视觉震撼力。

（四）茗山寺石窟

茗山寺，又名虎头寺，寺中乾隆六十年（1795）碑文记载："茗山寺自岷山蜿蜒而来，层峦耸翠，俨如猛虎状，故曰虎头寺。"虎头山耸立在群山之中，大足城也在形似猛虎的高山视野之内。登山途中，山道石壁之上佛窟林列，但多有残损（图 3-3-116）。登顶之后，山巅宽敞的平地处建有寺庙，因空间有限，寺宇显得小巧，但因雄伟峰峦和众多龛像之加持，直至今日，香火依然绵延不绝。除山道中零星的小型佛窟之外，此处造像最为精彩之处保存在山巅环绕的石壁之上。

茗山寺造像数量不多，但尊尊体量蔚为壮观，虽受自然风化，但造像细节多保存下来，其雕刻技巧高超精妙，在巴蜀石刻中超然独立。现存较完整的有龛窟 6 座、碑刻 12 方、题记 11 则。[①] 参访茗山寺最先遇到的是环卫石壁的 12 位护法神将（图 3-3-117），紧接着为毗卢遮那佛与东岳大帝的合龛，其后依次为观音大势至并坐龛、文殊师利立像、毗卢遮那佛立像以及观音与大势至立像。其间，还有数个仅余痕迹的龛像，以及在不远处山巅与茗山寺相对的石塔残迹一处。

乾隆四十六年（1781）寺中碑文云"炼金丹，修舍利，道不离夫仁义。东青牛，西白马，理本原于至城"[②]，东岳大帝与毗卢遮那佛并坐，高度略低于毗卢遮那佛，第 1 龛毗卢遮那佛与东岳大帝合璧龛（图 3-3-118、图 3-3-119）最能表明此时此地碑文中三教合一的内涵。其后观音、大势至、文殊以及毗卢遮那佛像在雕凿规模和技法上都非常相似，环山而造，可见初凿时的精心布局。观音与大势至并坐同一龛中（图 3-3-120、图 3-3-121），整龛的妆彩都已化去，砂石裸露在外，风化成细细的波纹，反而别有一番韵味。毗卢遮那佛和文殊两尊立像（图 3-3-122）也尺幅巨大，毗卢遮那佛高逾 6 米，螺髻外戴华冠，冠正中趺坐一小像，应为柳本尊像，佛头光两侧引出两道毫光，直达龛顶。（图 3-3-123）文殊立像发髻高耸，外罩繁复的花冠，身着对襟长衣，右手举胸腹间，天衣搭在前臂上，手掌已残；左手前伸，长袖垂地，手掌内托着经书一函（图 3-3-124）。在主像两侧的弧形龛壁上，原先分别凿有圆形小龛各三排，上面一排圆龛稍大，每龛内刻一坐像，除左壁中层内侧的圆龛坐像为卷发外，其余均为螺髻，应为佛尊（图 3-3-125）。

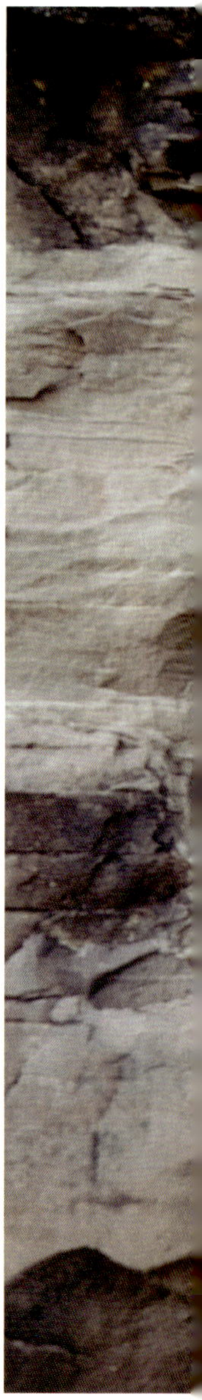

毗卢遮那即大日如来，立姿毗卢佛作为茗山寺中唯一独立开龛的佛尊，不

① 徐胭胭、王磊、李柘燕、谭浩源：《四川安岳县茗山寺石窟调查简报》，《四川文物》，2015 年第 3 期，第 23 页。
② 四川省地方志编纂委员会编：《四川省志》，《文物志》上，四川人民出版社，1999 年，第 205 页。

仅尺寸最大，在群像中也居于较为中心的位置。观音、大势至、文殊等菩萨胁侍左右。值得注意的是，毗卢遮那佛冠中有一尊祖师像，头戴幞头，身着交领外衣，其形象与安岳毗卢洞十炼图中柳本尊像颇为相似，而文殊身侧圆形小龛中的卷发祖师形象则应为赵智凤。

整体观之，此处造像应为信奉柳、赵教法者有计划地开凿。茗山寺虽然造像数目不多，但几乎全部是雕于绝壁之上的宏大龛窟。一众佛菩萨的华丽宝冠和高大身姿与唐代造像有所不同，与流行于安岳、大足的川密题材紧密相关，但也不同于他处石刻严重的世俗化倾向，其更多的是佛教之庄严静穆，在两地分界的山巅之上，遗世独立。

图 3-3-116　虎头山步道侧造像遗迹

造像和题记的残痕在山中石壁多见，当年此处佛教之盛可见一斑。

图 3-3-117　十二护法神将，宋，石雕，龛高 2.3 米，宽 2.6 米

茗山寺石窟第 12 龛

诸位神将造像为巡礼茗山寺造像的起点，面容和下身多风化严重。从残痕和整体造型可见塑造之生动与夸张，他们皆怒目圆睁、昂首挺胸，或手提长剑，或剖腹见心，或振臂高呼。经过百年的风化，面容虽难以辨认，但佩刀依然削铁如泥，长矛也仍可所向披靡，千百年来诸神将毫无懈怠，时刻捍卫着佛国净土。

图 3-3-118　毗卢遮那佛与东岳大帝合龛，宋，石雕，龛高 5.2 米，宽 4.5 米，深 0.9 米

茗山寺石窟第 1 龛

毗卢遮那佛高 3.6 米。东岳大帝为清代补刻，高度略低于毗卢遮那佛，整体风格与毗卢遮那佛接近。毗卢遮那佛头部花冠高耸，花蔓翻卷，最为引人注目。其身侧的东岳大帝垂足而坐，造像虽端严，但在早期高超塑像技艺的对比之下，线条略显滞涩。

图 3-3-119　毗卢遮那佛局部，宋，石雕

茗山寺石窟第 1 龛

毗卢遮那佛头戴花冠，花冠中心的莲座上刻坐姿化佛一尊，化佛花环缠绕，间有鲜花盛开。花冠雕刻细腻，坚硬的石头被工匠随意拿捏成婉转的线条。毗卢遮那佛头顶螺发，弯眉细目，额间白毫相，嘴角微微上扬，面容丰腴又显清雅秀丽。

图 3–3–120　观音、大势至并坐龛，北宋，石雕，高 5.5 米，宽 5.7 米

茗山寺石窟第 2 龛

二菩萨均为坐高逾 3 米的大像。龛右为观音，左为大势至，皆结跏趺坐于莲台之上，头饰宝冠，身着长衣覆披肩，轻合双目。匠师对不同菩萨有不同的理解，故有不同的刻画：大势至略带威容，观音则慈眉善目，一双巧手全然表现心之所想。侵蚀产生的微妙细纹也将大自然对美的领悟赋予雕像，即使用精美绝伦、无与伦比来形容，亦不足以表达造像天人合一的美丽。

图 3–3–121　大势至菩萨局部，北宋，石雕

茗山寺石窟第 2 龛

历经千年风霜雨雪的侵蚀，菩萨精致的装束和沉着的面容丝毫没有被破坏，精巧繁复的花冠与简练流畅的衣纹令人印象深刻，令人不禁感叹匠师巧夺天工的技艺。巨大的体量和精湛的技艺共同成就了菩萨磅礴而温婉的气质。

图 3-3-122　毗卢遮那佛立像，宋，石雕，高 6.4 米

茗山寺石窟第 5 龛

毗卢遮那佛是茗山寺最高挑的一尊，彰显其核心地位。佛头戴华丽宝冠，冠中有坐像，贴岩而立，双手于胸前结印。整体以半圆雕的形式呈现在黄、粉相间的砂岩之上，尽显天然的色泽和肌理之美。

图 3-3-123　毗卢遮那佛立像局部，宋，石雕，高 6.4 米

茗山寺石窟第 5 龛

毗卢遮那佛头上的高冠最为引人瞩目，由花蔓交织的宝冠蜿蜒升起两道毫光，直入龛顶，巧妙地衔接了造像与不规则的岩顶，并起到支撑作用。造像慈眉低目，既有佛的庄严也不失菩萨的慈爱，充满鲜活的温情。

图 3-3-124　文殊像，宋，石雕，高 5 米，宽 5.4 米

茗山寺石窟第 3 龛

此龛以文殊师利立像为中心，立像上方的崖面被打磨平整，刻有“现师利法身”五个大字。文殊师利头部花冠依旧繁复华丽，其中刻有五尊坐姿化佛。菩萨右臂抬起在胸前，左臂覆盖于垂地的厚重衣袖中。菩萨身体微微向右倾侧，衣纹舒朗，衣襟临风而动，几乎脱壁欲出。

图 3-3-125　圆形龛局部，宋，石雕

茗山寺石窟第 3 龛

文殊师利菩萨右侧现存 5 个小龛，左侧 3 个，原应对称共计 10 个，但有损毁。龛中多雕坐佛，也有其他。如图中卷发人物，面带笑意，敞开外衣，盘腿坐在龛中，怡然自得。这种卷发祖师形象应为四川地区特有的人物形象，也见于大足宝顶山本尊大藏塔，原型可能为赵智凤。

（五）毗卢洞石窟

毗卢洞位于安岳县城东南的石羊镇赤云片区油坪村塔子山，造像分布在长达 118 米的崖壁上，现存龛窟 20 个、摩崖造像 465 尊，主要集中于毗卢洞、幽居洞、千佛洞、观音堂和玉皇阁内。有碑刻 18 通、崖墓 10 座、佛塔 2 座。

毗卢洞之名应来自居于柳本尊十炼图中心位置的佛尊。安岳毗卢洞十炼图（图 3–3–126）与大足并不相同，而是以毗卢佛为主尊（图 3–3–127），柳氏十炼图像（图 3–3–128、图 3–3–129）和相关人物（图 3–3–130、图 3–3–131）在两侧展开。从佛到本尊再到世俗人物，体量从大到小，主次分明。紫竹观音（图 3–3–132）亦是安岳石刻中最杰出的作品之一，因其面容和体态之美，甚至有“东方维纳斯”之美誉。观音像悬坐在石壁上随意地跷着脚，脚下是一片莲池。头戴镂花宝冠，中有化佛；观音眉如远山，目似弯柳；上身着披巾，袒胸露臂；璎珞和丝绦在上身自然飘落；下着一长裙，裙角飘逸，似脚下莲瓣一般柔软自然，观音之后还雕凿有诸多小像，皆为观音救难场面，证实这幅精美的壁上画卷实为观音经变。

毗卢洞所在之地山峦叠翠，岩石峭立，是开凿石窟的绝佳选址，不少年久失修的石窟残痕遗落在山岩上。（图 3–3–133）除最为知名的两龛，还有千佛洞和宝岩洞也规模较大，地域特色鲜明。千佛洞（图 3–3–134）因刻有 322 尊小像而得名，小像并非千佛，因小像所开圆龛中部分可见署名，表明其中包含当时捐资造像的僧尼、供养男女等（图 3–3–135、图 3–3–136、图 3–3–137）。这些小尊像，每尊开圆弧龛，衣角散落在龛外，尊尊姿态各异，灵动可爱。而宝岩洞（图 3–3–138）仅有一龛，正中坐毗卢佛，左侧是一头发卷曲、断去右臂的僧人；右为一坐佛。左立侍女捧盘，盘中放置有耳和手臂；右立侍女捧塔。当地流传此洞建于宋初，为柳氏埋骨处。[①]

与川地他处宋代造像一样，毗卢洞造像同样具有强烈的世俗化意味。不同之处在于，此处龛像数量较少，整体规模亦不突出，但石窟中佛、菩萨在群像中的至尊地位毫无撼动，将人间情景、凡夫俗子与理想境界相结合，既保证了宗教形象的神圣性，又将人间美学融入其中。于信徒而言，意味着超越、升华的佛国世界不再遥不可及，走向甚至进入这一境界都成为可能。

① 四川省地方志编纂委员会编：《四川省志文物志》上，四川人民出版社，1999 年，第 204 页。

图 3-3-126　柳本尊十炼图全景，宋，石雕，高 5.65 米，宽 14.1 米

毗卢洞石窟第 8 窟

此造像共分两部分：龛顶部分有数个圆龛，龛中设坐佛；龛内部分造像分上、中、下三层，雕刻各式人物。十炼图的主尊毗卢遮那佛居于窟正中显要位置，结跏趺坐于力士抬举的莲座上。以毗卢佛为中心，十炼图像在两侧对称展开。此外，还有一众佛、菩萨、官吏、武士以及男女信徒的形象穿插其中，匠师根据人物不同的身份进行详细的刻画，呈现出成熟的思考和更加精湛的雕刻工艺。十炼图中的柳本尊，动作姿势不一，但面容完全一致，造像将密教讳莫如深的修行展现在世人和阳光之下，其他佛像与菩萨造像退于画面的次要位置，与市井人物并列，说明其已走向密宗的反面，成为稍有密教内核的通俗佛教。

左页：图 3–3–127　毗卢佛，宋，石雕

毗卢洞石窟第 8 窟

毗卢佛头戴镂空雕花宝冠，螺髻外露，慈眉善目，面部丰满圆润，双手于胸前所结之印为川地毗卢佛独有；全跏趺坐于仰莲莲座上。此处佛冠中并无祖师像，而是在佛正后方的岩壁上，刻一亭式塔。塔正面龛设像，为卷发的祖师，两道毫光从塔刹放出，直达龛顶。毗卢佛莲座左侧有一方塔，露出四级塔身，此塔各面开圆龛，龛内有坐像，这种形制的塔在大足、安岳也属常见。

图 3–3–128　第八舍臂，宋，石雕

毗卢洞石窟第 8 窟

根据题记，唐天复四年（904）八月五日，因“誓救众生，以应阿弥陀四十八愿”，柳本尊以 48 刀自断手臂。图中柳本尊盘坐，伸出左臂，而右手挥刀以做砍状。本尊垂头下视左臂，面容自若，毫无畏怯，已臻无我之境。所着衣物用简单的线条刻画，表现出材质的柔软、轻薄。

图 3-3-129 炼阴，宋，石雕

毗卢洞石窟第 8 窟

断臂不久后，柳本尊又以腊布裹阴烧炼，以示绝欲。图中柳本尊卧在山石之上，右臂手肘支于枕上，右手轻提枕带；右腿屈膝，双腿间现一团火焰，以示炼阴。半倚半卧的悠闲姿态，似是临花观景，而不是痛苦的炼阴修行。

图 3-3-130 卢氏女子削发归教，宋，石雕

毗卢洞石窟第 8 窟

四方佛徒云集柳本尊座下，受其法甚众。其中有成都玉津坊女子卢氏，曾舍宅建道场以奉香火，因嘉州四郎子神作祟，疫死甚众，于是有本尊割左耳供佛除害之事。图中表现卢氏女子受本尊感化，削发归教的情景，女子头梳高髻，左手抚发，右手持刀，未有犹豫。双手举至头部削发，头侧向左侧，身躯也微微扭动的姿态，被刻画得非常生动准确、入木三分。

图 3-3-131　邱绍女捧耳、断臂像，宋，石雕

毗卢洞石窟第 8 窟

佛座两侧各有一少女，皆手持托盘，一捧残耳，一举断臂。两位少女皆满面笑意，张嘴似在对谈，遥相呼应，毫不厌恶手中的血腥之物，反而深感骄傲。两女子应为成都马头巷邱绍之女，因邱绍妻之请，柳本尊洒香水、诵咒，复活了已经病死三天的邱绍，此后邱绍夫妇和二女便不离柳本尊左右。

图 3-3-132　紫竹观音，南宋，石雕，窟高 5.3 米，宽 7.5 米，深 3.5 米

毗卢洞石窟第 19 龛

虽称紫竹观音，但也呈水月观音之样。尊像身材匀称，结构比例准确，面部丰满圆润，柳叶眉、丹凤眼、高鼻梁，樱桃小嘴，带有典型的四川女性特征。南宋朱淑真《偶得牡丹数本移植窗外将有著花意二首》其一云：“香玉封春未啄花，露根烘晓见红霞。自非水月观音样，不称维摩居士家。”[①] 本是描述牡丹花蕾初现的风流意态，而在这里却恰好以“有著花意”的牡丹意象来形容这尊紫竹观音。龛中观音坐姿随意自然，如维摩诘一般闲淡洒脱，倜傥而不轻佻，端庄又略带妩媚，别有一番目下无尘之境。主像之后的诸多小像，为观音救难场面。证明此雕像实为观音经变的内容。

① ［宋］李清照，［宋］朱淑真著，张显成等编注：《李清照朱淑真诗词合注》，巴蜀书社，1999 年，第 149 页。

图 3-3-133　安岳毗卢洞石壁残像

除了著名的十炼图、紫竹观音外，山间石壁上的小造像即使风化，也都可通过残痕想象出昔日的精致与美丽。

图 3-3-134　千佛洞，宋，石雕

毗卢洞石窟

洞内主尊为西方三圣，两侧胁侍弟子面向主尊而立，两壁还有十八罗汉。千佛洞得名于佛座之下基坛环壁雕凿的小圆龛，龛中非佛像而是各种世俗人物，造像体量虽小，相较图像学特征已然固定的佛、菩萨乃至罗汉像，小圆龛中人物姿态各异，生活的情趣与匠人的创造结合，更显意趣盎然，美不胜收。

图 3-3-135 供养人群像局部，宋，石雕

毗卢洞石窟千佛洞

洞内成百上千尊小像造型各异，呈不同的姿势，结不同的手势，捧不同的法物或贡品。像侧均刻有供养人的姓名，各居一小圆龛中，无一不灵巧可爱。

图 3-3-136　供养人像，宋，石雕

毗卢洞石窟千佛洞

此尊造像是千佛洞中所谓的“千佛”之一，刻画灵动可爱。似因布局空间不足，工匠有意让造像斜倚，形成了气韵婉转流畅的弧形构图。小像的圆脸上显露出安逸的表情，双手抚膝，双腿盘坐，衣袂随风散落在圆龛之外。龛中有题字，知此位供养人为文姓。

图 3-3-137　供养人像，宋，石雕

毗卢洞石窟千佛洞

此供养人是一位怀抱婴儿的母亲，慈母目光向下注视着手中的孩子，嘴角含着沁人心脾的微笑，酒窝若隐若现。

图 3-3-138　宝岩洞，宋，石雕

毗卢洞石窟

窟内正壁正中刻毗卢佛，结跏趺坐于莲台之上，莲台下有方形基座，左右二像的坐姿及莲座与毗卢佛同。毗卢佛头戴镂空宝冠，胸饰璎珞，两手屈肘举到肩，手掌已毁，这种特殊的毗卢佛形象，除见于杭州飞来峰青林洞口卢舍那佛会浮雕和净慈寺石佛洞南壁卢舍那佛三尊像外，也在日、韩等国的华严图像中偶有出现。左侧佛像螺发，身着双领下垂大衣，左手结禅定印，右手屈肘，手已毁；右像为祖师像，祖师卷发耳残，疑为柳本尊。龛口刻“唯有吾师金骨在，曾经百炼色长新”，这句赞语在川东龛窟中屡见不鲜，龛内三尊造像配置让人不明所以，这或许也是为纪念柳本尊的一种特别形式，将其抬至几与毗卢佛比肩的地位。

（六）华严洞石窟

华严洞石窟位于石羊镇箱盖山上，仅有大小两窟造像，一个为华严洞（第1窟），一个为大般若洞。华严洞（图3–3–139）是安岳全境规模最大的造像窟，洞中心为华严三圣雕像，中为毗卢遮那（图3–3–140），左右胁侍文殊、普贤（图3–3–141）。“三圣”两侧有两排弟子、十大菩萨并列华严两侧。十位菩萨分别是普眼菩萨、金刚藏菩萨、弥勒菩萨、清静慧菩萨、威德自在菩萨、辨音菩萨、净诸业障菩萨、普觉菩萨、圆觉菩萨、贤善首菩萨，与胁侍毗卢佛左右的文殊师利菩萨、普贤菩萨组成十二圆觉（图3–3–142、图3–3–143）。造像人物不同于唐代石刻的庄严肃穆，也不同于南宋石刻的世俗写实，在神圣与世俗的过渡之间寻求着最巧妙的平衡。造像人物均姿态优美、比例匀称、装饰华丽。“三圣”两侧两弟子像（图3–3–144），左侧弟子束发高髻，右侧弟子乍看僧人形，其实头顶秃发，头后有卷发。关于两弟子身份尚存争议，有目犍连与舍利弗之说，也有认为刻画的是川密祖师柳本尊和赵智凤，柳、赵二人皆是带发修行，十炼图中柳氏为俗人装扮，大足宝顶圣寿寺本尊大藏塔上赵智凤像确为秃发，这一争议为窟室蒙上一层神秘色彩。群像上层洞壁刻满经变故事，亭台楼阁、流云仙神遍置其中（图3–3–145）。洞口石壁也不留空白，后世补凿了准提佛母（图3–3–146）和摩利支天（图3–3–147）两位神祇驻守法场。窟内造像圆融饱满，虽为石质，但肌肤的吹弹可破、衣物的柔软丝滑等物象质感皆被真实再现；窟顶亭台楼阁，卷云交错其中，洞窟整体布局严谨，设计巧妙，光影流动其中，将宛如净土殿堂的梦幻之美推向高潮。

另一窟名为大般若洞（图3–3–148），从题记中的“众妙所作始于宋朝”的记载和洞门正中题刻的“大般若洞”的落款年号等悉知，此洞镌凿于南宋嘉熙四年（1240）。洞窟平面近乎正方形，正壁高2.3米的释迦牟尼佛像（图3–3–149），头临洞顶，双手结禅定印，结迦趺坐于仰莲座上，座下有方形石台接地，占据全洞绝对核心的地位。释迦牟尼佛两侧的造像对称布局，共分三层，上层（洞正壁顶部）左右分别刻药师佛、阿弥陀佛、十大弟子像；中层左右龛中分别刻老子坐像和孔子坐像；下层左右分别刻佛、观音像等，逾150尊像。

大般若洞为三教合一的大型石窟造像遗址，与相邻华严洞造像的精美大气相去甚远。佛道一窟在石窟中已经常见，又融入孔子等儒家形象的相对较少。西方艺术中追求“和谐为美”，中国文化中也有“美美与共，天下大同”之理念。此窟造像虽雕凿粗简，但三教和合共处一龛的场景，于精神层面亦堪称是“美美与共”。

图 3-3-139　华严洞全景，北宋，石雕，洞高 6.2 米，宽 10.1 米，深 11.3 米

华严洞第 1 窟

正壁坐华严三圣，正壁两角还有二弟子立像，佛前和两边均设有仿木石雕供桌。主佛的左右两壁排列十大菩萨，在洞门左右两壁高浮雕准提佛母和摩利支天像，群像采用对称布局，秩序井然。而十大菩萨上方雕凿的经变图中，亭台楼阁、花草树木、流云天人则采用非对称的灵活布局，为庄严肃穆的佛国增添了一抹勃勃生机。

右页：图 3-3-140　主尊毗卢佛，北宋，石雕

华严洞第 1 窟

毗卢佛头戴雕饰精美的宝冠，身穿双领下垂式袈裟，面颊丰润，嘴角微微含笑，两耳下垂，双目半睁，全跏趺坐于莲台上，手结法印。毗卢佛冠中俗装人物坐像、冠中散射出的两道毫光以及特别的手印，在大足、安岳石窟中已经屡见不鲜。但此像保存在洞窟深处，层层绽放的莲瓣、流动的衣褶，乃至冠中祖师像的面容等细节依然清晰可辨，再加上细腻的线条、圆润优美的造型，使造像显得尤为珍贵。

图 3-3-142　十大菩萨局部（右壁），北宋，石雕
华严洞第1窟

《圆觉经》言，十二位菩萨向佛祖请问修行法门，佛为说大乘圆觉清净境界修行法。在此处，毗卢佛与十二位菩萨共同构成了这一清净圆满的佛教空间。

图 3-3-143　两侧圆觉菩萨局部，北宋，石雕
华严洞第1窟

古代匠师对尊像的每个细节都巧妙刻画，线面结合，形体优雅自然。窟中菩萨宁静隽永的面庞被刻画得十分准确、精致，修眉长目、高挺的鼻梁、温柔的嘴唇，显示出宋代高超的雕塑技巧。菩萨面庞柔和圆润，即使是在面部结构起伏、转折处亦不见棱角。尽管圆觉菩萨的面部特征基本相似，但仔细观察，每一位菩萨又有着细微的差异。如头上华丽精美的宝冠，尽管卷草纹的宝冠纹饰基本相同，但不同的卷曲方向及排列组合形式，使宝冠的形制特征也不尽相同，体现出在统一中寻求千变万化的特点。

图 3-3-141　文殊与普贤像，北宋，石雕

华严洞第 1 窟

文殊菩萨头戴镂空雕花宝冠，冠中有一化佛，以游戏坐姿端坐于狮背的莲台上。菩萨头稍左偏，双目下垂，面容沉静；衣着装饰简单，衣纹简净流畅，表现出质地的轻柔细腻；右手上举握一柄如意，左手残损；右脚踏莲花，左脚搭在右膝。文殊菩萨面容祥和，意态娴雅，头后的大月轮式头光，显然受到水月观音的影响。

普贤菩萨亦为游戏坐，端坐于多层仰莲莲台上，衣摆闲散、随意地垂下，覆盖住大半个莲座。头后大圆形头光外饰火焰纹，内原有彩绘，但已剥落。普贤菩萨与佛左侧文殊菩萨采取对称的布局形式，只是普贤菩萨身姿正挺，表情肃穆，更加端严。

图 3-3-144　圆觉菩萨与弟子像，北宋，石雕

华严洞第 1 窟右壁

近观窟中弟子与菩萨，尤其是弟子像头后丝缕卷发，表现出强烈的写实意趣。整体观之，比例得当的身躯、随形流动的衣褶，装饰以镂空饰花宝冠，珠串璎珞，宽袍大袖，更加衬托出菩萨的典雅高贵。特别是衣物的质感柔软、光滑，生动再现了丝绸的质地。高台之上的菩萨多微微躬身低首，目光下落在前来礼佛的信众身上，含笑的面容散发出慈爱的光芒，更加亲切动人。在这里，菩萨圣洁华贵又温柔和蔼，给人感觉并非高不可攀，佛国似乎不再是在云端抓不住的想象，而是俗世的延伸。

图 3-3-145　背景局部，北宋，石雕

华严洞第 1 窟

华严洞的精致不仅限于佛与菩萨造像，背景中的楼台亭阁更是精巧玲珑，宝塔宫阙气势雄伟，花木扶疏，生机盎然，云霞雾霭，袅袅婷婷。

图 3-3-146　准提佛母，明，石雕

华严洞第 1 窟

准提佛母的造像种类繁多，应众生求法的不同缘起，故而佛母以不同的形象示现。此龛中，佛母端坐于方形台座上，呈三面，正面安详端庄，左右两面皆为愤怒相，身前双手结禅定印，其余六手，最上两手分执日、月；中二手一手为铃，另残；最下一手持罥索，另一残。与摩利支天遥相对应，一慈悲、一怒目，把守洞窟出入口，护持着佛法道场。

图 3-3-147　摩利支天，明，石雕

华严洞第 1 窟

摩利支天的形象也有多种，既有《末利支提婆华鬘经》所说之天女形，也有《佛说大摩里支菩萨经》所说之顶戴毗卢遮那佛、八臂三面各三眼、骑乘于野猪上的形象等。此尊造像头戴高宝冠，冠中有一坐佛，三面六臂。正面慈爱，另两面虽残损但可辨为愤怒相。前双手合十，后上双手各捧日、月，后下两手左持镜，右握印。头顶有化佛，手持日、月、金印等，皆是摩利支天的特征。

图 3-3-148　大般若洞全景，南宋嘉熙四年（1240），石雕，高 4.2 米，宽 4.2 米，深 4.8 米

大般若洞（傅盛 供图）

额刻有洞名，洞中正壁刻一佛二菩萨，在正中佛像后壁，有两龛老子和孔子的浮雕塑像，为三教合一的同窟造像。主尊两侧分三层，下层列十八罗汉；洞右壁的罗汉尊者，或打坐，或对弈，或做小憩状，神态颇为生动有趣；中间是二十诸天，上层塑十童子。洞左右两壁对称布局，洞中佛教人物形象多有损毁。洞内造像兼容儒释道，其艺术水平不及旁边的华严洞，但质朴平实，别具一番情趣。

图 3-3-149　坐佛，南宋嘉熙四年（1240），石雕

大般若洞

一佛全跏趺坐于洞窟正壁正中。尊像着双领下垂式袈裟，结禅定印。无论衣物还是莲座，都完全对称塑造。以主尊为中心，两侧画面也对称展开。释迦牟尼像两侧有孔子、老子像，相对矮小。此洞尝试融合儒、释、道三教文化，但仍以佛教为主体。

四、江西通天岩摩崖造像

江西赣州通天岩因“石峰环列如屏，巅有一窍通天”[①]而得名。独特的丹霞地貌，使这里岩深谷幽、古木参天，成为受游人欢迎的休闲胜地。通天岩早在唐、宋时期就佛龛遍布，香客不断。自晚唐始，这里就被佛教僧俗青睐，被开辟为石窟寺。南宋工部尚书胡榘在《游通天岩》一诗中写道：“万龛石佛坐观空，安用悬崖架梵宫；纵使风雷窒岩窦，此心元自与天通。”[②]千余年后，留存至今的有通天岩、翠微岩、同心岩、忘归岩、群玉阁5处摩崖造像，共保存唐宋时期的窟龛315处，共计造像359躯、题刻124品。[③]忘归岩是进入整个通天岩景区的第一处山岩，穿过忘归岩便真正进入通天岩景区摩崖造像群。石刻造像均为佛教题材，多北宋年间作品，其中翠微岩部分雕刻类隋唐风格。题记以北宋熙宁六年（1073）最早。

通天岩景区以始建于宋的寺院广福禅林为核心。广福禅林群山环抱（图3-3-150），寺后山崖的半山腰处为三圣龛。毗卢遮那佛及文殊、普贤两胁侍组成的三圣龛掩映在山岩的林木中，是通天岩气势最为恢宏的一龛（图3-3-151）。因其位于山崖高处，故而形成“悬崖架梵宫，万佛坐观空”的气势。三联塔形龛内，中龛毗卢遮那佛结跏趺坐，螺髻中镶嵌玉璧，眉间有白毫；佛面相方圆，双耳垂肩；身着双领下垂袈裟，双手并置于腿上托法螺。两侧胁侍文殊和普贤菩萨，分别骑坐于青狮、白象上，头戴宝冠，面带微笑。三尊造像居高临下，慈光普照。

广福禅林山门前右侧便是著名的通天岩摩崖石刻造像（图3-3-152），南宋李大正题刻的“通天岩”赫然其上（图3-3-153）。当然，除了李大正的题字外，通天岩还有不少摩崖题刻（图3-3-154）。

通天岩与翠微岩连绵相接，造像数量众多，各类造像和题记布满山岩，但有不少造像风化漫漶不清，少数规模较大、开凿较深的龛窟保存较好。通天岩第257—262龛（图3-3-155）中有观音立像（图3-3-156）、地藏像、水月观音及罗汉像，均有不同程度的剥蚀风化。其造像的题材、造型、风格等都不同于此处的其他罗汉等像，年代或许更早，接近晚唐五代。[④]

① 江西省赣州地区志编纂委员会编：《赣州地区志》，新华出版社，1994年，第2664页。
② 赣州市政协学习文史委员会编：《丹崖悠悠：赣州市通天岩摩崖石刻集锦》，中国文史出版社，2001年，第21页。
③ 张总、夏金瑞：《江西赣州通天岩石窟调查》，《文物》，1993年第2期，第48页。
④ 同上，第52页。

翠微岩紧连通天岩，其造像以罗汉居多，但其中不乏觉华如来及弥勒佛等佛像（图 3–3–157）。弥勒佛是中国佛教诸神祇中最具影响者之一，五代之后出现的大肚弥勒，使弥勒信仰世俗化的态势愈发浓烈。通天岩弥勒造像（图 3–3–158）与杭州飞来峰金光洞、烟霞洞布袋弥勒造像接近。雕刻者运用夸张的手法，排除了宗教应有的严肃气氛，将佛教造像全然表现为世俗的、欢快的人间景象。龛右造像记“虔州赣县右通利坊朱氏司男吴豫施弥勒尊像，追召亡女吴氏小娘受生净域”。虔州初置于开皇九年（589），南宋绍兴二十二年（1152）改名为赣，题记表明此龛开凿于 1153 年之前，是朱氏为悼念亡故女儿所开，包含了普通百姓的深情和愿景。

罗汉一直是佛教艺术中重要的题材，唐代之前作为其他佛教艺术题材的附属在石窟或者壁画中偶有出现；唐末五代之后逐渐独立，在绘画、壁画、石刻中已然独当一面。在画史中，五代之前的罗汉画以吴道子、曹仲达等的画作，借助当时流行的人物画法，刻画出供人膜拜的宗教图像；五代时贯休开始新的探索，在其笔下，罗汉形象成为诡怪形体和梵僧形象的结合，但不失神圣庄严。宋代画家则更多表现其自然、世俗的一面。石刻与绘画表现出相同的取向，赣州整个通天岩景区以罗汉造像居多，崖壁上的罗汉造像大多来自佛家弟子形象。与杭州西湖周边星罗棋布的罗汉造像遥相呼应，匠师抓住对象的精神特质，表现了他们不同的形态、样貌、身姿，不仅流露出世俗人物的思想感情和生活气息，而且代表了当时社会的审美风尚（图 3–3–159 至图 3–3–166）。赣州通天岩景区林木秀美、泉壑清幽，景致不输有罗汉故乡之喻的天台。宋代罗汉造像往往选择林壑清幽之处，将人工与天然有机结合，仿佛罗汉真的生活其中，营造出一种亦真亦幻的世外仙源，体现出宋代罗汉艺术的山水美学精神。

通天岩兴建初期题材丰富，而后却以大规模雕塑罗汉为主，在不同的历史时期呈现出不同的艺术风格和审美取向。然而千百年后，石壁上残存的更多的不是佛、菩萨抑或罗汉，而是大小不一、紧密排列的龛窟残痕（图 3–3–167）。如古诗词中出现的枯藤、老树、昏鸦、夕阳、残月、落花，不由得让人感慨时间之力使群像凋谢与飘零，令人无限惋惜。但残缺美亦是美学中的重要组成，即使岩石的棱角磨平，造像的外表斑驳，这些残痕也显露出岁月流转的魅力。

图 3-3-150 通天岩广福禅林寺景

广福禅林山岩环抱，寺后的岩壁上开凿有气势宏伟的毗卢遮那佛及文殊普贤龛。寺外空地右侧，便是通天岩摩崖造像。

图 3-3-151 毗卢遮那佛及其胁侍普贤菩萨，北宋，石雕，佛高 2.1 米

赣州通天岩第 129 龛

毗卢遮那佛像为螺发，双耳垂肩，面部棱角分明，鼻梁高挺，是英俊的年轻男子容貌，其双目轻合，表情祥和静谧。毗卢遮那佛身体宽厚，挺拔壮硕，双手托法螺，着多层衣物但仍有贴体之感，袈裟交叉，流畅地叠落在佛座外沿。普贤菩萨呈舒相坐，乘坐于白象上。白象从正面雕凿，半身探出山岩，脱壁欲出。

图 3-3-152 通天岩山景

正德十一年（1516），王阳明任左佥都御史，巡抚南康、赣州，在此期间多次游览通天岩，留下不少名篇佳作。其诗云："青山随地佳，岂必故园好。但得此生闲，尘寰亦蓬岛。西林日出暮，明月来何早？醉卧石床凉，洞云秋未扫。"诗中的清幽佳景来自佛教圣地，数百龛造像环山而开，与青山绿水融为一体。

图 3-3-153 南宋李大正题刻"通天岩"

李大正，南宋福建建瓯人，与辛弃疾交往甚厚，曾在赣州任职于提点坑冶，司铸钱工事，掌钱币铸造。彼时，赣州是全国铸造钱币的中心之一，经济繁荣，冶金业发达。富庶安宁的社会氛围使这里成为佛教艺术生长的沃土。

图 3-3-154　通天岩题记一瞥

通天岩的摩崖题刻与造像参差错落分布于各个崖面。此地本为风景胜地，加之佛教造像续有雕凿，更为文人雅士心驰神往。历代俊杰到此游玩题咏，于崖壁之上留下许多书法隽美、刻工精致的佳句。

图 3-3-155　通天岩造像局部，晚唐五代，石雕
赣州通天岩

此组造像除罗汉像外，最重要也是保存比较好的三龛造像分别是地藏像、观音立像和水月观音。地藏菩萨像高1.28米，头戴风帽，面相丰圆，表情祥和，全跏趺坐，身上衣纹精致细腻，双手结禅定印。水月观音头戴高宝冠，佩项圈、璎珞，身着较为贴体的裙衫，自在坐，神情自若。从审美的角度看，此像既非六朝“秀骨清像”的模式，也不是盛唐丰肌为体的形态，而是具健美、饱满的美感。观音立像更是丰腴秀美，这些应为通天岩早期佛教造像之作。

图 3-3-156 观音像，唐至五代，石雕，高 1.65 米

赣州通天岩第 258 龛

观音头戴高宝冠，面圆而微长，嘴角带有隽永的微笑；发辫披肩，合掌于胸前；身材修长，丰而不胖，仪态万千；周身装饰瓔珞、披帛，长裙曳地；足踏莲台。从造型、面相、体型以及服饰、姿态看，此像具有唐末遗风，是目前通天岩保存较为完好的一尊造像。像左侧立一善财童子，双手合十，仅余轮廓。

图 3-3-157 翠微岩造像局部，南宋，石雕

赣州翠微岩

此段翠微岩造像与通天岩相接，龛像大小随岩而造，其中最显眼的两尊造像一是弥勒佛，一是 273 龛觉华如来像。觉华如来戴冠，面丰圆，着交领衣，跏趺坐于展翅飞凤背上。龛右刻造像记："虔州赣县右通利坊朱氏同男吴豫施觉华如来座飞凤，追召亡夫吴十四解元受生净域。"[1]

① 张总、夏金瑞：《江西赣州通天岩石窟调查》，《文物》，1993 年第 2 期，第 52 页。

图 3-3-158　布袋弥勒像，南宋，石雕

赣州通天岩第 274 龛[①]

弥勒佛倚坐于山崖上，光头现比丘相，厚鼻大嘴，双耳垂肩，笑口常开；穿袈裟，袒胸露腹；左手抚膝持念珠，右手握一大布袋。正如诸多寺院的弥勒殿楹联所书："大肚能容，容天下难容之事；开口便笑，笑世间可笑之人。"其以坦荡的笑容感染着每一个前来朝拜的信众，令人见而忘忧。

图 3-3-159　罗汉造像局部，宋，石雕

赣州翠微岩

两宋时期，各式罗汉像繁荣发展，翠微岩一角就塑出大大小小几十尊形态不一的罗汉像。这些住世罗汉与世人的样貌仪态无异，但又具神通法力，受人供养。

① 在张总、夏金瑞《江西赣州通天岩石窟调查》的正文中此弥勒龛为第 274 龛，但根据其文章中江西赣州通天岩石窟龛位示意图所示，该龛为第 278 龛。

图 3-3-160 罗汉群像，宋，石雕

赣州翠微岩第 293、296 龛

宋代之后，通天岩造像进入全盛时期，开凿活动以各种小龛为主，造像题材以佛、罗汉等明显的男性形象为多。

图 3-3-161 倚坐罗汉像，宋，石雕

赣州翠微岩第 292 龛

龛中罗汉脸上皱纹密布，坐于矮椅上。罗汉所坐的圈椅在宋代广泛使用，还可见于宋代佚名《却坐图》、南宋《无准师范像》等。罗汉靠在椅上，右手抚膝，左手置于腿上持印，一副卓绝孤傲的神情，被匠师刻画得入木三分。

图 3-3-162　罗汉像，宋，石雕

赣州翠微岩第 292 龛

罗汉眯眼歪嘴，左手似举一物在耳侧，恒生妙趣，动态十足。足下踏一兽表明身份，兽头损毁，但兽身静卧似一猫科动物，应为伏虎罗汉。

图 3-3-163　罗汉像，宋，石雕

赣州翠微岩第 286 龛

造像眉眼狭长，瞥向左侧，喜色盈面。面容以写实的手法呈现出南方人低面、宽鼻的特征。

图 3-3-164　罗汉像，北宋，石雕

赣州通天岩第 300 龛

罗汉头部已毁，端坐于覆莲莲台上。龛像整体造型简单，线条质朴。左侧题记表明，此龛开凿于北宋元祐三年（1088），是通天岩现存较早的罗汉像。

图 3-3-165　罗汉像，宋，石雕

赣州翠微岩第 275 龛

罗汉身着僧衣，外披袈裟，端坐于岩壁上。左手持物，右手握念珠置于膝盖上。面部方圆，但凸起的颧骨略显老态，抬头远望，一副持重又不失烟火气的模样。

图 3-3-166　岩间罗汉，宋，石雕

赣州通天岩景区

此尊罗汉“藏”身于幽岩之间。罗汉面貌古拙，为一老者形象。罗汉似肩扛竹竿，身子向前探出，双眼眯起，面带笑意。造像形体虽不大，但结构准确，神态格外生动。

图 3-3-167　通天岩残痕

壁上的残痕，告诉后人这里曾经发生的故事。曾有一群僧侣和善男信女在坚硬的岩壁上刻下了自己的虔诚和无限希望。

中国
佛教美学
典藏

第四章

南方地区石窟（三）：南天瑰宝

6世纪，洱海地区存在着6个氏族部落，称为“六诏”，其中发源自巍山的蒙舍诏日渐强盛，至第4代王皮逻阁时期吞并其他五诏，从巍山迁都至太和城（今大理），建立统一的南诏政权。南诏政权似乎从一开始就与观音文化有着不解之缘，《南诏图传》就图文并茂地描绘了南诏始祖受观音教化草创王业、观音在西洱河显化等故事。故事中太多神迹不可深究，但的确从此时开始佛教扎根于云南，盘根错节，不可分割。在唐王朝和吐蕃夹缝中生存的南诏动荡纷起，国力渐衰，终于902年覆灭。其后政权虽屡经更迭，佛教却不曾停止渗透。938年，段思平在大理洱海地区发动起义，建立大理国。段氏治国300余年，与宋朝交好，内地文化在此广为流行。儒家的教条与佛教的伦理几乎融而为一：儒生无不崇奉佛法，佛家的师僧也都诵读儒典，师僧也可通过科举获得官职，先后还有多位国王都曾先后禅位，出家为僧。从南诏至大理的600多年，历代政权对于佛教的大力扶持，使原本纷争动荡的苍山洱海转变成佛教传播的圣地，相关艺术与文化也在这一时期取得辉煌成就。《南诏图传》和《张胜温画卷》皆为美术史中的杰作。保存至今的昆明地藏寺经幢、巍山佛教造像、大理崇圣寺三塔、大理国经幢、大理国梵像卷等，均是佛教艺术中的重要遗存。

自唐王朝而来的汉传佛教对这一地区的影响不可磨灭。据李京《云南志略》：“开元二年，遣其相张建成入朝。玄宗厚礼之，赐浮屠像，云南始有佛书。”[①] 昆明《王仁求碑》以及南诏、大理保存下来的佛教经卷绘画皆表明，最晚至唐初，汉传佛教的影响已至云南，填充了苍山洱海的佛教底色。[②] 尤其需要指出的是，人们常说的云南密教阿吒力教其实并不存在，侯冲对云南发现的阿吒力经典进行系统的查阅和研究后发现，其全部是汉传佛教做法事的仪轨文本。尽管留存至今的佛教文献和艺术作品已经体现出汉传佛教在云南佛教的绝对地位，但同时也不可否认，云南毕竟距长安山高水远，云南的宗教信仰和文化体系也有自己独特的一面，其西南紧邻南传佛教盛行的东南亚诸国，西北又与藏传佛

① 王叔武：《大理行记校注云南志略辑校》，云南民族出版社，1986年，第73页。
② 侯冲：《南诏大理国的佛教》，《佛学研究》，2001年第10期。

教的大本营西藏接壤，故而当地佛教势必会存在区别于内地的独特印记。如南诏、大理国两代统治者笃信佛法，借用佛教传统将王者全家雕入窟像最为与众不同；常见于石刻、金铜像中的阿嵯耶观音从名号到形态都与汉式造像有所区别。

大理作为南诏至大理国时期的都城所在，云南佛教石窟艺术也以这里为中心传播开来。剑川石钟山石窟规模较大且保存完好，此外还有喜洲乡归源寺镇国灵天神石刻、挖色高兴石窟、保山卧佛寺石刻、禄劝密达拉摩崖、晋宁摩崖石刻、安宁法华寺石窟等分散于周边各处。这些各具特色的石窟造像，“论神佛，有来自东土，也有出于西域。辨教宗，有藏密护法，也有禅宗祖师”[1]，各种文明交汇共生，产生的美学面貌向世人展示着无穷的魅力。

---

① 邓启耀：《五尺道述古》，云南美术出版社，2008年，第125页。

剑川石窟

剑川位于云南大理白族自治州，虽是偏居西南一隅的小城，但拥有深厚的文化底蕴。旧石器时代时，先民就在象鼻洞留下生活的痕迹，新石器时代已在海门口聚居。唐中宗神龙三年（707），唐朝和南诏联军在漾江与鼻江之上大胜吐蕃，为纪念战功，便“勒石剑川”，从此该地留名史籍。作为滇藏茶马古道上的重镇，剑川不乏商旅往来、文明传播留下的印记，而剑川石窟则因其丰富的文化内涵和高超的艺术水准在众多遗迹、遗存中最负盛名。剑川石窟始凿于9世纪中期，历经五代、两宋，止于元代。300多年间的陆续开凿，留存至今的共有17个龛窟、233躯造像。造像主要分布在石钟寺、狮子关和沙登箐三区。论数量，剑川石窟与中原北方甚至四川地区都相差甚远。由于特殊的地理位置和300多年间变化莫测的时局，外来文化与本土文化发生交融和转变，各方势力与地方政权进行博弈和平衡，而后形成了鲜明的地域特色，这正是剑川石窟的魅力所在。

石窟中现存最早的题记来自南诏十世国王——昭成王天启十一年（850），当时佛教盛行以及兴建佛窟的渊源，则要追溯到南诏第六代王异牟寻。异牟寻（779—808年在位）是南诏历史中最卓越的君主之一，他继位后，恢复了和唐朝中断了40余年的友好关系。《旧唐书》就称异牟寻“颇知书，有才智，善抚其众”[①]，其在位期间把南诏治理成“人知礼乐，本唐风化”的太平乐土。异牟寻在位时还派遣长子寻阁劝和清平官尹辅酋等到

① ［后晋］刘昫：《旧唐书》第4册，中华书局，2000年，第3593页。

长安谢恩。白居易所作《蛮子朝》记录了当时的盛况。异牟寻为佛教的传入和发展提拱了契机和力量，石钟山第1龛则以佛教的方式表达了对这位英明君主的纪念。这幅佛教石窟构图的世俗场景，被口口相传称为“异牟寻议政图”(图4-1-1)。龛中异牟寻头戴金刚宝塔莲花冠，身着圆领长袍，双手入袖，端坐于龛中心龙首椅上。两侧各四位胁侍对称而立，分别为清平官、侍从、童子等(图4-1-2)。白居易诗中言“清平官持赤藤杖，大将军系金呿嗟”，窟中左壁手持藤杖站立的官员形象被认为是使唐清平官尹辅酋。第2龛主像亦为南诏君王，华丽的殿堂式龛内刻画了以南诏第五代王阁逻凤(748—779年在位)为中心的16人的宏大场景(图4-1-3)。阁逻凤在位期间不仅掌控云南全境，还将统治范围扩张至四川西南、贵州西北，南诏一举成为中国西南地区最为强大的政权，其文治武功在至今耸立于太和城(今大理市太和村)的德化碑中留下记载。此窟因君王身侧的王弟阁陂和尚以及南诏史书所载的“羽仪长”而更具现实意味(图4-1-4)。除石钟山第1龛和第2龛再现宏大宫廷政治生活场景，第9龛同为王者造像，一般认为是南诏第一代君王细罗奴及其家眷。《南诏图卷》中观音化现，授记细罗奴降伏顽民为主，其妻弥湿脚、媳梦讳也曾被头戴莲冠、身披袈裟的梵僧点化，正因此渊源，细罗奴一家都出现在石窟中，接受后世的礼敬。

汉传佛教中将统治者转化为佛教人物表现在石窟中屡见不鲜，西藏石窟和西夏佛画中也有不少将世俗统治者直接纳入佛教艺术作品的情况。剑川石窟的王者造像直接把人间的统治者搬上受人供养膜拜的神坛，与前者皆有不同，这与白族先民原有的本主信仰有关，本主即本境之主，作为本地区的保护神，可以是各方神灵，如山神、龙王等；或是物件，如石头、树木；也可为帝王将相，如剑川石窟中的细罗奴、阁逻凤等。作为观赏的对象，这些龛窟造像雕凿精美细腻，人物栩栩如生，具有极高的艺术价值。作为信仰崇拜的对象，相较于想象之中的佛教神灵，曾经有血有肉的人物被注入神性，既使受众感觉亲近，又可产生超越世俗的崇高感。

《南诏图传》和稍晚的《张胜温画卷》中都有“观音七化”的故事，观音与云南地区政权建立及稳固、民间信仰都有紧密的联系。观音显化故事广为流传的时候，各式观音形象也在画卷、金铜造像和石窟中屡见不鲜。阿嵯耶观音像是最具云南本土特色的观音造像，也是当地民众信奉的主神。阿嵯耶观音的衣着和造型与汉传佛教菩萨迥然不同，以金、铜材质较为常见，留存至今的有大理崇圣寺塔出土的金质阿嵯耶观音造像、圣地亚哥艺术馆藏的大理国铜鎏金阿嵯耶观音像等20余尊，石钟山第13龛是少见的石质阿嵯耶观音像(图4-1-5)。石钟山第5龛则呈现出与阿嵯耶观音明显不同的观音样式，龛中观音(图4-1-6)呈坐姿，天

图 4-1-1　南诏王异牟寻议政图，大理国时期（937—1254），
石雕，龛高 1.68 米，宽 1.66 米，深 0.4 米

剑川石钟山石钟寺第 1 龛（李玉良 供图）

石钟山石钟寺第 1 龛乍看与常见的佛教石窟构图无异，实际上却以现实主义雕刻手法向世人展示了以谋略治国著称的南诏王异牟寻议政图。画面整体构图主次鲜明，南诏王像形体最大，且位置最高，其坐姿类似禅定佛的坐姿，在台座、龙椅及高大屏风的衬托下显得威严而崇高。其两侧的人物则动态各异：文官端坐，睿智而儒雅；武士立如磐石，勇猛又强健；持物侍从憨态可掬，显得温顺忠厚。各式人物各有特色，用充满世俗化和现实性的温情冲淡了宗教构图的神圣、冷峻。

图 4-1-2　南诏王异牟寻议政图右壁局部，大理国时期（937—1254），石雕

剑川石钟山石钟寺第 1 龛（李玉良 供图）

异牟寻两侧端坐的头戴幞帽、身着圆领宽袍的人，被认为是清平官杜光庭、郑回像。郑回在《旧唐书》和《资治通鉴》中都有记载，在异牟寻当权期间被任命为清平官，并在南诏与唐王朝关系缓和的过程中起到重要作用。杜光庭仅在《南诏野史》及地方志书中留下争议颇多的“唐流寓御史杜光庭”寥寥几笔。史实难以考证，造像却力求真实，清平官高大的莲花头囊为南诏独有，宽大的圆领袍则是唐代样式。画面中清平官正襟危坐，气度沉稳。另外三躯体量较小的造像各具动态，有喜笑颜开者，有瞪目凝视者，使画面意趣丛生。

图 4-1-3　南诏王阁逻凤议政图，大理国时期（937—1254），石雕

剑川石钟山石钟寺第 2 龛（李玉良 供图）

阁逻凤位于龛的正中，戴头囊王冠，身着圆领宽袖长袍，趺坐于龙头椅上，阁逻凤头冠高高耸立，花纹极尽繁复，身着圆领长衫，上身贴体简洁，自腰下袖摆和衣襟褶皱陡增，其华丽细节与冠饰呼应。阁罗凤坐前左右站立、手握佩剑的二人是史书中所记载的南诏王贴身护卫“羽仪长”；在阁逻凤的两侧还有手持雉尾长柄扇的侍女和衣着鲜明的南诏“仪仗队”；南诏头戴羽饰和牦牛尾者可能为的罗苴子（武士）形象。特别值得注意的是，阁逻凤右侧伞盖下似一僧人结跏趺坐，很可能是阁逻凤之弟阁陂和尚。此龛在构图等方面与异牟寻议政图相似，以阁逻凤为中心，一众人物零次栉比有序展开，填充整个龛窟，其议政场景真如世俗场景热闹非凡。

图 4-1-4　南诏王阁逻凤议政图右壁局部，大理国时期（937—1254）

剑川石钟山石钟寺第 2 龛（李玉良 供图）

主像右侧端坐于曲柄伞下者推测为阁陂和尚，从石窟布局看，龛正壁与主尊并置的群像中仅有这位身着僧衣、手持佛珠的僧人与主像阁逻凤呈坐姿，阁陂和尚身下基座略矮于主尊，体量也稍小，但在全龛中一人之下的显赫地位显而易见。阁陂和尚仅见于地方传说和《南诏野史》，史书载天宝九载（750）“（阁逻凤）遣弟阁陂和尚……献凯吐蕃。陂有神术，人马往来吐蕃，不过朝夕之顷”[1]。这位颇具神通的密教僧人在政坛也有所建树。小小一躯造像身后既有神秘莫测的传奇故事，还体现了讳莫如深的唐王朝、吐蕃和南诏之间权力的角逐。

① ［明］倪辂辑，［清］王崧校理，［清］胡蔚增订，木芹会证：《南诏野史会证》，云南人民出版社，1993 年，第 77 页。

图 4-1-5　阿嵯耶观音像，大理国时期（937—1254），石雕，高 0.6 米

剑川石钟山石钟寺第 13 龛（李玉良 供图）

圆拱形浅龛内以浮雕手法塑造阿嵯耶观音形象。观音束高发髻，化佛位于髻中，发髻两边两簇发辫垂肩，饰有耳环、项圈及臂钏。上身袒露，宽肩蜂腰，右手上举持杨柳枝，左手下垂轻贴腹部，腰部束带下着贴身长裙。足下有三层叠涩方台。阿嵯耶观音身姿窈窕，体态周正、端庄，自然光线的加持使造像更具神性。

阿嵯耶观音与南诏建国传说相关，作为观世音菩萨化身，还有呼风唤雨之神力，在之后的大理国也备受尊崇。根据现存造像题记，最早于 9 世纪，阿嵯耶观音的造像风格已经确立。此阿嵯耶观音像与大理崇圣寺千寻塔出土金质像非常相似，观音头光顶部的优罗钵花还清晰可见，阿嵯耶观音像非汉式，其身体特征以及赤裸上身、于腰间饰裙的特点可能受爪哇、越南等东南亚国家造像风格影响。

图 4-1-6　观音像，南诏至大理国时期，石雕，高 0.53 米

剑川石钟山石钟寺第 5 龛（李玉良 供图）

观音龛位于中心佛龛右侧，与大势至龛相对。观音结跏趺坐于圆拱形浅龛内，尊像头戴宝冠，冠中化佛，项饰璎珞，身披天衣，莲花须弥座在下承托。座两侧及下方各有一对造像，因上部损毁严重，身份不可辨识。观音座下有一坐像，像后有圆形头光，结禅定印，应为佛尊。与阿嵯耶观音凸显的女性身体特征不同，此尊观音无论面容还是身躯都给人敦实厚重之感，造像身后高大的身光、身光中的宝珠火焰纹等，也都雄浑粗犷，这同时也与宝冠、璎珞及衣纹的精雕细琢形成鲜明对比，丰富了造像的视觉语言。

衣层层相叠，身材整体饱满、敦厚。剑川地区至今流传一则故事，观音为劝解众生修行，剖腹掏心以示赤诚。[①] 第 7 龛甘露观音（图 4–1–7）倚坐于高台和宝座之上，并未有剖腹举动，但腹部开一洞。剖腹见佛的神将、罗汉已见于安岳、杭州，剖腹的观音却为剑川独有，此画面与上述观音传说不无关联。

大黑天在云南特别是苍洱地区的宗教信仰中地位也相当特殊。人们尊大黑天为守护神，从密教吸收而来的大黑天信仰，与本主信仰融合，成为剑川地区本主庙中供奉最多的神祇。石钟山石钟寺第 16 龛大黑天神像时代较早，其龛位于石钟山沙登村后崖壁上，与毗沙门天王像相对，以浮雕的形式表现，大黑天鼓目犬牙，头顶、颈部以及腰部都戴有骷髅装

图 4–1–7　观音像，南诏至大理国时期，石雕，高 1.62 米

剑川石钟山石钟寺第 7 龛（李玉良 供图）

此龛中三尊皆为女性形象。正中观音垂足正坐，容貌端庄秀丽，肌肤丰润，手执杨柳枝，托钵，方座下雕刻装点浪花、莲瓣的高台。此尊观音像因腹部开一洞，俗称“剖腹观音”，不知先有此尊剖腹观音还是先有民间故事，造像和故事都让人为观音的真挚和坦诚所动。观音左右两侧为二胁侍，头梳丫髻，面庞圆润清秀，一个捧瓶，一个举盒，其衣着均是宽袍大袖、长裙曳地，淋漓尽致展现女性之美，使画面更趋柔和。

① 罗杨总主编：《中国民间故事丛书·云南大理·剑川卷》，知识产权出版社，2016 年，第 32 页。

饰，尽显愤怒、凶狠之相（图 4-1-8）。第 6 龛主龛两侧也配置毗沙门天和大黑天像（图 4-1-9），高浮雕的大黑天造像相对浮雕更具动感，细部也更精细，但损毁较为严重，所持法器多不可辨识。剑川石窟中的大黑天像与崇圣寺三塔中出土的大黑天神像以愤怒护法相的四臂形象为主，与 11 世纪印度帕拉王朝的大黑天造像接近，在内地鲜见。与大黑天经常配对设置的毗沙门天也是剑川石窟中常见的神祇，除上述与大黑天成对出现的毗沙门天王像（图 4-1-10）外，金华山摩崖造像高浮雕的毗沙门天是剑川石窟最大的造像，徐霞客曾到此一游并留下记载："路左有一巨石，当坡东下而峙，下瞰土主庙后，石高三丈，东面平削，镌三大天王像于上，中像更大，上齐石顶，下踏崖脚，手托一塔，左右二像少杀之。土人言，'土司出兵，必宰猪羊夜祭之，祭后牲俱为乌有，战必有功'，是为天王石。"[1] 身侧两尊造像被徐霞客误认为也是天王，其实一男相一女相，应为天王胁侍或眷属（图 4-1-11）。

由大黑天和毗沙门天拱卫的剑川石窟第 6 龛，即著名的"明王堂"（图 4-1-12）。此龛宽逾 10 米，是剑川石窟中少有的鸿篇巨制。布局为中央圆拱龛雕释迦佛趺坐像，身旁有二弟子。龛两侧为八大明王之像，两端即多闻天王及大黑天神。明王皆三头六臂，踞坐岩上莲台，神情猛恶可怖；其上身均裸露，绕天衣，手持降魔杵或持剑、法轮、弓、箭等法器，身侧均有榜题。据研究，主尊为"大日遍照佛"，此佛亦见于《张胜温画卷》和孔祥勉先生捐赠

图 4-1-8　大黑天神，南诏至大理国时期，石雕

剑川石钟山石钟寺第 16 龛（李玉良 供图）

大黑天一首六臂，额间还有一眼，浑身以骷髅与蛇装饰。造像保存完好，六臂所持法器清晰可辨，其右第一手持三叉戟，第二手持剑，第三手持堕索；其左第一手持层鼓，第二手捧血杯，第三手持念珠，彰显大黑天作为护法的强大神力。

① 云南省剑川县志编纂委员会编纂：《剑川县志》，云南民族出版社，1999 年，第 776 页。

图 4-1-9　大黑天神像，南诏至大理国时期，石雕，高 1.8 米

剑川石钟山石钟寺第 6 龛（李玉良 供图）

大黑天神像立于第 6 龛主龛外侧，造像一头四臂，三目圆睁，獠牙外露，从左肩至腰间斜挂一串骷髅，左手还在胸前托起一只骷髅碗。腰带前的兽面乍看之下似一张人面，唯有一排醒目的獠牙展现可怖气质。大黑天与毗沙门天镇守八大明王龛两侧，在造型上与内地石窟中常见的力士也非常相似，造像身体侧向龛外，头光、披巾和裙角向一侧飘动。此尊大黑天的形象殊为可怖，面貌凶恶，身体强悍有力，呈现出捍卫佛土、震慑一切邪魔于门外的剑拔弩张之势。

上海博物馆的鎏金铜佛像。通过将八大明王持物与经典进行比对，明王与《瑜伽大教王经》基本吻合。[①] 尤其焰鬘得迦愤怒大明王、不动尊大愤怒明王二尊可以清晰地确认到左第二手手持的《般若经》，表明剑川石窟八大明王是经过内地传入大理国的，而不是源自西藏或印度。此龛对研究大理国与宋王朝之互通具有重要价值。

汉传佛教对剑川石窟影响之深，在造像题材、人物形象、装饰元素等多方面都有体现。华严三圣是汉传佛教艺术中常见的主题，石钟山第 4 龛即为华严三圣龛。龛中释迦牟尼佛倚坐于正中，文殊师利菩萨、普贤菩萨为胁侍，均为高浮雕、几近圆雕的手法表现，除一佛二菩萨外，还有阿难、迦叶二弟子。阿难、迦叶二弟子位于佛菩萨的背光之后，形式为浅浮雕，在浮雕的层次上突出了华严三圣的主题（图 4-1-13）。第 5 龛一般称为“维摩诘变龛”，以嶙峋山石为背景，一铺三尊式的三个主要人物位于前景之中。汉末佛法初传中土，《维摩诘经》便译出并广泛流传，这位不拘一格、辩才无碍的人物旋即成为佛教绘画中流行的题材，张墨、顾恺之、张僧繇等巨匠都曾涉猎，汉传佛教的石窟中、造像碑上更是常见。顾恺之塑造的“清羸示病之容，隐几忘言之状”的

① 阮丽：《剑川石钟山石窟第六窟八大明王源流考》，发表于云南省佛教协会与大理崇圣寺联合举办的 2013 崇圣论坛。

图 4-1-10　毗沙门天王像，大理国时期（937—1254），石雕，高 6 米，宽 9 米

剑川金华山摩崖造像（李玉良 供图）

造像占据整面巨石，居中为毗沙门天王像。天王头戴宝冠，脸部五官宽平；右手执战戟，左手托塔，威武刚猛，仅就体量而言，亦是气势撼人。因山体本身起伏，造像时省略了平整壁面的工序，将上部浮雕浅刻，越向下浮雕越突出，取得了立体平衡的视觉效果。

图 4-1-11　毗沙门天王眷属像，大理国时期（937—1254），石雕，高 2.2 米

剑川金华山摩崖造像（李玉良 供图）

毗沙门天王两侧为其眷属像，右侧为一女性形象，被认为是天王的妻子。佛教中吉祥天女被认为是毗沙门天王的眷属，推论为其妻子或者妹妹，在敦煌壁画中，毗沙门天王也常与吉祥天女一起出现。根据圣坚译《罗摩伽经》所述，毗沙门天王的眷属包括天女、太子及夜叉等。元友谅撰《汶川县唐威戎军制造天王殿记》云“哪吒捧塔以前侍，天女持花以凝睇”。龛中天女头戴宝冠，双手合十，身披璎珞，绶带环身，着菩萨装。此像身形粗壮，但衣饰线条却显得格外温和婉丽，女性的柔美被精心地刻画出来。

维摩诘奠定了后世绘画、造像的基调。此龛主尊因清癯的长者面相及俊逸的风貌，故一般被认作维摩诘。但也有学者指其应为祖师像，因云南地区佛教受汉藏佛教影响较重，故也非常重视祖师传录，像身也饰项链，符合印度婆罗门习俗（图 4-1-14）。石钟寺第 8 窟中心龛内是由晚近改造而成的“阿姎白”（图 4-1-15），其两侧还有佛与天王像。“阿姎白”是白族语中对女性生殖器的婉转表达，此处造像成为妇女求子祈福的寄托。主龛内左、右壁和龛外左、右侧皆设毗卢遮那佛、多宝佛坐像（图 4-1-16），虽雕凿手法不同，但构图、形制完全一致，坐佛在中，两侧有胁侍菩萨，坐佛下方有一礼拜者。

图 4-1-12 明王堂局部，南诏至大理国时期，石雕，高 3 米，宽 11 米

剑川石钟山石钟寺第 6 窟（李玉良 供图）

窟中央主尊结跏趺坐于莲台上，右手施触地印，左手结禅定印。主尊两侧有二胁侍比丘。三尊像具有明显的汉传佛教风格。佛像与明王宝座由刻着莲瓣与狮、象、麒麟的高坛连为一体，造像、宝座、高坛皆雕琢细腻，错落有致。八尊明王因尊格不同，造型与持物略有差异，尊尊动态自然，法相威严，其身光又因位置不同呈现不规则变化，突出中心龛中佛与菩萨的至高地位。

佛教在云南的历史源远流长，因云南西部与印度及尼泊尔比邻，在地方传说中在释迦世尊住世时代佛教即已传入。传说的真实性有待考证，但由于其特殊的地理位置，南传佛教、汉传佛教和藏传佛教先后传入，发展至今是不争的事实。云南石窟造像的内容和技法与四川、重庆等地的石窟有诸多相似，南诏和大理国时期创造的灿烂辉煌的石窟雕刻艺术，在吸收此前中原地区魏、晋、隋、唐石刻艺术风格的同时，更是融入了地方民族文化和审美风尚，成为独具史料价值和美学价值的艺术珍品。

左页：图 4-1-13 华严三圣，南诏后期，石雕

云南剑川石钟山石钟寺第 4 龛（李玉良 供图）

佛像面相方正丰腴，双目下视，略带微笑，右手上举，施说法印，左手有损毁，原应抚膝。佛倚坐于束腰方座上，身后头光身光中火焰升腾，足踏两朵莲花。两侧菩萨刻画精致细腻，火焰头光与天衣一同向两侧飘动，有满壁风动之势。佛左侧文殊菩萨下身及狮子坐骑有损，仍可见狮爪锋利。右侧普贤菩萨身姿小巧而丰满，善跏趺坐于莲台之上，莲下为白象。大象刻画得憨厚质朴。

图 4-1-14 维摩诘，大理国时期（937—1254），石雕，龛高 1.8 米，宽 1.3 米，深 0.5 米

剑川石钟山石钟寺第 5 龛（李玉良 供图）

第 5 龛以山林为背景，群像安置其前，中间主像束发扎巾，双眉微蹙，目光俯视，面相老而清瘦，身着交领宽袖长衫，右手当胸，掌心向下，坐于嶙峋怪石之上，其洒脱俊逸的姿态俨然一位魏晋风流人物。此像束发高髻，身披长衫，善跏趺坐于岩座之上，虽面带愁容，但山林中的愁容也显得格外超然。

主像两侧造像手、头皆毁，其右侧造像跷脚坐于束腰方座上，衣纹呈梯形层层下落，自然舒展。左侧壁造像双足下垂倚坐于方座上，端庄大方。龛后壁刻须弥山，就地取材，刻画出怪石林立、突兀峥嵘的云南石林景象。山间开有小佛龛，内或刻坐佛，或刻一佛二弟子等，另有鸟、兽、宝塔等装点其间。此番情景俨然三几好友石下林边促膝畅谈的景象。

图 4-1-15　阿姎白，大理盛德四年（1179），石雕

剑川石钟山石钟寺第 8 窟（李玉良 供图）

数个圆拱形的小龛合为石钟山石钟寺第 8 窟，中心龛以阿姎白为主，两侧配以增长天王、持国天王及多宝佛、毗卢遮那佛等像为主尊的浅龛。其下石壁上还有数个小龛。根据中心龛内墨书题记，此窟开凿于大理国段智兴盛德四年（1179）。龛顶上方的莲花、荷叶、流云等装饰元素颇具汉传佛教特色，龛内供奉为阿姎白，石像残损痕迹严重，制作较粗糙，不是与窟同期所造，应为原像损毁经修改而成，原像情形反而被掩蔽，现已成为妇女为求子嗣而礼拜的对象。

右页：图 4-1-16　坐佛像，大理盛德四年（1179），浮雕

剑川石钟山石钟寺第 8 龛上层主龛内左壁（李玉良 供图）

此组造像以减地平钑浮雕的形式凿刻在主龛内侧壁。主佛宽额和健实的身躯，以及袒右式袈裟带有藏式造像的特征，结跏趺坐于仰覆莲莲座上。身后有椭圆头光和宽大简洁的圆形身光。佛座前跪一礼拜者，其两侧分别有六臂和八臂神祇。从整体上看，布局上疏下密，画面构图力求突出上部的主尊形象，同时讲求左右上下位置的对称与协调。这种构图在石窟中并不常见，而在壁画、版画等平面作品中屡见不鲜。中国传统艺术尤重线条之美，浮雕用疏密有致的线条勾勒出的人物轮廓和衣褶，简约精准地表现出图像主题的同时，又赋予画面流畅和律动之美。

中国
佛教美学
典藏

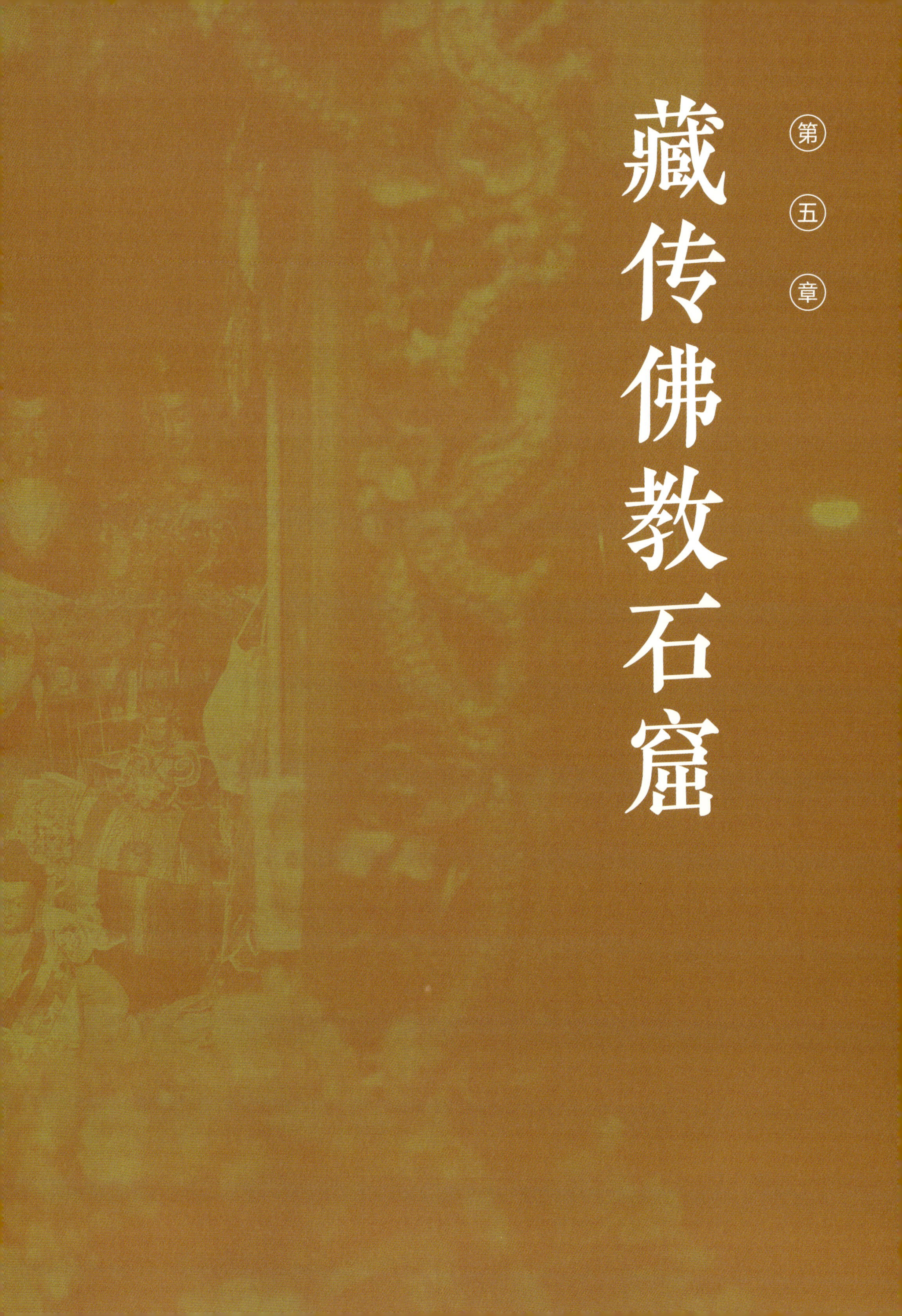

第五章

藏传佛教石窟

7世纪中叶，雪域高原的松赞干布依托联姻、战争征服等手段建立了统一西藏的吐蕃王朝，此时新兴的吐蕃虽威服四方，但其内部暗涌着新政权和旧势力的冲突。地方大贵族依托传统苯教对抗赞普日益集中的集权。面对苯教的势大，松赞干布决定远离旧势力盘踞的雅砻河谷，迁都至拉萨河畔的红山，将佛教从东方的唐王朝和南方的尼泊尔引入以作对抗。自此开始，雪域明珠——西藏就因其稳固的、忠诚的佛教信仰而更加闪耀。板块运动馈赠给这片超尘拔俗的地球高地千姿百态的阔岩与石砾，恰好成为信仰最永恒的载体。西藏石刻风格独特，分布极为广泛，包括玛尼石刻、石窟造像和摩崖石刻三大类。

藏区的山口、关隘、江畔、村落、牧场、城镇、圣迹乃至天葬场附近以石块垒置成的祭坛便是玛尼堆，供人祈福禳灾、转经礼拜，玛尼堆上主要刻画佛教箴言咒文，造像很少出现。佛教的痕迹在这片土地无处不在，但摩崖石刻和石窟造像却为数不多。拉萨的查拉鲁普石窟寺为吐蕃时期修建，其中造像题材取自诸佛菩萨，也有王室人物。与云南的本主崇拜不同，松赞干布被视为观音的化身，文成公主和尺尊公主则分别是绿度母和白度母的化身，藏区石窟的俗世人物被赋予了宗教的内涵。其后发现的乃甲切木、藏东仁达、勒巴沟、贝纳沟等处摩崖石刻也丰富了人们对西藏石窟的认识，具有重要的研究价值。相较于内地，藏区石刻所依托的寺院多得以留存，但也因此，石刻造像被涂金供奉难见原貌；野外石刻则以线刻和浅浮雕为主，辨识也比较困难。从隐约的身形和模糊的线条中，可以看到西藏本土文化、波罗风格、中原传统的交汇融合。

伴随着元王朝征服的脚步，藏传佛像艺术开始传入内地。雪域开放包容的艺术风格，在内地传统审美观念和雕刻技法的包围下，悄然地改变着原有的风貌，呈现出新的特色。杭州飞来峰、泉州市碧霄岩也有藏传佛教遗迹存世，进入中原的藏式造像虽在造型上还具有比较浓厚的印度风味，但面容温润似江南女子，身形体态也更具内敛含蓄之美。

第一节

佛光初绽：查拉鲁普石窟

药王山，相比北侧朝圣者摩肩接踵的红山显得颇为肃静，有着“吐蕃第一窟”[①]之称的查拉鲁普石窟（也作札那路浦石窟，图 5–1–1），就位于此山东麓距地面 20 米的一处洞窟中。在新王朝勃兴、内部暗流涌动的背景之下，佛教的引入和外部的支持迫在眉睫，于是泥婆罗（今尼泊尔）光胄王之女尺尊公主和唐朝宗室女文成公主被松赞干布迎娶至吐蕃。

新都逻些城（今拉萨）的营建成为吐蕃赞普树立新朝气象、打击旧势力的重要政治工程。两地二妃随行而来的佛教文化和工匠技艺被运用到这座新城的每一个角落。赞普要求，每一位妃子都要在逻些城修建佛寺，于是代表各方势力的五大妃子参与到了西藏佛教事业的首次大规模营建上来。尺尊公主修建了觉康（大昭寺），文成公主修建了绕木切（小昭寺），象雄公主李特曼建泰甫果巴寺，芒妃墀江建叶尔巴寺。而查拉鲁普石窟便是在这一时期中由弥药（党项）公主茹雍妃洁莫尊出资兴建的，石窟周围崖壁均刻有形态各异的佛像和神祇线雕，以及六字真经（图 5–1–2）。诸妃所建之庙宇星聚于红山四周。此时，吐蕃社会正值奴隶制向封建制过渡的时代，百废待兴，方寸之间的查拉鲁普石窟营建用时达 13 年之久。

《西藏王统记》记载了该窟的一则传说，即洁莫尊王妃的查拉鲁普石窟曾现神迹：释迦现明王身，其旁舍利弗、目犍连、弥勒、观世音主从五尊。为积攒福德，复请泥婆罗工匠重新雕琢以供众生朝拜。（图 5–1–3）经后世调查，该窟为支提窟，

① 霍巍：《吐蕃第一窟——拉萨市药王山札那路浦石窟的几个问题》，《考古与文物》，2003 年第 1 期，第 51 页。

图 5-1-1　查拉鲁普石窟外景
（刘拓供图）

查拉鲁普石窟的窟主茹雍妃洁莫尊是弥药王之公主，弥药便是日后建立西夏、称雄西域200年的党项人的别称。西夏史诗《夏圣根赞歌》中吟诵过他们的先祖：“黑头石城棕水旁，赤面皇陵白河上，高弭药国在彼方。”[1]

即茹雍王妃出资建造的转经堂。洞内面积约27平方米，中心柱与洞壁之间是狭窄的转经道，造像就密布于道两旁，共有71尊，除两尊为泥塑外，余者皆为石雕，据分析，造像可分三期，第一期为风格独特的吐蕃造像，二、三期为后弘期所开凿。在中国塔柱窟多出现于南北朝时期的河西走廊，这或许同洁莫尊王妃的出身有关，彼时党项人广泛活动于四川、甘肃、青海一带，洁莫尊王妃之石窟形制可能采自她的故乡。

查拉鲁普石窟作为西藏地区开凿时代最早的石窟造像，保留着浓重的次大陆艺术的痕迹。菩萨尊像大多上身裸袒，下着贴身及膝短裙或贴地长裙，纹路皆为单线阴刻，不做层次感处理。整体姿态呈现上身倾向右方，全身支撑于左腿的形态，这是典型的印度造像艺术中“三折姿”特征，“S”形的姿态突出了女性身姿婀娜、腹腰线条柔雅修长的特点。佛尊则高发髻，额阔面圆，眉细长目，

① 克恰诺夫《夏圣根赞歌》，《西夏学》第8辑，张海娟、王培培译，上海古籍出版社，2011年，第171页。

图 5-1-2 查拉鲁普山崖线刻造像
（刘拓 供图）

相传藏王松赞干布之茹雍妃在查拉鲁普建造米芒才神殿，并在山崖上雕刻了大梵天神像等。而后在盐价上涨时，以每雕崖粉一升给盐一升的价格，凿成转经堂。[1]现今查拉鲁普山崖上造像密布，佛像、菩萨像以及藏传佛教供奉的多臂神祇数量众多，最早的大梵天神像已不知为何尊。

① 周润年等编著：《贤者喜宴 吐蕃史译注》，中央民族大学出版社，2010 年，第 73 页。

图 5-1-3　中心柱一佛二弟子二菩萨像，7—8 世纪，石雕

查拉鲁普石窟（刘拓 供图）

鼻方唇厚，衣纹阴刻单线，不做过多修饰（图 5-1-4）。该窟佛尊和菩萨风格沿袭了犍陀罗和笈多两大佛教造像体系。

吐蕃兴起时，次大陆的笈多王朝已呈衰落之相，8 世纪后，东印度波罗王朝开始通过尼蕃古道影响到西藏艺术的发展。查拉鲁普石窟中心柱四面坐佛及周遭胁侍菩萨均头戴高冠或宝冠，冠后发髻高耸，于尊像上高戴宝冠，冠上极尽繁复富丽之事，即是波罗王朝造像的一个重要特质，在此之前的犍陀罗及笈多造像中颇为少见。史料记载，泥婆罗工匠曾参与了查拉鲁普石窟的营造活动，窟中每尊造像都能看到其风格的影响。

虽然南印度风格笼罩着查拉鲁普石窟修造的整个过程，但由于社会环境和地域的差异性，藏区本土的审美和生活也不可避免地被注入石窟艺

此五尊像与史料记载的佛迹显影于石壁中相吻合，即释迦、舍利弗、目犍连、弥勒、观世音五智者。相传此处本来只有一面石墙，上有一尊自然显现、半露出石面的佛像，因为末法时期众生无福缘得见大昭寺的佛陀等身像，故届时等身像将会沉入地下湖底，为龙族拥有；但由于佛之悲心，查拉鲁普的这尊自然显现的石佛像将替代大昭寺的等身像，以便让未来的无缘众生仍可有机会积集少许见到并顶礼圣像之功德。[①] 因此龛太过殊胜，信徒为佛像刷金，供奉法衣、水果和鲜花掩盖了本体，但也使宗教氛围更加浓重。

① 林骢：《一步一如来：拉萨圣境旅人书》，湖南文艺出版社，2011 年，第 157 页。

术之中。如北壁群塑了松赞干布、尺尊公主、文成公主、吞弥桑布扎、禄东赞五尊吐蕃王公贵族的形象，五尊造像均具有浓郁的藏族特征（图 5–1–5）。松赞干布、吞弥桑布扎和禄东赞三位男尊均头戴吐蕃特有的塔式尖帽，后二者上身裸袒，尚具南亚之风。而松赞干布和两位公主则完全呈现了 7 世纪藏族贵族的形象，年轻的赞普上身着交领左衽宽袖衫，下着竖纹长裙，脚穿藏式筒靴；二位公主着藏族特色的交领左衽窄袖罩袍，肩部斜披络腋，下着竖纹长裙。三尊具有浓厚藏民族风格的造像在我国同期石窟造像中可谓绝无仅有，在众多尼泊尔 – 印度艺术的包围下，吐蕃艺术的雏形已经初见端倪。

图 5–1–4　菩萨群像线图，7—8 世纪，石雕

查拉鲁普石窟（刘拓供图）
引自何周德：《拉萨查拉路甫石窟调查简报》，《文物》，1985 年第 9 期，第 58 页

古老的珍贵造像已被数次妆彩，并用玻璃罩保护起来。但从菩萨“三折姿”以及雕刻手法的表现上，犍陀罗 – 笈多艺术的影响已经显露无余。查拉鲁普石窟中，窟内早期造像均呈现出上身裸袒，下身着次大陆风格围腰的着装。“三折姿”源自古希腊古典雕像中人体重心偏于一侧的标准站立模式，而短裙贴体，上阴刻密集衣褶则包含着笈多艺术中湿衣贴体的主要风格。

图 5–1–5　吐蕃五贵族像线图，7—8 世纪，石雕

查拉鲁普石窟北壁
引自何周德：《西藏拉萨查拉路甫石窟寺艺术来源的研究》，《文博》，1991 年，第 3 期，第 28 页

自左至右依次为：吞弥桑布扎、文成公主、松赞干布、尺尊公主、禄东赞。吞弥桑布扎，时任吐蕃内相，创建藏族文字者。其高 0.66 米，裸袒上身，下着长裙，裙裳纹饰不明显，足踏藏靴，次大陆风格明显；文成公主，被誉为绿度母的化身，尊像高 0.55 米，斜靠松赞干布而立；松赞干布，被神话为观世音的化身，高 0.71 米，面容严肃，右手作论辩印；尺尊公主，被誉为白度母化身，高 0.52 米，双手于胸前相拢；禄东赞，吐蕃望族噶尔家族成员，时任吐蕃大相，掌王朝军国大事，尊像高 0.64 米，与吞弥桑布扎同样为次大陆衣着。

第二节 诸法融合：藏东石窟

藏东地区包括了川西高原大部以及青海东南部一带，此地又被吐蕃人称为“多康”，今又被称为“康区”。多康境内南北绵延的横断山脉，自古便是中原文明与藏羌文化的天然分界线。7 世纪初，新兴的吐蕃王朝开始稳步对这一区域进行扩展，意图威胁唐朝侧翼。总章三年（670），唐蕃在青海大非川决战，吐蕃在名将钦陵的率领下一举击溃由薛仁贵率领的唐军主力，吐蕃借此取康区全境。《旧唐书》记载，此时吐蕃“地方万余里。自汉魏以来，西戎之盛，未之有也”[①]。

从 7 世纪中叶至 9 世纪吐蕃灭亡，100 多年的征服与统治让藏东地区遗留下来大量被历史尘埃所掩盖的吐蕃遗迹。20 世纪 80 年代以来，该地区先后发现数量不少的吐蕃时期摩崖造像，其中体量较大者为青海省玉树贝纳沟内的贝纳沟摩崖造像、勒巴沟内阴刻说法礼佛图摩崖造像；西藏自治区昌都仁达丹玛札摩崖造像两处，它们的建造年代集中在了吐蕃鼎盛时期的 8 世纪。殊为难得的是，两处造像都保存有汉藏两种文字的题记，让千年后的我们可以更加明确地知晓造像的具体时代和开凿缘因。这批造像佐证了唐王朝对藏东地区的经营不仅体现在政治军事层面，同时也注重宗教文化的经营。

藏东地区的摩崖造像具有鲜明的时代特色和艺术风格，其雕凿手法不拘一格，有圆雕、高浮雕、浅浮雕、阴线雕刻等不同的表现方式；早期造像中多见平直刀法，线条较显粗犷，晚期造像多采用圆刀技法，刀法日渐娴熟流畅。缘于西藏高原的

---

① ［后晋］刘昫等：《旧唐书》，中华书局，1975 年，第 5224 页。

地理位置，藏东地区的摩崖造像具有很深的印度次大陆佛教艺术影响，尤其是来自东印度波罗王朝艺术的痕迹最为明显。吐蕃时期，深受其审美风格影响的泥婆罗工匠的身影遍及全藏各大寺院的营造工程。同样缘于地理因素，藏东地区地处彼时唐蕃交流的前线，唐王朝的工匠和美学风格更是直接吹拂这片多山的谷地。在这里，美的元素丝毫不受来自宗教的滞碍，工匠们自由地择其擅者而从之；在这里，上古的智者头戴南亚宝冠，身披东亚的丝帛，背后的宝座上雕琢着来自西亚的团花，背光中卷腾着中亚的火焰。于此种种，深深地表现出一个“地方万余里”的雪域王朝所应有的多元化审美。

一、玉树贝纳沟摩崖造像

贝纳沟（图 5-2-1）所在的玉树市结古镇自古以来即为进藏的重要通道之一，“结古”在藏语意为“货物集散地”，通天河穿城而过。在玉树，最著名的女人就是文成公主。传说 1300 多年前，文成公主在前往逻些城的路上于此停留一个月，等待松赞干布迎接，其间在崖壁上开凿佛像。60 多年后，金城公主入藏，命人于此修建佛堂，为尊像遮蔽风雨，故而此地又被称为“大日如来佛堂”或“文成公主庙”。历史成为传说，传说成为神话，通过今日学者对贝纳沟藏文题记的释读可以得知，此地的营建实在文成公主之后。

“于狗年，凸雕佛像并众壮士刻写愿文等，赞普赤德松赞在位之时，为君臣施主与一切众生之利，比丘大译师益西央所施……缘（岩）顶，其有无比力量之众壮士于岩石雕刻佛像与诸壮士并三宝所依之身像。”[①] 藏文碑记表明，贝纳沟摩崖造像是 806 年为赞普赤德松赞祈福而开凿，同相距不远的仁达摩崖一样是在吐蕃禅宗大师益西央主导下修建。贞元十八年（802）维州之战大败，连年征战的吐蕃王朝人力与财力日渐枯竭，故而赤德松赞开始着手与唐王朝息兵的外交活动，唐蕃关系趋于稳定，本年唐顺宗李诵去世，唐使往吐蕃告丧，并送还被俘人员 70 人，吐蕃再派论勃藏前往长安吊丧。自贞观十二年（638）松州之战以来，长达 170 年的唐蕃全面战争至此基本结束。带着对未来和平与安定的祝福，贝纳沟摩崖造像开始营建。留存至今的佛龛高 12 米、宽 16 米，后世修建的寺院建筑覆盖其上，一般称为文成公主庙或大日如来佛堂。龛内造像皆

① 谢继胜：《川青藏交界地区藏传摩崖石刻造像与题记分析——兼论吐蕃时期大日如来与八大菩萨造像渊源》，《中国藏学》，2009 年第 1 期，第 126 页。

图 5-2-1　贝纳沟山景

传说贝纳沟是文成公主入藏途中曾常驻并造福百姓的地方，故至今仍被当地信徒认为是高原上的“洞天福地”，香火不断，经幡环绕。大日如来佛堂中的藏文碑记表明实际上它的建设在文成公主之后，为赤德松赞在位时期由吐蕃禅宗大师益西央主导。千余年前的善德延续至今，除古刻大日如来与八大菩萨外，还有凿刻在山壁之上的藏文题记、刻经等，丰富着人们对唐代藏东和敦煌、内地之间关系的认知。

为高浮雕，主尊为大日如来，两侧雕刻立姿八大菩萨（图 5-2-2）。主尊与诸菩萨所穿所戴与后世截然不同，如头戴高耸桶状三叶宝冠，身着对襟小翻领胡服（图 5-2-3），以及座下青狮尾巴从腹部的一侧翻卷而上（图 5-2-4）等，这些无一不显示出 8 世纪典型的吐蕃艺术特征，而这些细节在后弘期的藏传佛教遗存中大多难以再见。贝纳沟的 9 尊造像在历代均有修复和重绘，较其原始情貌有较大改变，尤其在塑像设色及图案的绘制上可以明显看到明清痕迹，如主尊大日如来身后的放射状水波纹背光以及诸尊像服饰上的团花纹和波浪水脚纹样。

贝纳沟造像虽然在后世有过多次重修，但其构图和衣着细节仍然忠实地反映了吐蕃时期佛教艺术本土化的倾向，相较昌都地区的仁达丹玛札摩崖造像，贝纳沟摩崖造像的本土化更为浓郁，展现出更多“吐蕃样”的风貌。

图 5-2-2　大日如来与八大菩萨，9 世纪初，石雕

贝纳沟摩崖造像（格桑仁青 供图）

在赤德松赞统治时期，大日如来与八大菩萨图像题材开始广泛流行于吐蕃控制的区域内，不仅在贝纳沟，在今甘肃、四川、西藏以及除贝纳沟外的青海地区也都有发现。大日如来与八大菩萨的图像学渊源被认为来自《大毗卢遮那现等觉经》和《八大菩萨曼荼罗经》，此二者是 8 世纪吐蕃王室非常推崇的经典。吐蕃王室在统治后期大力扶持佛教僧团势力，以压制苯教势力，这种大日如来（毗卢遮那佛）主题的大规模营造或许同中原与印度的统治者相似，意即借用宗教神性强化君主权力的正统性。于吐蕃赞普而言，推动大日如来崇拜或许如印度之转轮王、中原之弥勒佛一般，蕴含着政治需求。这种政治驱动艺术风格变化的痕迹在贝纳沟造像中非常明显，其主尊并未选择传统的佛装或菩萨装，而是外着吐蕃时期赞普及贵族多喜穿着的三角形翻领胡服，头戴塔状缠头演变的桶形宝冠。在构图上，贝纳沟令观者体会到更多的是规制严谨、法度森严的一种封建朝堂的形象。

图 5-2-3　大日如来像，9 世纪初，石雕，高 3 米

贝纳沟摩崖造像（格莱仁青 供图）

主尊大日如来高筒状发髻，外戴三叶宝冠，身着三角形翻领阔袖袍服，结禅定印。贝纳沟的大日如来俗装气氛颇浓，其身着的翻领袍可见于敦煌吐蕃时期壁画《吐蕃赞普及侍从》等同期描述吐蕃贵族的图像中，此种袍服源自中亚粟特地区所传来的一类胡服。7 至 9 世纪，由粟特商人带来的东波斯艺术之风吹遍了东亚地区，不仅是长安尽胡风，另一个更靠近西域且控制中亚一个甲子的东亚政权吐蕃同样在顶层贵族中流行着胡服。此外，高耸的桶形佛冠或许源自彼时吐蕃贵族中流行的塔状缠头，这类宝冠样式在后宏期佛教造像中已完全消失。贝纳沟的大日如来虽为佛尊，却被古代艺术家增添了人的气息。史料记载，赤松德赞赞普曾为打消人们对佛教造像的陌生感，要求按照吐蕃人的形象塑神绘佛，贝纳沟验证了这一史料的真实性。

图 5-2-4　莲座青狮，9 世纪初，石雕

贝纳沟摩崖造像（格莱仁青 供图）

承莲座对狮的形象明显继承了唐代中原地区对狮的图像表达范式，唐桥陵、干陵等皇家陵寝前的石狮与其完全相似，如波浪状鬣毛和尾巴自后腿反卷而出，其形象显出几分乖巧可爱。从贝纳沟造像附近发现的汉、梵、藏三种文字的《摩诃般若波罗蜜多心经》中也可以看到，随着河西走廊这一汉族长期聚居区被吐蕃征服，以及 9 世纪初唐蕃关系的日趋缓和，汉族工匠普遍出现在吐蕃王朝的各项宗教工程之中，在藏东地区尤为明显。

二、玉树勒巴沟摩崖造像

勒巴沟摩崖造像位于贝纳沟造像东北 8 千米处的勒巴沟口，皆为阴刻线雕、减地浅浮雕，虽与不远处的贝纳沟摩崖造像同属吐蕃时期，因保存在野外，较少历经后世修复装彩，故而较后者蕴含更多的来自印度、内地以及西藏本土的早期元素。对探究吐蕃时期藏传佛教艺术有着极大的参考价值。

勒巴沟岩画共有 3 个地点，沟口岩画用阴线镌刻出大日如来、菩萨、狮子座等（图 5–2–5、图 5–2–6）。大日如来组像位于两块巨石的夹角，古代艺术家因地制宜，将三者的透视关系做了相应的改变，将两位菩萨稍刻在两侧巨石上（图 5–2–7）。说法图和礼佛图位于沟内一块大型红色岩壁上，说法图中三佛分坐，有趣的是听法众中各种走兽尤为突出，包括狮子、牛、狗等，占据佛前中心位置（图 5–2–8、图 5–2–9）。而礼佛图则显露出汉传佛教的气息（图 5–2–10、图 5–2–11）。据传说，勒巴沟礼佛图所描绘的供养人正是文成公主与松赞干布的形象，但目前尚无定论。勒巴沟中还有许多失考的浮雕，其中一副飞天画面清晰，飞天呈男性姿态，身体浑厚，线条刚正，与同时期内地女性化的飞天大有不同（图 5–2–12）。

图 5–2–5　大日如来与金刚手、圣观音菩萨，8—9 世纪，石雕
勒巴沟摩崖造像

位于勒巴沟口，采用减地平级法雕刻。主尊主供大日如来，为三尊组合形式。下部藏文题记："向毗卢遮那佛、金刚手大势至菩萨及观世音菩萨顶礼，刻于马年。"[①] 同贝纳沟一样，勒巴沟大日如来造像渊源同样与 8 世纪吐蕃王朝推崇的大日如来崇拜密切相关。

① 石硕、王鑫源：《吐蕃在康区的活动遗迹》，《湖北民族学院学报》（哲学社会科学版），2018 年第 6 期，第 127 页。

图 5-2-6 主尊大日如来及狮子座，8—9 世纪，石雕

勒巴沟摩崖造像

东印度波罗艺术风格在勒巴沟表现得尤为明显，大日如来着菩萨装，顶戴尖锐三叶冠，戴耳珰，斜披帛巾，宽肩细腰，波罗艺术所着重表现的青春健硕之感浓郁。头光上覆盖了敦煌样式的华盖和璎珞，结禅定印，结跏趺坐于狮子座莲台上。双狮相背而坐，造型简括，与同期唐风青狮模式一致。

图 5-2-7　圣观音像，8—9 世纪，石雕

勒巴沟摩崖造像

图中的圣观音像位于主尊右下方，头光和身光随着身体的右上倾斜，仿佛尊像在仰首侧耳倾听佛祖之法音。此地并不完美的空间环境在被调整了透视方法后，显得颇有技巧。

图 5-2-8　说法图，8—9 世纪，石雕

勒巴沟摩崖造像

图 5-2-9　说法图线描

引自仝涛：《考古材料所见吐蕃时期青海地区的佛教信仰》，《中山大学学报》（社会科学版），2019 年第 5 期，图 2

说法图与礼佛图并列在勒巴沟内一座红色崖壁，主尊为释迦牟尼佛结转法轮印，坐于狮子座之上，左右两侧各有二坐佛（其一较模糊），四周群绘双手合十之信众、龙王、走兽等。

图 5-2-10 礼佛图，8—9 世纪，石雕

勒巴沟摩崖石刻

图 5-2-11 礼佛图，线描

引自仝涛：《考古材料所见吐蕃时期青海地区的佛教信仰》，《中山大学学报》（社会科学版），2019 年第 5 期，图 1

勒巴沟礼佛图的构图模式明显受到敦煌汉传佛教的影响，主尊为立姿释迦佛，主尊右侧的供养人似以等级地位决定其大小。最大者身着传统吐蕃交领长袍，头戴塔状缠头，为典型的吐蕃贵族形象。其身后人物地位次之，女性，额头露出，头梳双抱面髻，披大氅，持莲。值得注意的是，两髻垂于脸侧的双抱面髻在同一时期汉传佛教女性中非常流行。

图 5-2-12　飞天，
8—9 世纪，石雕
勒巴沟摩崖石刻

勒巴沟礼佛图的主尊发髻高耸，五官清朗，长耳垂肩，背光遍饰火焰纹，身上袈裟贴体几若无衣，仅在腰部阴刻线条呈现腰带，右手施与愿印，手心刻法轮，左手于胸前持物。该主尊具有典型的印度笈多艺术中萨尔纳特造像的风采，仅用必要线条营造衣纹，重点体现湿衣贴体的效果。在衣着上，勒巴沟礼佛图中带有次大陆风格的佛尊同雪域高原厚重衣着的供养人相映成趣。

三、仁达丹玛札摩崖造像

仁达丹玛札摩崖造像位于昌都市察雅县一条幽静的山谷中，谷内仁达拉康中一面名曰“丹玛札”的崖壁之上。此地海拔4000余米，群山环伺，一条条雪山上流淌下来的河流冲刷出一道道河谷，这里是中国最年轻的山脉群横断山脉的北延。深藏于群山之中的仁达丹玛札摩崖造像直至20世纪80年代方被藏族史学家、察雅人尼玛多吉与其妻子伊莉莎贝斯·贝尔那德发现，并对铭文进行了初步清理，随后引起了更多学者的注意。在造像群右侧雕凿有大量汉藏题记，通过题记可知，该摩崖由吐蕃高僧益西央组织开凿于804年。时值吐蕃的40代赞普赤德松赞在位时期，这是一位在朝野动荡之时被推上王座，带领吐蕃走向巅峰的领袖。为荡平外戚和权臣势力，赤德松赞继承前代尊佛奉僧的基础上，支持僧人干政，在僧团的支持下，各方纷争偃旗息鼓，佛教迅猛发展，甚至成为吐蕃所有人自幼都要信仰的宗教。正是吐蕃僧团的崛起和权力的扩张，孕育了仁达摩崖造像。经考证，营造该地的大喇嘛益西央即对吐蕃佛教影响深远的禅宗僧团领袖“禅师布·益西央”[①]。仁达地处唐蕃前线，某种意义上具有纪念碑式的作用，它的营造充分表现出吐蕃王权与教权的合作，凸显了在吐蕃扩张过程中佛教僧团扮演的政治角色，可谓吐蕃后期政治体制走向教权化的一个里程碑。

仁达丹玛札摩崖造像是少见的具有相对准确断代的西藏地区早期造像。造像位于仁达拉康佛堂内岩石右侧，为纵向长方形龛。龛内缘雕凿连续式宝相花。经过辨识，其主题为大日如来，周围环伺八大菩萨、二飞天、一龙王（图5–2–13、图5–2–14）。仁达之大日如来因历代贴金敷泥，诸多细节已无法辨认，但其与东印度波罗王朝之美学渊源清晰可见。作为印度地区最后一个以佛教作为国教的王朝，波罗王朝的艺术水平在融合了密宗教义后达到了印度造像艺术的一个巅峰。主尊下方之单茎莲座左右各有一只青狮（图5–2–15），主尊两侧自上而下浮雕四尊坐姿菩萨（图5–2–16）和一尊飞天。主尊为高浮雕，胁侍为浅浮雕，不同的雕刻手法体现出造像的主次。

仁达丹玛札摩崖造像刀法遒劲有力，刻技精美绝伦，整个造像的构图与11世纪以后卫藏地区的唐卡基本相同，整体风格具有很浓重的东印度波罗艺术气息。这表明，早在9世纪，波罗艺术体系就已经被西藏工匠整体吸收。众所周知，禅宗是汉传佛教进入中原后诞生的独特佛学体系，而禅宗大师益西央就是吐蕃佛教吸收汉传佛教的代表人物，他所具有的汉文化审美同样体现在仁达造像中。汉藏两种铭文的题记印证了此时藏汉之间在艺术上的交流。9世纪，伴随着日益强大的吐蕃王朝的扩张，新兴的藏传佛教艺术风格也在日渐多元化、成熟化。

---

① 霍巍：《论藏东吐蕃摩崖造像与吐蕃高僧益西央》，《西藏大学学报》（社会科学版），2015年第6期，第63页。

图 5-2-13　大日如来及八大菩萨，804 年，石雕

仁达丹玛札摩崖造像（张建林 供图）

主尊大日如来及八大菩萨的框式构图仅在波罗王朝兴起，但特罗密教后方才出现，其与巴黎吉美博物馆藏敦煌绢画《不空绢索观音坛城》类似。大日如来（毗卢遮那佛），头顶伞盖，着菩萨装，头戴三叶冠，叶冠高耸紧凑，叶面密雕卷草纹并镶嵌宝珠；冠下露出发际线，另有三缕长发自然披于双肩。额光颐阔，大耳垂肩，双眉依托眉骨做修长状，二目微暝、细长，呈豆荚状。上身裸袒，仅于左肩斜挂披帛，结禅定印于胸前，下着长裙，结双跏趺坐。尊像形体轮廓简洁，造型朴拙。八大菩萨皆冠叶紧凑、圆润，在肌肉的塑造上优先考虑禅定者年轻体壮、英姿勃发的特质，体现出一种内聚的力量，这同敦煌吐蕃时期 465 窟之菩萨风格颇为相类。主尊顶端左右各浅浮雕一身飞天，皆秀发披肩，天衣飞扬，似在云间行走。仁达丹玛札摩崖造像中的飞天同样有着非常多元化的元素：飞天之丝绦飘带来自中原汉风的宫女形象；上身不做修饰，下着犊鼻短裤，为典型的东南亚装束。

图 5-2-14　大日如来及八大菩萨线稿，804 年

引自夏格旺堆、张建林、田有前、胡春勃、席琳、王郢、次噶：《西藏察雅县丹玛札摩崖造像考古调查简报》，《考古与文物》，2014 年第 6 期，第 9 页

大日如来与八大菩萨的组合是目前发现的藏东吐蕃图像中最普遍的一型，其图像源流众说纷纭，但可以确定的是，其图像学仪轨源自密宗。唐代不空三藏法师翻译的《八大菩萨曼陀罗经》中详细阐述了八大菩萨曼荼罗的身色、持物、仪轨和特征。吐蕃时期的八大菩萨虽与经典组合大体一致，但存在持物上的区别。

图 5-2-15 青狮，804 年，石雕

仁达丹玛札摩崖造像（张建林 供图）

一对青狮以浮雕形式对称分布于大日如来莲座下。眼似铜铃，两耳高耸，一獠牙狰狞，一张口咆哮，侧身相对，鼻下有用阴线刻画出的髭须。颌下有须，分缕下垂。长尾上卷，自后腿根部内侧绕出，腿上及腹部的鬃毛均用斜向短阴线表现。仁达青狮的造型同藏王墓石狮几无二致，这种风格源自同期中原地区的陵墓石狮。唐风的狮子与上部印度风格的造像被组合到了同一组图像中，将吐蕃佛教艺术体系中次大陆和东亚的图像特征清晰地展现出来。

图 5-2-16 眷属菩萨，804 年，石雕

仁达丹玛札摩崖造像（张建林 供图）

大日如来两侧的八大菩萨经考证，分别为虚空藏、观音、地藏、弥勒、普贤、金刚手、文殊、除盖障。[①] 8 至 12 世纪八大菩萨在持物上的变化存在传统上的地区差异，并未形成统一的图像标准。图中菩萨位于大日如来像左侧第二尊。头戴三叶宝冠，面朝主尊方向，双手举于胸前，左手结印，右手握金刚杵，交脚坐于莲台上，应为金刚手菩萨。

① 张长虹：《藏东地区吐蕃时期大日如来图像研究》，《青海民族研究》，2017 年第 1 期，第 16 页。

第三节

蕃地坛城：乃甲切木石窟

海拔 6927 米的曲登尼玛雪山在如同绝境长城一般的喜马拉雅雪山群中并不以高大见长，但在清晨会看到其身前身后的雪山群在东升的旭日照耀下一片赤红，波澜壮阔。千余年前，莲花生大师于此或有所感，停驻修行，从此曲登尼玛成为藏教圣地。后藏岗巴县的乃甲切木石窟（图 5-3-1）便位于曲登尼玛雪山的朝圣通道之上，石窟建在苦曲藏布河一处荒凉的断崖之上，窟口南向正对的便是终年积雪的曲登尼玛雪山。1990 年，西藏自治区在文物普查中发现了这座仅有 5 座洞窟的石窟，其中仅有第 3 窟外西侧约 3 米处的崖壁上残存一龛（图 5-3-2）和第 4 窟保存有石胎泥塑的悬塑造像群。藏区石窟开凿历来因高海拔之故而较少出现，乃甲切木石窟的发现，填补了后藏地区石窟造像的空白。

相对较低的海拔让曲登尼玛地区成为古代的交通要冲，从乃甲切木石窟南下，直接翻越曲登尼玛山口就可进入锡金，向西北过尼拉山口就可进入尼泊尔。在高海拔的喜马拉雅北麓一片荒芜，依托河谷而建的乃甲切木仿佛沙漠中的绿洲一般，成为西藏向外界交往的大门。石窟中体现出各种艺术交汇的特征，如石胎泥塑突出腹肌、蜂腰猿背的造像手法体现了印度波罗艺术风格，其悬塑曼荼罗的构图样式则继承自藏西仁钦桑布（959—1055）瑜伽理论派《真实摄经》的仪轨。

其中第 4 窟呈方形，窟内四壁皆悬塑造像，其主体为金刚界曼荼罗，用三维空间立体呈现出密宗金刚界曼

图 5-3-1 乃甲切木石窟外景

（刘拓 供图）

乃甲切木，藏语意为“广阔的圣地”。它作为曲登尼玛朝圣系统的一个部分，同时也是连接西藏东西向走廊的重要驿站。随着曲登尼玛冰川的变动，此地作为穿越喜马拉雅的通道逐渐衰颓，消失在了人们的视野中，直至千年后的 1990 年，方被考古工作者揭开了神秘的面纱。西藏地区的石窟寺普遍呈现穴居形式，低矮的形貌，且主要分布在高海拔被冻土切割而成的陡峭崖壁之上，相较内地石窟寺更注重教义传播而日渐趋向规模之壮大不同，藏区石窟寺作为僧侣修行时辅助的功能更多。

荼罗所营造的等级森严、仪轨完备的特征，是观想、修行绝佳的选择。窟内北壁为金刚界曼荼罗之主尊大日如来（图 5-3-3、图 5-3-4）；东壁雕凿象座阿閦佛、马座宝生佛及其眷属菩萨（图 5-3-5、图 5-3-6）；西壁雕凿迦陵频伽座不空成就佛、孔雀座阿弥陀佛及其眷属菩萨（图 5-3-7）；南壁为窟门，窟门上部雕凿立姿八尊供养菩萨（图 5-3-8）和四摄菩萨。[①]

与同期中原地区盛行的《金刚顶经》之描述绘制的 37 尊金刚界曼荼罗不同，乃甲切木石窟

① 王瑞雷：《从乃甲切木石窟看庆喜藏系金刚界坛城在后藏的传播》，《敦煌研究》，2014 年第 5 期，第 11—12 页。

图 5-3-2　佛龛造像，11—12 世纪，石雕，龛高 1 米，宽 1.2 米

乃甲切木石窟第 3 窟外西壁（刘拓 供图）

第 3 窟窟内仅残存少量的壁画，窟外不远处的石龛造像悬于壁上，留存至今。三个拱形龛相依而存。中心龛稍高，龛内有泥塑坐佛残像，坐佛头戴三叶宝冠，身着轻薄贴体袈裟，双手举在胸前，手掌残损具体手印已不可见。两侧龛稍低，对称分布，龛内各设坐像，像顶有肉髻，应也为佛像。三尊佛像皆形体丰健，可见波罗艺术之影响。龛与龛之间可见柱础，其上还有建筑痕迹，可知原应为浮雕窣堵波，三佛则坐于拱门内。

第4窟内现存32尊造像，32尊的图像体系应来自阿里三围地区所译传的庆喜藏系金刚界曼荼罗。今日在印控喜马偕尔邦尚存的11世纪寺院塔波寺同样构建了以悬塑为艺术表现手法的立体金刚界曼荼罗，其数量便是33尊。金刚界曼荼罗是金刚界密法的核心，各神祇又是体现曼荼罗法思想的根本载体。诸多尊像的图像根源源于9世纪东印度僧人庆喜藏（梵名阿南达格尔巴）在《真实摄经》《真性光作》《一切金刚出现》中的描述，他记载了金刚界曼荼罗尊像的身色、持物，并围绕大日如来的四波罗蜜菩萨用四部中的三昧耶表示。吐蕃王朝灭亡，经历了随后堪称黑暗时代的西藏地区，在11世纪初迎来新的曙光，来自藏西古格王朝的大译师仁钦桑布将大量8—9世纪波罗王朝的密宗经典翻译成藏文，庆喜藏的著作就在此时作为“新密法”的一部分，被带到了藏区。

图 5-3-3　主尊大日如来，11—12 世纪，石雕，像高 0.9 米

乃甲切木石窟第 4 窟北壁（刘拓供图）

乃甲切木的主尊正对 33 千米外的曲登尼玛雪山，其肉髻高耸，长圆脸型，面丰额阔，裸袒上身，遍饰璎珞、臂钏，有帛带自左肩至右胁而下，双手于胸前结智拳印，结跏趺坐于仰覆莲莲台、须弥座上，其须弥座在风格上仍然保留了早期须弥座“工”字形的特征，尊像两侧雕有完备的六拏具。大日如来于金刚界五佛中象征“法界体性智”，他是曼荼罗的核心，化育了另外四智。

图 5-3-4　主尊大日如来局部，11—12 世纪，石雕

乃甲切木石窟第 4 窟北壁（刘拓供图）

波罗艺术对西藏的影响一个主要动因是来自该地的名僧阿底峡（982—1054）。他自古格地区东入卫藏，所携带的成熟的波罗艺术美学体系极大地影响了后宏初期西藏地区工匠的艺术风格。从乃甲切木石窟中的波罗元素远较前弘期造像体系为多可见一斑。大日如来肉髻高耸，面方而饱满，神情沉静、肃穆。腿部及手臂部损毁较为严重，但不妨碍我们欣赏其健硕的身姿。宽肩细腰，挺拔而矫健，充满了力量感。

图 5-3-5　阿閦佛及其眷属，11—12 世纪，石雕

乃甲切木石窟第 4 窟（刘拓供图）

阿閦佛位于龛内东壁，紧邻主尊大日如来。阿閦佛左手结禅定印，右手结触地印，结跏趺坐，其下“工”字形须弥座以中柱为界，两侧各雕一象，背道而驰。佛像左右上下由四尊眷属菩萨环绕，分别为金刚王、金刚萨埵、金刚爱、金刚喜。藏传佛教在引入波罗王朝的密宗体系后表现出了严整的规制感，在构图上主尊占比极大，基本采用规整的框式构图。

图 5-3-6　宝生佛及眷属，11—12 世纪，石雕

乃甲切木石窟第 4 窟东壁（刘拓供图）

宝生佛与阿閦佛共处窟内左壁。宝生佛结跏趺坐于马座上，右手施与愿印，左手结禅定印。周环四大眷属菩萨：金刚光、金刚宝、金刚笑、金刚幢。宝生佛佛座下为骏马，寓意其代表世间吉祥、奋疾之宝物。乃甲切木石窟 4 号窟中以五方佛来展现金刚界之壮大无边和五智齐全，而在金刚界曼荼罗的世界中，宝生佛象征“平等性智”。

图 5-3-7　西壁阿弥陀佛、不空成就佛及其眷属，11—12 世纪，石雕

乃甲切木石窟第 4 窟西壁（刘拓 供图）

西壁在构图上分成两组，图中左侧为西方阿弥陀佛及其四大眷属：金刚利、金刚法、金刚因、金刚语；右侧为不空成就佛及其四大眷属：金刚护、金刚业、金刚牙、金刚拳。“妙观察智”与“成所作智”是二佛之象征。

图 5-3-8　南壁八大供养菩萨，11—12 世纪，石雕

乃甲切木石窟 4 号窟南壁（刘拓 供图）

第 4 窟南壁窟门上方造像分上下两排，上层为八大供养菩萨，菩萨皆头戴三叶冠，上身裸袒，下着贴体长裙，纤腰阔臀，体态匀称而健美，来自次大陆的美学之风吹进海拔 5000 多米的高原。

图 5-3-9　供养菩萨局部，11—12 世纪，石雕

乃甲切木石窟 4 号窟南壁（刘拓 供图）

供养菩萨容貌娇丽，身姿轻柔妙曼，她们头戴三叶冠，饰宝钏，其着重塑造健康体态的形象明显受波罗王朝时期密教造像的影响，这一形态出现于 7 至 8 世纪，在 10 世纪开始大规模盛行于整个佛教世界。图中的乃甲切木石窟供养菩萨肢体塑造比例准确，光洁而具有肌肤质感，尼泊尔—印度在 10 世纪后所流行的青春健美之风仍感染着后人。

第四节

藏区敦煌：皮央·东嘎石窟

在海拔 4100 米的阿里高原，绵延 1 千米的皮央·东嘎石窟（图 5–4–1）以其保存壁画之精美独特、开窟数量之庞大而被誉为“高原上的敦煌”。它位于古格王都扎布让以北 40 千米处的印度河支流象泉河所切割形成的断崖之上，为我们揭露了古格王朝极盛时的艺术面貌。边域上具有如此规模的政权，在传世的汉藏典籍中却几乎找不到任何关于此地的记载，在石窟中也未发现任何直接的文字纪年材料。没有人知道，这两座巨大的石窟群是何人在何时所建，他们仿佛在开天辟地时就理所当然地安置于这片土地之中，静静地述说着万古江河的神话。

皮央·东嘎石窟最早为意大利藏学家图齐（Giuseppe Tucci）所发现，他在 1935 年 5 月 24 日至 6 月 6 日期间自北印度阿尔莫拉启程进入古格地区考察。图齐曾在日记中简单描述过东嘎修道院中保存有曼荼罗壁画，这一记载并未引起世人的关注。直到 1992 年 6 月 22 日，西藏自治区文管会和四川大学考古队联合组成的文物普查团队无意间从牧民口中得知了“画有壁画的洞子”，由此揭开了西藏迄今为止发现的最大的佛教石窟遗址的面纱。皮央·东嘎石窟的发现，填补了藏西地区后弘期石窟艺术的空白，其来自西域和克什米尔的风格为今人揭示了吐蕃—勃律道这一藏西丝绸之路对该地的影响。

根据壁画风格判断，皮央·东嘎石窟大致为 11—16 世纪开凿。《古格普兰王国史》中记载，在古格王国开国君主益西沃时代，曾在其治下的阿里三围兴建 8 座佛寺，其中除了今日知名的托林寺、科加寺、塔波寺外，还有建于 996 年的皮央寺。皮央·东嘎石窟如此规模，绝非籍籍无名之辈。13 世纪后期，第

图 5-4-1　皮央·东嘎遗址 1—3 号窟外景

（张建林 供图）

山壁之上散落着大小不一的洞窟遗址，洞外的荒茫苍凉一览无余，洞内则收容着王朝鼎盛时的信仰和故事，用色彩动人的壁画和残损塑像的肢体语言——诉说。

八代古格王泽巴赞病故后其二子争位，一子吉德赞在朗钦藏布北岸的东噶·皮央继承古格王位，得益于区域政治中心的地理位置，东噶·皮央石窟在这一时期被大规模修建。

由于该石窟群所处的地质环境多为黏土地貌，故而造像多仿西域泥塑之法。加之 17 世纪拉达克王国的入侵，多重原因使此地并无完整的造像保存。根据考古调查来看，石窟的礼佛窟中曾出土大量小型泥塑，对照同期塔波寺等藏西寺院，推测其原应悬塑于石窟四壁（图 5-4-2、图 5-4-3）。虽然泥塑大多无存，但出土的铜像、木雕相对完整，它们透露出阿里地区古代文明十字路口的独特特性，造像同时具有克什米尔、印度甚至新疆及中亚的风格，令今人得以一窥藏西古格王朝石窟造像的瑰丽奇异。

图 5-4-2 东壁，11 世纪，泥塑，高 0.8 米

皮央·东嘎石窟 1 区 2 号窟（张建林 供图）

东嘎石窟 1 区 2 号窟东壁右侧存一尊位于原址的佛装造像，其余壁面绘满壁画。这种悬塑于墙壁之上、辅佐壁画营建密宗修行体系的做法流行于后宏初期，在 11 世纪的江浦寺、塔波寺、阿济寺中均能找到类似例证。

图 5-4-3 后壁，11 世纪，彩绘

皮央·东嘎石窟 1 区 2 号窟（张建林 供图）

2 号窟中间为两座佛塔，阶梯状窟顶以及内中之佛尊均服务于整个曼荼罗体系的构建，位于窟内北壁距地面约 1.85 米处，一字排开八座背光，顶部绘有热带棕榈叶。设想一下，昔日石窟鼎盛时期，诸佛云集、壁画璀璨、万象森列的曼荼罗窟是何等摄人心魄。

第五节

飞来梵像：杭州飞来峰石窟

杭州城距离藏传佛教的发源地有3000千米之遥，其藏传佛教造像艺术遗存源自700余年前的王朝鼎革。1276年，元军大将伯颜率领的蒙古大军在皋亭山接受了南宋王朝的投降，至此，赵宋王朝土崩瓦解。次年，即至元十四年（1277）二月，元世祖令党项僧人杨琏真迦为江南总摄。这位曾遍掘南宋帝陵、拆毁南宋宫殿，旨在镇压宋室遗民的僧人在至元十九年（1282）开始在杭州灵隐寺外飞来峰大规模开窟造像（图5–5–1），藏式风格的造像艺术一时间覆盖了这座相传自佛国飞来的巨石。

作为党项族的杨琏真迦所带来的西夏藏传佛教艺术拉开了日后元、明、清三朝汉藏佛教艺术融合的大幕。在元代，僧侣往往同时扮演着世俗中官僚和尘世外修行者两种角色，杨琏真迦便是这样一个政治性极强的僧人。统治中原300年之久的赵宋王朝，其审美观念早已深入人心，在飞来峰，杨琏真迦已经考虑到了江南汉人的审美习惯，造像大多为佛尊、菩萨尊以及佛母，密教图像体系中常见的施怖畏之像的护法众神以及双身本尊像极少出现，并且使藏传造像接受了汉传佛教造像“方额广颐”的传统，包括出现在石窟中的他本人面容也更多体现汉人的特点（图5–5–2）。

飞来峰造像的佛尊分成菩萨装和佛装两种样式。释迦佛像未选用波罗风格或西藏风格戴冠佛的形象，但袒右贴体的装束也与汉式“褒衣博带”的袈裟有所不同。

图 5-5-1　飞来峰元代造像群一角

图 5-5-2　杨琏真迦及闽僧闻、剡僧泽像，13 世纪，石雕，龛高 2 米，宽 3.13 米
飞来峰石窟第 73 龛

传说中以宋理宗的颅骨为饮器的萨迦派僧人杨琏真迦法相庄严，面带高妙微笑。明杭州太守陈仕贤曾命人凿去其头，《西湖游览志》作者田汝成、《西湖梦寻》作者张岱均说自己曾“斩首杨髡”，然以上数人均弄错其像，杨琏真珈供养像至今仍然安坐于飞来峰中。几百年时光弹指而过，旧日恩怨早已随着宋、元二朝的消亡而远去。

（图 5-5-3）不动如来（图 5-5-4）则以菩萨装呈现，第 37 龛中炽盛光佛（图 5-5-5）则用藏式手法刻画内地佛教题材。密宗护法瞻巴拉财神（图 5-5-6），坦腹露怀，结游戏坐于单层仰莲座之上，用怒睁的圆目和赤裸的身体彰显其身份。

飞来峰的元代石刻造像中菩萨像数量最多，几乎包含了由汉式到藏式的各种菩萨风格，独特的藏汉文化交融氛围在这里表现得淋漓尽致。菩萨们或作宽袍大袖，提篮微笑；或作持剑怒目，嗔对诸恶。这些藏传女神在女性生理特征的刻画上比较保守，这是受内地高度发展的传统伦理道德规范制约的结果。

诸位藏传女神中，尤其值得注目的一龛便是第 84 龛，该龛坐西朝东。（图 5-5-7）龛内九尊造像以三面八臂本尊为中心呈辐射状分布，气势不凡。（图 5-5-8）守护雪域高原的“三怙主”在飞来峰中也有刻画，观音、文殊、金刚手菩萨分三龛呈现。观音和文殊在汉传佛教造像中也是常见的题材，但守护西藏的观音一面四臂（图 5-5-9），头戴五佛冠，代表四无量心和五方佛的智慧。文殊菩萨乃极其特殊的佛教尊神，显密各宗的不同文殊菩萨法相，共计数十种之

图 5-5-3　金刚座释迦像，13 世纪，石雕，高 1.5 米

飞来峰石窟第 43 龛

佛尊的形象面容宽平温和，具汉人特征，但在肌体的塑造上常体现出蒙古佛教艺术中重视身体健壮之特色、雄浑圆阔之神韵。

图 5-5-4　不动如来，13 世纪，石雕，高 1.58 米

飞来峰石窟 66 龛

龛中不动如来做菩萨形，发髻高耸，头戴五叶宝冠，冠饰简练而不失华丽，与高耸的发髻呼应，使整体达到平衡与协调。耳垂圆铛，上身赤裸，结跏趺坐于莲台上。宝冠和耳珰呈现出华美雅致的装饰效果，赤裸的上身凸现出尊像雄健的体魄。

图 5-5-5 炽盛光佛，13 世纪，石雕，高 2.02 米
飞来峰石窟第 37 龛

造像凿于飞来峰元代显密造像分布最为密集的龙泓洞外崖壁，弧拱顶竖长方形龛，龛中主像为接近于圆雕的高浮雕。佛像月眉修目，直鼻小口，螺发，高肉髻，顶置宝珠，形状高且尖。佛着贴体袒右衣，宽肩挺胸收腹，右手施触地印，左手于脐前结禅定印，掌托缘纹为火焰，内刻梵文经咒的法轮，结跏趺坐于上缘饰密集联珠纹的仰莲台座上，身后有素面马蹄形头光与身光。第 37 龛的特点在于，采用藏传佛教造像艺术手法制作出了一尊汉传佛教中的炽盛光佛。造像本身佛顶髻高而尖，臂圆胸凸，薄衣贴体，几乎通体不饰衣纹，袈裟下摆呈扇面状平铺于台座上，这些特征都属于典型的藏传佛教艺术风格。然而这尊佛像所展现的炽盛光佛却并不常见于藏传佛教体系中，而是汉传佛教的传统题材。第 37 龛这种尝试反映了在元代，相对强势的藏传佛教试图用自己的美学思想来解释汉传佛教的理念，这种尝试是目前仅存的一例。

图 5-5-6 瞻巴拉财神及局部，13 世纪，龛高 2.3 米，宽 1.57 米
飞来峰石窟第 30 龛

瞻巴拉，又名布禄金刚，是飞来峰藏传佛教造像群中最具藏区特色的一龛造像。尊像结游戏坐坐于仰莲莲台上，意态闲适，一手抱吐宝灵兽，表明其财神的身份。仰莲台座莲瓣宽大，装饰感强，以一圈阴刻线装饰莲瓣外缘，莲瓣下为一素面平台。财神左肩斜挎的一串花蔓雕刻得格外别致。尊像整体形象圆润，比例和谐适中，展现出元代藏传佛教造像艺术精妙传神的一面。

图 5-5-7　尊胜佛母，13 世纪，石雕，主尊高 1.12 米

飞来峰石窟第 84 龛

主尊尊胜佛母额头平广，两颐丰满浑圆，头部额角的转折极强，细目微闭，深陷的口角上挂着一丝不易觉察的笑意，表情安详。佛母上身赤裸，肩臂、胸腹等处圆润光滑，显示了女性肌肤之细腻。八臂动作自然协调，颇有节奏感，雕镌精工，无繁腻之弊。丰乳细腰的造型、薄裳贴体的服饰及连通的双眉体现了藏式作风。两胁侍菩萨肩搭披帛，赤裸上身，身材苗条，亭亭玉立，面部刻画与主尊相似。

图 5-5-8　尊胜佛母局部，13 世纪，石雕

飞来峰石窟第 84 龛

尊胜佛母丰盈的两颐与浑圆的下颌与汉式佛像的面容相近。其五叶宝冠，呈“S”形飘舞的冠带，圆形优钵罗花耳环，“U”形垂腹长链，手镯、臂钏、脚镯及四明王的披帛均与东印度波罗朝佛像风格接近。“十”字折角须弥座也源于东印度样式。

图 5-5-9　四臂观音，13世纪，石雕，高 0.85 米

飞来峰石窟第 40 龛

观音面相饱满，眉弯长目，双眼低垂，略带微笑，头戴五叶宝冠。肩胛圆润，腰部略显丰圆，袒上身，身上饰有连珠璎珞和长链，双手合十于胸前，表智慧与方便合一，另两臂在身后伸出，手上持物不存。观音身下着裙，结全跏趺坐端坐于宽厚的莲座上，边缘饰连珠纹，莲瓣圆润饱满，这种莲座在藏式金铜佛像中极为常见。

图 5-5-10　持剑文殊，13 世纪，石雕，高 1.6 米

飞来峰石窟第 56 龛

文殊菩萨文静慈祥，化身众多，进入五代、宋之后，汉传佛教造像中多以骑狮形象与普贤成对出现。但在西藏传统的绘画、塑像中，文殊手中持物一般有剑和经匣，其中剑代表斩断愚昧的智慧。此尊文殊，头戴五叶宝冠，赤裸上身，戴项饰、臂钏，剑握手中，呈现藏式造像特征。

多，持剑文殊是藏区流行的样式，文殊（图 5-5-10）和观音一样，虽为藏式造像，但面容沉静，身材刻画与波罗艺术中追求的“蜂腰直身”“妩媚高乳”相去甚远，迎合了汉人的内敛保守的审美。男相的金刚手菩萨（图 5-5-11）发赤上扬，须眉如火，头戴叶冠，一面二臂三目，獠牙露齿卷舌，三目圆睁，右手握金刚杵，双腿右屈左伸，全身赤裸，动态夸张。大白伞盖佛母也是藏传佛教重要的神祇，作为显密合璧的化身佛、三世如来的佛母、扭转一切逆缘障碍的金刚本尊、降伏妖魔的贤神，大白伞盖经典是一切密咒的精华。长久以来西藏的高僧、民众甚至上层贵族都十分崇信她，西藏密宗也将大白伞盖佛母（图 5-5-12）敬奉为重要的本尊神，飞来峰造像展示了她沉着隽永的一面。骑狮多闻天王单独开龛，形体较大，题记表明此龛是元代资政大夫行宣政院使杨谨为庆祝皇帝寿辰，于至元二十九年（1292）七月仲秋捐造。此龛中多闻天王执伞幢握吐宝兽，而不再持三叉戟，瞻巴拉财神的部分属性被赋予了多闻天王，元代时这种天王形象更多被称为多闻天王（图 5-5-13）。

据《汉藏史集》和《萨迦世系史》等藏文文献记载，元初的江南活跃着一些著名的藏传佛教高僧，元世祖“诏以僧亢吉祥、怜真加（杨琏真迦）、加瓦并为江南总摄，掌释教”[①]，僧官将藏传佛教引入了杭州。这一时期雕凿的飞来峰石刻，其母题和风格具有显著的西藏、尼泊尔的密宗梵式造像特征。诸佛肉髻上多置宝珠，脸型方圆丰满，身着贴体的袒右袈裟。菩萨与佛母造像如金刚手、尊胜佛母、大白伞盖佛母等都是不同于汉式佛教的题材。但“梵样”到了内地之后，不可避免地吸纳了带有江南特色的审美倾向，首先密宗造像中给人以恐怖感的愤怒相在此很少出现，其次波罗艺术中对胸部和腰部的曲线塑造转变成更为含蓄的线条。佛像、天王等像具阳刚之美，而女性神祇则具阴柔之美。总而言之，飞来峰藏传佛教艺术是特定时代下多元文化吸收和融合的结果。

纵观中国雕刻史，曾有三次大的外来形式的冲击，杭州飞来峰元代石刻造像就是第三次大冲击的典型产物。它标志着那一时期国家、民族间文化交流状况及艺术表现所能达到的最高水平。

---

① ［明］宋濂等：《元史》，中华书局，1975 年，第 174 页。藏语“琏真”即“怜真”。

图 5-5-11 金刚手菩萨及局部，13 世纪，石雕，高 1.7 米，宽 1.85 米

飞来峰石窟第 32 龛

金刚手菩萨少年男相，身材矮胖，戴宝冠，冠上饰化佛，发皆上竖。方面环眼，宽鼻阔口，双耳垂肩，赤身露腹。右手握金刚杵，左手作期克印。工匠所塑金刚手菩萨完全符合藏式的造像仪轨，但身形过于肥胖，愤怒的表情显得憨态可掬。

图 5-5-12　大白伞盖佛母，13 世纪，石雕，高 1.52 米

飞来峰石窟第 52 龛

图 5-5-13　多闻天王，元，石雕，高 2 米

飞来峰石窟第 75 龛

大白伞盖佛母愤怒相复杂繁多，有一面二臂、三面六臂、五面六臂、二十一面、四十一面等，最为常见的是千面千手的大白伞盖佛母造像。而飞来峰造像选择了其静寂之相，以迎合内地审美。佛母一面二臂，头顶葫芦形高髻，戴五叶冠，双颊丰颐，额开智慧之眼。上身裸，下系长裙。佛母身躯微微向左扭动，右手舒展施无畏印，左手执伞，画面构图、气韵回旋流畅，造型端庄秀美，而岩间的青苔和悬垂的藤萝更添了几分宁静淡雅的情趣。

威武的多闻天王骑于狮背，天王方面大耳，环眼阔口，头戴宝冠，身披铠甲，右手持伞，左手握吐宝鼠，身体两侧天衣飞扬。胯下雄狮身躯矫健，四足分踏四朵莲花，两只前腿岔开，凸显出劲健的肌肉，狮子半回身，怒目前方，方口大张，鬣毛卷曲，整齐地贴于颈背部。狮子扭身回转面对观者，铜铃般的双目和血盆大口直触观者，天王的威严和狮子的雄健刚猛也随之被放大，似乎二者随时都会跃壁而出。